U0726199

国家卫生和计划生育委员会"十三五"规划教材
全国高等中医药教育教材

供中药学、中医学、药学类等专业用

中药商品学

第3版

主　编　张贵君

副主编（按姓氏笔画为序）
肖冰梅　辛　宁　张　慧　郑玉光
胡本祥　崔亚君　蒋桂华

编　委（按姓氏笔画为序）
王世清（贵阳中医学院）
王晶娟（北京中医药大学）
包桂花（内蒙古民族大学蒙医药学院）
杜　娟（佳木斯大学化学与药学院）
李　峰（山东中医药大学）
李建宽（山西医科大学）
肖冰梅（湖南中医药大学）
杨红兵（湖北中医药大学）
杨扶德（甘肃中医药大学）
杨晶凡（河南中医药大学）
吴军凯（黑龙江中医药大学）
何文静（新疆医科大学）
辛　宁（广西中医药大学）
宋捷民（浙江中医药大学）
张　慧（辽宁中医药大学）
张延萍（河南科技大学药学院）
张贵君（北京中医药大学）
陈效忠（黑龙江中医药大学佳木斯学院）
松　林（内蒙古医科大学）
罗　容（首都医科大学）
图　雅（中国中医科学院）
郑玉光（河北中医学院）
胡　静（天津中医药大学）
胡本祥（陕西中医药大学）
徐蓓蕾（哈尔滨商业大学药学院）
盛　琳（海南医学院）
崔亚君（上海中医药大学）
蒋桂华（成都中医药大学）

人民卫生出版社

图书在版编目（CIP）数据

中药商品学/张贵君主编. —3 版.—北京:人民卫生出版社,2016

ISBN 978-7-117-22544-1

Ⅰ.①中… Ⅱ.①张… Ⅲ.①中药材-商品学-中医学院-教材 Ⅳ.①F762.2

中国版本图书馆 CIP 数据核字(2016)第 215334 号

中药商品学

第 3 版

主　　编: 张贵君
出版发行: 人民卫生出版社(中继线 010-59780011)
地　　址: 北京市朝阳区潘家园南里 19 号
邮　　编: 100021
E - mail: pmph @ pmph.com
购书热线: 010-59787592　010-59787584　010-65264830
印　　刷: 三河市宏达印刷有限公司(胜利)
经　　销: 新华书店
开　　本: 787×1092　1/16　　印张: 27
字　　数: 622 千字
版　　次: 2002 年 8 月第 1 版　　2016 年 9 月第 3 版
2020 年 11 月第 3 版第 5 次印刷(总第 20 次印刷)
标准书号: ISBN 978-7-117-22544-1/R · 22545
定　　价: 83.00 元
打击盗版举报电话: 010-59787491　E-mail: WQ @ pmph.com
(凡属印装质量问题请与本社市场营销中心联系退换)

《中药商品学》网络增值服务编委会

主　编　张贵君　郑玉光

副主编（按姓氏笔画为序）

王柳萍　兰志琼　肖冰梅　杨晶凡　辛　宁
张　慧　胡本祥　崔亚君　蒋桂华

编　委（按姓氏笔画为序）

王世清（贵阳中医学院）
王柳萍（广西中医药大学）
王晶娟（北京中医药大学）
兰志琼（成都中医药大学）
包桂花（内蒙古民族大学蒙医药学院）
杜　娟（佳木斯大学化学与药学院）
李　峰（山东中医药大学）
李建宽（山西医科大学）
杨红兵（湖北中医药大学）
杨扶德（甘肃中医药大学）
杨晶凡（河南中医药大学）
肖冰梅（湖南中医药大学）
吴军凯（黑龙江中医药大学）
何文静（新疆医科大学）
辛　宁（广西中医药大学）
宋捷民（浙江中医药大学）
张　慧（辽宁中医药大学）
张延萍（河南科技大学药学院）
张贵君（北京中医药大学）
陈效忠（黑龙江中医药大学佳木斯学院）
松　林（内蒙古医科大学）
罗　容（首都医科大学）
图　雅（中国中医科学院）
郑玉光（河北中医学院）
胡　静（天津中医药大学）
胡本祥（陕西中医药大学）
徐蓓蕾（哈尔滨商业大学药学院）
盛　琳（海南医学院）
崔亚君（上海中医药大学）
蒋桂华（成都中医药大学）

修 订 说 明

为了更好地贯彻落实《国家中长期教育改革和发展规划纲要(2010-2020)》《医药卫生中长期人才发展规划(2011-2020)》《中医药发展战略规划纲要(2016-2030年)》和《国务院办公厅关于深化高等学校创新创业教育改革的实施意见》精神,做好新一轮全国高等中医药教育教材建设工作,全国高等医药教材建设研究会、人民卫生出版社在教育部、国家卫生和计划生育委员会、国家中医药管理局的领导下,在上一轮教材建设的基础上,组织和规划了全国高等中医药教育本科国家卫生和计划生育委员会"十三五"规划教材的编写和修订工作。

本轮教材修订之时,正值我国高等中医药教育制度迎来60周年之际,为做好新一轮教材的出版工作,全国高等医药教材建设研究会、人民卫生出版社在教育部高等中医学本科教学指导委员会和第二届全国高等中医药教育教材建设指导委员会的大力支持下,先后成立了第三届全国高等中医药教育教材建设指导委员会、首届全国高等中医药教育数字教材建设指导委员会和相应的教材评审委员会,以指导和组织教材的遴选、评审和修订工作,确保教材编写质量。

根据"十三五"期间高等中医药教育教学改革和高等中医药人才培养目标,在上述工作的基础上,全国高等医药教材建设研究会和人民卫生出版社规划、确定了首批中医学(含骨伤方向)、针灸推拿学、中药学、护理学4个专业(方向)89种国家卫生和计划生育委员会"十三五"规划教材。教材主编、副主编和编委的遴选按照公开、公平、公正的原则,在全国50所高等院校2400余位专家和学者申报的基础上,2200位申报者经教材建设指导委员会、教材评审委员会审定和全国高等医药教材建设研究会批准,聘任为主审、主编、副主编、编委。

本套教材主要特色包括以下九个方面:

1. 定位准确,面向实际 教材的深度和广度符合各专业教学大纲的要求和特定学制、特定对象、特定层次的培养目标,紧扣教学活动和知识结构,以解决目前各院校教材使用中的突出问题为出发点和落脚点,对人才培养体系、课程体系、教材体系进行充分调研和论证,使之更加符合教改实际、适应中医药人才培养要求和市场需求。

2. 夯实基础,整体优化 以培养高素质、复合型、创新型中医药人才为宗旨,以体现中医药基本理论、基本知识、基本思维、基本技能为指导,对课程体系进行充分调研和认真分析,以科学严谨的治学态度,对教材体系进行科学设计、整体优化,教材编写综合考虑学科的分化、交叉,既要充分体现不同学科自身特点,又应当注意各学科之间有机衔接;确保理论体系完善,知识点结合完备,内容精练、完整,概念准确,切合教学实际。

3. 注重衔接,详略得当 严格界定本科教材与职业教育教材、研究生教材、毕业后教育教材的知识范畴,认真总结、详细讨论现阶段中医药本科各课程的知识和理论框架,使其在教材中得以凸显,既要相互联系,又要在编写思路、框架设计、内容取舍等方面有一定的区分度。

4. **注重传承，突出特色** 本套教材是培养复合型、创新型中医药人才的重要工具，是中医药文明传承的重要载体，传统的中医药文化是国家软实力的重要体现。因此，教材既要反映原汁原味的中医药知识，培养学生的中医思维，又要使学生中西医学融会贯通，既要传承经典，又要创新发挥，体现本版教材"重传承、厚基础、强人文、宽应用"的特点。

5. **纸质数字，融合发展** 教材编写充分体现与时代融合、与现代科技融合、与现代医学融合的特色和理念，适度增加新进展、新技术、新方法，充分培养学生的探索精神、创新精神；同时，将移动互联、网络增值、慕课、翻转课堂等新的教学理念和教学技术、学习方式融入教材建设之中，开发多媒体教材、数字教材等新媒体形式教材。

6. **创新形式，提高效用** 教材仍将传承上版模块化编写的设计思路，同时图文并茂、版式精美；内容方面注重提高效用，将大量应用问题导入、案例教学、探究教学等教材编写理念，以提高学生的学习兴趣和学习效果。

7. **突出实用，注重技能** 增设技能教材、实验实训内容及相关栏目，适当增加实践教学学时数，增强学生综合运用所学知识的能力和动手能力，体现医学生早临床、多临床、反复临床的特点，使教师好教、学生好学、临床好用。

8. **立足精品，树立标准** 始终坚持中国特色的教材建设的机制和模式；编委会精心编写，出版社精心审校，全程全员坚持质量控制体系，把打造精品教材作为崇高的历史使命，严把各个环节质量关，力保教材的精品属性，通过教材建设推动和深化高等中医药教育教学改革，力争打造国内外高等中医药教育标准化教材。

9. **三点兼顾，有机结合** 以基本知识点作为主体内容，适度增加新进展、新技术、新方法，并与劳动部门颁发的职业资格证书或技能鉴定标准和国家医师资格考试有效衔接，使知识点、创新点、执业点三点结合；紧密联系临床和科研实际情况，避免理论与实践脱节、教学与临床脱节。

本轮教材的修订编写，教育部、国家卫生和计划生育委员会、国家中医药管理局有关领导和教育部全国高等学校本科中医学教学指导委员会、中药学教学指导委员会等相关专家给予了大力支持和指导，得到了全国50所院校和部分医院、科研机构领导、专家和教师的积极支持和参与，在此，对有关单位和个人表示衷心的感谢！希望各院校在教学使用中以及在探索课程体系、课程标准和教材建设与改革的进程中，及时提出宝贵意见或建议，以便不断修订和完善，为下一轮教材的修订工作奠定坚实的基础。

全国高等医药教材建设研究会
人民卫生出版社有限公司
2016年3月

全国高等中医药教育本科
国家卫生和计划生育委员会“十三五”规划教材
教材目录

1	中国医学史（第 2 版）	主编　梁永宣
2	中医各家学说（第 2 版）	主编　刘桂荣
3	* 中医基础理论（第 3 版）	主编　高思华　王　键
4	中医诊断学（第 3 版）	主编　陈家旭　邹小娟
5	中药学（第 3 版）	主编　唐德才　吴庆光
6	方剂学（第 3 版）	主编　谢　鸣
7	* 内经讲义（第 3 版）	主编　贺　娟　苏　颖
8	* 伤寒论讲义（第 3 版）	主编　李赛美　李宇航
9	金匮要略讲义（第 3 版）	主编　张　琦　林昌松
10	温病学（第 3 版）	主编　谷晓红　冯全生
11	* 针灸学（第 3 版）	主编　赵吉平　李　瑛
12	* 推拿学（第 2 版）	主编　刘明军　孙武权
13	* 中医内科学（第 3 版）	主编　薛博瑜　吴　伟
14	* 中医外科学（第 3 版）	主编　何清湖　秦国政
15	* 中医妇科学（第 3 版）	主编　罗颂平　刘雁峰
16	* 中医儿科学（第 3 版）	主编　韩新民　熊　磊
17	* 中医眼科学（第 2 版）	主编　段俊国
18	中医骨伤科学（第 2 版）	主编　詹红生　何　伟
19	中医耳鼻咽喉科学（第 2 版）	主编　阮　岩
20	中医养生康复学（第 2 版）	主编　章文春　郭海英
21	中医英语	主编　吴　青
22	医学统计学（第 2 版）	主编　史周华
23	医学生物学（第 2 版）	主编　高碧珍
24	生物化学（第 3 版）	主编　郑晓珂
25	正常人体解剖学（第 2 版）	主编　申国明

注:①本套教材均配网络增值服务;②教材名称左上角标有"*"者为"十二五"普通高等教育本科国家级规划教材。

第三届全国高等中医药教育教材建设指导委员会名单

顾　　问　王永炎　陈可冀　石学敏　沈自尹　陈凯先　石鹏建　王启明
秦怀金　王志勇　卢国慧　邓铁涛　张灿玾　张学文　张　琪
周仲瑛　路志正　颜德馨　颜正华　严世芸　李今庸　施　杞
晁恩祥　张炳厚　栗德林　高学敏　鲁兆麟　王　琦　孙树椿
王和鸣　韩丽沙

主任委员　张伯礼

副主任委员　徐安龙　徐建光　胡　刚　王省良　梁繁荣　匡海学　武继彪
王　键

常务委员（按姓氏笔画为序）
马存根　方剑乔　孔祥骊　吕文亮　刘旭光　许能贵　孙秋华
李金田　杨　柱　杨关林　谷晓红　宋柏林　陈立典　陈明人
周永学　周桂桐　郑玉玲　胡鸿毅　高树中　郭　娇　唐　农
黄桂成　廖端芳　熊　磊

委　　员（按姓氏笔画为序）
王彦晖　车念聪　牛　阳　文绍敦　孔令义　田宜春　吕志平
安冬青　李永民　杨世忠　杨光华　杨思进　吴范武　陈利国
陈锦秀　徐桂华　殷　军　曹文富　董秋红

秘 书 长　周桂桐（兼）　王　飞

秘　　书　唐德才　梁沛华　闫永红　何文忠　储全根

全国高等中医药教育本科
中药学专业教材评审委员会名单

前　言

中药是规定使用的医疗用商品，早在两千年前就是成熟的药品。随着科学的发展和对中药理解、认识的深化，依据市场和管理现状，中药可分为药材和药品两大类，药材属于农副产品商品，饮片及其制剂（中成药）属于药品商品。中药商品学是一门以中药商品质量和经营管理为核心内容来研究其商品特征和使用价值的应用学科，是中医药高级人才培养的核心课程之一。

21 世纪以来，中药商品学开始进入我国高等中医药院校的课程体系和中医药专业人员继续教育的必修课程。本教材 2002 年出版第 1 版，2008 年出版第 2 版，并被列为国家"十一五"规划教材，2011 年被评为北京市精品教材。随着我国高等中医药教育的改革和发展，课程体系和教材内容的完善已经成为当务之急，为适应中医药人才培养的需要，特修订本教材。

本教材的内容在第 2 版的基础上作了较大的更新和调整：①在中药商品的概念上强调了药材和药品的本质区别，强化了中药作为药品的基原、属性和科学内涵，重点阐述中药商品的特征和检验方法；教材中的"依法检查"内容均指现行版《中国药典》的方法；②以药品市场流通的中药为重点，大幅度增加了药品商品中的中药饮片和中成药商品实例，便于学习掌握和实际应用；③合并相关内容，精炼基本概念，减少教材字数，增加高清彩图，加强方法学论述，使之更具有可读性和科学性。

本教材分上、中、下 3 篇和附录，总计 11 章，收载中药商品 293 种，其中药材 97 种、药品 198 种。上篇为总论，分为 4 章，概述了中药商品的基本概念、中药商品的经营管理、中药商品的包装与贮藏、中药商品的质量管理。中篇为药材商品，分为 5 章，重点论述了药材资源、药材和药材提取物商品，收载代表性药材及药材提取物商品 95 种。药材按照药用部位分类，药材项下的内容包括基原、商品性状特征、规格等级、主要化学成分、质量要求、贮藏养护和附注等。下篇为药品商品，分为 2 章，重点论述了药材炮制、中药饮片和中成药商品，收载代表性中药饮片 141 种，中成药 57 种。饮片按照功能分类，中成药按照剂型分类，每种药项下的内容包括基原、商品性状特征、规格、主要化学成分、质量要求、贮藏养护、性味功能、用法用量等。

本教材体现了中药商品与使用价值、质量管理的有机结合，突出了现行药材、药品标准与传统中药辨状论质的相关性，在中药传承、基本方法和实用技术等方面均具有示范性和指导性意义。

本教材适用于中药类、药学类、制药类和中医类 5 ~ 7 年制的学生使用，计划授课 60 学时。各学校使用时，可根据专业的实际情况适当调整授课时数。

本教材由全国27所院校的专家教授组成了编写委员会，最后由主编张贵君教授进行了修改、统稿和定稿。本教材的编写是全体编写人员智慧的结晶和辛勤劳动的结果。在编写过程中，得到了人民卫生出版社和各编委所在单位的大力支持和帮助，在此一并致以衷心地感谢。

中药商品学属于中药专业必修课程，涉及药材、药品、商品等多层面知识的有机结合，具有较深的传承底蕴和科学内涵，故在课程体系和内容构建等方面难度较大。编写中虽经过编委们的辛勤努力，但仍难免存在某些问题，敬请使用本教材的广大师生和读者不吝赐教，以便逐渐完善和提高，不胜感谢之至。

编者

2016年3月

目　录

上篇　总　论

下篇 药品商品

上篇　总　论

第一章

概　论

第一节　中药商品学的基本概念

一、中药商品

中药(traditional Chinese drug)是指在中医药理论指导下临床用于治疗疾病的药物。广义的中药包括药材、饮片、复方及其制剂(中成药)。药材(traditional Chinese medicinal materials)是未经加工或仅经过简单加工的中药原料,亦称"中药材",通常分为植物、动物和矿物三大类。根据治疗疾病的要求,将药材净制、切制或炮制后入药,药材的加工品称之为饮片(decoction pieces),饮片既可供调配中医临床处方,也可作为生产中药制剂的原料药(bulk drug),即饮片是中药的起点。中成药(Chinese patent medicine)是以饮片为原料,根据临床处方的要求,采用相应的制备工艺和加工方法制备成的随时可以应用的剂型。中成药具有固定的形式和特性,包括丸剂、片剂、注射剂等40余种剂型。

中药商品(commodity of traditional Chinese drug)是医药市场流通、交换和经营中的特殊商品。国家及有关药品标准中规定使用的中药均为商品中药。研究商品中药的学科称为"中药商品学"(traditional Chinese drug commoditylogy)。

二、中药商品学

中药商品学是一门以中药商品质量(quality)和经营管理(management)为核心内容来研究其商品特征和使用价值的应用学科。它从商品学的角度研究临床使用的基本中药,阐述中药在流通领域中商品质量的变化规律,以及与保证中药商品质量有关的经营管理等基本理论与实践问题。换言之,中药商品学是研究在商品流通领域中如何保证中药商品质量和提高经营管理水平的应用学科。

中药商品学研究的范围包括:商品名称与基原(物种、生境、药用部位、产地、采制或生产工艺等)、商品特征、主要化学成分、鉴别与检查、质量要求、贮藏等。通过对上述内容的研究,分析和阐明中药商品的适用性,监测中药商品在流通和使用过程中质量的变化规律,制订中药商品的质量标准(quality standard)和检验方法(test method),

笔记

以利于对中药商品的全面质量控制和管理。

三、中药商品的特点

商品价值由商品自身的属性所决定，商品的属性构成了使用价值的物质基础。研究商品的使用价值要从与商品有用性相关的属性着手。商品的质量是指商品在一定使用的条件下，适合于用途所需要的多种特性的综合。也就是说，商品的用途、使用条件和使用方法等与其相关的属性，综合构成了这一商品的质量。中药是治疗疾病的物质，属于特殊商品，具有如下特点：

1. 中药质量的特殊性主要是其使用价值集中体现为治疗疾病。中药作为特殊的商品，其质量涉及到安全性、有效性和稳定性三个关键问题。质量合格的中药，可以用于治疗疾病；质量不合格的中药，不但误病还会害人。也就是说，中药的质量不合格，说明其没有使用价值。所以，要严格中药商品的质量管理制度，以保障临床用药的安全与有效。

2. 中药商品的经营活动与医疗卫生工作密切相关。对中药的经营，社会效益重于经济效益。经营的品种和数量取决于临床的需要，要根据医疗和保健需求的信息组织货源、生产和储备。

3. 中药绝大多数是由自然界的植物、动物和矿物经炮制、配伍并制剂而成，其品种繁多，商业管理具有一定的复杂性。目前，中药市场上的中药饮片达1200种左右，其中较常用的约占50%；中成药商品达10 000余种，其中较常用的基本药物（essential drug）2000多种。

4. 药材的加工炮制和生产工艺独特，所含药效物质有自然属性，副作用较小，合理使用不易造成药源性疾病。

5. 传统的野生药材资源（resources）逐渐匮乏，人工栽培和养殖的药材品种逐渐增多，加之饮片炮制和中成药生产技术水平较低、质量标准不完善，导致了中药产品的质量不稳定，应逐渐实现标准化（standardization）生产和质量标准化管理。

四、中药商品学的任务

1. 研究和制订中药商品的质量管理标准　中药商品的质量管理标准是中药生产和商品流通（circulation of commodities）的技术依据，是评定中药可用性的准则。研究中药商品质量的检验方法和有关标准，以便能科学地控制和提高中药质量，是中药商品学的主要任务。中药商品的质量标准必须在国家有关药品管理法规指导下制定。

中药商品均有一定的规格标准，中药的商品规格标准是国家指定的专业性标准。如药材和饮片的商品规格标准就是在《中华人民共和国药典》指导原则的基础上，根据产品的质量优劣程度来划分规格（specification）、等级（grade）；它是商品在生产和流通领域中，用来衡量和控制中药质量、贯彻执行“等价交换”和“按质论价”政策的重要依据。药材的商品规格标准，主要是在药材的生产、加工、收购、调拨、批发等各个环节中使用。至于供应出口的规格要求，有不适应的，可根据需方的要求，在可能的条件下，代理挑选加工。出口药材的规格等级较多，但均须注明传统商品名或冠以装运地名和包装名。

饮片和中成药的质量管理标准则应遵循国家药品生产质量管理规范等法规制定。

笔记

2. 鉴别中药商品的品质　中药在商品流通中，由于品种复杂和某些社会因素，常会出现伪品（counterfeit drug）、混淆品（adulterant）和代用品（substitute）。中药的正品是指中药法定的品种及其特定部位。中药的伪品是指非法定来源者。伪品的出现往往是由于药品紧缺或为贵重药、进口药等。伪造者常利用某些加工手段，使之在外形上与药品相似，以假充真，从而牟取暴利。混淆品是指名称和性状相似，易引起混淆的品种。代用品指的是性味、归经、功能主治与被代用中药相似的品种，但在配方用药时，不能随意替代，作为药品来讲，代用之说具有明显的不科学性。

中药商品的质量是指商品使用价值的优劣程度。对中药质量的基本要求是“安全和有效”，即在常规用法用量时，应具有确实可预防和治疗疾病的作用；同时不应损害人的正常组织和生理功能。中药质量的优劣取决其临床疗效，而疗效是由中药属性所决定的。因此，可以从中药属性的变化间接测定疗效、评价或定位其质量。在长期的实践中，人们逐渐认识到中药疗效与其形、色、气、味等属性有着密切的联系，并总结出了一套根据外观性状判断药材和饮片质量的基本方法。科学研究证实，中药的疗效与药效物质密切相关，中药最合理的质量指标应是药效物质的含量（药效组分）或其效价。我国法定的药品标准（drug standard）对一些中药的化学对照品含量做了具体规定，如《中华人民共和国药典》规定黄连的化学对照品盐酸小檗碱含量不得少于5.5%。但在目前大多数中药药效组分还没有查明的情况下，评价中药质量仍以传统的性状指标为主。药材和饮片的性状往往是药效物质的标志，如黄连味苦、色黄与其化学成分盐酸小檗碱的含量有关，所以用性状指标评价药材和饮片质量是有科学道理的。中药商业部门对大多数药材品种也是以性状为指标制定规格等级、判断药材优劣的。

影响中药商品质量的因素是多方面的，如药材的产地、生境、采收时间、产地加工、药用部位、炮制、调剂、运输、贮藏和中成药的处方、生产工艺、原料、检验、包装等，其中任何一个环节失控，都会导致中药质量下降，甚至丧失使用价值或威胁人民的生命安全。所以，保证和提高中药商品质量对促进中药商业的发展、继承和弘扬中医药学、提高人类的健康水平都具有特殊意义。

此外，研究中药商品适宜的采制方法、必要的包装和贮藏条件，以保证中药的质量，降低商品损耗，实现科学化的经营管理，为研制和开发新药奠定基础，也是中药商品学的重要任务之一。

第二节　中药商业与中药商品学历史沿革

一、中药商业的起源与发展

中药作为商品的生产与交换，在我国已有几千年的历史。早在《周礼》就记载有作为商品中药的草、木、虫、石、谷“五药”。《诗经》中记载了多种药用植物的名称，如葛、苓、芍药、蒿、芩等。《五十二病方》中记载了283首中药处方，并有饼、曲酒、丸、散等中药剂型。据杜佑《通典》记载，“秦有太医令丞主医药”。

西汉时代，在我国南北商品的交换中，中药商品已经占有较大的比例，如有柑橘、荔枝、龙眼等商品药材的记载。汉武帝时（公元前140～88年），张骞出使西域带进了

笔记

红花等药材，开始了中药的国际贸易活动。东汉建武元年（公元25年），朝廷设置了药丞、主药、主方等职务，分管皇帝的药品和配方，说明中药商品经营与管理已经有了明显的分工。《后汉书》中还记载了韦彪、张楷等著名的采药和卖药人。汉桓帝时期（公元147年起），曾有霸陵人韩康（字伯林）常采药于名山，在长安市上卖药达30余年。东汉末年至三国时期，名医华佗既行医又售药、制药。据考，《华氏中藏经》中有成方152首，有丸、散等十余种剂型，安徽亳州至今保留着华佗诊病和售药的场所"益寿轩"和"有珍斋"。据清江县志记载：三国时期，樟树已设立了药圩，建立了药材当圩（集市）赶集制度，构成了小规模的中药交易场所。随后由圩设店，并扩展到行、庄、批发号等，还成立了"药业会馆"，有"药不过樟树不齐，药不过樟树不灵"之谚语。中药商业已经形成了固定的行业。

两晋、隋唐是中医药学发展的鼎盛时期，唐代鉴真和尚曾将龙脑、乳香等中药带到日本。著名医家孙思邈和王焘在《备急千金要方》和《外台秘要》等著作中收载了大量的中药制剂，如著名的紫雪丹、苏合香丸等，在这些制剂中还含有部分进口药，说明当时的中药商业生产已经达到相当规模。

宋代，由于发明了印刷术，中药知识的传播和中药商业更见昌盛。政府在广州设立了"市舶司"，统管中药的对外贸易，如将中药运往阿拉伯，再经阿拉伯输送到欧洲各国。从中药的经营体制方面，出现了官营和民营两种交易场所；在商品经营方式上有批发、零售之分；在生产经营方式上一般都是前店后作坊；在经营品种上有"生药"和"熟药"之别。国家设立了太医院熟药所，制售成药。公元1076年，北宋太医局在京城（开封）开设"卖药所"，经营中药的配方和成药。至1103年又增加了7个局，分设在淮东、淮西、四川、陕西、襄阳等地，并在卖药所的基础上分建了专营成药制造的"修合药所"。之后，又将"卖药所"改为"惠民局"，"修合药所"改为"和济局"。至公元1114年，实行了国家统一管理的经营方式，中药的经营部门统称为"惠民合剂局"。朝廷还下令各地，凡有集市都应设置卖药机构，并与十余个国家有药品贸易业务。公元1151年，政府颁布了中药制造的规范和准则，定名为《太平惠民和剂局方》。

南宋时期，杭州出现了正式牌号的民营药铺20余家，并有生药铺、熟药铺及"川、广生药市"之分，有了经营道地药材（famous-region drug）的批发商业。

明清时代，中药商业的规模更加扩大，出现了区域性、垄断式的药品经营组织"十三帮"，即：京通卫帮、关东帮、山东帮、山西帮、陕西帮、古北口帮、西北口帮、宁波帮、彰武帮、怀帮、广帮、江西帮、亳州帮。在此基础上，形成了一批全国性的中药集散地，规模较大的有河北祁州（安国）、河南百泉（辉县）、江西樟树（清江市）、安徽亳州等地。中药商品的流通渠道经过了漫长的庙会、赶集等形式的集散市场，随着交通的发达，中药市场不断繁荣，中药商品的经营方式多样化。据祁州中药志记载：仅安国就有药行商号500余家，有主要经营帮货和道地药材的"生药行"、既销药材又售饮片的"拆货棚"、专营饮片的"片子棚"、经营炮制品和中成药的"熟药行"、专门生产和销售中成药的"成药业"等，流通渠道多样，信息网络广泛。随着海上航道的开通，我国与东南亚及欧美等国的中药贸易也日趋频繁。

中华人民共和国成立后，国家成立了专门的中药商业机构（commercial establishment）和医药行政管理部门，对中药的产、供、销实行统一管理。中药商业企业已遍布全国各大、中、小城市，并形成了一大批闻名遐迩的中药商贸中心，如亳州、安国、玉林、

笔记

成都荷花池、樟树等，并定期召开全国和国际性的中药商品交流大会，有力地推动了中药现代化和国际化的进程。

二、中药商品国际贸易历史

中药在国际市场上进行商品交换已有悠久的历史。远在宋元时期，在与日本的物资交流中中药贸易是重要的一项。当时，我国输出日本的中药主要是“香药”，而日本输入的中药则以硫黄为大宗商品。日本人来中国学习中药的人甚多，如宋代，著名的木下道正曾来我国学习制作解毒丸方法，对日本的药学影响很大。

宋代，在东西方通商交往中，我国相当一部分中药传入阿拉伯和欧洲各国。据《宋会要》记载：通过市舶司，由阿拉伯商人运往欧亚等国的中药有60多种，如朱砂、人参、牛黄、硫黄、茯苓、茯神、附子、常山、远志、甘草、川芎、雄黄、川椒（花椒）、白术、防风、黄芩等。其中牛黄深受外国医家的重视，阿拉伯名医阿文左阿在其笔记中记有“解毒石”（即牛黄）的功效，《伦敦药典》中收载了牛黄。11世纪初，塔什克著名医学家阿维森纳所著的《医典》中也记载有中药。说明中药商品在对外贸易史上有重要的地位。

公元1078年，朝鲜曾遣使来我国请医，当时政府派翰林医官邢造前往，并带去中药100种。之后，我政府又派医官去朝鲜教学，朝鲜栽培的人参、白附子等药材亦输入中国。

公元1132年前后，中外进行贸易的中药品种逐渐增多，如犀角、象牙、龙脑、香药、玳瑁、乳香、丁香、豆蔻、茴香、沉香、檀香、麝香、安息香、鸡舌香、龙涎香、木香、荜澄茄、胡椒、胡黄连、紫草、苏木、白梅、蔷薇水、阿魏、硼砂、白龙脑、温肭脐、龙盐、龙骨、五味子、琥珀、无名异、人参、硫黄、水银等，既推动了世界药学的发展，又从友好国家的药学中汲取了学术精华。

元代出口的中药也很多，如《真腊风土记》（真腊即柬埔寨）中载有水银、银朱、硫黄、焰硝、檀香、白芷等中药，说明与柬埔寨之间亦有频繁的贸易往来。

明代，成祖朱棣曾派郑和率领庞大船队7次下南洋，不仅带去了中药，还有医生偕同前往，与30多个国家建立了外交贸易关系，促进了经济、文化、医药的交流，外国药物的输入也丰富了本草学的内容。公元1606年，西方传教士熊三拔来到中国，结合西药的制造方法，编著的《泰西水法》中有《药露说》一卷，收载了临床使用的苏合油、丁香油、檀香油、桂花油、冰片油等。

清代引进的外国药物仅在《本草纲目拾遗》中有记载，如强水、刀创水、日精油、西洋参、东洋参、浮大海、洋虫等。但是，随着西方药物的输入，毒品鸦片亦随之进入我国，唐代的《新修本草》中就有“底野迦”（即鸦片）的记载。据文献记载，清康熙10年，每年有数十箱鸦片输入，给中国人民健康造成了极大的危害。

三、中药商品学的发展简史

1. 重要的本草学著作　前人在从事中药的生产、经营、质量鉴别等诸多方面均积累了丰富的中药商品知识和实践经验，这些知识和经验大部分是在“本草”（herbals）中记载并遗留下来。我国古代的本草著作约有400种之多，其中对中药商品业发展贡献较大的主要有下列几种。

笔记

（1）《神农本草经》（3 卷）：作者不详，成书于东汉末年，载药材 365 种，按医疗作用分为上、中、下三品（three grades of drugs），其中植物药 252 种、动物药 67 种、矿物药 46 种。该书是我国已知最早的药学专著，总结了汉代以前有关中药性能及用药基本理论等方面的知识，为后世我国药学的发展奠定了基础。

（2）《本草经集注》（7 卷）：梁・陶弘景著，成书于 502～536 年，载药材 730 种，按药材自然属性分为 7 类，记述了各中药性能、产地、采收加工等内容，是南北朝以前我国中药知识的总结。

（3）《新修本草》（《唐本草》）（54 卷）：唐・李勣、苏敬等撰，成书于 659 年，载药 850 种，按药材属性分为 11 部。该书由政府颁布，是我国也是世界上第一部由国家颁行的药典。首创了图文对照体例，出版不久即流传到国外，对世界医药的发展做出了重要贡献。

（4）《经史证类备急本草》（31 卷）：宋・唐慎微著，成书于 1108 年以前，载药材 1 746种。收集了许多民间单方、验方，为《本草纲目》的编写奠定了良好基础，是现存最早的完整本草。

（5）《本草纲目》（52 卷）：明・李时珍著，成书于 1596 年，载药材 1892 种、药方 11 096 首。药材按其基原的自然属性分为 16 部 60 类，附药图 1109 幅。本书集明代以前中药学知识之大成，收载内容的广度、深度及编写质量都远远超过明代以前的本草，是我国药学发展史上的传世巨著。该书在 17 世纪就流传到国外，先后被译成多种文字，是当代研究中药的重要参考文献之一。

（6）《本草纲目拾遗》（10 卷）：清・赵学敏著，成书于 1765 年，载药材 921 种。该书补充了《本草纲目》的内容，书中有 716 种药材是《本草纲目》中未记载的，是清代新增药材品种最多的一部本草著作。

2. 中药商品鉴别方法的发展

（1）中药商品鉴别的萌芽阶段：人类在长期与大自然的斗争中，逐渐产生了语言，学会了用火，发现了动、植物的某些治疗功能。为了治疗疾病，人们开始有意识地进行口尝、身受等实际体验，不断地积累了用药知识，开始了早期的医药活动。实际上，在中药产生的同时，人们就懂得了运用感官来识别自然界中植物、动物和矿物的形、色、气、味等，从而区别出哪些有治疗作用，哪些没有治疗作用，以及有无毒性等，逐渐形成了早期的“中药”商品鉴别知识。在这个时期，仅有对中药鉴别经验的间接反应，没有鉴别方法的直接记载。这些都充分说明中药商品知识凭借师承口传丰富起来了，它是中药商品知识的萌芽。在文字产生以后，就有了关于中药知识的记载，后经不断积累和发展，编著出版了本草著作。

（2）中药商品鉴别的文字记述阶段：《诗经》是我国现存文献中最早记载有药物的书籍，该书叙述了 50 多种植物类药材的采集、性状、产地等，已有了初步的性状鉴别方法。又据《淮南子》所载，相传有神农氏“尝百草之滋味”，并记有秦皮“以水浸之正青”的鉴别方法。《山海经》中有十巫采用百药的记载。《周礼・天官》载有“医师掌医之政令，聚毒药以供医事”。《五十二病方》中有丸、散、膏、酒等剂型的记载。

记载中药商品鉴别知识的本草著作首推《神农本草经》，它收载的药材中有 88 种与性状鉴别有关，如人参、黄连、麝香、甘草等。最早并具有较完备性状鉴别内容的本草，首推《吴普本草》（公元 220～265 年），该书记载了 40 余种药材的性状识别方法，

笔记

如硫黄"烧令有紫烟"等描述。晋·嵇含撰成《南方草木状》(公元304年),收载了我国广东、广西等省区的植物80余种,其中大多数为药材,如使君子、槟榔等,分别叙述了其形态及功能,反映了在这一时期已经十分注重药材的鉴别。

南北朝时期刘宋时代(公元420~479年),雷敩撰写了《雷公炮炙论》,该书对鉴别药材质量方面的内容记载较多。如对沉香的质量评价:以"沉水者为上,半沉水者次之,不沉水者劣"。在这个时期出现了药图,早期的药材图谱目前认为是《芝草图》。这在中药商品鉴定的发展史上是一大进步。

梁代(公元502~536年),陶弘景在《本草经集注》一书中,收载了鉴别中药真伪优劣的方法,指出了当时药材商品市场上存在有严重的药品混淆现象。如有"医不识药,惟听市人,市人又不辨究,皆委采送之家,采送之家传习造作,真伪好恶,并皆莫测。所以有钟乳醋煮令白,细辛水浸令直……以虺床为蘼芜"等记载。

(3) 中药商品鉴别的药图兴起阶段:唐代药材商品的鉴定发展很快,《新修本草》有药材图谱25卷、图经7卷,采用了图文鉴别法,对后世的影响颇大。唐代本草对中药商品学贡献较大的是陈藏器的《本草拾遗》(公元741年),该书对药材生境和性状的描述都很真实。

宋代,中药商品的品种日趋复杂,为了加强质量管理和普及中药商品的鉴别知识,苏颂等于1061年编撰了《本草图经》,该书中的药图名称大多冠以州县名,这反映了当时道地药材十分兴盛。

北宋后期,唐慎微将本草与图经合一,编撰了《证类本草》。该书是研究中药商品鉴别方法的重要文献。宋代著名的药物学家寇宗奭,根据自己观察实物和医疗实践经验,著成《本草衍义》,侧重药材商品的鉴别,提出了中药产地与质量的关系。

(4) 中药商品知识的条理化阶段:中药商品的知识在明代得到了进一步总结。陈嘉谟在《本草蒙筌》一书中对药材的"生产择土地"、"收采按时月"、"贸易别真假"进行了专门论述。对中药市场掺伪作假现象进行了详细调查,指出了"当归酒浸润、枸杞蜜拌为甜、蜈蚣朱其足"等以劣充优的现象。李中立在所著的《本草原始》中,总结了明代以前中药商品的鉴别经验,全书载379幅药图,绝大多数是药材写生图,图旁注有其质量标准。

李时珍在《本草纲目》中对中药商品特征记载较为完善,如对樟脑的记载:"状似龙脑,色白如雪,樟树脂膏也"。该书不仅继承了唐、宋本草图文并茂的优点,而且把所有中药鉴别的内容归入"集解"项下,使之条理化。清代的中药商品知识已比较普及,很多本草著作中都或多或少地谈到中药的鉴别。但除了在具体经验方面不断增加,同时更多地将中药的形、色、气、味与其药理相结合之外,并没有特别值得称道的发明。清末民国初年,郑奋扬编著的《伪药条辨》,可谓是辨别药材伪劣的专著。全书列举了这一时期出现的伪劣现象的药材110种,着重论述了其名称及形、色、气、味等鉴别特征和方法。

(5) 中药商品学的形成:20世纪初期,对中药商品的科学管理工作得到了进一步推进,由于受到国外学术的影响,出现了一些用现代植物学、药物化学等理论和方法对传统的本草学(Bencaology)进行整理研究的实例,开始了专门的中药教学和研究工作。

中华人民共和国成立以后,中药事业得到了空前的发展。我国许多药学工作者在

笔记

中药商品研究方面做出了很大的贡献，他们运用近代科学技术对中药商品进行鉴别、调查、考证，使中药由传统的经验鉴别发展到了现代的质量管理(quality management)，扩大了中药商品的经营品种和使用范围。20世纪50年代以后，相继出现了众多的以中药商品为主要内容的学术著作，如《中药材手册》、《中药志》、《药材学》、《药材资料汇编》等书籍，分别从中药商品的基原、鉴别特征、质量标志、商品流通等方面进行了研究和探讨，为中药商品学的形成奠定了基础。20世纪70年代初期，全国中等医药专业和专科学校相继开设了《药材商品学》课程并作为专业课。

随着中药商品市场的拓宽和国际化的必然趋势，对中药商品的质量评价、经营管理和教育滞后的矛盾日益突出，已经成为中药发展中亟待解决的关键性问题。20世纪80年代后期，全国部分高等中医药院校相继开设了《药材商品学》和《中成药商品学》课程，并有部分现代中药商品知识方面的著作陆续出版。到了20世纪90年代中后期，相继出版一大批与中药商品学相关的学术著作，如《常用中药鉴定大全》、《中国常用药材》、《中药材及饮片原色图鉴》、《中国民间单验方》、《中药商品知识》、《常用药材品种整理与质量研究》、《药材商品学》、《现代中药材商品通鉴》等。国家还组织实施了“71种药材质量标准规范化研究”的攻关项目，给中药的产业化和中药商业现代化带来了机遇和挑战。在此期间，各大专院校采用自编讲义授课。至21世纪，全国中医药院校和部分综合性大学的中药专业、药学专业、制药工程专业、中医专业、工商管理专业等已经纷纷开设了《中药商品学》课程。为了适应中医药教育事业发展的需要，出版能够反映现代中药商品基础理论、基本知识、基本技能的高等医药院校教材已经成为当务之急。2002年由张贵君教授主编的规划教材《中药商品学》问世，该书的出版对于满足我国中医药院校药学的教学需要、培养实用型高层次中医药人才、发展中药产业、使中药走向世界，均具有十分重要的现实和战略意义。

第三节 中药商品的名称

由于中药的历史演变、地域分布、行业交叉、民族用药习惯、地区性方言、错别字的传抄和用字不规范等因素，导致中药商品的名称具有多样性和复杂性，同名异物、同物异名、一药多名的现象严重。中药商品名称(trade name)的不规范，是造成了中药市场品种混乱的主要因素之一，故应对中药商品的命名方法和名称进行必要的整理和研究。

一、中文名称

中药商品的中文名称必须含意确切，科学性强，体现中医药特色，有利于临床应用，商品贸易(merchandise trade)和经营管理。

1. 药材

(1) 根据药材的产地或集散地命名：如党参主产于山西上党(今长治地区)，故称“上党人参”，后简称党参。又如巴豆主产于四川，秦艽主产于古代秦国(今陕西、甘肃)，皆因产地而得名。中药因产地不同，其质量差异很大，为了强调临床用药佳品，常在药材名前冠以地名，以示优质品，如辽细辛、川贝母、怀地黄等。

(2) 根据药材形状命名：如钩藤是因为茎枝上有弯曲的钩，乌头形如乌鸦头等。

笔记

（3）根据药材的颜色命名：丹参因其根及根茎栓皮紫红，紫草因其色紫，黄柏因其色黄，玄参因色黑而得名。

（4）根据药材的气味命名：五味子因其果皮酸、甜，种子苦、辛又有咸味而取名。苦参因其味极苦，甘草因其味甜而得名。

（5）根据药用植物的生长特性命名：夏枯草因生长到夏至枯萎，款冬花因至冬才开花，半夏指立夏至夏至之间即完成生长周期等。

（6）根据药用部位命名：如桂枝是桂树的嫩枝，鹿角是鹿骨化的角。

（7）根据功效命名：如防风能防治诸风邪，泽泻能渗湿利水肿，远志能益智强志，伸筋草能舒筋通络。

（8）根据进口药材名的译音命名：如诃子原名“诃黎勒”，产印度、缅甸，音译而来。胡黄连、胡椒均原产印度、尼泊尔等国，其胡字是印度番语之意。

（9）根据人名命名：如刘寄奴、杜仲、徐长卿、使君子等都是以纪念最早发现此药的人而得名。

（10）根据传说故事而命名：如女贞子、相思子、牵牛子等。

2. 饮片　临床上直接使用新鲜药材加工的饮片，常在药材名称前冠以“鲜”字，如鲜石斛。一般生用的饮片，使用药材名称。具有毒性或生熟品功效差异较大时，在生品的饮片名字前常加生字，以引起注意，如生川乌。炮制品常在饮片名字前冠以炮制的方法、辅料的名称或缀以炮制后的形态，如煅石膏、巴豆霜、川芎片、酒白芍等。

3. 中成药　中成药的名称，一般均用药名加制剂名称组成，其命名的形式主要有以下二类：

（1）单味药制剂一般采用饮片或药材的名称，如三七片。

（2）复方（compound recipe）制剂常采用以下几种方式命名：①使用处方中主要饮片的缩写名，如香连丸。②用君药或在君药前冠以复方二字命名，如天麻丸、复方丹参片。③用君药名称、方剂中药味的数量或主要功能命名，如龙胆泻肝丸、六味地黄丸。④根据处方中饮片之间的剂量比例或剂量限度命名，如六一散、七厘散。⑤用君药和服用方法结合，如川芎茶调散。⑥用有效成分命名，如齐墩果酸片。⑦用成方的原始文献与主要功能结合命名，如金匮肾气丸、普济回春丸等。⑧用成方创始人名或与君药、主要功能结合命名，如李占标膏药、万氏牛黄清心丸、华佗再造丸等。⑨药名前冠以产地，如云南白药、广东蛇药片等。⑩用制剂的性状命名，如紫金锭、一捻金等。⑪用中医术语或主要功能、主治命名，如通宣理肺丸、利胆片等。⑫用假借或比喻的方法命名，如六神丸、二仙膏等。⑬用炮制方法命名，如九制大黄丸、十灰散等。⑭用古代哲理命名，如戊己丸、左金丸等。

4. 中文名称的类型

（1）正名：正名是各级药品标准记载的法定名称。一种中药只允许有一个正名，有些记载中药的书籍中采用的正名与药品标准中的名称不一致，使用时应以药品标准的名称为准。

（2）别名：别名是除正名以外的名称，又称为“副名”和“异名”。一种中药常常有多个别名。正名和别名不是固定不变的，如龟板在1985年版《中华人民共和国药典》中为正名，而1990年版《药典》则改用“龟甲”作正名，这样，“龟板”就成了别名。中药别名可依其使用范围大致分为若干类型。

笔记

1）处方名：处方名是医生开中药方时经常使用的别名，它的主要特点是体现了医生对饮片的要求。如“炙甘草”是对炮制加工的要求；“霜桑叶”、“鲜茅根”是对采收、贮藏的要求；“川黄连”、“绿升麻”是对药材来源、产地、性状诸方面的要求等。处方别名常因地而异，如“山茱萸”，北方医生习惯写成“萸肉”，南方医生则习用“枣皮”。有的医生常把几个药名并成1个，如“乳没”（指乳香和没药）、“二冬”（指天冬和麦冬）、“三仙”（指神曲、麦芽和山楂）等。有时处方中还会出现一些很少见的古药名，如“安南子”（胖大海）、“红蓝花”（红花）等。

2）地方名：地方名是各地民间流传的药材别名，又称“土名”或“俗名”。它的特点是数量多、地方性强、使用范围小。有的流传于某一地区，如人参在东北地区有“棒槌”之名。目前，出版的中药文献虽收载了不少地方名，但流传于民间未见文字记载的仍有相当多。地方名称在中医处方中及中药商业单位内部一般不用，但从事药材收购工作的人员则必须了解当地的土名，因不少边远地区的群众只知某些地产药材的土名而不知其药名。

3）商品规格名：商品规格名是在中药商业行业内部使用的别名，是全国通用的“行话”。如“冬麻”（天麻商品的一种规格）、“二杠”（鹿茸商品的一种规格）、“蛋吉”（大黄商品的一种规格）等。他们的特点是能够体现同一中药在质量、价格等方面的差异。在中药营销工作中，常用规格名代替正品名，故可视为别名。

4）植物栽培品种名：是中药进入商品流通领域之前的别名，仅在药品生产者之间使用。如“大马牙”和“二马牙”（人参）、“金状元”（地黄）、“红叶臭头”（苏薄荷）等都是种植药材的栽培品种名。栽培品种名不同的中药在质量、商品鉴别特征等方面都存在着明显的差异。因此，了解此类名称对从事中药经营管理、质量鉴定、物价等工作均有益处。

5）古名：指古代文献有记载而现在已经不使用的药名，如“地精”（人参）、“鬼督邮”（天麻）等。这些名称主要记载在古代本草中，可供中药本草考证之用。

二、拉丁文名称

为了使中药商品的名称统一化、标准化，有利于国际贸易和交流，可使用拉丁文名称。

1. 命名的基本规则　基本格式为：药用部位或剂型名（名词单数主格）加药名（名词属格）。即药用部位或剂型名用名词单数主格形式位于前，药名用名词单数属格形式置于后，当然也有例外（现版《中国药典》则将药用部位或剂型名用名词单数主格形式位于后）；如有形容词，则列于最后。其中药名通常使用药用动、植物的学名（scientific name）或原矿物的拉丁名等，亦有使用汉语拼音和俗名的。

中药拉丁名（Latin name of traditional Chinese drug）中的名词和形容词第一个字母均大写，连词和前置词第一个字母均小写。

2. 命名的方法

（1）植物类中药的命名：植物类中药命名的方法较多，主要有以下几种类型。

1）药用部位名加植物学名的属名：此种方法主要用于下列情况：一个属中只有一种植物作中药用，例如：杜仲 Cortex Eucommiae。同属中有几种植物作为同一中药使用，例如：黄连 Rhizoma Coptidis。同属中有多种中药，其中某一药材首先采用属名

笔记

作为中药命名的一部分[同属中的其他中药按下面(3)法命名],例如:辛夷 Flos Magnoliae。

2) 药用部位名加植物学名的种加词:此种方法多属于习惯用法。例如:人参 Radix Ginseng。

3) 药用部位名加植物学名:此种方法主要用于下列几种情况:同属中有多种药用植物,分别作不同中药使用,例如:当归 Radix Angelicae Sinensis、白芷 Radix Angelicae Dahuricae。同属中有多种中药,其中已有一种中药的命名采用了该属的属名,那么同属中其他中药的命名可采用本法。若同属中其他几个种作同一中药来源,则选用该中药的主流品种的名称,例如:厚朴 Cortex Magnoliae Officinalis。

4) 药用部位名加植物学名的属名或种名,再加形容词:形容词置于后,与所修饰的药用部位名保持性、数、格一致,例如:豆蔻 Fructus Amomi Rotundus(近圆形的)、附子 Radix Aconiti Lateralis(侧生的)Praeparata(制备的)。

5) 药用部位名加植物学名的属名,再加前置词短语:此种方法也用来说明中药的特征、性质。其中前置词 in(在……内,呈……状)和 cum(含,带,同)所组成的前置词短语置于后。例如:竹茹 Caulis Bambusae in Taeniam(呈带状),胆南星 Arisaema cum Bile(含胆汁)。

6) 药用部位名加植物学名的属名,或药用部位名加植物学名的属名、植物学名的属名:此种方法用于中药的药用部分为同种植物的不同部位或中药来源于两个不同属的植物,例如:大黄 Radix et Rhizoma Rhei、马勃 Lasiosphaera seu Calvatia。

在中药拉丁名中,用连词连接药用部分的两个不同部位或用连词连接两个不同属,这样构成的中药拉丁名,随着中药事业的发展,有时会有更改。

7) 仅用植物学名的属名或种加词、或药用部位名加俗名作为中药拉丁名:此种方法遵循的是习惯用法,有些是国际通用名称。例如:冬虫夏草 Cordyceps,牡丹皮 Cortex Moutan。

(2) 动物类中药的命名:动物类中药命名的方法与植物类中药基本相同,主要有以下几种情况。药用部位名加动物学名的属名:如牡蛎 Concha Ostreae、牛黄 Calculus Bovis。药用部位名加动物的学名:如羚羊角 Cornu Saigae Tataricae。药用部位名加动物学名的属名或种加词、加工品名:其中加工品用名词主格,药用部位名、动物学名的属名或种加词都用名词属格,如阿胶 Colla Asini Corii。药用部位名加动物学名的属名和形容词:如鹿茸 Cornu Cervi Pantotrichum(具茸毛的)。动物学名的属名加形容词:如金钱白花蛇 Bungarus Parvus(幼小的)。动物学名的属名、药用部位名加属名或属名加属名:如蛤壳 Concha Meretricis seu Cyclinae、土鳖虫 Eupolyphaga seu Steleophaga。仅用动物学名的属名或种加词:如蕲蛇 Agkistrodon、蛤蚧 Gecko。仅用动物的俗名:如蜂蜜 Mel,全蝎 Scorpio。

(3) 矿物类中药的命名:矿物类中药的命名主要有 2 种形式,一是用矿物所含的主要化学成分的拉丁名或化学成分拉丁名加形容词,如芒硝 Natrii Sulfas、玄明粉 Natrii Sulfas Exsiccatus(干燥的)。二是用原矿物的拉丁名,如炉甘石 Calamina。

(4) 中成药(制剂)的命名:根据《中华人民共和国药典》中的中成药拉丁名归纳如下:剂型名加主要原料药学名的属名,如远志酊 Tinctura Polygalae。剂型名加主要原料药学名的种加词,如甘草浸膏 Extractum Glycyrrhizae。剂型名加主要原料药的学名,

笔记

如刺五加片 Tabellae Acanthopanacis Senticosi。剂型名加主要原料药学名的属名和形容词,如复方甘草片 Tabellae Glycyrrhizae Compositae(复方的)。剂型名加原料药拉丁名,如满山红油滴丸 Pilulae Oliei Phododendri Daurici。使用中成药中文名称的汉语拼音,如冠心苏合丸 Guanxin Suhe Wan。

第四节 中药商品的分类

中药商品的品种繁多,为了便于学习、研究、管理和应用,必须根据不同的使用目的对中药加以科学的分类。分类方法随着时代的前进和新药的发现不断改进。

一、药材及饮片分类

(一)古代分类法

1. 按饮片的性能分类 分为上、中、下三品 如《神农本草经》即按此法分类。上品 120 种,多为无毒的滋补药;中品 120 种,有的有毒,有的无毒,对疾病的治疗作用较广泛;下品 125 种,多为有毒、药性猛烈的中药。

2. 按中药的来源和自然属性分类 如《本草经集注》按中药的自然属性分为玉石、草、木、果菜、米食、有名未用 6 类,每类又分上、中、下三品。《本草纲目》则将中药分为水、火、土、金、石、草、谷、菜、果、木等 16 部,部下又分 60 类,如草部又分为山草、芳草、隰草、毒草、蔓草、水草、石草、苔草、杂草 9 类。

(二)现代分类法

1. 按药用部位分类 这种分类方法便于对中药商品的鉴定、经营管理和贸易,一般归纳为植物药类、动物药类和矿物药类。植物药可分为根及根茎类、茎木类、皮类、叶类、花类、果实及种子类、全草类、藻菌和地衣类、树脂类等,动物药可分为骨骼类、昆虫类、贝壳类、分泌物类、角类、排泄物类等,矿物药一般不再分类。

2. 按药材基原(原植物、原动物或原矿物)的自然分类系统分类:采用这种分类方法,便于对中药的品种鉴定,也利于根据植物、动物的亲缘关系去开发和研制新药。如生物药按照科属分类,矿物药按照晶系分类。

3. 按饮片的性味或功效分类 这种分类方法便于临床用药。如分为辛味药、酸味药,或寒性药、热性药,或解表药、清热药等。

4. 按所含的主要化学成分分类 这种分类方法便于研究中药的活性成分(active constituent)及其药理作用,便于通过对中药所含化学成分的研究去寻找生物合成的途径和理化分析方法。动、植物药可分为含生物碱类、苷类、蛋白质类中药等。矿物药可按所含的阳离子或阴离子的类型分类。

5. 按药名汉字首字笔画或汉语拼音字母顺序分类 此种分类方法多在中药的书籍中采用,便于学习和查阅。

此外,为了适应中药商品的储运工作,也可按照道地产区将药材分为川汉类、西怀类、山浙类等。有时按照管理要求分为贵细药、毒麻药、常规药。按照销售的要求可分为大路货和备路货、长线商品和短线商品。按照加工的需要可分为个子货、切片;切片根据生产要求和形态特征常分为圆片(顶头片)、斜片、直片、肚片、丝条片、刨片、段子(节)、骨牌片、骰子(丁子)、粉末、劈块、剪片等。为了对中药商品进行数字化管理,也

笔记

有使用商品分类代码的，如国家标准局曾颁布了《全国工农业产品（商品、物资）分类与代码》的国家标准。

二、中成药分类

中成药常用的分类方法有：按剂型分为丸剂、片剂、颗粒剂等，此种分类方法便于中成药商品的研究、生产、检验、贸易、运输和贮藏。按主要功能分类，如补益之剂、发表之剂等，此种分类方法便于调剂、零售和临床用药。在实际工作中，也可参照和借鉴药材及饮片的部分分类方法。

（张贵君 王世清）

笔记

第二章

中药商品的经营管理

第一节 中药商业机构和任务

中药商业的机构是指在中药商品生产(commodity production)和流通(circulation of commodities)基础上形成的一种专门从事中药商品经济(commodity economy)活动的组织,使中药商品的产、购、销、调、储有机地结合起来,实现中药商品从生产领域向消费领域的转移。中药商业的机构按工作性质可分为行政管理机构和企业经营机构两大类。

一、行政管理和监督机构

我国中药商业的行政管理机构主要是中华人民共和国卫生和计划生育委员会、国家食品药品监督管理总局、国家中医药管理局。他们的中心任务是根据国家方针、政策和保障人民健康的需要,加强中药经营和中医医疗事业的宏观管理,制订和颁布国家有关法规,监督中药的生产、流通和全面的质量管理,推动中医药事业长期稳步地向前发展。

国家卫生和计划生育委员会、国家食品药品监督管理总局主管的药品认证管理中心、药品评审中心、药典委员会、中药品种审评委员会和中国药品生物制品检定研究院等职能部门具体负责食品药品监督和管理工作,各省区、市、县均下设有相应的管理部门。由于中药的品种繁多,一般均实行分级管理,对于产销量大、流通面广、价值较高、具有统一管理条件的中药,颁行国家标准,其余的由省、市、自治区自行制订标准。

中国药品生物制品检定研究院是国家对药品质量监督、检验和仲裁的法定专业技术机构。为了加强进出口药品的监督管理,国家在北京、上海、天津、广州和大连等城市,设立了口岸药检所,专门检验进口药品。

二、企业经营机构

我国中药商品的经营机构主要是中国药材公司,下设省、市、地区、县等分公司以及各级批发部门(包括采购供应站),零售企业(药店、中药房)等,负责国内中药市场的购销、调配、调拨、展销等经营管理,保证中药商品符合质量标准,并协同中国医药保健品进出口总公司进行中药商品的国际贸易业务。

1. 中药商业企业的种类 中药商品的经营与管理是通过中药商业企业的经营活

笔记

动来实现和完成的。中药商业企业的基本职能是在中药商品的活动中起媒介作用，它包括中药系统的各级中药专业经营和兼营的单位。中药商业企业按照所有制、经营范围和经营方式可分为多种类型，每种类型的企业均有特殊的管理方式和经营特色。中药商业企业按照生产资料所有制的性质分为国有、集体和民营企业。国有企业在中药商品流通领域中占主体，在多种经营形式、经济方式和多种流通渠道并存的流通体系中，它担负着中药商品流通的主要任务并发挥着主导作用。按照经营方式可分为自营、代营、联营企业，联营中药商业企业是商业与商业之间、工商之间、农商之间在自愿互利的基础上建立的经济联合体，其主要形式有中药集团公司和中药连锁经营店。按照商品流通过程中的地位和作用，通常将其分为批发、零售、批零兼营、行栈企业等。

（1）中药批发企业：中药批发（wholesale）企业是中药生产和销售的桥梁，它从生产单位或其他部门购进、调拨药品，批量供给零售企业、医疗单位、下一级批发企业，或供应生产企业作为生产的原料，是基本业务的经济组织实体。中药批发企业的主要任务是：进行市场调查和预测；根据医疗保健的需要，帮助生产者安排和落实生产任务，做好原材料的收购和供应，促进和引导中药商品生产的发展；根据国家的方针政策，合理组织中药商品的分配、调拨或供应；适应市场的需要，合理储存商品并做好养护工作。中药批发企业按其业务的范围一般分为省（市）批发企业和县（市）批发企业。

（2）中药零售企业：中药零售企业（retail enterprise）是中药商品流通领域的终点，销售对象是消费者。中药零售企业有规模小、销售数量零星、交易次数频繁等特点。它的基本任务是：研究市场药品供应的情况，积极组织适销对路的药品，反馈消费者的意见；满足人们医疗保健的需要，为生产部门提供市场信息；严格遵守药政管理法规，保证投药准确和用药安全；文明经营，不断提高服务质量。中药零售企业按照业务的经营范围可分为综合性和专业性企业两大类，包括零售门市部和药店等。

2. 中药商业企业的责任和任务　中药商业企业的基本责任和任务如下：要认真贯彻执行国家的有关政策和药政法规，坚持社会主义的经营方向，端正经营作风；要积极组织中药商品流通，寻求适合医疗市场特点的经营方式，保证完成国家或部门下达的中药产、供、销等各项计划指标，严格履行经济合同；正确处理商工、商农、商贸、商林、商学等各方面的关系，根据客观经济规律和中药商业企业的特点，提高中药商品的科学经营管理水平，促进中药经营管理的现代化和标准化；加强中药生产和消费的链接，经常进行中药市场的调查研究和供需预测，保证市场消费的需要；主动接受社会和卫生、药政和药检等部门的监督检查，确保中药商品的质量；严格遵守财经纪律，合理使用资金，降低成本，提高社会效益和经济效益；加强对企业职工的素质教育，经常开展企业文化和专业技术等方面的培训工作，提高服务质量。

第二节　中药商业的经营特点

中药商业是特殊商品的流通企业，它不但有商品的经营方式，还有医药市场的特殊属性。医药商业企业首先要按照 ISO 9000 国际标准的质量控制和质量管理系统，实施全面的质量管理，按照 GMP、GSP 的要求组织生产和经营，以确保产品质量。医药产品，必须在商品市场进行分配和交换，所以不可避免地存在着市场竞争。另一方面，医药企业为了自己的产品在市场上具有竞争力，又要保证用药安全和有效，就必须

笔记

树立市场观念,搞好市场预测,在实施市场策略的同时,要特别注意建立市场信息传递与反馈系统,了解质量信息和用户的需求信息,做出正确的决策,不断为社会生产提供质量可靠、服用方便的药品。

药品经营活动特点是必须持有商业药品经营许可证,产销关系密切,供方稳定,供应及时,主要对象是医疗单位和下级批发站。具有一定的仓储条件和储备能力。经营技术性强,有熟悉商业经营知识的执业药师。

第三节 中药商品流通环节与物流

一、中药商品流通环节

中药的经营活动运行有一定规律性,研究和掌握这些规律是搞好药品经营的前提和必要条件。中药市场流通规律一般经过采购、运输、储存和销售 4 个主要环节,其中,购与销在流通中起主导作用,运与储是购销的辅助条件。要有计划地组织、调节好流通过程,以保证医疗市场的需要。

1. 采购 采购是中药商品流通的起点,也是组织中药货源的手段。中药商品采购必须遵照国家的有关规定,在市场需要的前提下,坚持品种、规格、质量、数量、价格同时并重的原则,做到按需进货,择优选购。中药商品采购的基本程序:市场调研、库存分析、制定采购计划、签订采购合同。中药商品采购的方式:一是产地采购,对于企业长期经营,市场销售稳定的大宗药品,可以从药材主产地或生产厂家直接采购,此种方式采购到的中药价格低、质量好、贮藏时间短。二是调剂采购,许多非大宗药品,可以在中药商业企业之间相互调剂,用这种方式采购到的中药品种全、到货及时,但价格高、商品贮藏时间较长。三是储备采购,对于一些季节性强、市场短缺或销售量大的药品,可以一次性大批量采购储存备用,这种采购方式占用仓储,风险也较大,但如果判断准确,则可以获得较好的社会效益和经济效益。

2. 运输 运输是商品流通环节之间必须经过的移动过程。采取正确的运转方式,合理地减少中药运输的中间环节,可以加速医药商品流通、降低流通费用、节约运输力和劳动力、并能取得较好的社会效益和经济效益。中药商业企业要严格遵守药品运输的有关管理条例,按照“及时、准确、安全、经济”的运输原则,合理地组织商品的运输。

3. 储存 储存是指中药商品离开生产领域、尚未进入消费领域以前,在流通过程中的暂时停留。库存是药品流通中的必要条件和环节。中药商品在储存中必须遵循保证供应、分类储存、保证质量、以销定进的原则,实现药品在数量、时间、结构上库存的合理性,保证供应,并在经费上力求经济合理。中药商品储存的基本任务是安全储存、科学养护、降低损耗、保证质量、收发迅速、避免事故。

4. 销售 销售是商品流通的终点,药品只有售出后其价值才能实现,药品生产的基本作用是直接满足医疗、预防的消费需求,只有把药品商品直接送到消费者手上才能不断提高服务质量,并为药品生产推销更多的产品。销售中药的商业企业,必须是取得《药品经营许可证》及《营业执照》的合法企业。销售包括批发销售、零售 2 大类。近年来,医药行业密切配合,积极探索把流通体制改革作为软科学重点研究,一些地区

笔记

已经形成了“全国总代理→地区分销商→零售连锁经营”等中药商品流通体制的新格局。

二、中药商品物流管理

中药商品物流（logistics）是中药从供应地向消费地的实体流动过程中，根据实际需要，将运输、储存、采购、装卸搬运、包装、流通加工、配送、信息处理等基本功能有机结合起来实现临床用药要求的过程，属于一种经济活动。即以仓储为中心，促进生产与市场、消费保持同步。

中药物流管理（Logistics Management）是指在中药商品流通过程中，根据其药品实体流动的规律，应用管理的基本原理和科学方法，对中药商品从生产到消费活动进行计划、实施、协调、控制和监督，使各项物流活动实现最佳的协调与配合。

中药商品的物流与药材和药品生产、中药商品经营企业、中药材专业市场、消费人群、物流设施与新技术应用等因素密切相关，也与交通运输条件与方式改善密不可分。

1. 中药材专业市场　目前，我国主要有十七家中药材专业市场：安徽亳州、成都荷花池、广西玉林、河北安国、江西樟树、湖南廉桥、西安万寿路、山东舜王城、湖北蕲春、广州清平、广东普宁、河南禹州、重庆解放西路、昆明菊花园、岳阳花板桥、兰州黄河、哈尔滨三棵树。

2. 中药物流的功能

（1）运输功能：运输是物流的核心业务之一，也是物流系统的一个重要功能。选择何种运输手段对于物流效率具有十分重要的意义，在决定运输手段时，必须权衡运输系统要求的运输服务和运输成本，如运费、运输时间的准确性、频度、运输能力、货物的安全性、适用性、伸缩性、网络性和信息等。

（2）仓储功能：仓储功能包括了对进入物流系统的货物进行堆存、管理、保管、保养、维护等一系列活动。其作用表现在两个方面：一是完好地保证货物的使用价值和经济价值，二是为将货物配送给用户，在物流中心进行必要的加工活动而进行的保存。随着经济的发展，仓储功能从重视保管效率逐渐变为重视如何才能顺利地进行发货和配送作业。

（3）包装功能：包装分工业包装和商品包装两种。工业包装的作用是按单位分开产品，便于运输，并保护在途货物。商品包装的目的是便于最后的销售。因此，包装的功能体现再保护商品、单位化、便利化三个主要方面。

（4）装卸搬运功能：装卸搬运是随运输和保管而产生的必要物流活动，是对运输、保管、包装、流通加工等物流活动进行衔接的中间环节，以及在保管等活动中为进行检验、维护、保养所进行的装卸活动，如货物的装上卸下、移送、拣选、分类等。对装卸搬运的管理，主要是对装卸搬运方式、装卸搬运机械设备的选择和合理配置与使用以及装卸搬运合理化，尽可能减少装卸搬运次数，以节约物流费用，获得较好的经济效益。

（5）流通加工功能：流通加工功能是在物品从生产领域向消费领域流动的过程中，为了促进产品销售、维护产品质量和实现物流效率化，对物品进行加工处理，使物品发生物理变化的功能。属于物流活动中的一项重要增值服务，也是现代物流发展的一个重要趋势。流通加工的内容包括：装袋、定量化小包装、拴牌子、贴标签、配货、挑

笔记

选、混装、刷标记等。

（6）配送功能：配送是现代物流的一个最重要的特征。配送功能的设置：可采取物流中心集中库存、共同配货的形式，使用户或服务对象实现零库存，依靠物流中心的准时配送，而无需保持自己的库存或只需保持少量的保险储备，减少物流成本的投入。

（7）信息服务功能：物流需要依靠信息技术来保证物流体系正常运作的。物流系统的信息服务功能，包括进行与上述各项功能有关的计划、预测、动态（运量、收、发、存数）的情报及有关的费用情报、生产情报、市场情报活动。财物流情报活动的管理，要求建立情报系统和情报渠道，正确选定情报科目和情报的收集、汇总、统计、使用方式，以保证其可靠性和及时性。从信息的载体及服务对象来看，该功能还可分成物流信息服务功能和商品流信息服务功能。商品流信息主要包括进行交易的有关信息，如货源信息、物价信息、市场信息、资金信息、合同信息、付款结算信息等。商品流中交易、合同等信息，不但提供了交易的结果，也提供了物流的依据，是两种信息流主要的交汇处；物流信息主要是物流数量、物流地区、物流费用等信息。

信息服务功能的主要作用表现为：缩短从接受订货到发货的时间；库存适量化；提高搬运作业效率；提高运输效率；使接受订货和发出订货更为省力；提高订单处理的精度；防止发货，配送出现差错；调整需求和供给；提供信息咨询等。

3. 中药物流管理分类

（1）宏观物流与微观物流：宏观物流是指社会再生产总体的物流活动，是从社会再生产总体的角度来认识和研究物流活动。宏观物流主要研究社会再生产过程物流活动的运行规律以及物流活动的总体行为。微观物流是指消费者、生产者企业所从事的实际的、具体的物流活动。在整个物流活动过程中，微观物流仅涉及系统中的一个局部、一个环节或一个地区。

（2）社会物流和企业物流：社会物流是指超越一家一户的以整个社会为范畴，以面向社会为目的的物流。这种物流的社会性很强，经常是由专业的物流承担者来完成。企业物流是从企业角度上研究与之有关的物流活动，是具体的、微观的物流活动的典型领域，它由企业生产物流、企业供应物流、企业销售物流、企业回收物流、企业废弃物物流几部分组成。

（3）国际物流和区域物流：国际物流是不同国家之间的物流，这种物流是国际间贸易的一个必然组成部分，各国之间的相互贸易最终通过国际物流来实现。国际物流是现代物流系统中重要的物流领域。区域物流是相对于国际物流而言，指一个国家范围之内的物流。

（4）一般物流和特殊物流：一般物流是指物流活动的共同点和一般性，物流活动的一个重要特点是涉及全社会的广泛性，因此物流系统的建立及物流活动的开展必须有普遍的适用性。特殊物流是指在遵循一般物流规律基础上，带有制约因素的特殊应用领域、特殊管理方式、特殊劳动对象、特殊机械装备特点的物流。

4. 药品的物流建设　2005 年 4 月 19 日国家食品药品监督管理局发布了《关于加强药品监督管理促进药品现代物流发展的意见》。

（1）对于申请新开办药品批发的企业，要按照《药品经营许可证管理办法》和《药品经营质量管理规范》的规定，坚持药品批发企业的现代物流准入条件，坚持药品批发企业要具有适合药品储存和实现药品入库、传送、分检、上架、出库等现代物流系统

笔记

的装置和设备，具有独立的计算机管理信息系统，能覆盖企业药品的购进、储存、销售各环节管理以及经营全过程的质量控制。

（2）鼓励具有药品现代物流条件的药品批发企业通过兼并、重组、联合发展，促进规范化、规模化，使企业做大做强。允许其接受已持有许可证的药品企业委托进行药品的储存、配送服务业务。

（3）允许有实力并具有现代物流基础设施及技术的企业为已持有许可证的药品企业开展第三方药品现代物流配送，第三方药品现代物流企业应在不同区域设有储运设施，能够为药品企业提供跨（区、市）的药品储存、配送服务。仓储、运输条件要优于《开办药品批发企业验收实施标准（试行）》中相关条件的要求。

（4）积极支持具有现代物流基础设施及技术的药品企业参与农村药品配送，在农村“两网”建设中实现更大规模、更大区域的集中配送、连锁经营。

（5）加强药品监督管理信息化建设。要采用互联网技术实现资源共享、数据共用、信息互通，逐步使药品监管信息与药品企业的信息有机地结合起来，真正实现有效的监督。要加强药品经营许可软件的管理和使用，加强使用人员的管理和培训，加强现代药品物流的监管。

伴随着我国医药卫生体制改革方案的逐步出台和实施，一些医药流通企业的运作模式必然会向物流配送中心运作模式转变。药品连锁经营的发展及物流配送中心的建设、尤其是现代物流高科技实用技术的应用，将大大加快我国医药流通领域发展的现代化水平。

第四节　中 药 价 格

中药商品和其他商品一样，具有使用价值和自身价值两重性，中药的价值可以通过价格得以体现。中药商品的价格可以根据管理形式和流通过程来分类。按照中药价格管理形式可分为国家定价、国家指导价和市场调节价；按照中药商品流通的过程可分为收购价格、调拨价格、批发价格和零售价格。由于零售价格直接面对消费者，关系到国家利益和广大消费者的利益，所以，是价格体系中政策性最强的价格。

一、中药价格的制定方法

1. 药材价格的制定

（1）收购价格：根据国家现行政策规定，药材收购价格按照各类药材的不同情况，分别实行全国一价、全省一价、片价和一县一价。药材收购价格，一般是由生产地制定；次产地的收购价格，可参考主产地收购价格制定，流通到销售地的药材，可按产地的收购价格酌加商品运杂费。

（2）批发价格：药材的批发价格，按照省内生产、省内调进以及原药和饮片等不同情况，可分为如下几种价格。

地产中药原药批发价由收购价、代购手续费、挑选整理包装费、县内运杂费和购销差率构成，其计算公式是：地产原药批发价=［收购价×（1+代购手续费率）+挑选整理包装费+当地运杂费］×（1+购销差率）。产地内销售批发价同上计算；产地外批发价则由原药批发价、运杂费和原产地差率构成，如省外原药材批发价=（省外产地或产地原药批发价+运杂费)×(1+省外至省内地差率)。

进口中药由省级公司以口岸为基价制定中心城市市场批发价，各地、市、州、县按中心城市市场批发价加运杂费，再加规定的综合差率制定本地批发价，其计算公式是：进口药材批发价=(中心城市批发价+运杂费)×(1+综合差率)。

饮片批发价由原药批发价、加工损耗、辅料费、包装费或包装折旧费、燃料费、工时费、扩大再生产费构成，其计算公式是：饮片批发价=[批发价/(1-加工损耗率)+辅料费+包装费或包装折旧费、燃料费+工时费]×(1+扩大再生产费)。

(3) 零售价格：原药零售价由原药批发价和批零差率构成，其计算公式是：

原药零售价=原药批发价×(1+批零差率)。饮片零售价由饮片批发价和批零差率构成，其计算公式是：饮片零售价=饮片批发价×(1+批零差率)。

(4) 调拨价格：药材调拨价格，由调出地当日批发价格减去规定或协商的倒扣率构成，其计算公式是：药材调拨价=调出当日批发价×(1-倒扣率)。

2. 中成药价格的制定　中成药价格按其在流通中所经过的环节可分为出厂价格、批发价格、调拨价格和零售价格。

(1) 出厂价格：中成药出厂价格一般是按照正常的生产成本加税金和利润制定，为简化计算方法，可将工业利润和税率合并换算为税利率，其计算公式是：中成药出厂价格=产品成本×(1+税利率)。

(2) 批发价格：中成药批发价格一般实行产地省一价，销地省一价。因此，它可分为产地省批发价格和销地省批发价格。产地省批发价格是由出厂计和进销差率构成。其计算公式是：中成药产地省批发价格=出厂价格×(1+进销差率)。销地省批发价格是产地省批发价格和地差率购成，计算公式是：中成药销地省批发价格=产地省批发价格×(1+地差率)。

(3) 调拨价格：中成药产地调拨价格是由调出地当日批发牌价，减去规定的倒扣率构成，其计算公式是：产地调拨价格=调出地当日批发牌价×(1-倒扣率)。中成药销地调拨价格是由调出地当日批发牌价减去规定的倒扣率构成，其计算公式是：销地调拨价格=调出地当日批发牌价×(1-倒扣率)。

(4) 零售价格：中成药零售价格是由批发价格和批零差率构成，其计算公式是：中成药零售价格=批发价格×(1+批零差率)。

二、中药价格的相关法规

《药品管理法》对药品的价格专门设定了管理条文，其中第五十五条规定："依法实行政府定价、政府指导价的药品，政府价格主管部门应当依照《中华人民共和国价格法》规定的定价原则，依据社会平均成本、市场供求状况和社会承受能力合理制定和调整价格"。

《药品价格管理暂行办法》和《药品价格管理暂行办法的补充规定》对进一步加强药品价格管理，规范药品价格秩序，合理调整药品资源配置和药品结构，扭转市场价格混乱状况做出了明确的规定。国家计委下发的《关于政府定价不再公布出厂价、批发价的通知》，明确规定政府定价只制定公布零售价。药品零售单位不得突破政府制定的零售价格销售。《国家计委定价药品目录》按通用名称制定各剂型、各规格品的价格。《药品政府定价办法》对政府定价原则、药品零售价格的制定和有差别的销售费

笔记

用、利润率及流通差价作了明确规定。

此外,有关部门对药品政府定价申报审批、单独定价药品价格的制定、药品价格监测、集中招标采购药品等有关价格问题都做出了相应的规定。

第五节　中 药 市 场

中药市场是中药商品集聚、交换的场所。从宏观的角度说是指随着市场经济杠杆趋动出现的购买中药商品关系的总和。

一、中药市场的管理

中药市场管理是国家政府部门根据有关的政策法规,运用科学的方法和手段对中药市场的商品流通活动进行行政管理。具体地说,就是对从事中药商品交换活动的单位和个人,在中药商品品种、价格、质量、合同、税收、利润等各个方面进行组织调控和监督。加强中药市场的管理,对于繁荣社会主义市场经济,合理组织中药商品流通,打击违法犯罪活动,维护消费者利益都具有重要意义。中药市场管理的中心内容是贯彻实施国家中药市场管理的有关法律法规、规章制度,监督管理中药商品的流通渠道、流通结构以及中药经营方向,调节中药商品需求与供给的相对平衡,保证中药市场活动与整个国民经济协调发展。

二、中药市场的调查

中药市场调查是决策、预测的需要,要运用科学的方法和手段,有计划地搜集、整理、分析有关中药市场的活动信息。中药市场调查对于掌握中药市场的变化动态,了解中药市场的供求变化规律,制定中药市场营销战略和实施营销计划都有重要的作用。中药市场调查主要是对中药市场需求、消费者购买动机、产品生产、产品价格、销售途径、商场经营条件、市场环境等内容进行调查。

第六节　中药商品的宣传广告

中药商品的广告是为商业企业传递信息的一种手段,它在中药商品经营活动中占有重要的作用,从而扩大商品流通、促进消费和生产,对于提高文明经商水平、消费服务和提高企业经济效益均有明显的作用。广告宣传的基本原则:要有思想性、真实性、艺术性、时效性。广告宣传的形式多种多样,主要有招牌广告、招贴广告、包装广告、语言广告、报刊电视广告、灯光广告、橱窗广告等。

一、广告的作用与策划

广告是一种重要的促销工具。抽象地讲,广告是一种信息的沟通。是卖方向其目标顾客传播产品信息,以求扩大销售的一种经济活动。在当今社会,由于新科技新产品的快速发展,市场竞争的复杂多变,一方面生产者需要不断地收集信息,组织生产适销对路的产品。另一方面,生产者必须不断地向消费者和用户传播产品信息,影响人

笔记

们的购买行为。所以,生产与消费者之间的信息沟通对于企业的发展日趋重要。广告是最有效的信息传播工具,在大量广告的包围下,消费者被潜移默化完成购买行为,利用各种媒体把其产品的优点、用途、价格、用法、用量、疗效等信息,多方面多层次多形式地灌输给广大消费者,激发顾客的购买欲望。

广告效果的好坏取决于广告的策划,需要精心策划运作,广告人首先要对市场进行详尽的调查了解,准确掌握市场状况、竞争对手特点、消费习惯和消费心理,找出消费者的关心点。在此基础上,对药品广告做出整体策划,以引人注目的广告形式,把产品信息准确地传达给接收者,使产品知名度上升。独具优势,树立起第一品牌的形象。

媒体是传达广告信息的一种手段,它有可以使广告信息直达目标市场,传达效果好,应针对药品、促销对象接受信息的不同特点进行。对广大现实和潜在的直接消费者,采用接触频率较高的电视、报刊、交通要道的广告牌等宣传形式;对药品的间接消费者、临床医生,除大众媒体外,还应注重专业杂志、产品介绍等媒体;对经销商来说多采用商品目录和产品目录的媒体形式。

二、新药的宣传和推广

新药上市与推广,需要使中间商、医生、患者以及社会了解认识新产品的特征,新药推广的做法要针对药品消费双重性的特点和药品市场信息掌握的各类药品金额,对广大消费者直接或间接的宣传。新药的宣传和推广可借助大量的传播工具,视听媒体展开强大的广告宣传攻势,广而告之产品信息使新产品很快被商家和消费者了解、接受,迅速投入消费。在药品消费中起决定性作用的间接消费者是医生。针对医生接受信息的特点,聘用有药学与医学专业知识、训练有素的人员,向医生宣传推荐;聘请医学药学专家、学术权威,免费为医生讲授最新的药学成果,这种知识的无偿投入可增进医生与企业之间的感情,使其产品广为医生了解,以达到影响医生处方行为的目的。以医生为对象形成售出、服务、生产的良性循环的销售网络,以信誉好、网络广、经销力强的国有医药公司为产品经销商,为中间商培训业务骨干,派出高素质的推销人员深入医院访问医生,向医生沟通产品信息,讲述药品的配方机理、药理作用、药物不良反应、优质的药物产品信息,推销人员的介绍只能加深医生、患者对产品认识,兼做渠道工作。想让医生了解新药,让新药进入市场,用三言两语说清,推广新药不能仅凭单独的广告或订货会,必须由专业人员向医师传递产品、临床应用信息,进行面对面的开发,建立办事处与各地医疗单位建立广泛的业务关系及产品信息网络,要凭借优良的品质、良好的疗效、诚实的信誉开拓新药市场。

三、中药商品广告的管理

国家颁布的《药品广告管理办法》和有关广告宣传的规定是中药广告管理的法律依据。《药品管理法》规定:药品必须使用注册商标,未经核准注册的品种不得在市场上销售,注册商标必须药品包装和标签上注明。药品的广告宣传必须经过审查批准,国家工商行政管理和卫生部门颁布的《药品广告审查标准》和《药品广告审查办法》,是中药企业进行药品广告宣传的法定标准。药品的广告宣传必须遵守《中华人民共和国广告法》和有关法规。

笔记

药品广告内容必须以国家食品药品监督管理总局批准的说明书为基准，规定应当在医生指导下使用的治疗性药品，广告中必须注明“按医生处方购买和使用”。某些药品由经销单位直接出售，患者没有医院开的处方，而直接购买并服用，实际上是不妥的。

国家医药管理部门规定药品广告不能含有下列内容和表述形式：①对功效的断言或保证：如药品广告中不得有“疗效最佳”、“药到病除”、“根治”等语言。②有效率或治愈率的说明：药品的有效率或治愈率不仅与药品的真实性和质量有关，而且与患者的身体及疾病有关，因此，断言药品有效率或者治愈率是不科学的，不应在药品广告中表述。③与其他药品的功效和安全性比较：不同的药品，其功效和安全性也不具有可比性，药品广告不得贬低同类产品，或者与其他药品在功效和安全性上进行对比评价。④医药科研单位、学术机构、医疗机构或者专家、医生，对病人来说，具有权威性，利用他们的名义做广告，容易误导。而利用患者的名义和形象作证明，又容易使其他患者相信自己的病情也肯定会得到同一疗效。因此，法律禁止利用上述机构、人物的名义和形象作证明。⑤法律、行政法规规定禁止的其他内容：如广告中有标明获奖内容，专用于治疗性功能障碍的内容，不得发布；未经卫生行政部门批准生产的药品、行政部门已明令禁止销售的药品、在临床使用中发现有超出规定的副作用的药品不得做广告。麻醉药品、精神药品、医疗用毒性药品、放射性药品等特殊药品不得做广告。

第七节　中药商业的竞争

竞争是一切商品经济的客观规律，市场竞争迫使生产者和经营者改善经营管理，提高生产率和推动技术进步。中药商业作为相对独立的经营者，在市场经济的营销中，必须在竞争中求发展、在发展中求生存。

一、中药商业竞争范围

市场竞争的形式多种多样，中药商业的市场竞争有其特殊性和复杂性，突出表现在市场营销方面的竞争，其竞争范围主要包括下列几个方面。

1. 销售品种的竞争　中药具有品种繁多和产区广泛等特征，中药经营企业要取得销售上的有利地位，必须在市场需求的前提下，保证所经营的品种和规格齐全，研究产品的更新和多样化，以满足医疗和保健市场的需要。

2. 商品质量的竞争　中药作为特殊的商品，对其质量评价包括内在质量和外在质量两部分，外在质量主要是指产品本身的技术标准和包装等质量；内在标准则是药品的临床疗效。质量是增强企业竞争能力的关键因素，中药企业必须不断采用新技术，提高商品经营中质量的全面管理水平，创名牌和优质产品。

3. 商品价格的竞争　在中药产品的性能、用途、质量和包装等条件相同的情况下，只有提高工作效率和企业的管理水平，才能降低生产成本。在国家有关部门许可的范围内，以低于同类产品的价格销售，必然在市场上获得畅销，并能获得较多的利润以促进企业的发展。在商品的流通环节中，节省流通费用、减少购销渠道、在政策允许的范围内薄利多销，也会占领市场。

笔记

4. 时间竞争　时间是中药商业竞争中的重要因素之一。在购销过程中，遵守交货时间是保证商品畅销和企业信誉的重要环节。由于中药的特殊性，经营企业必须按季节及时组织货源，适时地满足市场的需要。

5. 服务竞争　药品的供应是满足临床医疗的需要，对医院和患者的服务质量，直接影响到药品在市场的竞争能力。对医疗单位的服务，包括售前、售时和售后三个方面。销售时要详细解释药物的性味功能、主治、用法用量、禁忌证、注意事项、保存方法等。要免费送药上门，实行售后质量跟踪服务，不断改进工作作风，从而赢得更多的用户。

此外，还有广告竞争、技术竞争等多种方式，在经营中根据具体情况分别采用。

二、中药商业竞争策略

中药商业竞争的策略是一个企业经营态度和思维方式的集中概括。其核心问题是以什么为中心来开展企业经营活动。现代营销出发点是以病人与医生需求为中心，以产品适销对路为轴心，开展整体营销活动在策略上通过寻找市场机制、药品通过适当的价格渠道，通过促销等方面达到成功经营，通过市场分析充分了解患者与医生需求和市场容量及竞争对手。在保证产品质量的前提下，成功的商业竞争在于营销。

1. 营销的基本原则　企业决定进入医药市场并为其特定市场，必须熟知营销理论、做市场调研，应具有较为科学和成熟的理论指导，如三资企业的国际知名医药企业常以城镇享受医疗或高消费人群为目标市场，城镇医药市场的主要特点是用药水平高、市场广阔、消费者文化素质相对较高、保健意识强、营销难度低，目标市场明确，营销针对性强，营销效果一般较好。一些知名的产品都在相应的细分目标市场上拥有较高地位，甚至可支配市场占有率，如果没有明确的目标，乱碰乱撞，促销活动针对性差，失败的可能性大，营销业绩难以理想。调研是分析市场机遇，确定目标是营销策略必备的基本条件，寻找市场的向导、是产品销售等一系列市场活动中的主要工作。企业在经营中要立于不败之地，必须依靠不断创新、提高质量、降低成本、联合经营为基本策略。

2. 营销方法　营销方法必须注重科学性。药品消费分散，多非相关，决定了医药市场需要量分散，形成了买方市场，非购货和非相关市场整体性不强。药品品种繁多，药品细分市场分类广，层次多，任何单个企业的精力和财力都有限，不可能满足各种各样的用药需要，更不可能垄断整个医药市场，只能在细分市场的基础上结合品种、资源优势、地域辽阔、人口众多、地区之间、城乡之间、用药水平差异等特点。因此，在营销方法上要考虑目标市场各个方面的竞争情况，采用适当的宣传和促销手段，结合企业本身的实力，根据消费者或用户对产品某种特征和属性的重视程度，树立起人们心目中与众不同的鲜明印象和个体化形象。使医药的产品进入医生和患者的首选，或第一、第二位置，是营销战略中的重要方法。

3. 有效公关　公共关系是指动用信息沟通手段来加强与公众的联系，为企业更多的朋友提出各种传播媒介和手段，以强大的公共关系为公众传递信息，使医生、患者了解企业的目标，处理好企业与外部各方面的关系，树立企业在社会公众心中的形象

笔记

和地位，保持合作关系。产品质量与品牌现代营销策略艺术，靠产品质量来满足目标市场的需求，产品策略是市场营销组合中的首要策略，是整个营销策略的基础。

4. 品牌树立　品牌是企业无形的资产，是长足市场不衰的沃土，如厂牌、企业标识等与广告密切配合，进行多方位、多层次的品牌宣传，大众性的传播，提高企业与产品的知名度。创名牌意识体现在其严格的药品质量管理体系，体现在产品营销中与广告过程中给广大医生与患者的安全感、信赖感、体现在全力提高产品的质量。

第八节　中药商品的国际贸易

一、中药进出口

1. 中药的主要国际市场　中药是我国医药对外贸易的重要组成部分。目前，中药已被世界上越来越多的人所接受，国际市场日益拓宽。据2000年前的不完全统计，中药出口130多个国家和地区。主要国际市场有：东亚市场，包括日本、韩国、朝鲜；东南亚市场，包括越南、马来西亚、泰国、新加坡、印度尼西亚、菲律宾等国；北美市场，包括美国、加拿大、墨西哥；西欧市场，包括德国、法国、英国、比利时、丹麦、希腊、爱尔兰、意大利、卢森堡、荷兰、葡萄牙、西班牙等国家；此外，还有东欧、澳洲和非洲等市场。全国各省、市(区)均有中药商品出口。目前，全国可供出口的药材近500种，中成药2000余种。我国对中药出口实行统一管理，统一计划，统一对外，严格执行出口许可证管理制度，由中国医药保健品总公司统一协调管理。对人参、鹿茸、当归、蜂王浆(粉)和三七等药材，由总公司统一对外贸易，其他品种由总公司制定最低限价各分公司经营，其他单位和地方均不得经营药材业务。

2. 进出口的中药品种

(1) 主要进口品种：我国进口中药的主要品种(主产地)有：西洋参(美国、加拿大)，高丽参(朝鲜)，沉香(印度尼西亚、马来西亚、越南、柬埔寨)，肉桂(越南、柬埔寨、斯里兰卡)，海马(马来西亚、新加坡、日本)，蛤蚧(越南、泰国)，公丁香、母丁香(斯里兰卡、桑给巴尔地区)，肉豆蔻(泰国、印度尼西亚、马来西亚、印度、缅甸)，草果(越南)，荜茇(印度、越南、菲律宾)，胖大海(泰国、印度尼西亚、缅甸)，番红花(西班牙、伊朗、希腊)，番泻叶(印度)，乳香、没药(索马里、埃塞俄比亚)，阿魏(阿富汗、伊朗、印度)，血竭(印度尼西亚、马来西亚)，苏合香(土耳其、伊朗、索马里、印度)，豆蔻(泰国、印度尼西亚)，羚羊角(俄罗斯、蒙古)，海狗肾(加拿大、墨西哥、俄罗斯、日本、朝鲜)，玳瑁(印度尼西亚、菲律宾)，牛黄(美国、澳大利亚、尼泊尔、印度尼西亚、加拿大、阿根廷)，龙涎香(太平洋和南洋群岛)，安息香(印度尼西亚、泰国、越南、伊朗)，燕窝(泰国、马尔加什、马来西亚、印度尼西亚)，穿山甲(越南、缅甸、印度尼西亚)，马钱子(泰国、印度尼西亚、越南)，猴枣(印度、马来西亚、印度尼西亚)，儿茶(马来西亚、印度尼西亚)。

(2) 主要出口品种：我国出口中药的主要品种有：甘草，甘草浸膏，党参，生地黄，鹿茸，鹿鞭，人参，黄连，当归，川芎，白芷，茯苓，菊花，麦冬，黄芪，木香，枸杞子，金银花，山药，延胡索，牡丹皮，泽泻，桔梗，贝母，附片，牛膝，玄参，杜仲，山茱萸，三七，栀

笔记

子,厚朴,黄柏,枳壳,酸枣仁,天麻,连翘,柴胡,猪苓,冬虫夏草、蜂蜜、云南白药,六神丸,至宝三鞭丸,片仔癀,银翘片(丸),蜂王浆制剂,清凉油,牛黄清心丸、乌鸡白凤丸、六味地黄丸、十全大补丸、健脑丸等。中药出口的品种在逐年增多,呈持续上升趋势。

二、中药进出口中现存主要问题及对策

1. 中药进出口中现存的主要问题　中药是我国的传统药物,用量大,除了保证我国用量外,在出口的同时,也向国外进口一部分药物。在进口的药材品种中涉及了一部分野生动物保护种类,如麝香、熊胆、豹骨、羚羊角、穿山甲、蛤蚧、哈蟆油等。这类药材均以确切的疗效而闻名,不但是中医临床调配常用的药物,而且又是中成药中的重要组成药物。虽然麝香我国已研制出人工麝香的替代品,而需要以虎骨、犀角等投料生产成药因这类中药的禁止使用而一时尚无替代品或尽管有替代品实际功效不及原药材而影响到临床和制药。另外,有的如羚羊角主产前苏联,由于辗转出口,使价格成倍增加,而成药用药量扩大,成本增高,致使这类成药的生产受到一定的影响。因此,使这类药材的进口品种及数量减少或降低。另一方面,用此类药材生产的成药品种也减少,无疑影响到中成药的出口。

有的进口品种如高丽参、燕窝、沉香、胖大海、海狗肾、蛤蚧、海马、玳瑁、穿山甲等药材尚缺乏专属性强的鉴别方法和先进的质量控制标准,大多停留在经验鉴别的基础上,如高丽参因无客观检验数据的指标,而完全靠经验鉴别,这种传统的质量鉴别技术尚难把握,所以常出现假冒的现象。再如胖大海的霉变问题,目前从外表很难判断其内在是否霉变,只有剖开子叶后才能识别,因此,仅以抽样的检验结果很难代表检品的全貌。要解决这一问题,必须追溯胖大海的加工干燥技术方法。又如沉香的醇溶性浸出物含量值规定限度较低,检验中常使一些外观性状上判断不合格检品的含量测定值均趋于合格,给检验带来困难。这些都是亟待解决的问题。

我国出口的品种较多,但多数品种的检验标准还不完善,往往缺乏专属性的鉴别和有效成分含量测定项目,使得一些对中药进口质量要求较高的国家不能及时组织进口,妨碍了我国传统道地药材的出口。

2. 促进中药进出口发展的思路与方法　药材是我国医药对外贸易的重要组成部分,进口药材的市场趋势极难预测,这与外币兑换率的变化、产地国的生产情况、国际上的经济和政治情况等都有密切关系。需要随时掌握口岸外贸和中药经营部门的业务动态,对中药市场行情进行科学的判断和预测。

目前,中药的发展面临着机遇和挑战,为了加速中药走向世界的步伐,促进中药进出口贸易的发展,主要应采取下列对策:

(1) 从政策导向上鼓励中药出口,药材的贸易要体现先国内、后国外的原则,努力扩大中成药的出口份额。

(2) 提高中药质量,以质取胜。质量是中药在国际市场竞争的关键。要强化推行 GMP 和质量认证、认可,提高现代化生产和管理水平。我国进出口的名贵药材在出口品种中占有一定的比例,在国际市场享有盛誉。为了扩大出口量,对进出口的中药应加强质量标准的制定,指导生产和促进消费。

笔记

（3）加强新产品的研制与开发，提高中药在国际市场上的占有率。同时创造名牌产品，扶持明星企业。

（4）发展中药信息工作，促进消费，不断将产品优势转化为经济优势。

中药走向世界的任务既艰巨又紧迫，必须对中药的科研、技术和市场动态进行全方位的跟踪和检测，不断提高研究和管理水平，为创造现代中医药学、加快中药跨入国际市场的步伐而努力。

（张贵君　王晶娟）

笔记

第三章

中药商品的包装与贮藏

第一节　中药商品的包装

中药商品的包装（package）主要是指盛装和保护商品的容器、材料及辅助物等，常分为运输包装和销售包装2类。运输包装也叫“大包装”或“外包装”，是商品最外层的包装，由产地经营单位提供。销售包装也叫“小包装”或“内包装”，是商品最内层的包装，一般由生产单位制作，大多数随着商品一同出售给消费者。

中药包装必须保证商品质量和数量的要求，便于储存、运输和医疗使用。中药有了适当的包装，可以提供醒目的标志，以防止因日晒、雨淋、受潮、污染等而变质，才能减少因挥发、破碎、渗漏、散失造成的数量损耗。对于剧毒、易燃、易爆中药来说，包装还有保护工作人员安全的作用。中药经过包装后便于装卸、运输、堆码，可充分利用运输工具和仓库的容积，同时也为储运和销售前的商品分装提供方便。长期固定的包装形式，尚有利于识别商品的种类。

一、包装材料

中药的包装材料（packaging material）主要有纸箱（盒）、玻璃瓶、塑料袋（瓶）、木制品、金属制品、纸袋或麻袋等。各种包装材料的选用因中药的性质而异：如麻袋、塑料编织袋适用于质地坚硬、受压不易变形、抗霉防蛀能力较强的药材；纸箱（盒）、玻璃瓶等适用于中成药；木制和金属的包装制品常用于少数养护要求较高的药材或供出口的贵重药材；硬塑料包装品具有牢固、轻便、美观、机械性能好、化学性质稳定、可周转使用等优点，用于多种中药的运输和贮藏；纸袋和塑料薄膜袋极易破损，只宜作销售包装或运输包装的内衬物。没有防潮、防蛀性能，贮藏和运输中易破损的材料，不宜作为包装，以防中药散失和污染。中药的包装材料必须符合国家对包装材料的有关规定。

二、包装要求

对中药商品的包装一般均应符合下列6项基本要求：

1. 牢固安全　包装材料应有一定机械强度，不得在正常的装卸、运输、贮藏过程中发生松散、破损现象。要求干燥清洁，不得影响中药质量。

2. 大小和体积适度　如药材用麻袋、塑料编织袋包装的，每件重量应在10～15kg；用麻布、粗平布、塑料编织布压缩打包的，每件重量应在20～50kg；用纸箱包装

笔记

的,每件重量宜在 5 ~ 20kg。包装的体积大小应以搬运、堆码方便为宜。

3. 外形合理　包装外形要求适合储运、堆码,每件最少应有两个平面,避免圆球形包装;缝合、捆扎时要注意留有抓提处,以方便搬运。

4. 用料经济　在保证包装质量的前提下,应尽量采用廉价包装材料;包装时装满填实,充分利用包装物的容积;在保证牢度的前提下,尽量将旧包装重复利用,以降低包装成本;装过危险品、农药或化肥的旧包装,不可再装中药。

5. 整齐美观　同一品种的包装,在用料、体积、外表颜色、捆扎方法及标志文字等方面必须一致,打包件要平整、外观对称、商品不得外露。

6. 标志齐全　每件包装外面应按国家有关规定粘贴发货标志和包装储运指示标志,注明品名、产地、日期、调出单位等;每件包装内均应附有中药质量检查合格证。

包装必须符合国家规定的有关标准,如《药材运输包装标准》(以下简称“包装标准”)等。包装标准对包装材料的规格、包装技术要求、包件重量、体积标志等均作了明确规定,储运工作中必须遵照执行。

三、包装方法

国家包装标准中具体规定了 300 多种常用药材的包装方法,中药的包装方法必须严格执行这一规定。一般说来,贵重药材、易变质药材、易碎药材,以及玻璃器皿作内包装的药材,宜装纸箱,箱内衬防潮纸或塑料薄膜,箱外涂防潮油或用麻布、麻袋等裹包,再用塑料带捆扎成十字形或井字形。质地轻泡、受压不易变形、破碎的药材宜用打包机压缩打包。一般在药材外面用符合运输标准要求的麻布、粗平布或塑料编织布裹包,必要时内衬防潮纸,按照运输标准规定的规格尺寸打成包件。质地较软的药材如花、叶、草类,还需在外面加竹片、荆条等制成的支撑物,然后用麻绳、棕绳或铁丝等捆扎。

第二节　中药商品的贮藏

贮藏(hoard)是中药商品流通的重要环节,也是保证中药稳定性的关键技术,它贯穿于商品购、销、调、存的整个过程。中药生产部门、收购部门、批发部门、零售部门都必须设有贮藏中药的仓库,运输过程中的中药也处于储存状态。科学的贮藏是为了保证库中中药的质量。为保证商品质量所采取的种种保养、维护等措施,统称“商品养护”或“仓储养护”。药材在贮藏保管中,因受周围环境和自然条件等因素的影响,常会发生霉烂、虫蛀、变色、泛油等变质现象,导致中药性状、化学成分与性味的变化而失去疗效。一般情况下,贮药场所要求干燥、通风或避光,同时要根据药材的不同特性,采用具体的保存方法。如含大量油质及芳香性成分的中药,应放在密封的容器中贮藏。易于虫蛀的中药,可采用密封法、冷藏法或对抗法保存。剧毒类中药,要单独贮藏保管,以防发生中毒事故。总之,贮藏的条件和时间直接关系到中药质量和临床疗效,必须高度重视。

一、中药变质的因素与防治

1. 中药变质的因素　中药在贮藏中常易产生霉变、虫蛀、变色、走油、气味散失、

笔记

风化、潮解、腐烂等现象，导致其质量降低。其主要原因有两个方面，一是内在因素，二是外在因素。

（1）内在因素：内在因素（internal factor）又称“基原因素”，是指中药本身所含的成分因受自然界的影响而引起变异，导致其质量变化。如：含淀粉的药材，质地较疏松，易吸收外界水分，受霉菌感染，有利于害虫吸取养料赖以生存。含有挥发油的药材，一般气温在20℃左右其油分就会挥发。含有糖类物质的药材，遇水或受潮后即会膨胀发热，引起发酵、霉变；同时糖类物质也是微生物、害虫的最好养料，有利于其繁殖。含有油脂的药材，保管不当，油脂就会发生水解和氧化，其成分受到破坏而产生分解和酸败现象。含有色素的药材，常会受到温度、湿度、日光、空气的影响，导致色素被破坏而引起药材色泽的变化。

此外，各类中药都含有一定的水分，水分对中药的数量和质量起着主导作用。水分过多会使中药腐烂或生霉；水分过少会使中药失润，出现干裂残损。有些中药易发生潮解、风化、软化，都与其本身含水量有关。

（2）外在因素：外在因素（external factor）又称“环境因素”，是导致中药变异的自然因素，直接或间接影响其质量。外在因素主要有以下几种：

1）日光：日光能引起或促进中药中的许多无机物和有机物发生化学变化，如氧化、还原、分解、聚合等，从而影响中药质量。如含有生物碱类、维生素类、酚类、挥发油类、黄酮类、蒽醌类等成分的中药，受光照射后，易发生光化反应，出现颜色变化。同时日光还有大量热能，对中药有加热作用，使曝晒的中药温度升高，导致某些中药出现气味散失、泛油、黏连、融化、干枯等现象。

2）空气：空气中的氧气易与中药中的某些成分发生化学变化，如绿矾（皂矾）的主要成分为硫酸亚铁，在湿空气中能迅速氧化，变成黄棕色的碱式硫化铁。部分中药长期接触空气，会出现变色、质脆、气味散失等现象。

3）温度：温度过高对含挥发性成分的中药影响较大，可使其成分迅速流失。此外，温度还对某些中药成分的氧化、水解、升华、熔化及中药发霉、生虫、黏结、膨胀、皱缩、干枯、泛油、变色等有较大的关系。当温度在20～35℃时，害虫、霉菌及其他腐生菌都容易孳生繁殖；当温度在35℃以上时，含糖类与含油脂多的中药则会因受热而引起泛油或发生黏连，挥发性成分也易挥发。因此，在仓储中要根据中药的不同性质选择适宜的温度。

4）湿度：湿度引起药材的质量变异有潮解、熔化、酸败、干枯、风化、皱缩和霉烂等。多数中药质变现象的发生都与湿度有一定关系。如湿度控制得好，则害虫不会孳生，霉菌不能繁殖，也不会引起泛油、变色、变味、溶解、氧化、挥发、升华等变质现象，故仓储中要严格控制湿度。我国各地相对湿度的分布很不均匀，长江流域及其以南地区全年平均湿度约在70%以上；沿海、四川西部、贵州东部、湖南、湖北以及台湾等地可达80%，是全年平均相对湿度最大的地区。全国各地区、各季节相对湿度变化较大，仓储时应根据季节的变化高度重视防潮问题。

5）微生物：药材中大部分含有脂肪、蛋白质、碳水化合物和水分等，故在贮藏期间易受微生物的侵袭。由于各种类型的微生物在自然界中往往同时存在，相互作用，所以是贮藏中药的主要危害。导致药材霉变的微生物主要是霉菌和酵母菌。常见的霉菌有曲霉（灰绿曲霉菌群、棒曲霉菌群、黑曲霉菌群）、青霉、毛霉、根霉、木霉。微生

笔记

物对药材的质变作用，是通过分解（异化作用）、吸收（同化作用）而实现它的营养代谢过程。给中药带来的危害主要有：

①霉腐微生物对中药有机质的分解和进行的营养代谢活动，会使中药有效成分含量降低，以至腐烂失效。

②霉腐微生物对药材表层物质的分解和消耗，同时破坏了药材的组织结构，使内部所含糖质和油脂容易溢出，进而造成药材的黏连、泛油、变质。

③霉腐微生物的繁殖和分泌物，造成对中药的污染，使其成分不洁，影响药用。

④经霉腐微生物危害的中药，即使经加工处理后再作药用，也会使药材的气味变淡，色泽转暗，品质降低，影响疗效。

（3）时间因素：时间因素是指贮藏期限。药材因含有多种成分，尽管贮藏条件适宜，但时间过久，也会或多或少受到外界环境影响，逐渐变质、失效。所以在仓储中应做到先进先出，对于贮藏期过长的药物可督促业务部门及时处理。

2. 中药变质的防治　在常用的500余种药材中，约有60%以上的品种容易生霉，有70%以上的品种容易虫蛀，所以防霉、防蛀是贮藏中药的首要任务。引起发霉、虫蛀的主要因素是霉菌和仓虫。霉菌是一切能引起发霉真菌的总称，约有8万种以上；仓虫指各种危害药材的仓库害虫，约有210种以上，其中以甲虫类最多，其次是蛾类和螨类。防霉、防虫一般必须从控制温度、湿度和空气3个方面入手。

（1）控制温度：多数霉菌、仓虫最适宜生长和繁殖的温度是18～35℃所以，中药在夏季最易被虫蛀和发霉。为了防止虫蛀和霉变，可将贮藏温度控制在17℃以下或36℃以上，也可以利用自然的低温和高温进行控制。

1）保持库内低温将易生虫的中药放在有顶无墙的货棚中，并分批摊晾。实验证明：在0℃以下，仓虫及虫卵会因体液冻结、原生质停止活动而死亡；霉菌虽不会完全冻死，但能够控制其繁殖。个别数量少或贵重的药材如麝香、牛黄等，可放入冰箱中保存。

2）利用自然高温盛夏直射阳光有时可达50℃以上，此温度维持30分钟（或在50～60℃烘烤1小时），各种仓虫、霉菌都可因体内水分大量减少和蛋白质凝固而死亡；日光中的紫外线对霉菌也有杀灭作用，所以可利用夏季摊晒药材。但有些因受热易走油、散失香气和日晒易变色的药材不宜采用此法。

控制温度的方法只有短期效果，且易受气候、环境的限制，故较适于零售部门中药的养护。大库养护则应重点控制湿度。

（2）控制湿度：这里所说的“湿度”，包括中药含水量和空气相对湿度（relative humidity）。中药含水量是指中药中水分的重量，常以百分比表示。如“含水量为15%”，就是说在100g中药中含有15g水分。测定中药含水量，可按《中华人民共和国药典》取样法取样或测定，亦可用快速水分测定仪测定。相对湿度是指在一定温度时，空气中水蒸气饱和的程度，也用百分比表示。相对湿度可用各种湿度计测定。

霉菌需要的水分来自空气；仓虫体内的水分主要来自药材，但药材含水量的变动又受周围空气中湿度的影响。一般来说，当药材含水量在13%以下、空气相对湿度在70%以下时，各种霉菌、仓虫会因缺水而迅速死亡。这两个指标必须同时控制，若药材含水量低而空气相对湿度高，那么药材会吸收空气中水分而增加含水量。常用降低空气相对湿度的方法有2种：一是通风降潮，在库内安装排风扇，当库内相对湿度高于库

笔记

外时，开扇排出潮气；阴雨天库外湿度常高于库内，不宜通风。二是吸湿干燥，在密闭的库内放置若干干燥剂，吸收空气中的水蒸气。一般常放置生石灰箱（吸水率为20%～30%），箱内装入拳头大小的石灰块，当石灰块变成粉末状时要及时更换。

（3）控制空气组成：霉菌、仓虫的生长需要足够的氧气。人为创造一个密闭环境，降低其中的氧气浓度，或增加有害气体的浓度，都可使霉菌、仓虫很快死亡。常用来控制空气组成的方法有4大类：

1）埋藏法：一般采用干燥的沙子、谷糠、稻壳、锯末等进行埋藏，由于细沙等埋藏物的填充，使药材周围的空气很少，霉菌、仓虫则不能生存，外面的霉菌、仓虫也不会进入。药材在埋藏前须经干燥处理，摆放时尽量挤紧，减少空气，必要时埋藏后密封。本法适用于易发霉、生虫的根茎类药材。

2）对抗法：是将某种含有杀虫香气的药材与易生虫药材共贮，以达到驱虫、防蛀的目的，这种方法又称“对抗养护法”。常用的驱虫药材有花椒、荜澄茄、冰片、薄荷脑、肉桂、丁香、大蒜、牡丹皮、小茴香等，均以香气浓者为佳。贮藏时将这些药材用纱布包裹，置于易生虫药材的容器中，密封容器，使挥发性驱虫香气逐渐充满空间并保持一定浓度，即可起到防蛀作用。此法以药护药，简便经济，对药材无损害；其缺点是效果不够稳定，不能防霉，不适用于大量药材的贮藏。

3）药剂熏蒸法：是利用某些化学药剂产生的有毒气体驱杀仓虫的方法，可用于各种中药的贮藏。

①少量中药的熏蒸：将三氯甲烷、四氯化碳、二硫化碳、乙醇等易挥发性液体药剂浸透药棉，放置密闭的盛药容器中；或将药剂直接喷洒于药材表面，药剂挥发产生的蒸气慢慢充满药材中每一空隙，与空气混合而达到一定浓度，通过仓虫的呼吸系统进入虫体内部组织引起中毒，经过一定时间而死亡。如：在贮有药材的密闭箱内，约每$4m^3$容积滴加1ml三氯甲烷或四氯化碳，可将药材上的成虫或幼虫全部杀死；隔1～2周重复1次，可将由卵孵化的幼虫杀死，确保药材在夏季不再生虫。熏蒸后的药材在使用前最好摊晾1～2天，使药剂气味散尽。

②大量中药的熏蒸：可用氯化苦（三氯硝基甲烷）、溴甲烷、环氧乙烷等液体药剂和磷化铝、硫黄等固体药剂。如磷化铝增效法：常用磷化铝片剂（每片重3g），它与空气接触后，吸收水蒸气而分解，每片释放出1g磷化氢（PH_3）。磷化氢是无色的剧毒气体，带有大蒜臭味，比空气重，渗透力强，对各种药材仓虫和鼠类均有很强的毒杀作用，并能抑制霉菌生长，但对人体黏膜也有强烈刺激性。磷化铝遇水后剧烈分解，会发生爆炸或燃烧，使用时必须注意。磷化铝常用铝桶（内衬塑料袋）包装，使用后需将桶封严，置阴凉干燥处保存。单独使用磷化铝熏蒸杀虫所需的时间长，浓度低，用量大，可与醋酸（醋糟或食醋）或碳酸氢铵等增效剂同用，一般能提高毒效7～10倍。

药剂熏蒸杀虫要将库门封严，一般密闭5天后通风散毒。密闭期间需要经常用10%硝酸银试纸测试封闭处，发现有磷化氢泄漏（试纸变黑）及时封严；通风散毒后亦用此法测试，待试纸不再变色时方可接触被熏蒸的药材。熏蒸剂所余残渣应深埋地下，以防环境污染。磷化铝、氯化苦等化学药剂对人体健康有损害，吸入过多可中毒死亡，故在熏蒸操作时要戴防毒面具或眼镜、口罩及防护手套，施药动作要快，施药后迅速离开熏蒸现场。患有心脏病、肺病、肝炎、高血压、皮肤病，以及妇女在怀孕期、哺乳期、月经期的人员都不宜参加施药。施药人员在施药前后禁止饮酒；磷化铝熏蒸后禁

笔记

食牛奶、鸡蛋及含有油脂的食品。

③气调：气调就是空气组成的调整管理，又称之为“气调养护”（controlled atmosphere，CA）或“气调贮藏”，是目前应用最为广泛的方法之一。即将中药置于密封的环境中，对空气中氧的浓度进行有效控制，人为地造成低氧或高浓度的二氧化碳（或氮气）状态，使害虫不能产生或侵入，原有的仓虫和霉菌因缺氧不能生长繁殖或窒息死亡。此法与药剂熏蒸比较，具有无毒、无污染、节约费用、防止走油和变色等优点，一般在药材二级站使用。由于三级站批发仓库及零售仓库中的药材进出频繁，不能整库、整垛地用气调法养护，可用自然降氧法。自然降氧法是将药材装入塑料袋内后密封，利用药材中仓虫、霉菌的呼吸作用，使氧气自然消耗，造成缺氧环境；如果同时采取抽气或在袋中放吸氧剂等措施，效果更佳。气调贮藏的设施、要求和具体方法比较复杂，可参考其他有关资料。

现代养护技术还有远红外干燥、微波干燥、制冷降温、气幕防潮、机械吸潮、辐射灭菌等。

在中药的贮藏中，温度、湿度、空气组成是 3 个主要的条件，只要有效地控制其中之一，便可以达到有效地贮藏。如药材已相当干燥而又能充分防止湿气侵入时，则可无需低温、气调；反之，如果药材已贮藏于低温或低氧处所，则干燥程度稍差亦无妨。当然，最好是能综合运用各种方法，同时控制各种条件。

（4）已发霉和虫蛀药材的处理：照《中华人民共和国药典》药材取样法取样检查，轻微变质者除去受损部分，单独保管，尽早使用；严重变质者按假药处理，全部销毁，不得继续药用。

1）霉变药材的处理：表面只有少数白色霉点、质地较硬、霉味不大、内部无变化的药材逐个刷（擦、洗）去霉点，类白色者可用硫黄熏蒸，然后干燥；夏季遇上数日阴雨，库内相对湿度迅速增高，对有些吸湿性强的药材如甘草、黄芪等，一昼夜间在垛的外缘便能长出风霉者，可用“吹霉器”及时处理。如药材表面霉斑达到 1/4 以上面积，斑色呈黄、绿、黑、灰等杂色，药材质软、霉味甚浓，内部色、质发生变化，则不可再用。某些药材如胖大海、白果等，内部生霉后外表可无明显变化，应注意检查。霉变严重的药材，有时用酒、醋洗后切成饮片，混入正常饮片中出售，检查时应特别注意。

2）虫蛀药材的处理：蛀孔少、内部正常者为轻，蛀孔多、内部虚空甚至一捏即碎者为重。部分药材如海马、甘草等品种虫蛀后外表可无明显蛀孔，必须检查内部。虫蛀药材可按下列标准分级。一级：1kg 样品中螨类不超过 20 个，甲虫类、蛾类（包括成虫、幼虫，下同）1 ~5 个；允许处理后再供药用。二级：1kg 样品中螨类超过 20 个，但粉螨可在表面上自由移动，尚未形成团块；甲虫类、蛾类 6 ~10 个；可用于制剂生产。三级：1kg 样品中螨类很多，并已形成致密毡样的团块，移动困难；甲虫类、蛾类超过 10 个；仅可供提取有效成分之用，若无法利用时，应全部销毁。受害药材必须经过筛选，然后进行整理、干燥，并用药剂、紫外线等进行彻底的杀虫或消毒，然后根据上述感染级别采取不同的方法处理。

（5）其他变质现象的处理

1）鼠害：可以采用下列方法灭鼠：超声波驱鼠器、电击、药剂、器械和天敌灭鼠等。

2）泛油：泛油又称“走油”。药材的泛油并非单独是某些含油药材在贮藏不当时

笔记

油分“溢出”，某些药材在受潮、变色、变质后表面呈现油样物质的变化，也称为“泛油”。

引起泛油的主要原因有：温度过高、贮藏年久，药材某些成分会自然变质或由于长期接触而引起变色、变质。泛油主要取决于内在因素，但外因是促使其变化的条件，故在对其养护上要严格控制外在因素。根据一般规律，高温、高湿对其影响最大，所以在贮藏方法上必须采用低温、低湿环境和减少与空气的接触为基本措施。可选用气调法、密封法、吸潮法、低温法等。储存易泛油的药材，应选择阴凉干燥的库房，堆码不宜过高、过大。

3）变色：变色是指药材的颜色发生了变化。如果药材固有的颜色发生了变化，则表明其内在质量也发生了变化。引起中药变色的原因主要有以下几种：

①药材中成分变化引起的变色：如含黄酮苷类、羟基蒽醌类、鞣质类等成分的药材，在酶的作用下，经过氧化、聚合过程，形成有色化合物，从而使药材的颜色加深。

含蛋白质类的药材，其蛋白质中的氨基酸与还原糖发生反应后，生成大分子棕色化合物而使药材变色。

②日光与空气引起的变色：花类药材由于含有色素，在日光的直接照射下，色素会发生光化反应而褪色。花类药材贮藏期较长时，也会变色，这是因为空气中的氧气对花色素具有氧化作用，而使药材发生变色。

③加工、养护引起的变色：有的药材在加工干燥时温度过高，或是为防药材生虫、发霉使用硫黄熏蒸，都会引起药材变色。除此之外，高温、高湿都会加剧药材的变色，故在贮藏时应注意到其产生颜色变化的各种因素，加以预防。对于在贮藏中易变色的药材，应选择干燥、阴凉、避光的库房。其中花类药材最好专库储存，以便于管理。库房的温度最好不超过30℃，相对湿度控制在65%～75%，并且贮藏期不宜过长。要按照“先进先出，易变先出”的原则，进行发货。对易变色的药材可根据不同的品种和特性，采取气调法、冷藏法、密封法、吸潮法、烘干法、晾晒法等加以养护。

④潮解、风化、融化、挥发：有些矿石类中药易发生潮解、风化、融化、挥发，对这些中药要针对其特性，采取相应的养护措施，进行质量控制。如芒硝、胆矾、硼砂、龙骨易潮解、风化，应采用密封法，使之与外界空气隔绝，贮藏于阴凉干燥处，避光，避风，防潮保存。阿魏受热易融化，应以铅皮箱或缸装密封，置阴凉干燥处，防止高温受热。冰片、儿茶、安息香、没药、乳香等易挥发或走失气味，应装入塑料袋内置于箱中或容器内，用密封法置阴凉干燥处，避光，避风，谨防走气。总之，对于各类药材要根据各自的不同特性，采用不同的方法进行贮藏，控制其质量，保证其药性、药效。

二、中药商品的养护

从市场中药的供需情况看，大部分药材是季节性生产，常年销售。有的品种是一地生产，全国使用。有的品种市场需求忽高忽低不稳定，并且中药是多味配方，缺一不可。这样，中药经营部门就要有一定的合理库存，做到品种全，不脱销断档，以保证用药需求。做好中药的仓储和保管，对于沟通中药商品流通渠道，调剂余缺，稳定市场，保证灾情、疫情和急救用药，提高企业的经济效益和社会效益有重要的意义。

中药仓库的类型是根据储存的品种及其性质、承担的任务、储存量的大小等进行分类。按照职能分为采购供应仓库、批发仓库、零售仓库、加工仓库、储存仓库、中转仓

笔记

库。按照商品的性质分为普通药品仓库和特殊药品仓库。中药仓库必须有防潮、隔热、避光、密闭的性能。在仓储的环节中，要严格管理制度，做到入库验收、在库检查、出库验发。库内药品的存放，要实行定置管理办法，药品的堆码与货垛必须牢固整齐、通风、散潮、便于养护、适合中药的特性。特殊药材如贵细药、毒麻药要专库、专人管理。毒麻类中药的养护，应根据来源、特性、数量，决定养护方法；矿物类药主要是防止光化、氧化、湿度和温度引起的变质，一般可采用容器密封法养护；动、植物类药主要是防潮、防霉、防虫蛀，可采用密封法、吸潮法、气调法和冷藏法养护。

（张贵君）

笔记

第四章

中药商品的质量管理

中药作为一种特殊的商品，其质量的好坏直接关系到人民群众的生命安全和健康，也直接影响着企业的经济效益。因此，必须严格执行中药商品的质量标准，切实加强对其质量的管理。

第一节　中药经营管理法规

一、中华人民共和国药品管理法

2001 年 2 月 26 日第九届全国人民代表大会常务委员会第二十次会议通过了《中华人民共和国药品管理法》(简称《药品管理法》)。《药品管理法》的颁布，为加强药品监督管理，保证药品质量，保障人体用药安全，维护人民身体健康和用药的合法权益提供了法律依据和保障。

新修订的《药品管理法》是国家强制执行、具有普遍效力的行为规范，是制定药品监督管理法规和行政规章的"基本法"。

二、中药经营质量管理

中药经营企业应在中药商品的采购、储运、销售等环节实行质量管理。《药品经营质量管理规范》(good supplying practice，GSP)是药品经营质量管理的基本准则。本规范要求药品经营企业在购、销、储、运等环节实行质量管理，建立质量管理体系，并使之有效运行。

中药经营企业一般应设置由经理直接领导的质量管理机构。质量管理机构一般由质量管理组、质量验收组、检验室等组成。负责本企业经营商品的质量管理、验收和检测工作。药品质量管理机构负责人必须是执业药师或药学技术人员，并有较为丰富的实践经验，能独立解决中药经营过程中的质量问题。

1. 中药购销质量管理　中药经营企业应依据有关政策、法规及 GSP 的要求，结合本企业实际制定质量管理制度，对中药商品的经营对象、采购进货、入库验收、出库复核、化验和检测、售后追踪等购销工作的全过程进行全面质量管理。

2. 中药贮藏质量管理　中药贮藏应按规定的储存要求专库、分类存放。并对中药商品质量进行科学保养与维护的技术工作，做到预防为主、安全储存、保证质量、降

笔记

低损耗、避免事故。

3. 中药运输质量管理　运输的中药商品应符合国家标准局制定的《药材运输包装标准》，以免在装卸、运输过程中发生松散、破损。运输有温度要求的中药，应采取一定的冷藏或保温措施。搬运、装卸商品应轻拿轻放，严格按照外包装图示标志要求堆放并采取相应的防护措施。特殊药品的运输应按照有关规定办理。

三、中药生产质量管理

在中药的生产过程实行的全面质量管理，建立质量保证体系，才能确保中药质量。《药品生产质量管理规范》(good manufacture practice，GMP)是药品生产质量管理的基本准则，控制中药生产质量的关键在于各个生产阶段及环节是否实施GMP。它涉及从原料到销售的全过程，包括原辅料和包装材料的接收、发放与贮藏，成品、半成品的管理，生产技术操作，设备管理，检验技术管理，验证和卫生管理等方面工作。

药材生产管理规范(good agricultural practice，GAP)是国家对药材生产的基地选定、品种、栽培技术、采收加工、质量标准等做出的规定。规范药材各生产环节乃至全过程，控制影响药材质量的各种因素，使药材生产达到“真实、优质、稳定、可控”的目的。药材生产全过程，以植物药为例，是从种子经过不同阶段的生长发育到形成商品药材为止，一般不包括饮片炮制。

由于药材产地、采收时间、加工方法等都会直接影响到中成药的质量，所以实施GAP是GMP管理的前提。但自2016年2月3日起，国家取消了药材生产的GAP认证，对药材的质量管理的重点放在市场流通上。

四、中药品种保护

由国务院发布的《中药品种保护条例》是有关中药品种保护的行政法规。本法规对保护中药名优产品、保护中药生产的知识产权、保护中药生产企业和经营企业的合法权益、提高中药的质量和信誉提供了保障。

五、医疗用毒药、限制性剧毒药管理

由国家主管部门颁布的《医疗用毒药、限制性剧毒药管理规定》，将中药毒、限剧药分为2类。第一类毒、限剧药只限供应医疗单位和有关医药门市部配方使用，不得在门市零售。第二类毒、限剧药可由医药门市部经营销售，但必须凭盖有公章的医生处方才能发售，处方一次有效。毒剧药的品种如下：一类有信石(红砒、白砒)、水银；二类有生白附子、生附子、生马钱子、生川乌、生草乌、生天雄、斑蝥(包括青娘虫、葛上亭长、地胆)、红娘虫、生巴豆、生半夏、生南星、生狼毒、生藤黄、生甘遂、洋金花、闹羊花、生千金子、生天仙子、蟾酥、轻粉、红粉、红升丹、白降丹、九分散、龙虎丸、九转回生丹、四生散等。

第二节　中药商品的质量标准

《中华人民共和国药品管理法》规定：药品必须符合国家药品标准或省、自治区、直辖市药品标准。制定和颁发药品标准对加强药品质量管理，保证临床用药安全有

笔记

效，促进药品文明生产、经营、使用均有重要的意义。

一、中药商品质量标准的类型与内容

1. 中药商品质量标准的类型　我国现行的中药质量标准分为三级，即国家标准、地方标准和企业标准。国家标准是由国家食品药品监督管理部门颁布的中药质量标准，包括《中国药典》和局（部）颁标准。地方标准是省、直辖市、自治区制定的中药材标准及中药饮片炮制规范，主要收载国家标准尚未收载的、本地区经营、使用的药品；或者国家标准虽有收载，但规格有所不同的本地区生产的药品；地方标准是国家标准的重要补充，也属于法定标准，具有地区性的约束力。企业标准是药品生产企业为保证产品质量而制定的内部质量标准，其要求往往高于国家标准；企业标准在产品创优、市场竞争、严防假冒等方面可以起到重要作用，故一般对外保密。此外，近年来随着中医药在世界范围内认可度的不断升高，许多国家或地区对中药质量的监管日益严格与规范，收录入这些国家或地区药典中的中药/植物药品种也开始不断增加，这将为中医药国际贸易起到巨大促进作用。

2. 中药商品质量标准的内容

（1）中药材和中药饮片质量标准的内容：中药材质量标准的内容，一般包括：名称、来源、性状、鉴别、检查、浸出物、特征图谱或指纹图谱、含量测定、炮制、性味与归经、功能与主治、用法与用量、注意及贮藏等项目。

列在药材“炮制”项下的饮片，不同于原药材的项目应逐项列出，如“制法”、“性状”、“含量测定”等，并须明确规定饮片相应项目的限度。单列饮片标准的内容，基本同药材标准，但来源简化为“本品为××（指原药材）的炮制加工品”，并增加“制法”项，收载相应的炮制工艺；饮片的“性味与归经”、“功能与主治”如有改变，应收载炮制品的性能。

具体内容如下：

1）名称：包括中文名、汉语拼音与拉丁名。

2）来源：包括原植（动）物的科名、植（动）物名、拉丁学名、药用部位、采收季节和产地加工；矿物药注明类、族、矿石名或岩石名、主要成分及产地加工。

3）性状：是对该品种的外观、质地、横断面、气味等的描述。

4）鉴别：包括经验鉴别、显微鉴别和理化鉴别。显微鉴别包括横切面、表面观及粉末鉴别；理化鉴别包括化学鉴别、色谱鉴别等。选用的方法要求专属、灵敏。色谱鉴别应设对照品或对照药材。

5）检查：该项下规定的各检查项目是针对药材和饮片在生产、加工和贮藏过程中可能含有并需要控制的物质而设定。包括杂质、水分、总灰分、酸不溶性灰分、重金属、砷盐、农药残留量、有关的毒性成分及其他必要的检查项目。

6）浸出物：是指用水、乙醇或其他适宜溶剂，有针对性地对药材、饮片中相应的有效物质群进行测定，根据采用溶剂不同分为水溶性浸出物、醇溶性浸出物及挥发性醚浸出物等。

7）特征图谱或指纹图谱：指能表征中药的某类或数类化学成分特征性的色谱或光谱图谱。特征图谱或指纹图谱具有整体质量控制的特点。

8）含量测定：指用物理、化学或生物学的方法，对药材含有的有效成分、指标成

笔记

分、类别成分或生物效应进行测定，以评价其内在质量的项目和方法。

9）炮制：对需要进行炮制的品种，应制定合理的炮制工艺。未注明炮制要求的品种，应按《中国药典》附录药材炮制通则的净制项的规定进行处理。

10）性味与归经：是按中医理论对该品种的性能做出的概括。

11）功能与主治：是以中医理论和临床用药经验对该品种功效所作的概括性描述，作为对临床用药的指导。

12）用法与用量：药材和饮片的用法一般采用水煎内服，特殊用法另行规定；用量系指成人一日常用剂量，必要时可酌情增减。

13）注意：注明主要的禁忌和不良反应。

14）贮藏：注明对该品种贮藏与保管条件的基本要求。

（2）中药提取物质量标准的内容：中药提取物是指从中药材或饮片及其他药用植物中制得的挥发油和油脂、粗提物、有效部位、组分提取物和有效成分。其组成形式包括：①挥发油和油脂，指压榨或提取制成的油状提取物；②粗提物，指以水或醇为溶剂经提取制成的流浸膏、浸膏或浸膏粉；③有效部位、组分提取物，指含有一类或数类成分的有效部位或组分，其含量应达到50%以上；④有效成分提取物，指标志性成分含量达到90%以上。

与中药材标准收载内容相比，植物油脂和提取物标准的内容变化在于：①名称上不设拉丁名，但增设了英文名；②增加了“制法”项；③无“性味与归经”、“功能与主治”、“用法与用量”等项。

（3）中药制剂质量标准的内容：与中药材标准收载内容相比，中药制剂标准的内容变化在于：①名称上不设拉丁名；②增加了“处方”、“制法”、“规格”项；③无“性味与归经”等项。

二、中药材商品规格与等级

药材既有药用性，又有商品性。为了适应商品性的要求和临床用药，必须按照质量的优劣，划分规格与等级，以制订相应的销售价格，在市场上进行商品交换。药材的规格、等级是传统习惯和现代标准分别制定的品质外观标志，但由于绝大多数药材有效成分和化学等现代的质量控制方法还没确定，因此，在制定药材商品规格、等级标准时，仍以传统的外观质量和性状特征为主。药材商品规格与等级制订的基本原则为：以国家标准和地方标准为依据制订，要体现按质论价的特点，有利于促进优质药材的生产，不断改进加工技术和提高生产效益，在质量稳定的条件下力求简化标准，标准要便于量化，新标准要有试用期并不断修订。

药材商品规格标准通常按下列方法制订：即按根据产地、采收时间、生长期、加工方法和药用部位的不同等来划分。一般包括下列内容：品名、来源（学名）、干鲜品、药用部位、商品特征、品质要求……非药用部位的去留程度等。

药材的等级，是指同种规格或同一品名的药材按加工部位形状、色泽、大小、重量等性质要求，制订出若干标准。每一个标准即为一个等级。通常以质量最优者为一等品，最次者（符合药用标准的）为末等，一律按一、二、三、四……的顺序排列，一般不以“特等”或“等外”的字样来分等。药材的等级标准较规格标准更为具体。

统货是对既无规格也无等级的药材通称。在商品药材中，对品质基本一致或部分

笔记

经济价值低、优劣差异不大、不影响生产加工者，均列为“统货”。

三、我国现行的中药质量标准

1. 国家药品标准　我国现行的中药质量标准主要依据国家药品标准。常用的中药商品质量标准有以下几种。

（1）《中华人民共和国药典》（简称《中国药典》）：是国家监督管理药品质量的法定技术标准，是我国最高的全国性药品标准。《中国药典》建国至今已颁布了 10 版，即 1953 年版、1963 年版、1977 年版、1985 年版、1990 年版、1995 年版、2000 年版、2005 年版、2010 年版和 2015 年版。

2015 年版《中国药典》分为四部。一部收载药材和饮片、植物油脂、提取物、制剂等；二部收载化学药品、抗生素、生化药品、放射性药品等；三部收载生物制品；四部收载了通则，包括药用辅料、检定方法、标准物质、试剂试药和指导原则等。

（2）《中华人民共和国卫生部药品标准·药材·第一册》：本标准由卫生部颁布。采用《中国药典》1990 年版一部的凡例和附录。正文体例与《中国药典》相同。收载 101 种药材。于 1991 年 12 月颁布，作为药品生产、经营、使用以及监督等部门检验质量的法定依据。

（3）《中华人民共和国卫生部进口药材标准》：由卫生部颁布，1987 年 5 月 1 日起执行。体例与《中国药典》相同。收载了 31 种进口药材，它是对外签订进口药材合同条款及检验的法定依据。所收载的品种是：丁香、大腹皮、马钱子、石决明、天竺黄、血竭、苏合香、沉香、胖大海、槟榔、熊胆、儿茶、牛黄、西青果、西洋参、肉豆蔻、芦荟、诃子、胡黄连、穿山甲、海马、羚羊角、蛤蚧、番泻叶、檀香、麝香等。

（4）《七十六种药材商品规格标准》：由国家医药管理局与卫生部制定，1984 年 3 月试行。本标准选用产销量大、流通面广、价值较高、具有统一管理条件的 76 种中药商品，作为全国统一的中药商品规格标准。每一种药材分别记载其名称、来源、品别、规格、等级，以及各规格等级的性状指标和质量要求。是在中药商品流通领域用于限定中药商品规格等级的使用标准。

此外，《药材运输包装标准》等亦属于国家标准。

2. 省、自治区、直辖市药品标准　省、自治区、直辖市药品标准是地方药品标准，收载的品种均为地区范围内使用的中药，只能在省内使用。调往外省（自治区、直辖市）销售使用的中药必须经调入省药品监督管理部门批准，否则，外省可按假药处理。

此外，还有企业药品标准，它是企业药品生产的质量标准，仅供企业内部使用。

第三节　中药商品检验

为了保证中药商品符合临床使用的要求，促进药品的流通和经济发展、提高人类的健康水平，必须对中药的有效性、安全性和稳定性以及商品流通中使用的规格与等级等进行科学的鉴定，以确定其是否符合规定的药用和商品标准。中药商品鉴定是中药商品学的重要任务之一。

在中药商品鉴定工作中，应首先进行品种鉴别，其次进行纯度、质量等项目的检查。

笔记

中药商品鉴定的工作是十分复杂的，即使符合药品标准的中药，商品质量仍然有差异。一种中药商品可能来自于多种动、植物，这种现象被药学界称之为“多基原现象”。不同来源的中药，所含的药效成分不同，其疗效也不相同，即质量是有差异的。例如黄连来源于黄连、三角叶黄连和云连的根茎，但黄连和云连的根茎质量较佳，三角叶黄连的质量次之。不同的规格、等级的商品，其质量亦不相同。药材商品涉及中药法定种之间的区别。

国家颁布了有关药品标准和药品管理法规，必须严格执行。《中国药典》2015年版中药的标准有以下项目：

1. 药材和饮片项目　包括名称（中文名、汉语拼音、中药拉丁名）、来源范畴（原动植物科名、动植物名、学名、药用部位或矿物类、族、矿物名或岩石名，矿物的主要成分、采收及产地加工）、性状、鉴别、检查、含量测定、炮制、性味与归经、功能与主治、用法与用量、注意、贮藏。

2. 中成药项目　包括处方、制法、性状、鉴别、检查、含量测定、功能与主治、用法与用量、注意、规格、贮藏等。对于保密方剂，处方和制法只简单介绍，不列入专栏。

一、药材检验与鉴定

药材的鉴定内容主要包括来源、商品特征、规格等级、鉴别、常规检查、质量要求等项目，国家标准中规定的常用的鉴定方法归纳起来主要有形态和理化鉴别两种方法，在实际工作中经常配合使用，以综合控制中药商品的质量。此外，中药“生物鉴定法”和“药效组分鉴定法”作为中药鉴别新方法，可配合解决中药质量管理中的某些技术难题和与临床相脱离的问题。

1. 基原　基原是药材鉴别的最关键信息。药材的各种鉴别方法都是建立在基原（原植物、原动物、原矿物）鉴定的基础之上，它是其他鉴定方法的基础。当一种药材没有任何已知的鉴定信息时，必须首先确定其基原，基原包括品种、药用部位、产地、采收、加工等与药品属性对应的综合信息。

2. 商品特征

（1）描述方法：药材的商品特征（commodity characteristics）即商品的性状（description），是目前对药材商品进行鉴定最常用的宏观指标，方法学上称为“性状鉴定法”。对药材商品的性状特征的描述，主要采用生物形态学术语和传统的经验鉴别知识相结合的方法进行。中药的商品特征，有些是药用部位的固有属性；有些则在商品加工过程形成，如厚朴的“筒朴”呈双卷筒状，肉桂的板桂呈板片状。

（2）主要内容

1）形状：形状（shape）指药材的外形，一般比较固定。药材的形状与药用部分有关，如根类药材有圆柱形、圆锥形、纺锤形等；皮类药材有卷筒状、板片状等；种子类药材有圆球形、扁圆形等。一些经验鉴别术语用于药材的形状描述，具有生动形象、好记易懂等特点，如防风根茎部分描述为“蚯蚓头”；海马的外形概括为“马头、蛇尾、瓦楞身”等。有些药材的外部形态是其商品规格或等级的重要依据。

2）大小：大小（size）指药材的长短、粗细、厚薄。药材的大小，一般有一定的幅度，如种子的大小较为稳定。应观察较多样品，才能得到比较正确的大小数值。

3）色泽：色泽（color and luster）指药材的颜色和光泽。颜色因物体表面对光的吸

笔记

收而产生，光泽因物体表面对光的反射而产生。各种药材的颜色是不相同的，如丹参色红，黄连色黄。药材新鲜，含水适度，加工适当，则光泽好。加工或贮藏不当，则会改变其固有的色泽。药材的色泽是判断药材质量的重要指标之一。

4）表面：表面（surface）指药材的表面特征，即是光滑还是粗糙，有无皱纹、鳞叶、皮孔或毛茸等。种子植物的根茎有的具膜质鳞叶，蕨类植物的根茎常带有叶柄残基和鳞片，叶表面的脉纹和毛茸等等，是鉴别的重要特征。

5）质地：质地（texture）指药材的软硬、坚韧、疏松、致密、油性、黏性或粉性等特征。药材因加工方法不同，质地也不一样。在鉴别中，用于描述药材质地的术语很多，如质轻而松、断面多裂隙，谓之"松泡"，如南沙参；富含淀粉，折断时有粉尘散落，谓之"粉性"，如山药；质地柔软，含油而润泽，谓之"油润"，如当归；质地坚硬，断面半透明状或有光泽，谓之"角质"，如郁金等。

6）断面：断面（fracture）指药材断面的特征和药材在折断时所观察到的现象。药材折断时可观察其易折断或不易折断、有无粉尘散落、是否平坦、显纤维性、颗粒性或裂片状、是否可以层层剥离等。切断面可观察皮部与木部的比例、维管束和射线的形状、有无内皮层或形成层环、有无分泌组织有无"起霜"现象、有无橡胶丝等。对于横切面特征的描述，经验鉴别也有很多术语，如"菊花心"、"车轮纹"、"朱砂点"等。

7）气味：气味（odour and taste）指药材具有的特殊香气、臭气和药材的味感。药材的气味是由于含有挥发性物质的缘故，对气味不明显的药材，可切碎后或用热水浸泡一下再闻。药材的味感是比较固定的，如乌梅味酸，黄连味苦，甘草味甜等，药材的味道的改变，就要考虑其品种和质量问题。尝药时要注意取样的代表性，因为药材各部分味感可能不同。对有强烈刺激性和剧毒的药材，口尝时要特别小心，取样要少，尝后应立即吐出，漱口，洗手，以免中毒，如川乌、半夏等。

通过观察商品特征，能较为直观、快速地鉴别大部分常用药材，但部分药材的品质难以单纯凭观察性状特征达到鉴定目的，必须结合其他的方法进行鉴别。但是商品特征所提供的信息可以有效地、正确地指导对药材的进一步鉴别。

通过商品特征对药材进行鉴别属于形态学鉴定范畴，鉴别的步骤和基原鉴定相近似。对一些地区性的草药，鉴定时常缺乏有关资料和标准样品，可寄送少许样品到该药材产地的药材部门或药品检验所了解情况或请求协助鉴定，必要时可实地调查，采集实物标本。

3. 规格等级　药材作为中药的原料商品，它不仅注重内在的质量（治疗效果），也注重商品外在的感官要求。如黄连以条粗壮、质坚实、断面红黄色、苦味浓者为佳；党参以条大、粗壮、质柔润、甜味浓，嚼之少渣者为佳。在药材商品流通领域中，规格等级的鉴别要根据国家或地方颁布的有关标准进行检验，以确定是否货真价实。如黄连根据基原有川连（味连）、雅连、云连等商品规格；泽泻的商品规格根据产地有建泽泻和川泽泻之分；厚朴根据形状和药用部位分为筒朴、蔸朴、耳朴和根朴等规格，蔸朴、耳朴和根朴均为统货，筒朴分为温朴和川朴。温朴根据大小和重量又分为1～3等：如一等品筒长40cm，重800g以上；二等品筒长40cm，重500g以上；三等品筒长40cm，重200g以上。但一个值得注意的现象是，一些常用商品药材的规格等级正在逐渐减少，而代之的是不分等级的统货。目前，我国道地药材的商品规格标准有待进一步制定。

4. 鉴别　鉴别主要是采用显微、物理或化学的鉴别方法对药材进行品种鉴别和

笔记

纯度检查。历史上一些经验的“火试”和“水试”鉴别法也常采用。

5. 检查　检查是采用通用的检测方法进行药材的纯度检测、有害物质等进行检测。

6. 质量要求　药材主要是通过有效成分的含量测定来进行质量评价，对某些药物的质量控制也用药用部位检测、浸出物测定；以及某一类化合物总量的测定，如挥发油的测定、总黄酮或鞣质含量测定等方法。

二、药品检验与鉴定

1. 饮片　中药饮片，是通过净制、切制或炮炙加工制成的一定规格的药材块片。中药饮片的商品特征不同于完整的药材，它们通常改变了形状、大小、颜色，甚至气味。它们的特征与炮制方法有关，在中药饮片的鉴定中，需要重点观察断面、边缘、气、味等特征，同时，通过观察不同形状、大小的断面通过组合来分析药材的整体形状。在观察中应结合完整药材的特征，特别是横切面、表面和气味的特征来对比识别。有的饮片特征十分突出，如大血藤、鸡血藤、狗脊、槟榔、千年健、藕节等，只要一片饮片即可鉴定出植物种。大部分饮片的鉴别难度比药材大，尤其是那些经过炮制改变了颜色和气味的饮片，如法半夏、制何首乌、制草乌等。饮片不仅要鉴别真伪，还要区别其是规范炮制还是粗制滥造，检查其使用的辅料、杂质含量和有效成分流失情况，因此可采用各种理化方法鉴别炮制品的内在质量。

2. 中成药　分为浸提制剂和原生药粉末制剂两种类型。

（1）鉴别：中成药的定性鉴别是对成方制剂中全部或部分组成药物的存在进行检查。通常应首选处方中的君药、贵重药和毒剧药，所选择的药物数不应少于总数的 30%。

1）显微鉴别：中成药的显微鉴别，适用于含生药粉末的制剂。显微鉴别时，一般需根据处方，对组成生药粉末特征进行分析比较，排除某些类似的组织特征及后含物等的干扰和影响，选取各药在该成药中较具专属性的显微特征作为鉴别依据。因此，单一粉末生药的主要特征在成方制剂中有时并不一定作为鉴别依据，而某些次要的特征可能作为鉴别的重要标志。

显微鉴别的方法与观察药材粉末的方法相同。制片取样时，如为散剂，用刀尖或牙签挑取少量粉末；如为蜜丸，可将药丸切开，从切面中央挑取少量制作粉末片；如为水泛丸或片、锭，可刮取全切面取样，或用乳钵将整个丸、片研碎取样；如为朱砂包衣的丸丹，可将丸衣和丸心分别制片观察。

以八珍丸为例，介绍中成药鉴别时选择的各种中药的主要显微鉴别特征。

［处方］　党参 100g　白术（炒）100g　茯苓 100g　甘草 50g　当归 150g　白芍 100g　川芎 75g　熟地黄 150g

［鉴别］　不规则分枝状团块无色，遇水合氯醛液溶化；菌丝无色或淡棕色，直径 4～6μm（茯苓）。联结乳管直径 12～15μm，含细小颗粒状物（党参）。草酸钙针晶细小，长 10～32μm，不规则地充塞于薄壁细胞中（白术）。草酸钙簇晶直径 18～32μm，存在于薄壁细胞中，常排列成行，或一个细胞中含数个簇晶（白芍）。薄壁细胞纺锤形，壁略厚，具极细的斜向交错纹理（当归）。纤维束薄壁细胞中含草酸钙方晶，形成晶纤维（甘草）。薄壁组织灰棕色至黑棕色，细胞多皱缩，内含棕色核状物（熟地黄）。

笔记

螺纹导管直径 8 ~ 23μm，加厚壁互相连接，似网纹导管（川芎）。

中成药以粉末直接入药者，常由数种、十几种及至数十种粉末药材组成，素有“丸、散、膏、丹，神仙难辨”之说。然而，通过掌握各组成药材的组织粉末特征，完全可以对中成药进行显微鉴定。如“南京灵应痧药”的显微鉴定，成功地检出了麝香、蟾酥、天麻、麻黄、苍术、甘草、丁香、大黄、雄黄、朱砂等组成药物。复方“再造丸”，共由 58 味药组成，能够逐一检出对应于每一组成药材的细胞组织特征。《中国药典》中绝大多数含生药粉末的传统制剂仍然采用了显微鉴别方法，显微鉴别对中成药的鉴别仍然是一种常规的和专属性较强的方法。

2）理化鉴别：理化鉴别主要是根据组成中成药的各种中药的化学成分的性质进行鉴别反应。由于薄层色谱操作简便，并能同时对一些化学成分进行分离和鉴别，所以被广泛地用于中成药的鉴别。

鉴别时常将样品、化学对照品或（和）对照药材分别点样于同一块薄层板进行色谱分离，以确定该组分的存在。由于中成药多为复方，所含成分众多，为避免其他非特征成分的干扰，在实验设计时，常设阴性对照实验，即按原处方减去待检中药后、其他条件不变配制阴性样品，在相同条件下进行色谱分析。如果阴性样品在与化学对照品和对照药材的特征斑点相同的位置处没有相应的色谱斑点，则检出结果是可信的。

如果中成药中检出成分的比例太小，常用两相溶剂萃取和预处理柱等方法处理样品，以去掉部分杂质和干扰成分，浓缩检出成分。样品处理常常是薄层色谱鉴别成功的关键，鉴别时必须严格按规定操作。

（2）含量测定：保证中成药质量的关键是具有合格、稳定质量的原料药材和严格的制剂工艺。每批药材投料前，均需检查药材质量，测定药材中有效成分和主成分的含量。暂时没有制订含量测定方法的则用各种方法检查其内在和外在的质量，尤其要用理化方法检测其成分。

中成药通常首选处方中的君药、贵重药、毒性药制定含量测定的项目，如有困难的则选处方中其他药味的已知成分、或具备能反映内在质量的指标成分建立含量测定。含量测定目前都采取测定成药中一种主要药物的有效成分或主成分的方法。含量测定的方法主要有高效液相色谱法、薄层扫描法和紫外分光光度法。中成药中成分众多，单纯测定一种中药不能作为其质量评价的全面指标，还必须用多种方法尤其是薄层色谱和 HPLC 指纹图谱进行鉴别。

（张贵君 李峰）

笔记

中篇 药材商品

第五章 药材资源

第一节 药材资源分布

药材资源分为两类，一部分为天然资源，即来源于野生动、植物和天然矿物的药材；一部分为生产资源，即来源于人工种植或驯养的植物、动物类药材和合成的矿物加工品。

我国天然药材资源的品种较为丰富。根据中国药材公司和全国中药资源普查办公室组织、历时近10年(1983～1993年)进行的全国中药资源普查工作的调查结果：我国目前有可用的药用植、动、矿物12 807种，其中药用植物11 146种，药用动物1581种，药用矿物80种。调查了362种常用药材，其中320种大宗植物药材和29种动物药材，其野生资源总蕴藏量约为850万吨。按蕴藏量大小排列为：40万吨以上的有甘草、麻黄、罗布麻、刺五加4种，10万～40万吨的有苍术、黄芩、地榆、苦参、狼毒、赤芍、绵马贯众、仙鹤草8种；5万～10万吨的有山豆根、木贼、益母草、茵陈、葛根、升麻、苍耳子、萹蓄、艾叶、柴胡、防风、黄柏、秦皮、玉竹、续断、五味子、威灵仙、桔梗、老鹳草、拳参等23种；1万～5万吨的有42种；1万吨以下的有243种。一些重要的药材例如羌活、冬虫夏草、赤芍等来自野生植物；蟾酥、斑蝥、石决明、蝉蜕等，来自野生动物；石膏、芒硝、自然铜等来自天然矿物。常用药材商品中以野生资源为主的有80余种，约占药材总数的40%。在调查中发现了很多以往并未利用而依赖进口的野生药材，如胡黄连、安息香、阿魏、降香等。目前，我国的药材生产资源呈逐年增加趋势，种植规模较大的药材有黄芩、黄芪、甘草、西洋参、三七、人参、党参等。

一、药材天然资源

1. 我国天然药材资源的分布　我国幅员辽阔，自然环境复杂，条件优越，药材的分布呈现不均衡性。药材种类分布规律是从东北至西南逐渐增多，由1000种增加到5000种；常用药材的蕴藏量则是从北方至南方逐渐减少。

根据我国气候、土壤和植被类型特点，将药用动、植物按照自然分布分为8个区。

(1) 东北寒温带、温带区：本区包括黑龙江、吉林两省、辽宁省一部分和内蒙古自治区东北部。本区大部分属于寒温带和温带的湿润和半湿润地区。年降雨量400～

笔记

700mm，长白山地区东南可达1000mm。区内森林茂密、气候冷凉湿润，分布的品种虽较少，但珍贵和稀有的药用动、植物种类多。本区药用植物达1600多种，药用动物300多种，矿物类50多种。

本区内的长白山地区大部分为山岭与丘陵，北段为小兴安岭，东北角为低陷的三江平原，是我国北方重要的药材产区，有“世界生物资源金库”之称，野生药用植物900多种，有五味子、人参、北细辛、天麻、党参、芍药、升麻、防风、黄芪、龙胆、甘草、地榆、柴胡、黄芩等。本区内产的动物类药材有鹿茸、刺猬皮、麝香、蟾酥、哈蟆油等。

（2）华北暖温带区：本区包括辽东、山东、黄淮海平原、辽河下游平原、西部的黄土高原和北部的冀北山地。本地区为夏热多雨，温暖，冬季晴朗干燥；春季多风沙。降水量一般在400~700mm，沿海个别地区达1000mm，黄土高原则较干燥。区内有药用植物1500多种，药用动物500多种，药用矿物30多种。

本区的华北平原包括海河、黄河、淮河等河流共同堆积成的大平原和辽河平原，是我国主要药材栽培品的主产地，大面积栽培的药用植物有地黄、金银花、牛膝、连翘、薯蓣、芍药等。

本区产的植物类药材有昆布、海带、金银花、蔓荆子、栝楼、香附、北沙参、黄芪、麻黄、防风、黄芩、淫羊藿、仙鹤草、玉竹、黄精、柴胡、地榆、羌活、党参、远志等。动物类药材有阿胶、牛黄、全蝎、刺猬皮、土鳖虫、斑蝥、五灵脂、牡蛎、海马等。

（3）华中亚热带区：本区包括华东、华中的广大亚热带东部地区，位于我国三大阶梯中的最低一级，以低山丘陵为主。平均海拔500m左右，部分低山可达800~1000m，长江中下游平原，海拔在50m以下。本地区气候温暖而湿润，冬温夏热，四季分明。平均年降水量在800~1600mm，由东南沿海向西北递减。本地区湖泊密集，分布大量水生、湿生药用植物和相应药用动物。野生药材面广量大，栽培药材质优量多，是我国“浙药”和部分“南药”的产区，有药用植物2500多种，药用动物300多种，矿物类50种左右。

本区的长江中下游平原地区包括江汉平原、洞庭湖平原、鄱阳湖平原、苏皖沿江平原、长江三角洲和里下河平原。湖泊星罗棋布，水生植物丰富，有莲、芡实、菖蒲等。丘陵地区的野生药用植物有丹参、玄参、牛膝、百部、海金沙、何首乌等。本区主要是冲积平原的耕作区，气候适宜、土质好，适用于多种药用植物的栽种，仅沪、宁、杭及黄山等地栽培的药用植物就达1000种左右。主要有地黄、薯蓣、独角莲、温郁金、芍药、牡丹、白术、薄荷、延胡索、百合、天冬、菊花、红花、白芷、藿香等。

本区产的动物类药材有珍珠、蟾酥、地龙、鳖甲、龟甲、僵蚕、蜈蚣、水蛭、蝉蜕等。

（4）西南亚热带区：本区包括云贵川三省、陕西、甘肃南部及湖北西部。本地区地形复杂，多为山地；海拔多为1500~2000m，气候具有亚热带高原盆地的特点，多数地区春温高于秋温、春旱而夏秋多雨。年平均降水量为1000mm左右。土壤为红壤、黄壤、棕壤。是我国“川药”、“云药”和“贵药”的产区。由于地形复杂，形成不少垂直气候带，植被也垂直发生变化，药用植物约4500种，药用动物约300种，药用矿物约200种。

本区的秦巴山地区包括秦岭、大巴山、龙门山、邛崃山南段、鄂西北武当山等地，以及汉水谷地。秦岭山脉平均海拔在2000m以上，南部为大巴山，海拔1500~2000mm。本区北有秦岭屏障，南有大巴山和神农架，植物区系丰富多彩，素有“秦巴药乡”之称。

笔记

秦岭一带药用植物有241科994属，主要有黄芪、天麻、杜仲、远志、山茱萸、党参等。神农架素有“植物宝库”之称，有药用植物1800多种，如黄连、天麻、杜仲、厚朴、八角莲、重齿毛当归等。

本区的四川盆地土地肥沃，是药用植物栽培的重要基地，如渠县、中江的芍药；石柱的黄连；江油的川乌；合川的使君子；都江堰、崇州的泽泻、川芎；绵阳、三台的麦冬；叙永、珙县的巴豆等。

本地区产的动物类药材有麝香、熊胆、乌梢蛇、蕲蛇等。

（5）华南亚热带、热带区：本区位于我国最南部，包括广东、广西、福建沿海及台湾、海南省，位于世界热带的最北段。该地区气候温暖，雨量充沛、年降水量1200～2000mm。典型植被是常绿热带雨林、季雨林和亚热带季风常绿阔叶林。土壤是砖红壤与赤红壤。本地区可药用植物约5000种，可药用动物近300种。

本区的东部地区位于我国东南沿海，是我国“南药”、“广药”的产区。本地区产的药材有槟榔、儿茶、广防己、巴戟天、山豆根、益智、砂仁、鸦胆子、广藿香、广金钱草、鸡血藤、肉桂、八角茴香等。

本区的西部包括云南南部的西双版纳、思茅地区的西南部、西藏南部的东喜马拉雅山南翼河谷山地。其中西双版纳被誉为“植物王国”，有种子植物和蕨类植物约5000种，占全国的六分之一，药用植物约715种，药用动物约47种，是我国南药的生产基地，并已成功引种国内外南药100余种。本地区产的药材有胡椒、云南马钱子、安息香、槟榔、龙脑香、肉桂、草果、萝芙木、三七、白木香、大雪莲、红景天等。

本区产的动物类药材有海龙、海马、蛤蚧、金钱白花蛇、蕲蛇、蜈蚣等。

（6）内蒙古温带区：本区包括内蒙古自治区大部分、陕西北部、宁夏银川平原和冀北的坝上地区。属温带草原区，半干旱气候。冬季严寒而漫长，夏季温暖而短，日温差较大，降水量少（年平均降雨量200～400mm），且分配不匀，日照充足，多风沙。植物区系以多年生、旱生、草本植物占优势，植物种类比较贫乏。药材品种量少，但每种分布广、产量大，如龙胆、知母、肉苁蓉、麻黄、升麻、银柴胡、漏芦等。

本区产的动物类药材有羚羊角、马鹿茸、全蝎、刺猬皮、麝香等。

（7）西北温带区：本区包括黄土高原大部、内蒙古高原西部、河西走廊和新疆。本区是我国降水最少、相对湿度最低、蒸发量最大的干旱地区。年降水量除天山、祁连山等少数高寒地区外，80%以上地区降水量少于100mm，有的地区少于25mm。

本区的西北草原和荒漠地区包括内蒙古西部、宁夏和甘肃北部，新疆的准噶尔盆地、塔里木盆地，青海的柴达木盆地等，周围被高山围绕，降水很少，是世界上著名的干燥区之一。药用植物有新疆阿魏、新疆贝母、枸杞、锁阳、肉苁蓉、甘草、麻黄、罗布麻、新疆紫草等。

西北山地包括天山、阿尔泰山及祁连山等，位于草原和荒漠地区内。天山主峰高达5000m左右，北坡由于受西来的湿气流影响，气候较湿润，植物垂直分布明显，植物比较丰富，主要药用植物200多种，有黄芪、新疆紫草、天山党参、雪莲、新疆缬草、黑种草子、红景天、掌叶大黄、甘肃贝母、冬虫夏草等。

本区产的动物类药材有羚羊角、马鹿茸、全蝎、刺猬皮、麝香、五灵脂等。

（8）青藏高原高寒区：本区包括西藏、青海南部、新疆南缘、甘肃西南缘、四川西部及云南西北边缘，平均海拔4000～5000m，并有许多耸立于雪线之上的山峰，号称

笔记

"世界屋脊"。本区地貌复杂,有多条长1000km以上的高大山脉,山脉之间分布有高原、盆地和谷地。高原空气稀薄,光照充足,气温高寒而干燥。干湿季分明,干旱季多大风,大部分地区降水量50~900mm。土壤为高山草甸土、高山寒漠土。自然植物一般都比较矮小稀疏,属耐寒耐旱的特有高原种类,植物区系较为复杂,特别是东部和东南部,据调查有种子植物4000余种。

本区产的植物类药材有冬虫夏草、大黄、珠子参、龙胆、秦艽、天麻、川贝母、重楼、胡黄连、软紫草等。动物类药材有马鹿茸、蝉蜕、麝香、五灵脂等。

2. 野生药材资源的保护　丰富的天然中药资源既是提供药材商品的重要保证,也为中药生产和品种改良提供了种质资源(germplasm resource)。某些来自于野生状态下生长的药用动、植物的中药,其显著的疗效和药用价值是栽培品难以比拟的,例如山参、白木耳、天麻和麝香等。野生的动、植物经过长期的自然选择,具有良好的抗病性和环境适应性,因而能为人工培育品种提供种质资源。动、植物的生长除了较适宜的自然地理气候条件外,还需要独特的生态条件,动物的生长发育还需要一定的自主活动空间。因此,保护野生药材资源品种及其赖以生存的生态环境,是保证我国药材生产可持续发展的一项长期的重要任务。

由于生态环境的破坏和掠夺式的捕采,我国的一些天然中药资源如野生人参、雪莲、石斛类、贝母类和一些药用蛇类品种处于濒危状态。为保护中药野生资源,国务院于1987年颁布了《野生药材资源保护管理条例》。条例规定:国家重点保护的野生药材物种分为三级。一级为濒临灭绝状态的稀有珍贵野生药材物种;二级为分布区域缩小,资源处于衰竭状态的重要野生药材物种;三级为资源严重减少的主要常用野生药材物种。一级保护野生药材物种禁止采猎,二级和三级保护野生药材物种的采猎,必须按照县以上医药管理部门会同同级野生动物、植物管理部门规定的计划,报上一级医药管理部门批准后执行。本条例共26条,自1987年12月1日起施行。其中76种重点保护的野生药材物种如下:

一级保护物种(4种):虎、豹、赛加羚羊、梅花鹿。

二级保护物种(27种):马鹿、林麝、马麝、原麝、黑熊、棕熊、穿山甲、中华大蟾蜍、黑眶蟾蜍、中国林蛙、银环蛇、乌梢蛇、五步蛇、蛤蚧、甘草、胀果甘草、光果甘草、黄连、三角叶黄连、云连、人参、杜仲、厚朴、凹叶厚朴、黄皮树、黄檗、剑叶龙血树。

三级保护物种(45种):川贝母、暗紫贝母、甘肃贝母、梭砂贝母、新疆贝母、伊犁贝母、刺五加、黄芩、天门冬、猪苓、条叶龙胆、龙胆、三花龙胆、坚龙胆、防风、远志、卵叶远志、胡黄连、肉苁蓉、秦艽、麻花秦艽、粗茎秦艽、兴安龙胆(小秦艽)、北细辛、汉城细辛、华细辛、新疆紫草、紫草、五味子、华中五味子、蔓荆、单叶蔓荆、诃子、绒毛诃子、山茱萸、环草石斛、马鞭石斛、黄草石斛、铁皮石斛、金钗石斛、新疆阿魏、阜康阿魏、连翘、羌活、宽叶羌活。

对任何野生药用动、植物,都必须适度采猎,不能超越生态系统的负荷能力,以免资源增长失调,破坏了生态平衡。植物类药材一般应在种子成熟后采挖,动物类药材应在繁殖期后收猎;注意轮采、轮育、采育结合,大力提倡和发展封山育药工程,给野生动、植物以恢复和再生之机;矿物药属于不能再生的资源,更应该计划采掘,避免浪费;保证传统中药的延续和发展。

中药资源是自然资源的一部分,资源教育是重要的国情教育。对于中药资源的研

笔记

究，一要考虑到保护生态环境和物种，达到合理利用；二要考虑到中药的传承和发展，古代本草中记载的疗效显著的中药多来自于野生资源，所以没有经过长期临床验证的栽培品资源不可盲目地替代野生资源使用。中药野生资源的研究与开发任重而道远。

二、药材生产

1. 药用动、植物的养殖与栽培　随着中医药事业的发展，中药的用量成倍增长。目前，全国经营的商品药材1200多种，中药和中药保健食品企业约10 000余家，对中药原料的需求不断增加。因此，延续和发展传统中药的栽培品种，在疗效确定的前提下逐步变野生药用物种的人工种植和养殖，是保护野生资源和保证中药发展的一条最重要途径。

当前，我国以栽培为主的常用药材200余种，种植面积达40hm^2，正常年产量约为30万～35万吨。其中万吨以上的有地黄、山药、茯苓、党参、当归、干姜、薏苡仁7种；5000～10 000吨的有桂枝、板蓝根、黄芪、穿心莲、白术、菊花、金银花、丹参、山楂、大青叶、枳壳、白芷、白芍、川芎、桔梗15种。在生产中，形成了一些规模化的药材产区，例如东北的人参、宁夏的枸杞子、四川的附子等，产量均为全国之冠。有些地区，如吉林抚松、辽宁桓仁（产人参），甘肃岷县（产当归），四川都江堰（产川芎），云南文山（产三七）等几乎成了药材生产专业县。过去依靠进口的药材，有些已在国内引种成功。如西洋参在山东、河北等地引种成功，种植面积达200km^{2}以上，有大量商品药材投放市场。野生动物的驯化养殖也获得了可喜的成果，如中国林蛙、金钱白花蛇、梅花鹿、马鹿、三角帆蚌、蛤蚧等。

2. 药材生产的质量管理　中药是我国传统的重要出口产品之一。20世纪80年代以后，出口势头受阻，不仅出口量少，而且在国际市场上的占有比例亦较小。随着人们对化学药物毒副作用的认识和企盼回归自然，国际植物药市场正以年10%的速度增长。我国虽是中药的发源地，是植物药使用的大国，但在国际植物药市场所占比例还不到5%。究其原因主要有四点：一是中药的质量标准不完善，二是日、韩等国家和地区对国际中药市场的竞争力较强，三是我国中药业界对国际贸易的进一步开拓缺少经验和有力措施，四是我国中药产品质量和商品化水平与国际市场的要求差距较大。国际市场对植物药（含中药）的进口管理大致有三个方面：一是要求进口的中药或原料（药材）每批之间的质量要稳定、均一，二是要求对原料（药材）、中药的生产过程控制要严格，要提供从植物学名、外部和内部特征、化学成分、产地、栽培、采收加工、运输、贮藏等一系列背景资料，三是对出口产品的安全性指标控制严格，特别是重金属和农药残留量不得超标。

为确保中药质量并打入国际市场，必须加快对中药质量标准制定的进程，在传承经方基础上研究中药的标准物质（药效组分），建立与临床疗效对应的药效组分质量标准评价体系。中药的质量标准包括药材（原料）标准、药品标准和商品标准。药材的标准要依赖于药材生产的规范化，因为药材是通过一定的生产（栽培）过程而形成的，所以控制药材生产质量是控制中药质量的第一关；药材、饮片、复方及其制剂的标准要有机地联系在一起，要和临床疗效相对应，要阐明其标准物质；在标准物质不明确的情况下，可采用生物效应的评价方法建立其质量标准。

我国在借鉴国外先进经验的基础上，已经制订出《中药材生产质量管理规范》

笔记

(Good Agricultural Practice, GAP)。其主要目的是规范药材生产的全过程,确保药材的质量符合药用的规定。GAP是药材生产和质量管理的基本准则,适用于药材生产的全过程,以及流通、质量管理的关键环节,在实施中将不断完善。应当指出的是,GAP不是药材的标准,而是药材生产的管理规范,适用于传统栽培和养殖的药材生产。将对中药标准化、现代化和国际化起促进作用。

为了把住药材质量这一关,国家有关部门曾确定了对部分药用植物的种植要求,其中与中药传统使用的栽培品对应的有三七、杜仲、玄参、白芍、桔梗、板蓝根、菊花、枳壳、金银花、北沙参、牡丹皮、延胡索、浙贝母、阳春砂等。

第二节 药材的采收与加工

一、药材的采收

药材的采收是否合理,直接影响其产量与质量。药材采收的合理性主要体现在采收的时间性与技术性。其时间性主要是指采收期和采收年限;其技术性主要是指采收方法和药用部位的成熟程度等。两者是相辅相成的,决不可孤立看待。因为它们直接决定了药材商品的形态、色泽、组织构造、药效组分、性味功能等。因此,为了获得药材的优质丰产,应当根据药用植(动)物的生长发育状况和药效成分的变化规律,以及产地差异等因素,决定适宜的采收期和采收方法。

1. 药材的现代采收原则　现代科学认为,中药的有效性和安全性取决于其药效组分,在药效组分存在的状态下便可得到优质药材。由于药效组分受药材品种、药用部位、物候期、地理环境、栽培条件以及其他因素的制约,所以采收药材时,应对诸因素加以综合考虑。一般而言,在自然条件相对稳定的条件下,要确定适宜的采收期,必须把药效成分、药材产量以及毒性成分含量这3个指标结合起来考虑。每个指标的确定应根据具体情况加以分析研究,以找出适宜的采收期。

2. 传统的药材采收原则　药材的采收,原则上应该在药效组分存在、药材产量最高、毒性成分低于限量的情况下进行。目前,绝大多数常用中药药效组分还不甚清楚,因此,通常利用传统经验,结合各种药材的生物学特性、不同药用部位的生长特点、成熟程度以及采收难易程度和能收获的产量等不同因素,决定每种药材的采收时间和采收方法。各类药材传统的采收原则如下:

(1) 植物类药材

1) 根及根茎类药材:一般在秋、冬季节植物地上部分将枯萎时及初春发芽前或刚露芽时采收最为适宜。此时植物生长停止或花叶萎谢的休眠期,根或根茎中贮藏的营养物质最为丰富,通常所含药效成分也较高。如牛膝、党参、黄连、大黄、防风等。有些药材由于植株枯萎时间较早,则可在夏季采收,如川贝母、延胡索、半夏、太子参等。但也有例外,如明党参在春天采收较好。

2) 茎、木类药材:一般在秋、冬季落叶后初春萌芽前采收。如大血藤、鸡血藤等;若与叶同用的如槲寄生、忍冬藤等茎木类药材,则易在植物生长旺盛的花前期或盛花期采收。有些木类药材全年可采,如苏木、降香、沉香等。

3) 皮类药材:多数皮类一般在清明至夏至之间采收。因为此时皮类养料丰富,

笔记

浆汁充足，皮部和木部容易剥离，剥离后的伤口较易愈合，有利于药材的再生长，如杜仲、黄柏、厚朴、秦皮等。根皮则以秋末冬初采收为宜，并趁鲜抽去木心，如牡丹皮、地骨皮等。

4）叶类药材：通常在开花前盛叶期或花盛期采收，此时，植物枝叶生长茂盛，养料丰富，分批采叶对植物影响不大，且可增加产量，如荷叶、艾叶、大青叶等。某些药材在秋、冬二季采收，如功劳叶于 8～10 月采收、桑叶初霜后采收。有的与主产品的采收期同时采收，如人参叶、三七叶、紫苏叶等。

5）花类药材：一般在花含苞待放时或花初开放时采收，这时花中水分少、香气足。开放过久接近凋谢的花朵，不仅药材的颜色和气味差，而且有效成分含量也显著减少。通常选择在晴天、上午露水初干时采摘。在花蕾时采摘的有金银花、辛夷、丁香、槐米等；在花开放时采摘的有洋金花、菊花等；红花则是以在花冠由黄色变为橙红色时采收。花朵陆续开放的植物，应分批采摘，以保证质量。有些药材如蒲黄、松花粉等不宜迟收，过期则花粉会自然脱落，影响产量。

6）果实类药材：除少数药材如青皮、枳实须在未成熟时采收外，一般果实多在近成熟或成熟时采收，如乌梅、吴茱萸、栀子等。果实的成熟期不一致，要随熟随采，过早则肉薄、产量低，过迟则肉松泡，影响质量，如木瓜。

7）种子类药材：种子类药材必须在完全成熟后方可采收。此时种子内物质积累已停止，达到一定硬度，并且呈现固有色泽。

8）全草类药材：多在植物充分生长，茎叶茂盛或在花盛期采收。有的割取地上部分，如薄荷、益母草等；有的则以全株入药，如细辛等；亦有在初春采其嫩苗的，如茵陈等。

9）藻、菌、地衣及孢子类药材：采收情况不一，如茯苓在立秋后采收质量较好；马勃宜在子实体刚成熟时采收；冬虫夏草在夏初子座出土孢子未发散时采挖；海藻在夏、秋二季采捞；松萝全年均能采收。

10）树脂或以植物液汁入药的其他类药材：根据植物的不同采收时间和不同药用部位决定采期和采收方式，如安息香采香多在 4 月至 10 月，于树干上割成“▽”形切口，其汁顺切口里流出凝固成香后采收；新疆的阿魏是割取，由茎上部往下割取，每次待树脂流尽后再一次割取，收集分泌出的白色胶状乳液。孢子必须在成熟期及时采收。

（2）动物类药材：动物类药材除了要根据其种类的不同选择适宜的采收期外，还需要根据各种药用动物的生长习性和活动规律而采取不同的捕获和采收方法。如诱捕、网捕、活体收取药用部分等。

1）哺乳动物类药材：由于品种的不一而采收季节也有所不同，但既要注意季节，又要采取适当方法。如鹿茸每年须在清明节后采收，过时则骨化。

2）两栖动物类药材：应根据季节的变化适时采收。如蟾酥，是采集蟾蜍耳后腺或皮肤腺的腺液经干燥而成，宜在春、秋二季捕捉，因为此时蟾蜍集结，容易捕获，而且腺液充足，药材品质好，得率高。另如哈蟆油，是雌性林蛙的输卵管，应在白露节前后捕捉，这时林蛙体壮肉肥，输卵管发育成熟。

3）贝壳动物类药材：一般是该动物的贝壳入药。采集多在夏、秋二季，因为这时是动物发育最旺盛的时节。如石决明、牡蛎等。

笔记

4）蜕化皮壳类药材：一般在春末夏初之际拾取，该类动物在每年此季节反复蜕化皮壳，以利其生长发育。该类药材必须及时拾取，过期则遭风袭雨淋，药材受损、药力下降，如蝉蜕、蛇蜕等。

5）昆虫类药材：必须随季节变化采收，因为虫的孵化发育都有定时。以卵鞘或窠巢入药的，多在秋季虫卵形成后或窠巢造成后摘取。采后必须立即采取加热、水烫、气蒸等方法杀死虫卵，以免虫卵孵化成虫，卵鞘遭损，影响其药效，如桑螵蛸、露蜂房等。以成虫入药的，均应在活动期捕捉，如土鳖虫等；有翅昆虫，在清晨露水未干时捕捉，因此时不易起飞，如斑蝥等。

6）生理产物和病理产物类药材：在捕捉后或在屠宰厂采收，如麝香、熊胆、牛黄、马宝、猴枣等。有的动物的产物可以在合适的时间内进行人工采集和精制加工，如虫白蜡、蜂蜜等。

（3）矿物药类药材：矿物类药材一般没有季节性限制，可全年采挖，大多是与矿藏的采掘相结合进行收集和选取的，如石膏、滑石、雄黄、自然铜等。矿物类药材质量的优劣在于选矿，一般应选择杂质少的矿石作药用。如来自盐湖中的大青盐，多系天然结晶而成，不需要加工，质量最佳。有些矿物类药材在开山、掘地中获得，如龙骨、龙齿等；有些系经人工冶炼或升华方法制得，如密陀僧、轻粉、红粉等。

二、药材的产地加工

1. 产地加工的目的　药材采收后，除少数要求鲜用，如生姜、鲜石斛、鲜芦根等外，绝大多数均需进行产地加工。其主要目的在于：

（1）除去杂质和非药用部分，保持药材的纯净。

（2）初步处理如蒸煮和熏晒等，使药材干燥。

（3）通过整形和分等，筛选出不同等级，便于按质论价。

（4）形成一定的商品性状。

由于中药品种繁多，来源不一，其形、色、气、味质地及含有物质不完全相同，因而在产地进行加工的要求也不一样。一般都应达到形体完整、含水分适度、色泽好、香气散失少、不改变味道（必须经加工改变的玄参、生地、黄精等例外）、有效成分破坏少等要求。由此可见，产地加工对于中药材商品的形成、中药饮片和中成药等产品的深加工，以及市场流通和临床使用等方面都具有重要意义。

2. 常用的加工方法

（1）洗涤与挑选：洗涤主要是洗除药材表面的泥沙与污垢，多用于根及根茎类药材。直接晒干或阴干的药材多不洗，如人参、北沙参、明党参、天冬、桔梗、山药等；具有芳香气味的药材一般不用水淘洗，如薄荷、细辛等。挑选主要是清除药材中的杂质或非药用部分，同时初步分级，利于分别加工和干燥。如牛膝去芦头、须根，远志去木心等。

（2）修整切制：是运用修剪、切削、整形等方法，去除非药用部位等不合规格的部分，使药材整齐，利于捆扎、包装，如剪去芦头、须根、进行切片、切瓣、截短等。修整工艺要根据药材的规格、质量要求来制定，有的应在干燥前完成，有的则在干燥后完成。例如较大的根及根茎类、坚硬的藤木类和肉质的果实类药材大多趁鲜切片，以利干燥；而剪除残根、芽孢、切小或打磨表面使平滑等，则在干燥后完成。目前，越来越多的药

笔记

材在产地进行切制加工。

(3) 去皮、壳：是对果实种子或根及根茎类药材以及皮类药材去除表皮或外壳，以使药材表面光洁，符合药材的商品特征，有利于干燥和贮藏。如桔梗、山药、白芍、杜仲、黄柏、肉桂等药材通常需要手工去皮使其表面光洁，以符合其性状要求。一般把果实采收后，晒干去壳，去除种子，如车前子、菟丝子等；或先去壳去除种子而后晒干，如白果、苦杏仁、桃仁等。

(4) 蒸、煮、烫：是对某些药材经蒸、煮或烫后再进行干燥。含黏液汁、淀粉、或糖较多的药材，不易干燥，经蒸、煮或烫处理后，则易干燥。加热时间的长短及采取何种加热方法，视药材的性质而定。如白芍、明党参煮至透心，天麻、红参蒸透，红大戟、太子参至沸水中略烫等。药材经加热处理后，不仅容易干燥，有的便于刮皮抽心，有的能杀死虫卵，防止孵化，保持药效，如桑螵蛸、五倍子等；有的熟制后能起滋润作用，如黄精、玉竹等；有的不易散瓣，如菊花。同时一些药材中的酶类失去活力，不至分解药材的有效成分。

(5) 熏硫：是在干燥前后用硫黄熏制某些药材。为使药材色泽洁白，防止霉烂，常用硫黄熏制，如山药、白芷。目前多不提倡，认为硫熏后的药材会有二氧化硫残留。

(6) 发汗：将药材在晒或用微火烘至半干或微煮(蒸)后，堆置起来发热，使其内部水分析出的方法习称“发汗”，可使药材变软，变色，增加香味或减少刺激性，有利于干燥，如厚朴、茯苓等。

(7) 干燥：干燥即除去药材中的大量水分，避免发霉、虫蛀以及有效成分分解和破坏，利于贮藏，保证药材质量。常用的有以下方法：

1) 晒干：利用阳光直接晒干，是一种最简便、经济的方法。多数药材用此方法干燥。需注意：含挥发油的药材不宜采用此法，以避免挥发油散失，如薄荷、金银花等。药材的色泽和有效成分受日光照射后易变色者，不宜用此法，如白芍、黄连、大黄、红花及一些花类药材等。有些药材在烈日下晒后易爆裂，如郁金、白芍、厚朴等。药材晒干后，要凉透，才可以包装，否则将因内部温度高而发酵，或因部分水分未散尽而造成局部水分过多而发霉等。

2) 烘干：是利用加温的方法使药材干燥。一般温度以50~60℃为宜，此温度对一般药材的成分没有大的破坏作用，同时抑制了酶的活性，因酶的最合适温度一般在20~45℃。对含维生素C的多汁果实药材可在70~90℃以利迅速干燥。含挥发油或需保留酶的活性的药材，不宜用此法，如苦杏仁、薄荷、白芥子等。富含淀粉的药材如需保持粉性，烘干温度应缓缓升高，以免新鲜药材遇高热淀粉粒发生糊化。

3) 阴干：是将药材放置或悬挂在通风的室内或荫棚下，避免阳光直射，利用水分在空气中自然蒸发而干燥。主要适用于含挥发性成分的花类、叶类、及草类药材，如薄荷、荆芥、苏叶等。有的药材在干燥过程中易与皮肉分离或空枯，因此必须进行揉搓，如党参、麦冬等。有的药材在干燥过程中要进行打光，如光山药等。

4) 焙干：与烘干方法相似，只是温度稍高，且置于瓦、陶器上加热。多用于某些动物药，如蛤蚧等。

5) 远红外加热干燥：是利用波长为0.75~1000nm的远红外波穿透药材，使药材内部组织吸收电磁波的能量后，产生自发的热效应，快速有效地除去药材中的过多水分。此法具有干燥快速、加热均匀、热效率高、不影响药材品质、对细菌虫卵有杀灭作

笔记

用等优点。

6）微波干燥：是用波长为1m～1mm高频电磁波加热药材，使药材中的水分吸收微波的能量后转化成热能，使水分析出的干燥方法。此法比常规干燥时间缩短几倍至几百倍以上，且能杀灭微生物及霉菌，具消毒作用。经试验微波干燥对首乌藤、山药、生地、草乌及中成药六神丸等效果较好。

（8）挑选分等：挑选分等是对加工后的药材，按药材商品区分规格等级的方法，是产地加工的最后一道工序。药材的规格等级是药材的质量的标准，将过去繁杂的名目进行整理，注重实用而合理。由于各地传统划分方法不一，目前仅有部分药材商品有全国统一的规格等级标准。

①规格的划分：药材规格划分的依据各有不同，目前常用的方法有：

按加工方法不同划分，如带表皮的称为“毛山药”；除去表皮、搓光揉直等加工后为“光山药”。如附子分为“盐附子”和“附片”二类，其中附片又按加工时放入的辅料不同而划分为“白附片”、“黑顺片”等多种规格。按入药部位划分，如当归分为“全当归”、“归头”、“归尾”等。按分布和产地划分，如产于浙江的称“杭白芍”；产于安徽的称“亳白芍”；产于四川的称“川白芍”。又如甘草，主产于内蒙古西部等地称为“西草”；主产于内蒙古东部等地称为“东草”等。按成熟程度划分，如连翘分为“青翘”和“老翘”。又如鹿茸分为“初生茸”和“再生茸”等。按采收季节划分，如三七分为“春三七”和“冬三七”。按药材基源划分，如麻黄分为“草麻黄”、“中麻黄”和“木贼麻黄”。

②等级的划分：等级是指同种规格或同一品名的药材，按加工后部位、形态、色泽、大小等性状要点，制定出若干标准，每一标准即为一个等级。通常以品质最佳者为一等。较佳者为二等，最次者为末等，不分等级成为统货。分等级的依据各有不同，主要有如下几种。依单个药材的大小和重量分等，如“筒朴”等。依单个药材的重量分等，如“雅黄”等。以单位重量中所含的药材个数分等，如“西大黄”、“春三七”等。以表面色泽和饱满程度分等，如五味子等。以纯净程度分等，如金银花等。

也有的综合以上各种指标进行分等。目前的规格、等级标准是在传统习惯的基础上，结合产地现状制定的，其中也有不甚合理之处，有待以后逐步修订。药材收购的原则是“以质论价”，收购人员必须熟知商品规格、等级标准，把住药材进入流通领域的第一道质量关。

3. 药材产地加工通则

（1）植物药类：植物类药除少数如鲜生地、鲜芦根等鲜用外，大多数药材在采收后需要根据不同药用部位进行适当加工。

1）根及根茎类药材：根及根茎类药材一般与采挖后去尽地上茎叶、泥土和须毛等，迅速晒干、烘干或阴干；有的须先刮去或撞去外皮使色泽洁白，如沙参、桔梗、山药；有些质地坚硬或较粗，须趁鲜切片或剖开而后干燥的，如天花粉、苦参、地榆、狼毒、商陆、乌药；有的需要抽去木心，如远志；有些富含黏液质和淀粉类药材，晒前须用开水烧烫或蒸后再干燥，如天麻等。

2）皮类：皮类药材一般在采收后须切成一定大小而后晒干；或加工成单卷筒、双卷筒，如厚朴等；或先削去栓皮，如关黄柏等。

3）叶类及全草类药材：这类药材含挥发油的较多，故采后置通风处阴干；有的则

笔记

须先行捆扎，使成一定重量或体积，而后干燥，如薄荷。

4）花类药材：花类药材在加工时要注意花朵的完整和保持色泽鲜艳，一般是直接晒干或烘干，并应注意控制烘晒时间。

5）果实类药材：果实类药材一般采后直接干燥；有的经烘烤、烟熏等加工过程，如乌梅；或经切割加工使成一定形态，如枳实、枳壳、化橘红；有的为了加速干燥，事先在沸水中微烫后，再捞出晒干，如五味子等。

6）种子类药材：种子类药材通常采收果实干燥后去果皮取种子，或直接采收种子干燥；也有将果实干燥贮存，使有效成分不至散失，用时取种子入药，如豆蔻。

（2）动物药类：药用动物捕获后进行产地加工的方法多种多样，往往因动物种类不同或相同动物因产地、时间的不同，其产地加工方法也有差异。但就药用动物的特性而言，一般要求加工处理必须及时得当，常用的方法有洗涤、清选、干燥、冰冻或加入适宜防腐剂等，特别是干燥处理很重要。如蜈蚣在捕后烫死，及时选用与虫体长宽相近的竹签，将虫体撑直。然后曝晒使干燥。若遇阴雨天，可用无烟碳火烘干，温度一般不宜超过80℃。还可以用硫黄熏晒加工，不仅可使蜈蚣进一步干燥，增加药材的色彩，而且还可杀灭附着在虫体上的虫卵，提高了药材质量，有利于其贮藏养护。全蝎的产地加工通常是用盐水浸泡、加热煮沸至全蝎脊背抽沟，全身僵挺，色泽光亮时取出，置通风干燥处晾干即得。一般动物鳞甲、骨骼等必须在干燥前去筋肉，如鳖甲、龟甲等；对于药用虫卵或虫瘿者，则需经过蒸煮后，杀死内部虫体，以免来年春暖花开时孵化成虫，破坏药材，影响疗效，如桑螵蛸、五倍子等。

（3）矿物药类：矿物药类的产地加工主要是清除泥土和非药用部位，以保持药材的纯净度。

第三节　药材的集散地与道地药材

道地药材实际上是指产地、产季、产作、产收均符合临床用药要求和疗效确切的中药。狭义地讲是指某些地区生产的、中药的优质原料（药材），而优质原料的产地称为道地产区。“道”是古代行政区划名，如唐代将全国分为关南道，河东道等10余道。道地本指各地特产，后演变为货真价实，质优可靠的代名词。道地药材之所以质量优良，主要是因为这些地区有适宜的地理气候条件和生态环境，长期的自然选择或栽培，形成了优良品种、先进的生产技术、独特的加工方法、稳定的商品特征和鉴别方法。道地药材在国内外具有很高信誉，在经营中具有很强竞争力，因而形成了较大的商品规模。一些药材为了表明其产地和品质可靠的特征，常在药材名称前加上道地产区，例如川泽泻、建泽泻分别表示四川和福建的产品。

一、药材集散地

在道地药材形成的同时也逐渐形成了各地区药材的集散地，并发展成各地区的药材交易市场，简称药市。传统集散地的形成与道地药材的产地、名医和药王的影响、便利的交通和集市庙会的群众基础有关。药市是我国道地药材交易最集中、成交额最大的地方。历史上传统的四大药市有河北安国、江西樟树、河南百泉、河南禹县。后来发展成安徽亳州、湖南邵东、广州清平、广西玉林、成都荷花池、西安康阜路等近20家全

笔记

国较大的药市。

目前,全国在传统药市的基础上形成了一批有影响的药材专业市场,其中有的已经建立了现代化的交易管理电子信息系统。药材专业市场是经国家卫生部和国家工商行政管理局等部门批准的专门经营药材的集贸市场。国家中医药管理局和各级医药生产经营行业主管部门依法对药材专业市场实行行业管理。各级卫生行政部门依法对药材专业市场实行质量监督管理。各级工商行政管理部门依法对药材专业市场实行市场监督管理。

兹将我国部分主要药材专业市场介绍如下:

1. 亳州药材市场　亳州市位于安徽西北部,面积 $2226km^2$,人口 130 万。1994 年,亳州建成一个大型的药材交易中心,是目前国内规模最大的中药材专业交易市场,该中心占地 387 亩,建筑面积 35 万平方米,拥有 1000 余家中药材经营店面。3.2 万平方米的交易大厅有 6000 多个摊位,经营者 2 万多人。中药材日上市量高达 6000 吨,上市品种 2600 余种,中药材年成交额达 100 多亿元。2013 年,该中心搬迁到国际现代化的中药材专业市场中国·亳州康美中药城,占地面积 106 万平方米,建筑面积 120 万平方米,是目前最大的一站式中药材交易中心。交易大厅总建筑面积 10 万平方米,交易大厅采用花瓣式组合,围绕电子商务中庭,八个花瓣分别代表不同类别的药材经营区域,相互区别又相互联系。交易大厅设有中医药文化走廊,民族医药、中药材品牌形象店,药材集中贸易展示铺面,地道中药材样品展示区,药材标本室,检验检测中心等。

2. 成都荷花池药材市场　建设于 20 世纪 70 年代,历经 30 多年风雨,经过四次产业升级,现整体搬迁到位于成都市北新干道旁的成都国际商贸城,是西部地区最大的中药材市场。市场占地 142 亩,建筑面积 20 万 m^2,拥有 4000 多个商位,是目前全国体量最大、硬件设施最优秀的中药材专业市场之一。采用现代化的商铺设计理念,中央空调、专业的通风采光设计和自动关合玻璃顶棚等现代化设施,使市场成为全国唯一的"会呼吸的中药材市场"。

据历史记载,成都自唐代就有药市,而且非常繁荣。从此,世代相继,经久不衰。改革开放以来,随着市场经济的发展,大量的川产药材汇集成都,销往全国,销往港、澳、台和东南亚国家。成都荷花池以经营川产道地药材为主。市场常年经营户有 1700 多户,5000 余人,主要来自省内外 100 多个县(市),经营中药材品种 4500 余种,常见药材约 2000 种,其中川产药材 1300 余种,如道地药材川贝母、黄连、冬虫夏草、川芎、川乌、附片、麦冬等。也有许多四川草药医生习用的地方药,如大菟丝子、理塘黄芪等,市场日销售额 500 多万元。川产药材具有品种多、分布广、蕴藏量大,南北兼备的特点,在常用的 600 多味中药中,川产药材占 370 多种。因此,自古就流传"天下有九福,药福数西蜀"。

3. 陇西文峰药材市场　位于甘肃省陇西县城东 10km 的文峰镇,西连省会兰州,东接欧亚大陆要道 010 国道。陇西历史上就是西北物资集散地之一,素有"陇中码头"之称。1992 年,陇西县创建了文峰经济开发区,建成了占地 $13.3hm^2$,总投资 3000 万元,累计建筑面积近 10 万 m^2 的文峰药材综合交易市场,市场规模和设施雄居西北之首。雄厚的市场实力推动了经济快速发展,文峰成为全区乡镇企业总产值过亿元的乡镇之一。药材是陇西县骨干产业之一,全县有几万人从事药材种植、加工、贩运和经

笔记

营。文峰药材市场，早在10年前就跻身全国十七大药市行列。今天，已发展成为集产地、销地和集散地为一体的综合性市场，被誉为党参、当归和西北地产药材最大集散地。市场经营各类药材多达600余种，辐射全国20多个省市，当归、党参、黄芪、甘草出口海外10多个国家和地区，近年市场各类药材、药品吞吐量近10万吨。

4. 广州清平药材市场　广州清平中药材专业市场创办于1979年，是我国南方重要的药材交易市场之一。经营户来自五湖四海，商品交易活跃，销往全国和港澳台、东南亚及世界各地，是华南地区最大的中药材特别是贵细滋补性中药材和广药的集散地和进出口贸易重地。2006年完成升级改造，新药市座落于广州清平路和六二三路，是唯一建立在大都市中心区域的中药材市场，拥有庞大的交通网络，市场面积达1.1万平方米，有商铺1500多家，年营业额超10亿元。该市场还是全国第一个准许经营范围达5大类别（中药材、中药饮片、中西成药、医疗器械、保健品）的医药展贸平台。9层楼的清平医药中心是其标志性建筑。

5. 安国药材市场　河北安国市位于北京、天津、石家庄三大城市腹地，北距北京200km，东距天津240km，南距石家庄110km。全市总面积486km^2，人口37万。安国古称祁州，药业兴旺发达源于宋朝，兴于明朝，盛于清朝。千余年来，天下药产广聚祁州，山海奇珍齐集安国，素有“天下第一药市、药都”之称。1993年，安国投资6亿元，建成了一座现代化的药材专业市场——东方药城。药城建筑面积60万平方米，占地33hm^2，上市品种2000多种，日吞吐量超300吨，年成交额20亿元，誉为“华夏珍药荟萃之区，举步走遍九州之地”。整个药城由4条“井”字形大街构成，分为9个区，拥有商楼1100多座，经营品种2300多种，经营销售已辐射全国各地，远销港澳台、东南亚及欧美等20多个国家和地区。中心交易大厅是东方药城集中交易场所之一，占地15亩，经营面积12000m^2，拥有固定商位4000多个，分为个子货杂药区，企业饮片展销区，精细药材区。

6. 禹州药材市场　禹州位于中原腹地，因帝舜时大禹治水有功，册封于此而得名。禹州被人们公认为我国亘古中药发祥地，是历史上有名的古药都之一。有“药不到禹州不香，医不见药王不妙”之说。春秋战国以来，神医扁鹊、医圣张仲景、药王孙思邈都曾来禹行医采药，著书立说。药王孙思邈死后葬于三峰山南坡，“落户”禹州，为禹州的药都地位，增添了不少灵性。自唐朝起，禹州始有药市，到明朝初期已成为全国四大药材集散地之一。乾隆年间达到鼎盛时期，居民十之七、八以药材经营为生，可谓无街不药行，处处闻药香。1990年10月1日“禹州药材批发市场”建起并投入使用；1996年，禹州市药材专业市场获国家一部三局批准，成为全国17家定点药市之一。目前，全市已有药商300余户，从业人员2000人以上，经营品种2600余种，年成交额达2亿~3亿元。1999年底禹州药市“中华药城”建成正式投入使用，它占地20hm^2，投资亿元，可容纳商户5000多家，是一个多功能现代化的药材大型专业市场，年交易额达10亿元人民币。禹州中药材专业市场门店固定，常年经营，商户稳定；药材商品品种较为齐全，且注重经营道地药材，其中冠以“禹”字头的道地品种有禹南星、禹白附、禹白芷、禹余粮等。

7. 邵东药材市场　湖南邵东廉桥药材专业市场坐落于湖南省邵东县廉桥镇，东邻长沙，西毗市府邵阳，南靠衡阳，北接娄底。娄邵铁路、320国道穿镇而过，邵东机场距市场不足30km。廉桥药市1995年经国家一部三局首批验收合格，是全国十大药材

笔记

市场之一，有“南国药都”之称。廉桥属典型的江南丘陵地形，土地肥沃，雨量充沛，老百姓自古习种药材，品种达200种。其中丹皮、玉竹、百合、桔梗，味正气厚，产量质量均居全国之首。廉桥药市源于隋唐，相传三国时期蜀国名将关云长的刀伤药即采于此地。此后，每年农历4月28日，当地都要举行“药王会”籍以祈祷“山货”丰收。改革开放以来，邵东县昔日传统的药材集贸市场发展成现代化大型专业市场。药市现拥有国有、集体、个体药材货栈1000多家，从业人员5000余人，经营场地13 340m^2，经营品种1000多种，集全国各地名优药材之大成，市场成交活跃。近几年，年成交额在10亿元以上。

8. 岳阳药材市场　湖南岳阳花板桥药材专业场位于岳阳市岳阳区花板桥路、金鹗路、东环路交汇处，距107国道5km，火车站2km，城陵矶外贸码头8km，交通十分便利。市场于1992年8月创办，是国家首批验收颁证的全国八家药材专业市场之一。市场占地8.2hm^2，计划投资1.6亿元，现已投资5800万元，完成建筑面积5.5万平方米。市场现有来自全国20多个省、市的经营户480多户，年成交额近3亿元。1998年，市场进一步扩建和完善，扩建面积8万m^2，目前可容纳客户1500户，年成交额可超8亿元。

9. 樟树药材市场　“樟树”是江西省清江县樟树镇的简称，相传以盛产樟树而得名。樟树药材集市始于三国时代，药材炮制“遵肘后，辨道地”，质量考究，素以“药都”著称，享有“药不到樟树不齐，药不过樟树不灵”的美誉，迄今已有1700多年的历史，并以其精湛的饮片切制技术，形成全国闻名的“樟树帮”。2001年竣工的樟树中药材专业市场，占地500亩，建筑总面积达25万平方米，投资3亿元，拥有一流的现代网络设施和电子报价系统、物流储运设施，整个市场视野开阔，造型中西合璧，既能感受到繁华、开放的市场氛围，又能体会到樟树药业文化的源远流长与博大精深。现有2000余户药商在场内经营，年成交量100万吨，交易额超50亿元，辐射全国30个省(市)、港、澳、台以及东南亚地区。

10. 鄄城舜王城药材市场　山东鄄城舜王城药材市场地处鲁西南大地，位于古黄河南岸，南邻牡丹之乡菏泽市，东接旅游圣地水泊梁山。舜王城即为舜的出生地，市场因此而得名。该市场自20世纪60年代自发形成初具规模，已有30余年的历史。改革开放以来，舜王城药材市场逐步繁荣兴旺。1996年通过国家一部三局的验收正式开办，成为全国十七家大型药材市场之一和山东省唯一的药材专业市场。市场占地面积6.6万m^2，交易大棚面积4000m^2，营业门市面积4100m^2，库房面积1600m^2，可同时容纳固定摊位2000多个。目前，该市场日上市药材1000多个品种，20余万千克，日均成交额130多万，年经销各类药材5千万千克，年成交额3亿多元。全国20多个省市及韩国、越南、日本、中国香港、中国台湾等国家和地区的客商经常来此交易。目前，全县拥有大规模的药材生产基地7处，种值面积6666.7hm^2，生产品种100多个，年产各类药材2500万千克。一些优质地产药材如丹皮、白芍、白芷、板蓝根、草红花、黄芪、半夏、生地、天花粉、桔梗等享誉海内外。

11. 重庆解放路药材市场　重庆药材专业市场地处重庆市主城区渝中区解放西路88号，东距重庆港2km，西距重庆火车站和重庆汽车站1.5km，北邻全市最繁华的商业闹市区解放碑1km。重庆药材专业市场由原渝中区储奇门羊子坝中药市场和朝天门综合交易市场药材厅合并而来。原场地狭小、规模不大，1993年底，市场迁入

笔记

现址。

12. 普宁药材市场　普宁市位于广东省潮汕平原西缘，闽、粤、赣公路交通枢纽，面积 1620km^2，人口 160 万，是岭南著名的“侨乡”、“果乡”和重要商品集散地。普宁旅居海外侨胞 120 多万人；普宁是中国青梅、蕉柑、青榄之乡；普宁十大专业市场闻名全国，吸引了全国各地乃至周边国家成千上万商贾，货运专线直达全国 120 多个城市。近年来，普宁的国民经济和社会各项事业取得了突破性进展。1997 年全市工农业总产值 165 亿。市场集贸成交额 101.5 亿元，外贸出口总额 5.72 亿美元。

13. 玉林药材市场　广西玉林药材市场位于玉林市中秀路，市场占地 2hm^2，建筑面积 17 500m^2，是全国十大药材市场之一。目前，市场内约有经营户 1000 多户，从业人员 3000 多人，经营品种达 900 多种，市场年成交额 5 亿。玉林市药材专业市场是我国西南地区传统的药材集散地，药材购销辐射全国，转口远销港澳并与东南亚地区药材市场连结购销网络。

14. 蕲州药材市场　湖北蕲州位于长江中游北岸，是蕲春县最大的工业基地和商品集散中心，总面积 54.45km^2，其中城区面积 6.7km^2，总人口 6.2 万人。蕲州始建于北周，为历代州、郡、府、县所在地，是我国明代伟大的医药学家李时珍的故乡。1994 年蕲州被省政府批准为省管医药经济开发区，建有较大药材交易市场。蕲州历史上四大蕲药蕲龟、蕲竹、蕲蛇、蕲艾，名扬天下。

15. 三棵树药材市场　三棵树药材市场形成于 1991 年，是我国东北、内蒙古自治区唯一的中药材专业市场，位于哈尔滨市三棵树火车站附近而得名。毗邻连通黑龙江省内外三十余个市县公路客运站，与哈尔滨港口隔南直立交桥相望，铁路、公路、水路和空运四通八达，十分方便。经多年的建设发展，已成为我国北方中药材经营的集散。1996 年完成搬迁，占地 6000 多 m^2，建筑面积 23 000m^2，市场内设有 1 ~3 层各式营业用房 300 套，可容纳经营户 1000 余个，内设中草药种植科研中心、质检中心、仓储中心。充分体现东北高寒地区药材交易市场特色。现中药材交易品种已达到 580 余种，其中 107 种量大质优，具地方特色。东北是关药的道地药材的主产区，销量居全国之首，如人参、鹿茸、哈蟆油、关防风、关龙胆、关黄柏、北五味子、刺五加等名贵药材，特别是人参，80% 出口到俄罗斯、日本、韩国、东南亚、西欧等国，药材边境贸易十分活跃。

二、道地药材

我国地域辽阔，不同地区环境条件变化大，经过长期的生产实践，各个地区都形成了一批适合本地条件的道地药材。道地药材与地域是不可分的，根据我国中药资源的分布区域和道地药材的商品介绍如下：

1. 关药　关药通常指东北地区所出产的优质药材。著名的关药有人参、关马茸、花鹿茸，关防风、关黄柏、辽细辛、关龙胆等。

2. 北药　北药通常指华北、西北地区和内蒙古等地区所出产的优质药材，亦有将东北地区产的药材也划分到北药范围。著名的四大北药为党参、大黄、黄芪、当归。此外，常用北药还有金银花、板蓝根、连翘、酸枣仁、远志、黄芩、赤芍、知母、枸杞子、阿胶、全蝎、五灵脂等；其中山西潞党参皮细嫩、紧密、质坚韧；河北酸枣仁粒大、饱满、油润、外皮色红棕；河北连翘身干、纯净、色黄壳厚；河北易县、涞源县的知母肥大、柔润、质坚、色白、嚼之发黏，称“西陵知母”；山东东阿阿胶驰名中外。

笔记

3. 怀药　怀药泛指河南境内所产的优质药材。河南地处中原，河南的怀药分南北两大产区，产常用药材300余种。著名的四大怀药为地黄、山药、牛膝、菊花，此外，尚有密（南）银花、怀红花、南全蝎等。

4. 浙药　浙药亦称杭药、温药，包括浙江及沿海大陆架所出产的优质药材，浙江地处亚热带，产常用药材400余种。著名的浙八味为白术、白芍、玄参、延胡索、菊花、麦冬、郁金、浙贝母，此外，还有山茱萸、温朴、天台乌药、杭白芷等。

5. 江南药　江南药包括湘、鄂、苏、皖、闽、赣等淮河以南省区所产优质药材。如安徽的亳菊、滁州的滁菊、歙县的贡菊、铜陵的凤丹皮、霍山石斛、宣州木瓜；江苏的苏薄荷、茅苍术、太子参、蟾酥等；福建的建泽泻、闽西建乌梅、蕲蛇、建神曲；江西的江枳壳，宜春江香薷，丰城鸡血藤、泰和乌鸡；湖北大别山的茯苓，鄂北蜈蚣，江汉平原的龟甲、鳖甲，襄阳山麦冬、板桥党参，鄂西味连和紫油厚朴，长阳资丘木瓜、独活，半夏；湖南平江白术，沅江枳壳，湘乡木瓜，邵东湘玉竹，零陵薄荷，零陵香、湘红莲、升麻等。

6. 川药　川药指四川所产的优质药材。四川是我国著名药材产区，所产药材近千种，居全国第一位。川产珍稀名贵药材有麝香、冬虫夏草、川黄连、川贝母、石斛、熊胆、天麻等；川产大宗商品药材有川麦冬、川泽泻、川白芍、川白芷、川牛膝、川郁金、川黄柏、川芎、附子、川木香、川大黄、川枳壳、川杜仲、川朴、巴豆、使君子、明党参等。川药呈明显的区域性或地带性分布，如高原地带的冬虫夏草、川贝母、麝香；岷江流域的姜和郁金；江油的附子；绵阳的麦冬；灌县的川芎；石柱的黄连；遂宁的白芷；中江的白芍；合川的使君子、补骨脂；汉源的花椒、川牛膝等。川附子加工成的附片，张大均匀，油润光泽；黄丝郁金个大、皮细、体重、色鲜黄；川芎饱满坚实、油性足、香气浓烈；白芍肥壮、质坚、粉性足、内心色白，称"银心白芍"；川麦冬皮细、色白、油润；川红花色泽鲜艳，味香油润；川枳壳青皮白肉；川白芷富于粉性，断面有菊花心。

7. 云药　云药包括滇南和滇北所出产的优质药材。滇南出产诃子、槟榔、儿茶等，滇北出产云茯苓、云木香、冬虫夏草等；处于滇南和滇北之间的文山、思茅地区盛产三七并闻名于世。此外，尚有云黄连、云当归、坚龙胆、天麻等。云南的雅连、云连占全国产量的绝大部分；云苓体重坚实，个大圆滑、不破裂；天麻体重、质坚、色黄、半透明；半夏个圆、色白似珠，称"地珠半夏"。云药中的特产野生药材有穿山甲、蛤蚧、金钱白花蛇，红豆蔻、广防己、木鳖子、鸡血藤、广豆根、巴豆、骨碎补等。

8. 贵药　贵药是以贵州为主产地的优质药材。著名贵药有天麻、杜仲、天冬、吴茱萸、雄黄、朱砂等。

9. 广药　广药又称"南药"，系指广东、广西南部及海南、台湾等地出产的优质药材。著名的四大南药为槟榔、砂仁、巴戟天、益智。桂南一带出产的药材有鸡血藤、广豆根、肉桂、石斛、广金钱草、桂莪术、三七、穿山甲等；珠江流域出产的药材有广藿香、高良姜、广防已、化橘红等。广东的砂仁产量较大，其中阳春砂仁质量最佳；广藿香年产量占全国92%，其中石牌藿香主茎矮，叶大柔软，气清香；化州橘红历史上曾列为贡品，加工品分为正毛橘红片（成熟果皮）、橘红花（花）、橘红胎（幼果）；广东新会的广陈皮，德庆的何首乌，广西防城的肉桂、三七和蛤蚧都是著名道地药材。台湾的樟脑曾垄断世界市场。

10. 西药　西药是指"丝绸之路"的起点西安以西的广大地区、包括陕、甘、宁、青、新及内蒙西部所产的优质药材。著名的秦药有秦皮、秦归、秦艽。此外，还有新疆甘

笔记

草、伊贝母、软紫草、阿魏、麻黄、肉苁蓉、锁阳、多伦赤芍、西牛黄、西马茸等。甘草、麻黄、新疆紫草、伊贝母等为本地区大宗商品药材。其中甘草产量占全国90%，麻黄产量量占全国第二位。

11. 藏药　藏药指青藏高原所产的优质药材。著名的的四大藏药为冬虫夏草、雪莲花、炉贝母、西红花。此外，还有麝香、胡黄连、羌活、雪上一枝蒿、甘松、红景天，高原特有的藏药品种有雪灵芝、西藏狼牙刺、洪连、小叶莲、绵参、藏茵陈等。

（张贵君　辛宁）

笔记

第六章

植物类药材

在常用商品药材中，植物类约占80%。通常根据其可药用的部位分为根及根茎类、茎木类、皮类、叶类、花类、果实及种子类、全草类、藻菌地衣类、树脂及其他类等。

根及根茎类药材是以植物的根或地下茎为药用部位的药材，商品上习称“根类药材”。根和根茎属于植物体的不同器官，为了便于学习和鉴别，将该类药材分为根类、根茎类、根及根茎类三部分。

第一节 根类药材

根类（radicis）药材是以根（radix）或以根为主带有少部分根茎的药材。

商品特征：依据形状、大小、颜色、表面特征、质地、横切（折断）面、气、味等进行观察。注意区别双子叶植物与单子叶植物的根。双子叶植物的根多为直根系，一般主根明显，常有分枝，少数根部细长，集生于根茎上；药材通常为圆柱形或圆锥形，平直或稍弯曲，少数肥大的块根呈短圆锥形、纺锤形或不规则形；根类药材顶端常带有短缩的根茎（芦头）或茎基；表面较粗糙，常有皱缩的纹理、支根痕或皮孔；横断面有放射状纹理，有的形成“菊花心”或“车轮纹”，常可见形成层环纹，木部较大，中心常无髓，有的可见不同的花纹（异型维管束）。单子叶植物的根多为须根系，有的先端或中部膨大成块根，呈纺锤形；表面较光滑，无皮孔；断面无放射状纹理，常见内皮层环纹，中央常有小木心及髓部。根与根茎相比较，无节和节间之分，一般无芽和叶。

商品规格：根类药材常依据采收时间、产地、加工方法等划分不同的规格，再依据长度、直径或规定重量中的个数等划分等级。有的药材性状差异不大的，则为“统货”。

检查：根类药材属于植物的地下部分，常附有泥土、杂质或其他污染物；有的个体较大不易干燥，水分含量较高容易发生霉变；有的可能带有非药用的茎基；不同的生境或生长年限可能有害物质的含量不同。通常要进行灰分测定、水分测定和杂质检查，有的要进行农药残留、重金属以及有害元素的检查等，以保证药材的纯度和安全性，便于贮藏管理。

贮藏养护：根类药材通常用袋装、箱装或篓装。由于药材中含有大量的淀粉和糖类，易吸潮、发霉或虫蛀，贮藏中要特别注意控制温度和湿度。含有挥发性成分的药材，应防止高热，不宜久储。

笔记

牛膝 Niuxi

Radix Achyranthis Bidentatae

【基原】苋科(Amaranthaceae)植物牛膝*Achyranthes bidentata* Bl. 栽培品的干燥根。主产于河南武陟、沁阳等地。

冬季茎叶枯萎时采挖,栽培者一般于播种当年的11月采收。采挖时从畦的一端开深沟依次进行,保持根部完整。除去须根及泥沙,根据粗细分档,扎成直径10cm小把(株茎部分)挂在室外晒架上,根条下垂,晒至干皱后,切去顶端茎枝,扎把,再晒干。干燥时严防受冻或雨雪淋。

【商品性状特征】细长圆柱形,表面灰黄色或淡棕色,有细皱纹。质硬脆,断面微呈角质状而油润,维管束小点断续排成2~4轮同心环。气特异,味微甜而稍苦涩。(图6-1)

图6-1　牛膝

【规格等级】常分为3等。

一等品(头肥):呈长条圆柱形。内外黄白色或浅棕色。中部直径0.6cm以上,长50cm以上。根条均匀。无冻条、油条、破条。

二等品(二肥):中部直径0.4cm以上,长35cm以上。无冻条、油条、破条。

三等品(平条):中部直径0.4cm以下,但不小于0.2cm,长短不分,间有冻条、油条、破条。

【主要化学成分】羟基促脱皮甾酮(ecdysterone)、牛膝甾酮(inokosterone)、皂苷及多种昆虫变态激素等。

【质量要求】

1. 性状评价　以根长、粗壮、皮细肉肥、色黄白者为佳。

2. 浸出物测定　以水饱和正丁醇作溶剂,用热浸法测定,不得少于6.5%。

3. 水分　不得过15.0%。

4. 灰分　总灰分,不得过9.0%。酸不溶性灰分,不得过1.0%。

【贮藏养护】本品易受潮变软,高温易走油变黑,应贮藏于30℃以下的阴凉、干燥处,密封保存。

【附注】商品全部来源于栽培资源,属于可以满足市场需求的品种。河南焦作市(古怀庆府)已有2000余年的栽培历史,目前,河南产牛膝是市场牛膝商品的主流,市场需求量和出口量逐年增大,目前市场年需求量大约500万千克。

附子 Fuzi

Radix Aconiti Lateralis Praeparata

【基原】毛茛科(Ranunculaceae)植物乌头*Aconitum carmichaeli* Debx. 栽培品子根的加工品。主产于四川江油及陕西等地。

6月下旬至8月上旬采挖乌头根部,除去母根、须根及泥沙,习称"泥附子"。选大个均匀的泥附子,洗净,放于食用胆巴的水溶液中过夜,再加食盐,继续浸泡,每日捞出晒晾,并逐渐延长晒晾时间,直至附子表面出现大量结晶盐粒(盐霜)、体质变硬时为

笔记

止，晒干即为盐附子。

【商品性状特征】

1. 盐附子　呈圆锥形，表面灰黑色，被盐霜。体重，横切面灰褐色，可见多角形的形成层环纹。气微，味咸而麻，刺舌。（图 6-2）

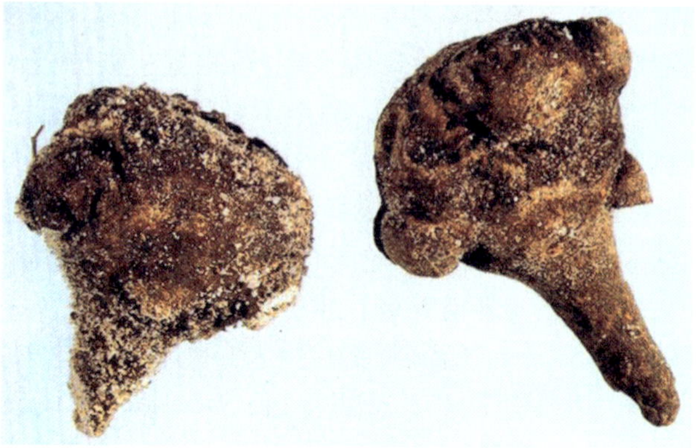

图 6-2　盐附子

2. 附片　按照颜色和性状分为黑顺片、白附片和黄附片（图 6-3）。

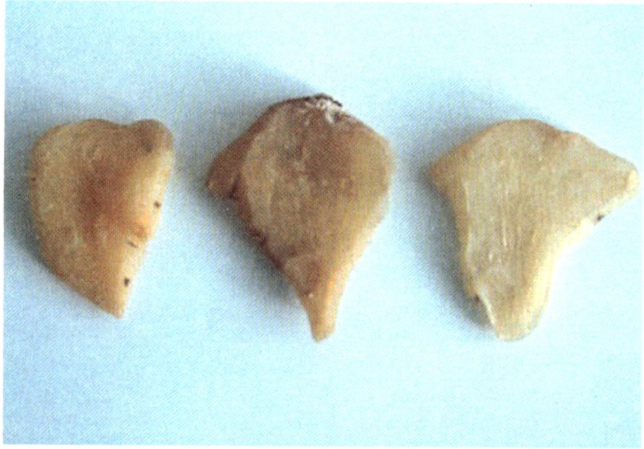

白附片

黑顺片

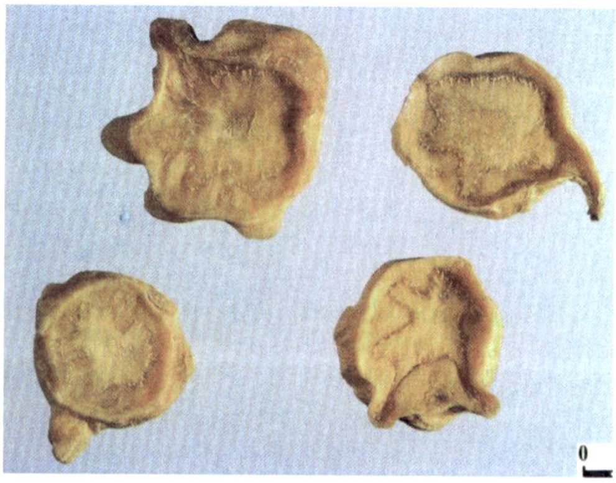

黄附片

图 6-3　附片

【规格等级】

一等品：肥大，体质沉重，附有盐粒，味咸而麻、刺舌。每1000g 16个以内，无空心、腐烂。

二等品：每1000g 24个以内，余同一等。

三等品：每1000g 80个以内，间有小药扒耳，但直径不小于2.5cm。

【主要化学成分】乌头碱、苯甲酰乌头胺（benzoylaconine）、苯甲酰中乌头胺（benzoylmesaconine）、苯甲酰次乌头胺（benzoylhypaconine）及毒性更小的乌头胺（aconine）、中乌头胺（mesaconine）、次乌头胺（hypaconine），有强心作用的氯化棍掌碱（corgneine chloride）及去甲猪毛菜碱（salsolinol）等。

【质量要求】

1. 性状评价　盐附子以个大饱满、体重、色灰黑、表面光滑起盐霜者为佳；黑顺片以片大、厚薄均匀、切面色棕黄、油润有光泽者为佳；附片以片大、厚薄均匀、色黄白、半透明者为佳。

2. 乌头碱限量检查　薄层色谱：供试品色谱中，在与对照品相应的色谱位置上出现的斑点应小于对照品的斑点或不出现斑点。

【贮藏养护】应置于阴凉、干燥处密闭贮存。加工干燥时温度不宜超过70℃，以免裂片。

【附注】附子至今已有2000余年的药用历史。商品全部来源于栽培，为四川江油特产。历史上附子的产销较为平稳，商品可以满足市场的需求。年需求量约150万~200万千克。

白芍 Baishao

Radix Paeoniae Alba

【基原】毛茛科（Ranunculaceae）植物芍药 *Paeonia lactiflora* Pall. 栽培品的干燥根。主产于浙江东阳，四川中江，安徽亳州，山东菏泽。产于浙江者称“杭白芍”或“东白芍”，为著名的“浙八味”之一；产于安徽者称“亳白芍”，产于四川者称“川白芍”。其中亳白芍产量最大。

一般于夏、秋二季采挖种植3~4年植株的根，浙江于栽培6~7年后采收。各地采收时间：浙江6月下旬，四川7月中旬，安徽8月下旬，山东9月上旬。将采收的根剪去细根、须根，按大小分档，置沸水中煮至透心，有香气时，捞出，浸入冷水中，用竹片（勿用铁器）刮去外皮，晒干；或先刮去外皮再煮，晒干。

【商品性状特征】呈圆柱形，平直或稍弯曲，表面类白色或浅红棕色。质坚实，断面角质样，类白色或微带棕红色，形成层环明显，木部有放射状纹理。气微，味微苦、酸。（图6-4）

【规格等级】商品分白芍、杭白芍、出口白芍3个规格。

1. 白芍

一等品：圆柱形，直或稍弯，去净栓皮，两端整齐。表面类白色或淡红棕色。质坚实体重，断面类白色。味微苦、酸。长8cm以上，中部直径1.7cm以上，无芦头、花麻点、破皮、裂口、夹生。

二等品：长6cm以上，中部直径1.3cm以上，间有花麻点。余同一等。

笔记

亳白芍

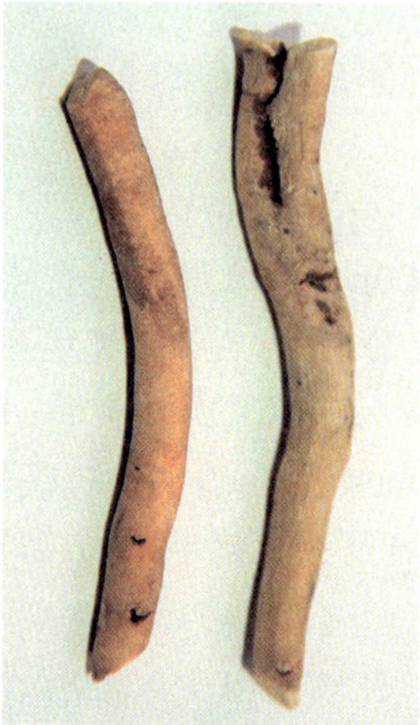

川白芍

杭白芍

图6-4 白芍

三等品：长4cm以上，中部直径0.8cm以上。余同一等。

四等品：长短粗细不分，兼有夹生、破皮、花麻点、头尾、碎节或未去净栓皮。无枯芍、芦头。（图6-5）

2. 杭白芍

一等品：圆柱形，条直，两端切平。表面棕红色或微黄色。质坚体重，断面米白色。味微苦、酸。长8cm以上，中部直径2.2cm以上。无枯芍、芦头、栓皮、空心。

二等品：长8cm以上，中部直径1.8cm以上。余同一等。

三等品：长8cm以上，中部直径1.5cm以上。余同一等。

四等品：长7cm以上，中部直径1.2cm以上。余同一等。

五等品：长7cm以上，中部直径0.9cm以上。余同一等。

六等品：长短不分，中部直径0.8cm以上。余同一等。

七等品：长短不分，中部直径0.5cm以上，间有夹生、伤疤，无梢尾。余同一等。

3. 出口白芍 条直，长5.5～13cm，粗细均匀，两端切平，内外色泽洁白、光亮。体重，无空心、断裂痕。按直径分等。

笔记

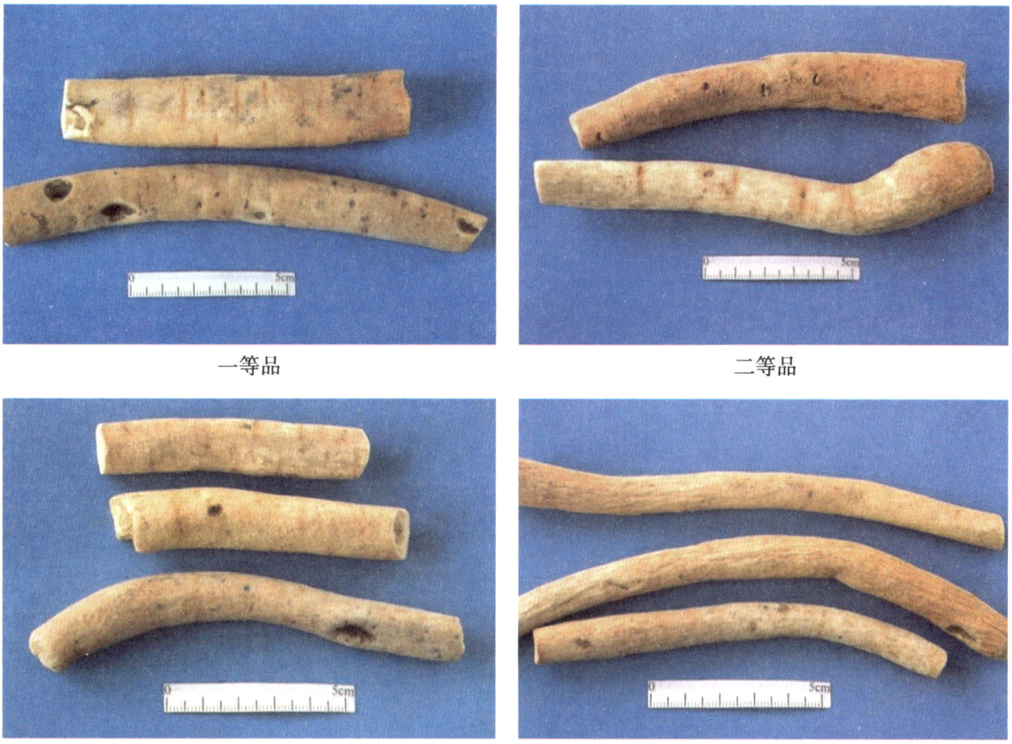

一等品　二等品

三等品　四等品

图 6-5　白芍等级

【主要化学成分】芍药苷（paeoniflorin）、羟基芍药苷（oxypaeoniflorin）、丹皮酚（paeonol）等。

【质量要求】

1. 性状评价　以根粗长、皮色光洁、质坚实者为佳。

2. 芍药苷（$C_{23}H_{28}O_{11}$）含量　用高效液相色谱法测定，不得少于 1.6%。

3. 重金属及有害元素　铅不得过百万分之五；镉不得过千万分之三；砷不得过百万分之二；汞不得过千万分之二；铜不得过百万分之二十。

【贮藏养护】应置于阴凉、干燥处贮存。

【附注】白芍药用历史悠久。历史上的产销量均出现过大的起伏。白芍商品全部来源于栽培，属于可以满足市场需求的品种。白芍广泛用于临床、保健食品和饮料、中成药原料和出口，具有广阔的开发应用前景。国内外年需要量约 1000 万千克。

赤芍 Chishao

Radix Paeoniae Rubra

【基原】毛茛科（Ranunculaceae）植物芍药 *Paeonia lactiflora* Pall. 或川赤芍 *Paeonia veitchii* Lynch 野生品的干燥根。芍药主产于内蒙古自治区多伦、察哈尔盟、昭乌达盟、哲里木盟和东北等地，川赤芍主产于四川西昌、甘孜、凉山、阿坝等地。

春、秋二季采收。以秋季产者皮部宽、干后粉性足质优。将根挖出后，除去根茎、须根及泥土，理直，晾晒至半干，扎成小捆，反复晾晒至足干。

【商品性状特征】圆柱形，表面棕褐色至暗棕色，质硬脆，易折断，断面粉白色或粉红色，木部放射状纹理明显。气微香，味微苦、涩。（图6-6）

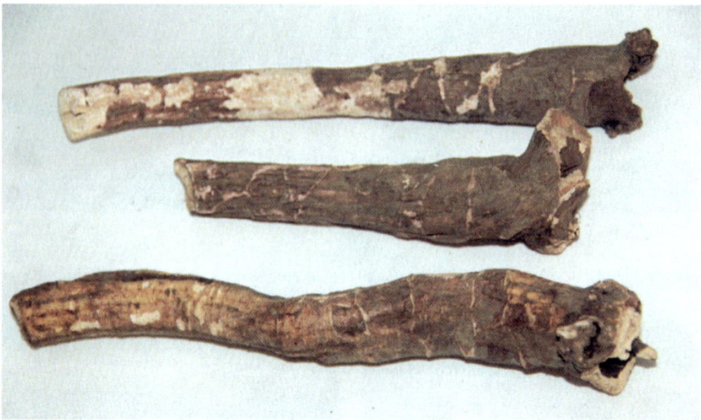

图6-6　赤芍

【规格等级】

1. 商品通常分为2个等级

一等品：粉性足。长16cm以上，两端粗细均匀，中部直径1.2cm以上。无疙瘩头、空心、须根、杂质、虫蛀、霉变。

二等品：长15.9cm以下，中部直径0.5cm以上，余同一等。

2. 出口品分为3个等级

一等品：长度30cm以上，中部直径1.2cm以上，允许有直径够、长度不够，但不低于15cm者不超过6%。

二等品：长度20cm以上，中部直径1～1.2cm，允许有直径够、长度不够，但不低于15cm者不超过6%。

三等品：长度30cm以上，中部直径0.7～1cm，允许有直径够、长度不够，但不低于15cm者不超过6%。

【主要化学成分】芍药苷3.5%～8%，赤芍甲素、赤芍乙素等。

【质量要求】

1. 性状评价　以根粗长、外皮易脱落、断面色白、粉性强者为佳。

2. 芍药苷（$C_{23}H_{28}O_{11}$）含量　用高效液相色谱法测定，不得少于1.8%。

【贮藏养护】本品富含淀粉及香气成分，应置于阴凉、干燥处。

防己 Fangji

Radix Stephaniae Tetrandrae

【基原】防己科（Menispermaceae）植物粉防己 *Stephania tetrandra* S. Moore 的干燥根。主产于浙江，安徽等地。

秋季采挖，洗净，除去粗皮，晒至半干，切段，个大者再纵切，干燥。

【商品性状特征】不规则圆柱形、半圆柱形或块状，多弯曲，长5～15cm。直径1～5cm。表面淡灰黄色，在弯曲处常有深陷横沟而成结节状的瘤块样。体重，质坚

笔记

实，断面平坦，灰白色，富粉性，有排列较稀疏的放射状纹理，习称“车轮纹”。气微，味苦。（图 6-7）

图 6-7　防己

【规格等级】商品按产地常分湖北 1～3 等、江西统货等。

【主要化学成分】含粉防己碱和防己诺林碱等。

【质量要求】

1. 性状评价　以质坚实、粉性足、去净外皮者为佳。
2. 水分测定　水分不得过 12.0%。
3. 灰分测定　总灰分不得过 4.0%。
4. 浸出物含量　用甲醇作溶剂，用热浸法测定，不得少于 5.0%。

板蓝根 Banlangen

Radix Isatidis

【基原】十字花科（Cruciferae）植物菘蓝 *Isatis indigotica* Fort. 栽培品的干燥根。主产于河北、山东、江苏、安徽等地。

秋季采挖根部，切去茎叶，抖净泥土，用手顺直，晾晒至七八成干，再次抖净表面泥土，扎成小捆，反复晾晒至干燥。根据临床用药要求，须将药材炮制成板蓝根片使用。

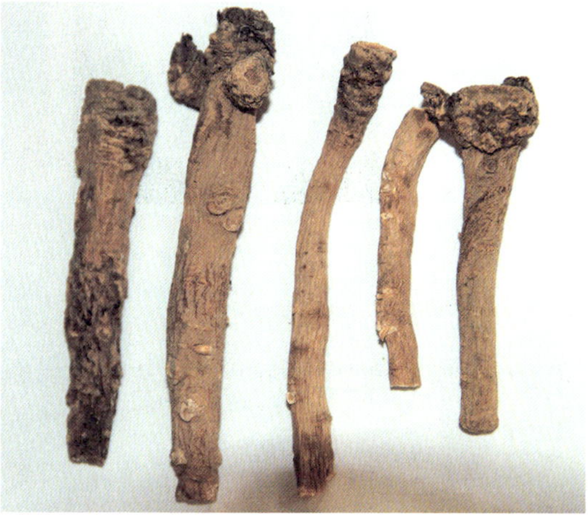

图 6-8　板蓝根

【商品性状特征】圆柱形，表面淡灰黄色或淡棕黄色。体实，质略软，断面皮部黄白色，木部黄色。气微，味微甜后苦、涩。（图 6-8）

【规格等级】商品分为 2 个等级。

一等品:长 17cm 以上,芦下 2cm 处直径 1cm 以上。无苗茎、须根。

二等品:芦下直径 0.5cm 以上。余同一等。

【主要化学成分】芥子苷(sinigrin)、靛蓝(indigo, indigotin)、靛玉红(indirubin)、(*R*,*S*)-告依春(C_5H_7NOS)等。

【质量要求】

1. 性状评价　以条粗长、表面色灰黄、断面皮部黄白、粉性足者为佳。
2. 浸出物含量　以 45% 乙醇作溶剂,用热浸法测定,不得少于 25.0%。
3. 水分测定　水分不得过 15.0%。
4. 灰分测定　总灰分不得过 9.0%。酸不溶性灰分不得过 2.0%。
5. 醇溶性浸出物含量　用 45% 乙醇作溶剂,热浸法测定,不得少于 25.0%。
6. (*R*,*S*)-告依春(C_5H_7NOS)含量　照高效液相色谱法测定,不得少于 0.020%。

葛根 Gegen

Radix Puerariae Lobatae

【基原】豆科(Leguminosae)植物野葛 *Pueraria lobata*(Willd.)Ohwi 的干燥根。主产于湖南、河南、广东等地。

秋、冬二季采挖,多趁鲜切成厚片或小块;干燥。

【商品性状特征】呈纵切的长方形厚片或小方块,长 5~35cm,厚 0.5~1cm。外皮淡棕色,有纵皱纹,粗糙。切面黄白色,纹理不明显。质韧,纤维性强。气微,味微甜。(图 6-9)

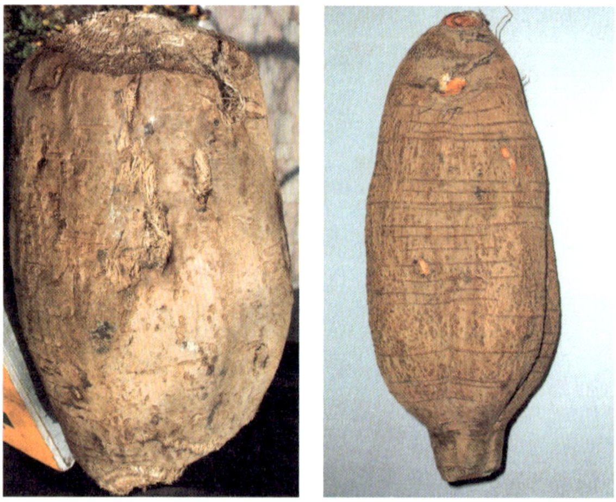

葛根　　粉葛

图 6-9　葛根

【规格等级】商品分家广葛、野葛方、野葛片 3 个规格。

1. 家广葛

一等品:鲜时刮去皮切去两端后,纵剖两瓣,全体粉白色,断面显环纹,粉性足,纤维很少,气微,味甘。剖瓣长 13~17cm,中部宽 5cm 以上。无杂质、虫蛀、霉变。

二等品:鲜时刮去外皮,不剖瓣,表皮黄白色。断面色白、有环纹,纤维多、有粉性。

气微、味甘。中部直径 1.5cm 以上，间有断根、碎破、小块。

2. 野葛方　统货。鲜时纵横切成 1cm 的股形方块。切面粉白色或淡黄色，有粉性、质坚实。气微，味甘平。

3. 野葛片　统货。类圆柱形，鲜时横切成 0.6～0.8cm，厚片。表皮多黄白色，切面粉白色或黄白色，粉性，有较少纤维和环状纹理，质坚实。间有碎破、小片。

【主要化学成分】大豆素（daidzein）、大豆苷（daidzin）、葛根素（puerarin）、葛根素-7-木糖苷（puerarin-7-xyloside）等。

【质量要求】

1. 以质坚实、色白、粉性足、纤维少者为佳。

2. 水分，不得过 14.0%。总灰分，不得过 7.0%。

3. 醇溶性浸出物含量　用稀乙醇作溶剂，热浸法测定，不得少于 24.0%。

4. 葛根素（$C_{21}H_{20}O_9$）含量　用高效液相色谱法测定，不得少于 2.4%。

【附注】粉葛根是豆科植物甘葛藤 *Pueraria thomsonii* Benth. 栽培品的干燥块根。呈圆柱形、类纺锤形或半圆柱形，有的为纵切或斜切的厚片，大小不一。除去外皮的表面黄白色或淡黄色，未去外皮的呈灰棕色。质坚硬而重，纤维性较弱，有的呈绵毛状，富粉性。以块大、质坚实、色白、粉性足、纤维少为佳。（图 6-9）

粉葛根通常分为 2 个等级。一等品：粉白色，断面显环纹，粉性足，纤维少。剖瓣长 13～17cm，中部直径 5cm 以上。二等品：外皮粉白色。断面色白，有环纹，纤维较多，有粉性。中部直径 1.5cm 以上。间有断根、碎破小块。

黄芪 Huangqi

Radix Astragali

【基原】豆科（Leguminosae）植物膜荚黄芪 *Astragalus membranaceus*（Fisch.）Bge. 或蒙古黄芪 *Astragalus membranaceus*（Fisch.）Bge. var. *mongholicus*（Bge.）Hsiao 的干燥根。根据药材的颜色不同，前者习称“黑皮芪”，后者习称“白皮芪”。

蒙古黄芪主产于山西及内蒙古，河北等地。栽培或野生，以栽培品质量为佳，产于山西绵山者为道地药材，习称“西黄芪”或“绵芪”；产于内蒙古的习称“蒙芪”。山西产多为栽培品，栽培品于播种 4～5 年后秋季茎叶枯萎后或春季萌芽前采挖。内蒙古武川、红蓝旗多为野生品，野生品于秋后采挖。采挖后除去须根、泥土、晒干即可。

膜荚黄芪主产于黑龙江，吉林，辽宁等地。习称“北芪”、“关芪”。野生品于春、秋二季采挖，以秋季采挖者质较佳。挖取后，除净泥土及须根，晒至六、七成干，分别大小，理直，扎成小捆，再晒干。栽培品主产于河北安国、山东等地，在播种当年的秋季，当茎叶枯萎时采收，根挖出后除净泥土，剪掉芦头，晒至七、八成干时，剪去支根及须根，分大小扎成小捆，堆积 1～2 天，再晒至足干。

【商品性状特征】

1. 膜荚黄芪（关芪）

野生品：长圆柱形，单枝或间有分枝，顺直，长 35～70cm，直径 1～2.5cm，根头切口圆形，中央常枯空而呈黑褐色的洞，习称“空头”，深约 5cm。表面灰褐色，有不规则细纵皱纹及须根痕。质坚实，体重，不易折断，断面纤维性并有粉性，皮部稍松，白色或

笔记

淡黄白色，木部较紧密，黄色，菊花心明显，习称“皮松肉紧”。气香，味甜，嚼之有“豆腥”味。

栽培品：根条较短，有分枝，有的形如鸡爪，根头部无枯朽。表面灰黄色或棕黄色，纵皱纹细紧。质坚硬，断面裂隙少。味甜，有“豆腥”味。（图 6-10）

白皮芪　　蒙古黄芪鲜根　　黑皮芪

图 6-10　黄芪

2. 内蒙黄芪

野生品：长圆柱形，多单枝（习称“鞭杆芪”），长 40～80cm，芦头下 10cm 处直径 1.5～3cm。根头中央枯空较深，老根深达 15cm 以上。表面灰黄色或黄白色，较光滑。质较柔软而韧，断面纤维性，略显疏松，皮部松软，淡黄白色，木部黄色，“菊花心”明显。气香特异，味甜，生豆腥味浓。

栽培品：圆柱形，主根长短不一，少分枝或多分枝，直径 0.8～2cm。表面黄白色，有细皱纹，外皮较细紧。质坚较绵软，断面纤维性，皮部和木部均较紧密，裂隙少。内蒙古栽培品：条较顺直而稍长，分枝少，长 30～45cm，直径 1～1.8cm，质较绵软。（图 6-10）

【规格等级】 商品通常分为 4 个等级。

特等品：呈圆柱形的单条，斩去疙瘩头或喇叭头，顶端间有空心。表面灰黄色或淡褐色。质硬而韧。断面皮部黄白色，木部淡黄色或黄色，有粉性。味甘，有生豆腥气。长 70cm 以上，上中部直径 2cm 以上，末端直径不小于 0.6cm。无须根、老皮、虫蛀、霉变。

一等品：长 50cm 以上，上中部直径 1.5cm 以上，末端直径不小于 0.5cm。余同特等。

二等品：长 40cm 以上，上中部直径 1cm 以上，末端直径不小于 0.4cm。间有老皮。余同一等。

三等品：不分长短，上中部直径 0.7cm 以上，末端直径不小于 0.3cm。间有破短节子。余同二等。

笔记

【主要化学成分】膜荚黄芪含黄芪皂苷(astragaloside)Ⅰ、Ⅱ、Ⅲ、Ⅳ、Ⅴ、Ⅵ、Ⅶ、Ⅷ,膜荚黄芪苷Ⅰ及Ⅱ(astramembrannin Ⅰ,Ⅱ)、新三萜黄芪苷(astragloside)、黄芪多糖(astragalan)、甜菜碱(betaine)等。蒙古黄芪尚含β-谷甾醇、棕榈酸、羽扇醇、黄芪异黄烷苷等。

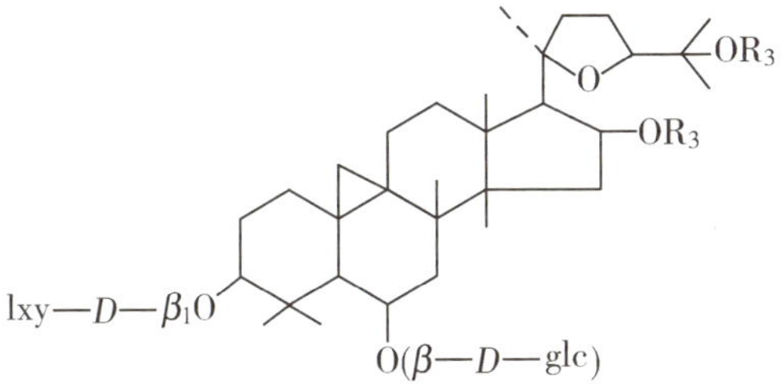

黄芪皂苷甲　R_1 =β-D-xyl
　　　　　　R_2 =β-D-glc
黄芪皂苷乙　R_1 =β-D-xyl
　　　　　　R_2 =H

黄芪皂苷甲(astragaloside Ⅳ)

【质量要求】

1. 性状评价　以单枝粗长、质坚而绵、断面色黄白、粉性足、味甜、豆腥味浓者为佳。

2. 浸出物含量　用冷浸法测定,水溶性浸出物不得少于17.0%。

3. 黄芪甲苷($C_{41}H_{68}O_{14}$)含量　用高效液相色谱法测定,不得少于0.040%。

4. 灰分　测定总灰分不得过5.0%。酸不溶性灰分不得过1.0%。

5. 重金属及有害元素限量　铅不得过百万分之五;镉不得过千万分之三;砷不得过百万分之二;汞不得过千万分之二;铜不得过百万分之二十。

6. 有机氯农药残留量　六六六(总BHC)不得过千万分之二、滴滴涕(总DDT)不得过千万分之二、五氯硝基苯(PCNB)不得过千万分之一。

【附注】

1. 市场　黄芪为最常用的大宗药材之一,已有2000余年的药用历史,素有"补气固表之圣药"之称。黄芪野生资源已近枯竭,各地栽培黄芪发展较快,山西浑源栽培黄芪已有400余年的历史。目前,黄芪商品主流以家种为主,少量来自野生,属于可以满足市场需求的品种。黄芪广泛用于临床配方、补益美容和中成药投料,又是传统大宗出口商品,远销世界各国。年需求量约2000万千克。

2. 红芪　为豆科植物多序岩黄芪 *Hedysarum polybotrys* Hand.-Mazz. 的干燥根。主产于甘肃南部。秋季挖根,堆起发热,以使糖化,然后去掉茎基须根,晒至柔软,手搓再晒,直至全干。本品呈圆柱形,少有分枝,上端略粗,长10~50cm,直径0.6~2cm。表面灰红棕色,有纵皱纹、横长皮孔及少数支根痕,外皮易脱落,剥落处淡黄色。质硬而韧,不易折断,断面纤维性,并显粉性,皮部黄白色,木部淡黄棕色,射线放射状,形成层环浅棕色。气微,味微甜,嚼之有豆腥味。统货。

远志 Yuanzhi

Radix Polygalae

【基原】远志科(Polygalaceae)植物远志 *Polygala tenuifolia* Willd. 或卵叶远志 *Polygala sibirica* L. 的干燥根。主产山西、陕西、河北等地。

春、秋二季采挖,除去须根及泥沙,晒干。

笔记

【商品性状特征】呈圆柱形，略弯曲，长 3～15cm，直径 0.3～0.8cm。表面灰黄色至灰棕色，有较密并深陷的横皱纹、纵皱纹及裂纹，老根的横皱纹较密更深陷，略呈结节状。质硬而脆，易折断，断面皮部棕黄色，木部黄白色，皮部易与木部剥离。气微，味苦、微辛，嚼之有刺喉感。（图 6-11）

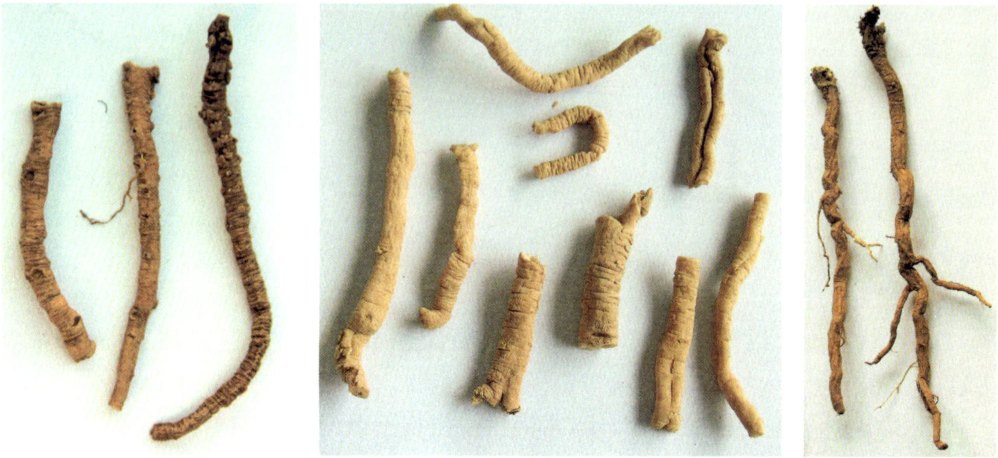

远志筒　　远志肉　　远志棍

图 6-11　远志

【规格等级】商品分远志筒、远志肉 2 种规格。

1. 远志筒

一等品：呈筒状，中空。表面浅棕色或灰黄色，全体有较深的横皱纹，皮细肉厚。质脆易断。断面黄白色。气特殊，味苦、微辛。长 7cm，中部直径 0.5cm 以上；无木心，杂质、虫蛀、霉变。

二等品：长 5cm，中部直径 0.3cm 以上。余同一等。

2. 远志肉

统货。多为破裂断碎的肉质根皮。表面棕黄色或灰黄色，全体有横皱纹，皮粗细厚薄不等。质脆易断。断面黄白色。气特殊，味苦、微辛。无芦茎、木心、须根、杂质、虫蛀、霉变。

【主要化学成分】远志皂苷（onjisaponin）A、B、C、D、E、F、G 和细叶远志定碱（tenuidine）等。

【质量要求】

1. 以条粗，皮厚，去净木心者为佳。

2. 水分测定　水分不得过 12.0%。

3. 灰分测定　总灰分不得过 6.0%。

3. 黄曲霉毒素　照黄曲霉毒素测定法测定，每 1000g 含黄曲霉毒素 B_1 不得过 5μg，黄曲霉毒素 G_2、黄曲霉毒素 G_1、黄曲霉毒素 B_2 和黄曲霉毒素 B_1 总量不得过 10μg。

4. 浸出物含量　用 70% 乙醇作溶剂，热浸法测定，不得少于 30.0%。

笔记

5. 细叶远志皂苷($C_{36}H_{56}O_{12}$)含量　测定用高效液相色谱法测定,不得少于2.0%。

人参 Renshen

Radix Ginseng

【基原】五加科(Araliaceae)植物人参*Panax ginseng* C. A. Mey. 的干燥根。极少数野生,多为栽培品。野生品称为"山参",栽培品称为"园参"。

山参在生长的过程中,主根因某种原因遭到破坏或烂掉,其不定根继续生长,成为无主根者,称为"艼变山参";用山参的种子,经人工种植于林中后而自然长成者,称为"籽种山参"(籽海、野籽);在种植园参的参园,因将参起走,遗留下的人参种子或园参稔,其在原参畦中在自然条件下生长多年,称"池底参";人工将人参种子播到池畦中,在人工管理时只做锄草、施肥,不做倒茬,任其自然生长,约在20年左右挖出加工,称为"趴货参";在采挖山参时,将发现的小形参移至妥善的地方种植,待长成时再采挖,或将较小的园参移至山林中任其自然生长,待接近成熟时采挖,称为"移山参"。

栽培品播种在山林野生状态下自然生长的人参称"林下参",亦称"籽海"。人参栽培品根据其根的形态分为"大马牙"、"二马牙"、"线芦"、"长脖"、"圆膀圆芦"等品种。

野生人参主产于东北三省的长白山和大、小兴安岭地区,分布在北纬39°~48°,东经117.5°~134°。一般以果实成熟后(9月份)采收最佳。采收时应注意拨开泥土挖取,避免支根或须根受损伤,挖出后将山参用青苔和树皮裹好后带回,称为"鲜山参"或"野参水子"。现在鲜山参一般均晒干或冷冻干燥,称"生晒山参"或"活性山参"。

栽培人参主产于吉林抚松、辽宁桓仁等地,现在多为林下人参。传统以吉林产者为地道药材,称"长白山人参"。园参栽种5~6年后,于秋天白露至秋分季节采挖,除去地上部分及泥土,称为"鲜人参"或"园参水子"。林下参通常在播种后20年以上采挖。

鲜人参的加工品主要有:

1. 生晒参类　取洗净的鲜参,除去支根,晒干,称"生晒参"。鲜参不除去支根晒干,称"全须生晒参"。产品还有白干参(又称"泡光参",系选无分枝鲜参,刮去外皮干燥者)、皮尾参(系生长年分不足,根条短小,厚皮者)、白参须等。林下参通常加工成生晒参。

2. 红参类　将刷洗干净的鲜参,除去不定根(艼)和支根,蒸3小时左右,取出晒干或烘干;鲜参的支根及须根用蒸后干燥,为红参须(红直须、红弯须、红混须)。产品还有边条红参(具有身长、芦长、腿长特点的边条鲜参加工而成)、大力参(又称烫参,取集安产人参经下须、烫制、干燥而成)等。

3. 白参(糖参)类　将刷洗干净的鲜参,置沸水中浸烫3~7分钟,用特制的竹针沿参体平行与垂直方向刺小孔,再浸入浓糖液中2~3次,每次10~12小时,取出晒干或烘干。产品还有白参、白糖参、糖参须。

4. 活性参类　将刷洗干净的鲜参,采用真空冷冻方法干燥,称为"活性人参"。

笔记

【商品性状特征】

1. 山参类

（1）生晒山参：主根与根茎等长或较短，呈人字形、菱形或圆柱形，长 2～10cm。表面灰黄色，具纵纹，上端有紧密而深陷的环状横纹。多有 2 条主要支根，形似人体。根茎细长，上部扭曲，茎痕密生，下部常无芦碗而光滑，不定根较粗。须根稀疏，长约为主根的 1～2 倍，柔韧不易折断，有明显的疣状突起（习称"珍珠疙瘩"）。气香浓厚，味甜微苦，口嚼之有清香感。（图 6-12）

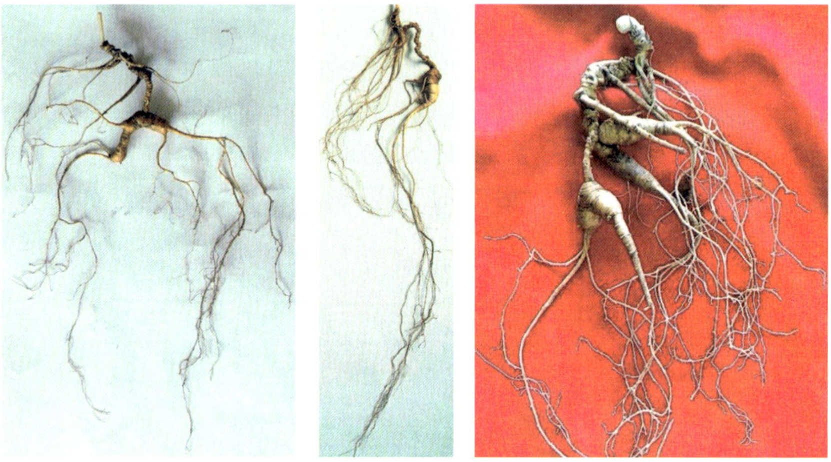

山参（横灵体）　山参（顺体）　移山参

图 6-12　山参

山参的性状较为特殊，鉴别时注意其根茎（芦头）、不定根（艼）、主根（体）、支根（腿）、须根（须）、表面等部位。芦头：长而弯曲，习称"雁脖芦"。一般分为 3 段：顶端为第一段，是新脱落的茎痕，形如马牙，边缘棱较平齐，中心凹陷，习称"马牙芦"。近 10 年间脱落的茎基为第二段，芦左右交错重叠而生，芦碗紧密，边缘有明显的棱脊，习称"对花芦"；远年茎基脱化而成的部分为第三段，不再显芦碗，而呈圆柱形，习称"圆芦"或"灯草心"。芦头细长如线，至上端变粗呈"对花芦"形式，习称"线芦"。艼：按形状一般分为枣核艼、蒜瓣艼、顺体艼 3 种。枣核艼，体短粗，两端尖细，有的形如大枣之核，山参艼的形态多为此种。蒜瓣艼，体似蒜瓣形，一头钝圆，另一头尖细。顺体艼，体上部稍粗，向下渐细而长。体：有横灵体、顺笨体 2 种。横灵体，习称"武形"，体粗短，多呈短横体或菱角形。状似疙瘩，亦称"疙瘩灵体"或"疙瘩体"。顺笨体，也叫顺体或笨体，习称"文形"。顺笨体多呈纺锤形或圆柱形。纹：紧密的环形纹，纹深而细，皱纹略显得向上兜皱，纹紧密，沟色较深，习称"螺旋纹"、"黑兜纹"或"铁线纹"。环纹延伸到参体的中部或下部，这种纹叫"一纹到底"。皮：呈淡黄白色，结实光润，皮质老，细而不粗糙，习称"皮细如绵"或"细结皮"，光泽显著。腿：一般为 1～2 条，最多 3 条。腿短，上粗下细，分裆处多呈八字形，两腿斜叉而不并拢。须：疏生而不散乱，犹如鞭子的皮条，柔韧，故有"皮条须"之称。须的表面生长着疣状突起（小疙瘩），呈长圆形、方圆形不等，习称"珍珠须"或"珍珠尾"。

（2）艼变山参：参形特异。芦头大，多数偏斜不正。由多条艼组成，无主体。艼多为顺体，大艼上可生有横纹，其纹粗浅不连续。只有1条参腿（艼之尾部）。皮嫩而有光泽。须有少量的珍珠疙瘩。

（3）籽种山参：芦头多为线芦、竹节芦，芦头较长，也偶有马牙芦或圆芦。艼少，多为顺体，不旁斜，上翘者少，均为互生，下部呈尖尾形。参体形状不定，参腿2~3条，略呈八字分裆。皮黄白色，较细嫩，不紧，无粗皮，有光泽，横纹不明显。参须柔软细嫩而短，珍珠点小，口嚼则出现碎末及少量纤维。味苦，有清香气。

（4）池底参和趴货参：芦头基部为圆芦，圆芦以上为"马牙芦"，而芦碗沿着芦头旋转生长，芦碗较大，芦碗边有芦棱。艼粗大，齐头。虽然有的上部稍细，但不像枣核尖端之形，如同顺体，形成一头粗一头细。艼常为3~5枚，生2枚者，多对生（掐脖子艼）。艼大于并重于参体。参体多为顺体，腿粗细不一，2~3条或更多，有"八"字分裆的体形。皮黄白色，粗糙而疏松。横纹浅或断续，无螺旋纹，有的一纹到底，也有半环纹者，状似园参。参须较嫩，易折断，蓬乱不清疏，珍珠疙瘩少而小。

（5）移山参：芦碗略显长而稀疏。芦头常骤然变细或变粗，不呈对花芦而呈转芦，常出现线芦或竹节芦。芦多为顺长体，但生长年久者也有的为枣核艼。有时出现下粗上细的形状（即掐脖子艼），其略向斜旁伸出，上翘者多，有时艼体超过主体。参体以顺笨体为多见。参腿较顺长，1~3条或多条。皮质略泡而嫩，粗糙，不光润。有稀疏不紧密的横纹，常一纹到底。参须细嫩而短，下端分枝较多，珍珠疙瘩稀疏而小。（图6-12）

2. 园参类　主根身长，上部有断续的粗横纹。根茎上部有一面或二面生有芦碗，上生1至数条不定根。支根2~6条，末端多分枝。须根形似扫帚，短而脆，易折断，珍珠点小而极少。

（1）生晒参：主根纺锤形或圆柱形，长3~15cm，直径1~2cm。表面灰黄色，上部或全体有疏浅断续的粗横纹及纵皱纹，下部有侧根2~3条，有多数细长的须根，须根上偶有不明显的细小疣状突起。根茎（芦头）长1~4cm，直径0.3~1.5cm，多拘挛而弯曲，有不定根（艼）和稀疏的凹窝状茎痕（芦碗）。质较硬，断面淡黄白色，显粉性，有棕黄色环纹，皮部有黄棕色的油点及放射状裂隙。气特异，味微苦、甜。（图6-13）

图6-13　生晒参

（2）林下参：主根呈圆柱形、菱角形或人字形，与根茎等长或较短，长1~6cm。表面灰黄色，有纵皱纹，上部或中上部有环纹，支根多为2~3条，须根少而细长，清晰不乱，有较明显的疣状突起（习称珍珠点）。根茎细长，少数粗短，中上部有稀疏或密集而深陷的茎痕。不定根较细，多下垂。（图6-14）

（3）红参：主根纺锤形、圆柱形或扁方柱形，长3~10cm，直径1~2cm。表面红棕色，半透明，偶有不透明的暗黄褐色斑块，习称"黄马褂"，有纵沟、皱纹及细根痕；上部有断续的不明显环纹，

笔记

下部支根 2～3 条，扭曲交叉。根茎长 1～2cm，有茎痕及 1～2 条不定根。质硬脆，断面平坦，角质样。气微香而特异，味甜、微苦。（图 6-15）

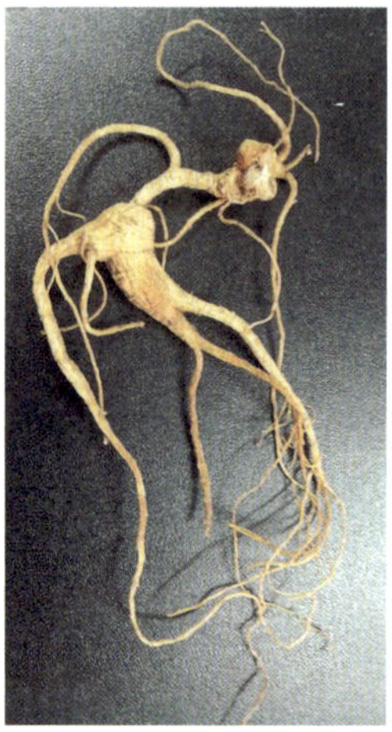

图 6-14 林下参

图 6-15 红参

（4）边条红参：主根长圆柱形，长 13～20cm，直径 0.8～2cm。芦长 2.5～4cm，直径 4～7mm，黄色略柴质，芦碗稍大而凹陷。有 3 长特点，即身长体圆，芦长有碗，腿长多 2～3 分枝。

（5）白干参：形似生晒参，栓皮已刮去，表面淡黄色或类白色，环纹不明显，横纵皱少或无，质较坚实，断面白色，显菊花心。味甜微苦。

（6）皮尾参：不定根呈长条圆柱形，上端有茎痕而无芦，下部不带须根。长 3～6cm，直径 0.5～1cm。表面土黄色，常有褐色环纹及纵向抽皱。质较轻泡，断面白色，显菊花心。

（7）白参须：分为直须、弯须、混须 3 种。直须上端直径约 0.3cm，中、下端渐细，长短不一，最长可达 20cm。弯须则弯曲而细乱。

（8）白糖参：主根长 3～15cm，直径 0.7～3cm。表面淡黄白色，上端有多数断续的环纹，全体可见加工时针刺的点状针痕。下部有 2～3 个以上的支根。断面白色，有菊花心。气微香，味较甜、微苦，嚼之无渣感。

【规格等级】

1. 山参

一等品：主根粗短呈横灵体，支根八字分开，五形全美。有圆芦。艼中间丰满，形似枣核。皮紧细。主根上部纹紧密而深。须根清疏而长，质坚韧，有明显的珍珠疙瘩。表面牙白色或黄白色，断面白色。味甜、微苦。每支重 100g 以上，艼帽不超过主根重量的 25%。无疤痕、杂质、虫蛀、霉变。

二等品：每支重 55g 以上，余同一等。

三等品：每支重 32.5g 以上，余同一等。

四等品：每支重 20g 以上，余同一等。

五等品：每支重 12.5g 以上，艼帽不超过主根重量的 40%。余同一等。

六等品：根部呈横灵体、顺体、畸形体（笨体）。每支重 6.5g 以上，艼帽不大，无杂

笔记

质、虫蛀、霉变。余同一等。

七等品：根部呈横灵体、顺体、畸形体。有圆芦。有或无。皮紧细。主根上部横纹紧密而深。须根清疏而长，有珍珠疙瘩。表面牙白色或黄白色，断面白色。味甜、微苦。每支重4g以上，无杂质、虫蛀、霉变。

八等品：每支重2g以上。间有芦须不全的残次品。余同七等。

艼变山参、籽种山参、趴货参、池底参、移山参，一般按山参八或九等收购。

2. 园参

商品根据加工方法以及大小等的不同，分为边条鲜参、普通鲜参、边条红参、普通红参、生晒参、白参须、红参须等规格。再分为不同的等级。

（1）边条鲜参

一等品：鲜货。根呈长圆柱形，芦长、身长、腿长，有2～3个分枝。须芦齐全，体长不短于20cm。浆足，丰满。每支重125g以上，艼帽不超过15%。不烂，无疤痕、水锈、泥土、杂质。二等品：体长不短于18.3cm。每支重85g以上。余同一等。三等品：体长不短于16.7cm。每支重60g以上。余同一等。四等品：体长不短于15cm。每支重45g以上。余同一等。五等品：体长不短于13.3cm。每支重35g以上。余同一等。六等品：每支重25g以上。余同一等。七等：须芦齐全。浆足，丰满。每支重12.5g以上。八等：根呈长圆柱形，凡不合以上规格和缺须少芦、破断根条者。每支重5g以上。

（2）普通鲜参

特等：鲜货。根呈圆柱形，有分枝，须芦齐全，浆足。每支重100～150g。不烂，无疤痕、水锈、泥土、杂质。一等品：每支重62.5g以上。余同特等。二等品：每支重41.5g以上。余同特等。三等品：每支重31.5g以上。余同特等。四等品：每支重25g以上。不烂，无泥土、杂质。余同特等。五等品：每支重12.5g以上。余同四等。六等品：鲜货。根呈圆柱形，每支重5g以上，不合以上规格和缺须少芦折断者。

（3）16边条红参

一等品：根呈长圆柱形，芦长、身长、腿长，体长18.3cm以上，有2～3个分枝。表面棕红或淡棕色，有光泽，上部色较淡，有皮有肉。质坚实，断面角质样。气香，味苦。每500g 16支以内，每支31.3g以上。无中尾、黄皮、破疤、虫蛀、霉变、杂质。二等品：表面棕红色或棕色，稍有黄皮，抽沟，干痕。余同一等。三等品：色泽较差。有黄皮、抽沟、破痕，腿红。余同一等。

（4）25边条红参

一等品：根呈长圆柱形，芦长、身长、腿长，体长16.7cm以上，有2～3个分枝。表面棕红色或淡棕色，有光泽，上部色较浅，有皮有肉。质坚实，断面角质样。气香，味苦。每500g 25支以内，每支20g以上。无中尾、黄皮、破疤、虫蛀、霉变、杂质。二等品：表面稍有黄皮、抽沟、干疤。余同一等。三等品：色泽较差。有黄皮、抽沟，破疤，腿红。余同一等。

（5）35条边红参

一等品：根呈长圆柱形，芦长、身长、腿长，体长15cm以上，有2～3个分枝。表面棕红色或淡棕色，有光泽，上部色较浅，有皮有肉。质坚实，断面角质样。气香，味苦。每500g 35支以内，每支14.3g以上。无中尾、黄皮、破疤、虫蛀、霉变、杂质。二等品：表面稍有黄皮、抽沟、干疤。余同一等。三等品：色泽较差。有黄皮、抽沟、破疤，腿红。

笔记

余同一等。

（6）45 边条红参

一等品：根呈长圆柱形，芦大、身长、腿长，体长 13.3cm 以上，有 2～3 个分枝。表面棕红色或淡棕色，有光泽，上部色较淡，有皮有肉。质坚实，断面角质样。气香，味苦。每 500g 45 支以内，支头均匀。无中尾、黄皮、破疤、虫蛀、霉变、杂质。二等品：稍有黄皮、抽沟、干疤。余同一等。三等品：色泽较差。有黄皮、抽沟、破痕、腿红。余同一等。

（7）55 边条红参

一等品：根呈长圆柱形，芦长、身长、腿长，体长 11.7cm 以上，有 2～3 个分枝。表面棕红色或淡棕色，有光泽，上部色较淡，有皮有肉。质坚实，断面角质样。气香，味苦。每 500g 55 支以内，支头均匀。无中尾、黄皮、破疤、虫蛀、霉变、杂质。二等品：稍有黄皮、抽沟、干疤。余同一等。三等品：色泽较差。有黄皮、抽沟、破疤，腿红。余同一等。

（8）80 边条红参

一等品：根呈长圆柱形，芦长、身长、腿长，体长 11.7cm 以上。表面棕红或淡棕色，有光泽，上部色较淡，有皮有肉。质坚实，断面角质样。气香，味苦。每 500g 80 支以内，支头均匀。无中尾、黄皮、破疤、虫蛀、霉变、杂质。二等品：稍有黄皮、抽沟、干疤。余同一等。三等品：色泽较差。有黄皮、抽沟、破疤，腿红。余同一等。

（9）小货边条红参

一等品：根呈长圆柱形。表面棕红或淡棕色，有光泽，上部色较淡，有皮有肉。断面角质样。气香，味苦。支头均匀。无中尾、黄皮、破疤、虫蛀、霉变、杂质。二等品：有黄皮，但不超过身长的 1/2。稍有抽沟、干疤。余同一等。三等品：色泽较差。有黄皮、抽沟、破疤，腿红。余同一等。

（10）20 普通红参

一等品：根呈圆柱形。表面棕红或淡棕色，有光泽。质坚实，断面角质样。无细腿、破痕、黄皮、虫蛀。气香，味苦。每 500g 20 支以内，每支 25g 以上。二等品：稍有干疤、黄皮、抽沟。余同一等。三等品：色泽较差。有黄皮、干疤、抽沟，腿红。余同一等。

（11）32 普通红参

一等品：根呈圆柱形。表面棕红或淡棕色，有光泽。质坚实，断面角质样。每 500g 32 支以内，每支 15.6g 以上。无细腿、破痕、黄皮、虫蛀。二等品：稍有干疤、黄皮、抽沟，腿红。余同一等。三等品：色泽较差。有黄皮、干疤、抽沟，腿红。余同一等。

（12）48 普通红参

一等品：根呈圆柱形。表面棕红或淡棕色，有光泽。质坚实，断面角质样。气香，味苦。每 500g 48 支以内，支头均匀。无细腿、破痕、黄皮、虫蛀。二等品：稍有干疤、黄皮、抽沟。余同一等。三等品：色泽较差。有黄皮、干疤、抽沟，腿红。余同一等。

（13）64 普通红参

一等品：根呈圆柱形。表面棕红或淡棕色，有光泽。质坚实，断面角质样。气香，味苦。每 500g 64 支以内，支头均匀。无细腿、破痕、黄皮、虫蛀。二等品：稍有干疤、黄皮、抽沟。无细腿、虫蛀。余同一等。三等品：色泽较差。有黄皮、干疤、抽沟，腿红。

笔记

余同一等。

(14) 80普通红参

一等品：根呈圆柱形。表面棕红或淡棕色，有光泽。质坚实，断面角质样。每500g 80支以内，支头均匀。无细腿、破疤、黄皮、虫蛀。二等品：稍有干疤、黄皮、抽沟。余同一等。三等品：色泽较差。有黄皮、干疤、抽沟，腿红。余同一等。

(15) 小货普通红参

一等品：根呈圆柱形。表面棕红或淡红色，有光泽。质坚实，断面角质样。气香，味苦。支头均匀。无细腿、破疤、黄皮、虫蛀。二等品：稍有干疤、黄皮、抽沟。余同一等。三等，色泽较差。有黄皮、干疤、抽沟，腿红。余同一等。

(16) 红混须统货。根须呈长条形或弯曲状。棕红色或橙红色，有光泽，半透明。断面角质样。气香，味苦。须条长短不分，其中直须50%以上。无碎末、杂质、虫蛀、霉变。

(17) 红直须

一等品：根须呈长条形，粗壮均匀。棕红色或橙色，有光泽，半透明状。断面角质样。气香，味苦。长13.3cm以上。无干浆、毛须、杂质、虫蛀、霉变。二等品：长13.3cm以下，最短不低于8.3cm。余同一等。

(18) 红弯须统货。根须呈条形弯曲状，粗细不均。橙红色或棕黄色，有光泽，呈半透明状。气香，味苦。无碎末、杂质、虫蛀、霉变。

(19) 干浆参统货。根呈圆柱形，体质轻泡，瘪瘦或多抽沟。表面棕黄色或黄白色。味苦。无杂质、虫蛀、霉变。

(20) 全须生晒参

一等品：根呈圆柱形，有分枝。体轻有抽沟，有艼帽，芦须全。表面黄白色或较深，断面黄白色。气香，味苦。每支重10g以上，绑尾或不绑尾。无破疤、杂质、虫蛀、霉变。二等品：每支重7.5g以上。余同一等。三等品：每支重5g以上。余同一等。四等品：大小支不分，绑尾或不绑尾。芦须不全，间有折断。余同一等。

(21) 生晒参

一等品：根呈圆柱形，体轻有抽沟，去净艼须。表面黄白色。气香，味苦。每500g 60支以内。无破疤、杂质、虫蛀、霉变。二等品：每500g 80支以内。余同一等。三等品：每500g 100支以内。余同一等。四等品：体轻有抽沟、死皮。每500g 130支以内。余同一等。五等品：每500g 130支以外。余同四等。

(22) 白干参

一等品：根呈圆柱形，去净支根。皮细，色白，芦小，质充实。断面白色。气香，味苦。每500g 60支以内，支条均匀。无抽沟、皱皮、水锈、杂质、虫蛀、霉变。二等品：每500g 80支以内。余同一等。三等品：表面稍有抽沟、水锈。每500g 100支以内。余同一等。四等品：表面有抽沟、水锈。每500g 100支以外。余同一等。

(23) 皮尾参统货。根呈圆柱形，条状，无分枝。表面灰棕色，断面黄白色，气香，味苦。无杂质、虫蛀、霉变。

(24) 白混须统货。根须呈长条形或弯曲状。黄白色。气香，味苦。长短不分，其中直须占50%以上。无碎末、杂质、虫蛀、霉变。

(25) 白直参一等品：根须呈条状，有光泽。黄白色。气香，味苦。长13.3cm以

笔记

上，条大小均匀。无水锈、破皮、杂质、虫蛀、霉变。二等品：长 13.3cm 以下，最短不低于 8.3cm。余同一等。

(26) 白糖参一等品：根呈圆柱形，芦须齐全，体充实，支条均匀。表面和断面均为白色。味甜，微苦。不返糖，无浮糖、碎芦、杂质、虫蛀、霉变。二等品：大小不分，表面黄白色，断面白色。余同一等。

【主要化学成分】人参皂苷 Ra_1、Ra_2、Ra_3、Rb_1、Rb_2、Rb_3、Rc、Rd、Re、Rf、Rg_1、Rg_2、Rg_3、Rh_1，20-葡萄糖人参皂苷 Rf 等。

人参须中人参皂苷 Rb_1、Rb_2 和 Re 的含量约占 4%。红参特征性成分为：20(*R*)-人参皂苷 Rg_2，20(*S*)-人参皂苷 Rg_3，20(*R*)-人参皂苷 Rh_1，人参皂苷 Rh_2、Rs_1、Rs_2，20(*R*)-原人参三醇，2-甲基-4-吡喃酮-3-*O*-β-*D*-葡萄糖苷，人参炔三醇(panaxytriol)，麦芽酚(maltol)。

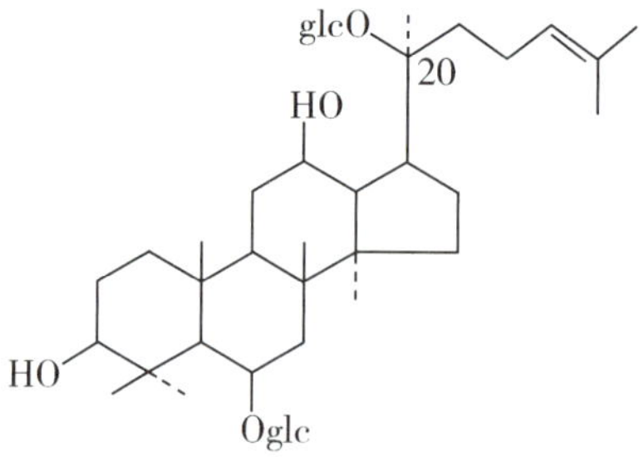

人参皂苷 Rg_1(ginsenoside-Rg_1)

【质量要求】

1. 性状评价　生晒参以根大饱满、表面色黄白、皮细纹深、质硬、气味浓者为佳。红参以身长、芦长、腿长、色棕红、皮细光泽、半透明、无黄皮者为佳。

2. 人参皂苷 Re($C_{48}H_{82}O_{18}$)、Rg_1($C_{42}H_{72}O_{14}$)、Rb_1($C_{54}H_{92}O_{23}$)总含量　用高效液相色谱法测定，生晒参含人参皂苷 Re 和人参皂苷 Rg_1 的总量不得少于 0.30%，人参皂苷 Rb_1 不得少于 0.20%。

3. 水分测定　水分不得过 12.0%。

4. 灰分测定　总灰分不得过 5.0%。酸不溶性灰分不得过 1.0%。

5. 农药残留量　照有机氯类农药残留量测定法—第二法测定。含总六六六(α-BHC、β-BHC、γ-BHC、δ-BHC 之和)不得过 0.2mg/kg；总滴滴涕(pp'-DDE、pp'-DDD、op'-DDT、pp'-DDT 之和)不得过 0.2mg/kg；五氯硝基苯不得过 0.1mg/kg；六氯苯不得过 0.1mg/kg；七氯(七氯、环氧七氯之和)不得过 0.05mg/kg；艾氏剂不得过 0.05mg/kg；氯丹(顺式氯丹、反式氯丹、氧化氯丹之和)不得过 0.1mg/kg。

【贮藏养护】本品属于贵重药材，应分类贮存。又富含淀粉，易虫蛀、受潮发霉，应贮藏于阴凉、通风、干燥处，密闭，防蛀。可用木盒或纸盒装，同时放少量细辛，或置于石灰缸内保存，防霉、防蛀。

【附注】

1. 市场　为名贵药材，我国是发现和利用人参最早的国家，药用历史悠久。人参的野生资源早已枯竭，目前商品全部来源于栽培，道地产地吉林抚松、敦化已有 400 余年的栽培历史，属于能够满足市场需求的品种。人参广泛用于临床、保健品、化妆品的开发以及中成药原料，又是传统大宗出口商品，人参叶、花、茎、果实等也是重要的开发

笔记

资源。近几年国内人参的个人消费量增加，药食两用，人参正逐渐走向商场、超市、食品店，走入普通消费者的家庭。国内外年需求量约 600 万～700 万千克。

2. 进口人参　主要是朝鲜人参。本品系人参大马牙、二马牙等的栽培品。参体粗壮顺长，芦粗短且多为双芦（习称双马蹄芦）。

（1）朝鲜红参又称“高丽参”、“别直参”。呈圆柱形或方圆柱形，长 13～15cm，粗细不一。芦短粗，长 1.5～2cm，直径几乎和主根同。主根顺长，多单支。棕红色，半透明。气无，味甜、微苦。余同国产品。商品尚有原形朝鲜红参（全须），用支根和须根做成的大尾、大中尾、中尾、小尾、细尾等规格。品质按优次分等。以皮细质坚、无破皮、无疤痕者为优，皮粗、皮黄者次之，有疤、有破皮者更次一等，内心空泡者最次。优者称天字，最次者称翁字，中等者称地字、人字。又按每 500g 或 600g 所含片（支）的数量，划分为 10、15、20、30、40、50、60、70、80、小片 10 个等级，一般 10 支者虚 2 支、15 支者虚 3 支、20 支以上者虚 8 支。（图 6-16）

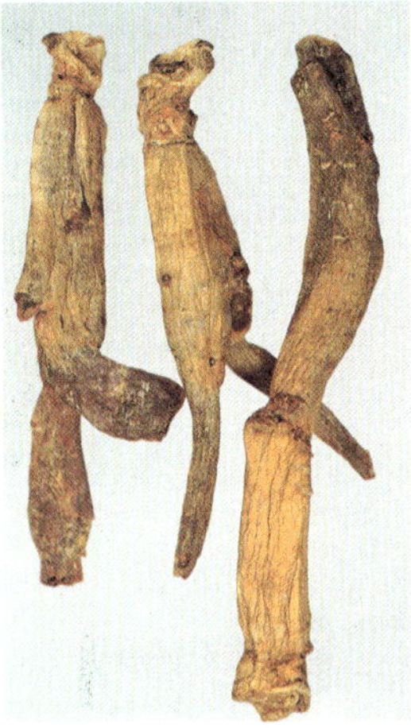

图 6-16　高丽参

（2）朝鲜白参直接干燥品。呈圆锥形或圆柱形，全长约 10cm，粗细不一。芦体较朝鲜红参略细，直径稍细于主根。主根略粗短有分支。全体白色，有不规则纵抽皱，体轻泡。气无，味微甜、苦。分为一、二、三、四等，重量分等同红参。亦有用支根和须根做成的大尾、中尾、细尾、皮尾等规格。

三七 Sanqi

Radix et Rhizoma Notoginseng

【基原】五加科（Araliaceae）植物三七 *Panax notoginseng*（Burk.）F. H. Chen 的干燥根及根茎。主根习称“头子”，支根习称“筋条”，根茎习称“剪口”，细根习称“绒根”。主产于云南文山州及广西。云南文山、广西栽培历史悠久，产量大，质量好，习称“文三七”、“田七”，为著名的道地药材。

在 7～8 月开花前或摘取花茎后的 10～11 月间，采收栽培 3～7 年的三七根，习称“春三七”；12 月至翌年 1 月（摘除果实后 20～30 天）采收，习称“冬三七”。采收前 10 天左右，剪去地上茎，选择晴天挖出根部。将根洗净泥土，称鲜三七。剪下须根，晒干，习称“三七须”或“绒根”。除去须根后晒 2～3 天，待其发软时，剪下支根和茎基（习称“羊肠头”），晒干，分别为商品“筋条”和“剪口”。主根（头子）再晒至半干，用手搓揉，用力宜轻而匀，以防破皮、变黑或变形；再经曝晒、搓揉 3～5 次，增加光滑度，直至全干，称为“毛货”。如遇阴雨天，可在 40～45℃下烘烤干燥至含水量 13% 以下。将毛货置麻袋中加粗糠或稻谷往返冲撞使表面棕黑色光亮，即为成品。

【商品性状特征】呈类圆锥形或圆柱形，长 1～6cm，直径 1～4cm。表面灰褐色或灰黄色、浅红黄色，有断续的纵皱纹及支根痕。顶端有茎痕，周围有瘤状突起。体重，质坚实，断面灰绿色、黄绿色或灰白色，木部可见细微放射状纹理。气微，味苦回甜。

1. 春三七　饱满，表面皱纹细密而短或不明显。断面灰绿色，木部菊花心明显，无裂隙。（图 6-17）

笔记

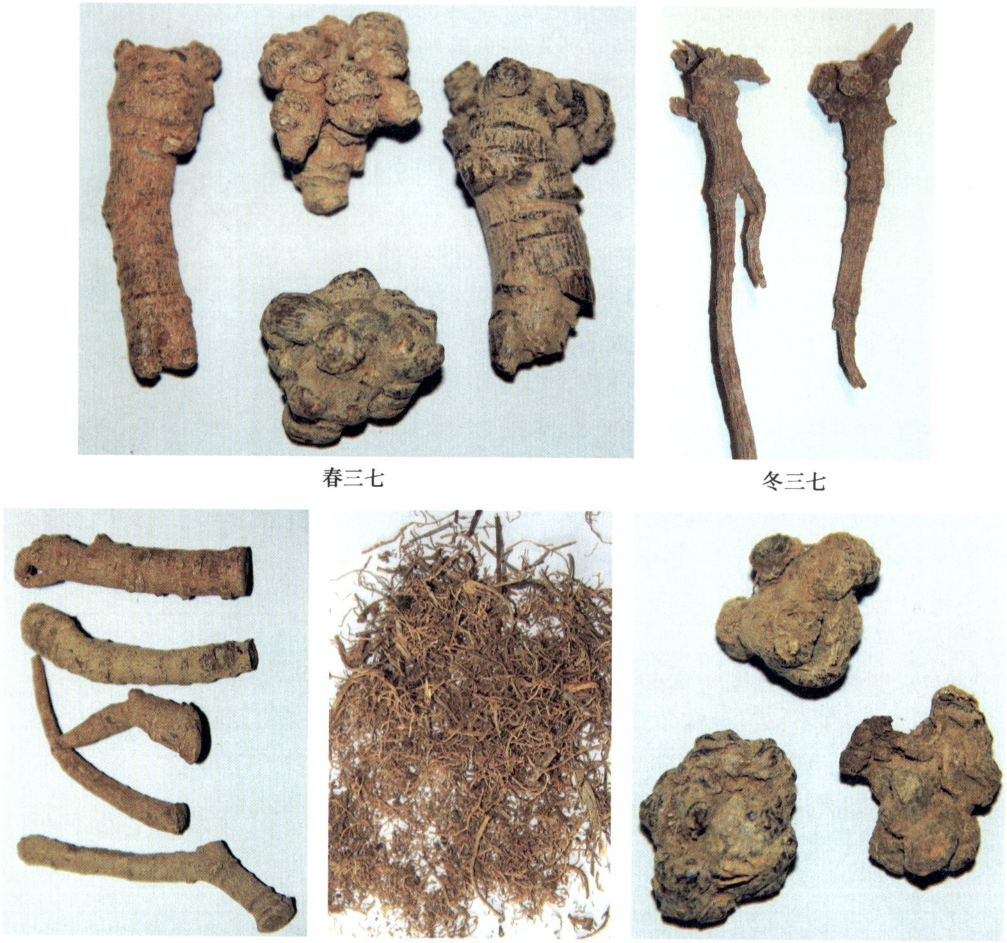

图 6-17 三七

2. 冬三七 不饱满，呈长圆锥形，有分枝。表面皱纹多深长或呈明显沟槽状。断面常呈黄绿色，木部菊花心不明显，常有裂隙。（图 6-17）

3. 筋条 圆柱形或圆锥形，长 2～6cm，上端直径约 0.8cm，下端直径约 0.3cm。（图 6-17）

4. 绒根 圆柱形呈毛须状，上端直径 0.7cm 以下。（图 6-17）

5. 剪口 呈不规则皱缩块状或条状，表面有数个明显的茎痕及环纹，断面中心灰白色，边缘灰色。（图 6-17）

【规格等级】

1. 春三七

一等品：呈圆锥形或圆柱形。表面灰黄色或黄褐色。质坚实、体重。断面灰绿色或灰褐色。味苦、微甜。每 500g 20 头以内。长不超过 6cm。无杂质、虫蛀、霉变。

二等品：每 500g 30 头以内。余同一等。

三等品：每 500g 40 头以内。长不超过 5cm。余同一等。

笔记

四等品：每 500g 60 头以内。长不超过 4cm。余同一等。

五等品：每 500g 80 头以内。长不超过 3cm。余同一等。

六等品：每 500g 120 头以内。长不超过 2.5cm。余同一等。

七等品：每 500g 160 头以内，长不超过 2cm。余同一等。

八等品：每 500g 200 头以内。长不超过 2cm。余同一等。

九等品（大二外）：每 500g 250 头以内。长不超过 1.5cm。余同一等。

十等品（小二外）：每 500g 300 头以内。长不超过 1.5cm。余同一等。

十一等（无数头）：每 500g 450 头以内。长不超过 1.5cm。

十二等（筋条）：不分春、冬七。每 500g 在 450～600 头。支根上端直径不低于 8mm，下端直径不低于 5mm。

十三等（剪口）：不分春、冬七。主要是三七的芦头。

2. 冬三七等级与春三七相同，但表面多为灰黄色，有皱纹或抽沟（拉槽），不饱满，体稍轻。顶端有不明显的茎痕。断面黄绿色或灰褐色。

【主要化学成分】人参皂苷 Rb_1、Rd、Re、Rg_1、Rg_2、Rh_1、Rd_1，三七皂苷（notoginsenoside）R_1、R_2、R_3、R_4、R_6、Fa、K；田七氨酸（dencichine），三七黄酮 B 等。挥发油中含有倍半萜类。

【质量要求】

1. 性状评价　以个大、体重质坚、表面光滑、断面灰绿或黄绿、味苦回甜浓厚者为佳。

2. 醇溶性浸出物　用甲醇作溶剂，热浸法测定，不得少于 16.0%。

3. 人参皂苷 Rg_1（$C_{42}H_{72}O_{14}$）、Rb_1（$C_{54}H_{92}O_{23}$）和三七皂苷 R_1（$C_{47}H_{80}O_{18}$）的含量　用高效液相色谱法测定，不得少于 5.0%。

4. 水分测定　水分不得过 14.0%。

5. 灰分测定　总灰分不得过 6.0%。酸不溶性灰分不得过 3.0%。

【贮藏养护】置于阴凉干燥处，防蛀。

【附注】三七为中国特有的传统名贵中药材之一，自古就有“人参补气第一，三七补血第一”的记载，被称为“止血之神药”。商品全部来源于栽培，野生品早已绝迹；道地产区已经有近 500 年的栽培历史，商品主要由云南文山和广西田阳提供，属于可以满足市场需求的品种。三七广泛用于临床配方和中成药原料，又是传统出口的大宗商品。目前，国内外年需要量约 100 万千克。

白芷 Baizhi

Radix Angelicae Dahuricae

【基原】伞形科（Umbelliferae）植物白芷 *Angelica dahurica*（Fisch. ex Hoffm.）Benth. et Hook. f. 或杭白芷 *Angelica dahurica*（Fisch. ex Hoffm.）Benth. et Hook. f. var. *formosana*（Boiss.）Shan et Yuan 栽培品的干燥根。白芷主产于河南禹县、长葛者，习称“禹白芷”；主产于河北安国、定州者，习称“祁白芷”。杭白芷主产于四川者，习称“川白芷”；产于浙江杭州郊区者，习称“杭白芷”。均为道地药材，尤以川白芷产量大、质量优。

春播白芷当年 9 月中下旬采收，秋播白芷第二年 8 月下旬叶片枯黄时采收。选晴天，将白芷叶割去，将根挖起，抖去泥土，除去侧根及残留叶柄，晒1～2天，再将主根依大、中、小三等级分别晒干。

【商品性状特征】

1. 川白芷　呈圆锥形，根头部近方形或类方形，长10～20cm，直径2～5cm。表面灰褐色或棕褐色，散生多数横长皮孔，习称“疙瘩丁”，略排成四纵列。质坚实，断面白色，粉性。皮部有棕色油点，形成层环纹棕色，圆方形。气香浓郁，味微辛、苦。（图6-18）

图6-18　川白芷（植物杭白芷根）

2. 杭白芷　圆锥形，根头部方棱形，头大尾细，长10～15cm，直径2～5cm。表面棕褐色，横长皮孔排成4纵行。断面形成层环纹略方形。（图6-19）

图6-19　杭白芷（植物杭白芷根）

3. 禹白芷　圆锥形，少数有分枝，根头部圆形，长10～20cm，直径2～4cm。表面土黄色，凸起的皮孔甚小，散生。质略轻，断面白色，粉性，形成层环圆形。气芳香，味微辛、苦。（图6-20）

4. 祁白芷　圆锥形或长圆锥形，有分枝，根头部多圆形，长7～24cm，直径2～4cm。表面灰黄至黄棕，皮孔大，散生。质硬，断面灰白色，棕色油点密集，粉性小而略显油性，形成层环类圆形。（图6-21）

【规格等级】商品分川白芷、杭白芷2个规格3个等级。

一等品：呈圆锥形，表面灰褐色或棕褐色。质坚。断面白色或黄白色，有粉性。有香气，味辛微苦。每1000g 36支以内。无空心、黑心、芦头、油条、杂质、虫蛀、霉变。

二等品：每1000g 60支以内。余同一等。

三等品：每1000g 60支以外，顶端直径不得小于0.7cm。间有白芷尾、黑心、异状、油条，但总数不得超过20%。

【主要化学成分】欧前胡素（imperatorin）、异欧前胡素（isoimperatorin）等。杭白

笔记

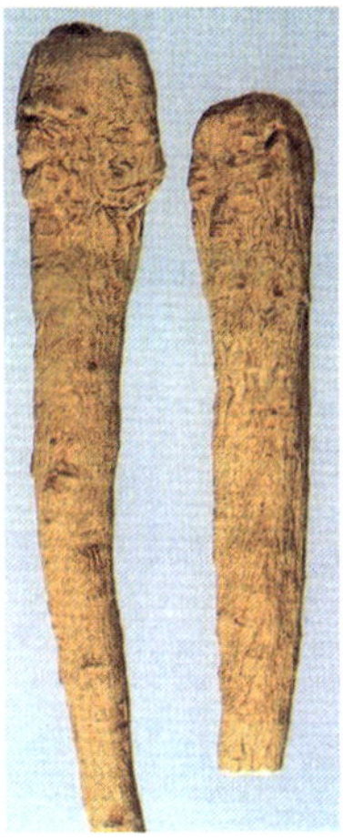

图6-20　禹白芷（植物白芷根）

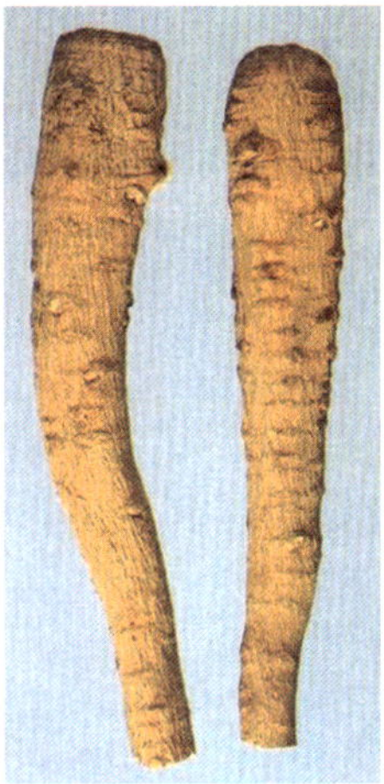

图6-21　祁白芷（植物白芷根）

芷尚含佛手柑内酯（bergapten）等。

【质量要求】

1. 性状评价　以根条粗壮、皮细、体重质硬、断面色白、粉性强、气香味浓者为佳。

2. 醇溶性浸出物　以稀乙醇作溶剂，用热浸法测定，不得少于15.0%。

3. 欧前胡素（$C_{16}H_{14}O_4$）含量　用高效液相色谱法测定，不得少于0.080%。

4. 水分测定　水分不得过14.0%。

5. 灰分测定　总灰分不得过6.0%。酸不溶性灰分不得过1.5%。

【贮藏养护】本品富含淀粉与挥发性成分，易虫蛀、吸潮发霉、散失香气。应密封包装，贮藏于阴凉、干燥通风处处，防蛀。久贮易变色。

【附注】白芷为传统大宗常用药材之一，已有两千余年的药用历史。商品全部来源于栽培，川白芷主产于四川遂宁，至今已有近六百年的栽培历史。属于可以满足市场需求的品种。白芷是临床与中成药的重要原料，大宗出口药材，还广泛用于化工、食品、保健用品等领域，药食两用，具有良好的开发价值。

当归 Danggui

Radix Angelicae Sinensis

【基原】伞形科（Umbelliferae）植物当归*Angelica sinensis*（Oliv.）Diels栽培品的干燥根。根据药用部位的不同通常称为“全当归”（全根）、“归头”（主根上端）、“归尾”（支根）。

主产于甘肃岷县、宕昌，云南，陕西，四川，贵州等地。其中甘肃岷县产量最大，品质最佳，习称“岷归”或“前山当归”，被视为道地药材。

秋末（10月下旬）采挖栽培两年以上的根。通常提前10余天（10月上旬，当归叶开始发黄时）割去地上部分，使阳光曝晒地面，促进根部成熟。挖出根，抖净泥土，除净残留叶柄，置通风阴凉处2～3天，待根条变柔软；用柳条按规格大小扎成0.5～1kg重的扁平把子，置于预先搭好的棚架上，用柴草熏烟，使当归上色，至当归表面呈红黄

笔记

色或淡褐色(10～15天)时,再以煤或柴的文火徐徐加温熏烘。熏时室内要通风,并经常翻动,使色泽均匀,干度达七八成时,停火任其自然干燥,下棚,搓去毛须即为成品。云南当归一般栽培两年,在立冬前后采挖,去净泥土摊晒,并注意翻动,每晚收进屋内晾通风处,以免霜冻。

【商品性状特征】主根略呈圆柱形,支根3～5条或更多,长15～25cm。表面黄棕色至棕褐色,有纵皱纹及横长皮孔。根头(归头)直径1.5～4cm,有环纹,上端圆钝,有紫色或黄绿色的茎及叶鞘残基;主根(归身)表面凹凸不平;支根(归尾)直径0.3～1cm,多扭曲,有须根痕。质柔韧,断面黄白色,皮部厚,有裂隙及棕色油点,木部色较淡,形成层环黄棕色。有浓郁的香气,味甘、辛、微苦。(图6-22)

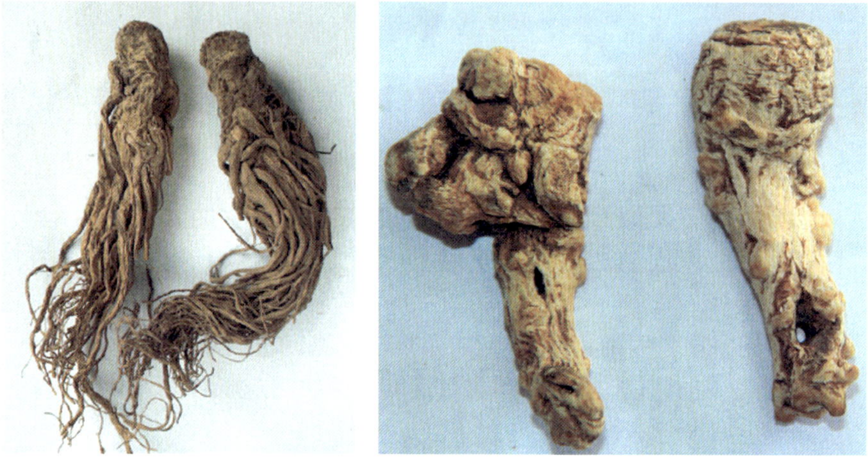

全当归　　当归头

图6-22　当归

甘肃栽培品:根头上端常有环形皱纹。支根表面有小疙瘩状的须根痕。

【规格等级】商品分全归和归头2种规格,分别以每1000g的支数划分等级。

1. 全归

特等　主根圆柱形,下部有支根多条,根梢不细于0.2cm。表面棕黄色或黄褐色。断面黄白色或淡黄色,有油性。气芳香,味甘微苦。每1000g 20支以内。无抽苔根、杂质、虫蛀、霉变等。

一等品:每1000g 40支以内。余同特等。

二等品:每1000g 70支以内。余同特等。

三等品:每1000g 110支以内。余同特等。

四等品:每1000g 110支以外。余同特等。

五等品:又称"常行归",凡不符合以上分等的小货,全归占30%,腿渣占70%。

2. 归头(葫首归)

一等品:纯主根。呈长圆形或拳状。表面棕黄色或黄褐色。断面黄白色或淡黄色,有油性。气芳香,味甘微苦。每1000g 40支以内。无油个、枯干等。

二等品:每1000g 80支以内。余同一等。

三等品:每1000g 120支以内。余同一等。

笔记

四等品：每 1000g 160 支以内。余同一等。

3. 出口品

（1）箱归　特等：每 1000g 36 支以下。一等品：52～56 支。二等品：60～64 支。

（2）通底归　每 1000g 72～76 支。

【主要化学成分】挥发油主为正丁烯基酞内酯（*n*-butylidene-phthalide），藁本内酯（ligustilide）等；水溶性成分有阿魏酸（ferulic acid），丁二酸（succinic acid）等。另含当归多糖、多种氨基酸、无机元素钙、锌、磷、硒等。

【质量要求】

1. 性状评价　以主根粗长、油润、外皮色黄棕、断面色黄白、质柔韧，油润、气味浓郁者为佳。柴性大、干枯无油或断面呈绿褐色者不供药用。

2. 醇溶性浸出物含量　以 70% 乙醇作溶剂，用热浸法测定，不得少于 45.0%。

3. 阿魏酸含量　用高效液相色谱法测定，不得少于 0.050%。

4. 水分　检查不得过 12.0%。总灰分，不得过 7.0%。酸不溶性灰分，不得过 2.0%。

【贮藏养护】本品含挥发油及糖分，应贮藏于阴凉、干燥处，防潮，防蛀。不宜贮存过久。

【附注】当归为传统大宗药材之一，中医妇科要药，我国已有 2000 余年的药用历史，素有“十方九归”之说。当归商品全部来源于家种，甘肃是我国最大的当归产区，年产量占全国的 90% 以上；属于基本能够满足市场需求的品种。当归药用价值和经济价值显著，广泛用于临床配方、中成药原料及开发保健食品和化妆品，又是传统的大宗出口商品。当归生产周期较长，需要有计划安排生产。目前，国内外年需求量约 1200 万千克。

防风 Fangfeng

Radix Saposhnikoviae

【基原】伞形科（Umbelliferae）植物防风 *Saposhnikovia divaricata*（Turcz.）Schischk. 的干燥根。

主产于东北及内蒙古东部等地。“关防风”为著名道地药材。

春、秋二季采挖根，除去须根和泥沙，晒干。

【商品性状特征】长圆锥形或长圆柱形，下部渐细，有的略弯曲，长 15～30cm，直径 0.5～2cm。表面灰棕色或棕褐色，粗糙，有纵皱纹、多数横长皮孔样突起及点状的细根痕。根头部有明显密集的环纹，有的环纹上残存棕褐色毛状叶基。体轻，质松，易折断，断面不平坦，皮部棕黄色至棕色，有裂隙，木部黄色。气特异，味微甜。（图 6-23）。

【规格等级】

一等　干货。根呈圆柱形。表面有皱纹，顶端带有毛须。外皮黄褐色或灰黄色，质松较柔软。断面棕黄色，中间淡黄色。味微甘，根长 15cm 以上，芦下直径有 0.6cm 以上。无杂质、虫蛀、霉变。

二等　偶有分支。芦下直径 0.4cm 以上。

【主要化学成分】挥发油，色原酮，香豆素等。

笔记

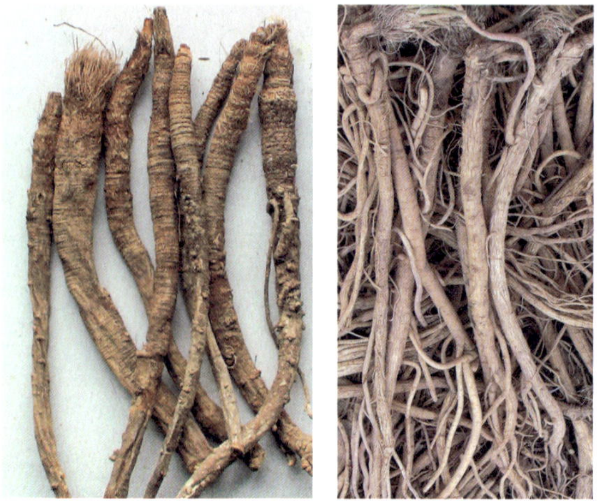

野生品　　栽培品

图6-23　防风

【质量要求】

1. 性状评价　以根条细长、圆柱形、均匀、质坚、外皮色白净者为佳。

2. 水分，不得过10.0%。总灰分，不得过6.5%。酸不溶性灰分，不得过1.5%。

3. 醇溶性浸出物含量　用乙醇作溶剂，热浸法测定，不得少于13.0%。

4. 升麻素苷（$C_{22}H_{28}O_{11}$）和5-*O*-甲基维斯阿米醇苷（$C_{22}H_{28}O_{10}$）总含量　用高效液相色谱法测定，不得少于0.24%。

柴胡 Chaihu

Radix Saposhnikoviae

【基原】伞形科（Umbelliferae）植物柴胡 *Bupleurum chinense* DC. 或狭叶柴胡 *Bupleurum scorzonerifolium* Willd. 的干燥根。按性状不同，分别习称“北柴胡”和“南柴胡”。

北柴胡主产于河北、河南等地，南柴胡主产于湖北、四川等地。

春、秋二季采挖，除去茎叶和泥沙，干燥。

【商品性状特征】

1. 北柴胡　呈圆柱形或长圆锥形，长6～15cm，直径0.3～0.8cm。根头膨大，顶端残留3～15个茎基或短纤维状叶基，下部分枝。表面黑褐色或浅棕色，有纵皱纹、支根痕及皮孔。质硬而韧，不易折断，断面显纤维性，皮部浅棕色，木部黄白色。气微香，味微苦。

2. 南柴胡　根较细，圆锥形，顶端有多数细毛状枯叶纤维，下部多不分枝或稍分枝。表面红棕色或黑棕色，靠近根头处多有细密环纹。质稍软，易折断，断面略平坦，不显纤维性。有败油气。（图6-24）

【规格等级】

1. 北柴胡　统货，干货。呈圆锥形，上粗下细，顺直或弯曲，多分支。头部膨大，呈疙瘩状，残茎不超过1cm。无须毛、杂质、虫蛀、霉变。

笔记

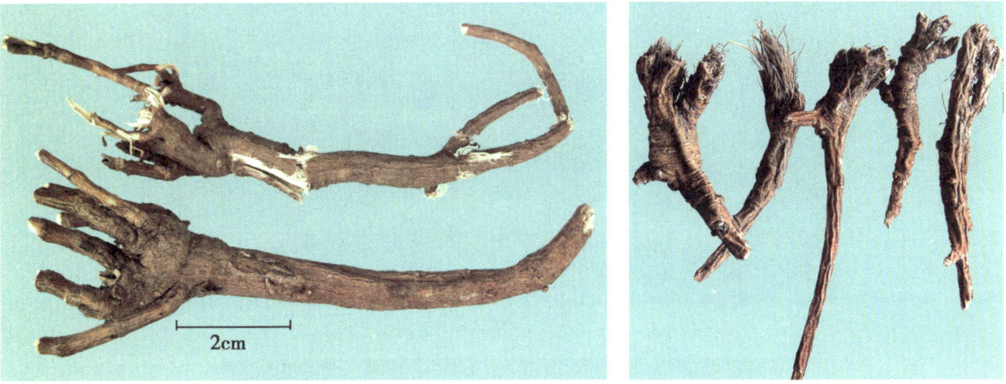

北柴胡　　南柴胡

图 6-24　柴胡

2. 南柴胡　统货，干货。类圆锥形，少有分支，略弯曲。大小不分。残留苗茎不超过 1.5cm。

【主要化学成分】柴胡皂苷（saikosapoins a、b、c、d）四种，甾醇，挥发油，脂肪酸和多糖等。

【质量要求】

1. 性状评价　以根粗长、须根少者为佳。

2. 水分，不得过 10.0%。总灰分，不得过 8.0%。酸不溶性灰分，不得过 3.0%。

3. 醇溶性浸出物含量　用乙醇作溶剂，热浸法测定，不得少于 11.0%。

4. 柴胡皂苷 a（$C_{42}H_{68}O_{13}$）和柴胡皂苷 d 的总含量　用高效液相色谱法测定，不得少于 0.30%。

北沙参 Beishashen

Radix Glehniae

【基原】伞形科（Umbelliferae）植物珊瑚菜 *Glehnia littoralis* Fr. Schm. ex Miq. 的干燥根。

主产于山东、内蒙古、河北等地。以山东莱阳产质量佳，特称“莱阳沙参”，为著名道地药材。

夏、秋二季采挖，除去地上部分及须根，洗净，放沸水中烫片刻，取出放凉后，除去外皮，晒干或烘干。也有不去外皮直接晒干的。

【商品性状特征】

呈细长圆柱形，下部渐细，偶有分枝，长 15～45cm，直径 0.4～1.2cm。表面淡黄白色，略粗糙，偶有残存外皮，全体有细纵皱纹、纵沟及棕黄色点状细根痕。顶端常留有棕黄色根茎残基。质脆，易折断；断面平坦，皮部浅黄白色，木部黄色。气特异，味微甜。（图 6-25）

带皮生晒者，表面淡棕色，断面白色，粉性。

【规格等级】商品分 3 个等级。

一等品：呈细长圆柱形，去净外皮，表面黄白色。质坚脆。断面皮部淡黄白色，有

笔记

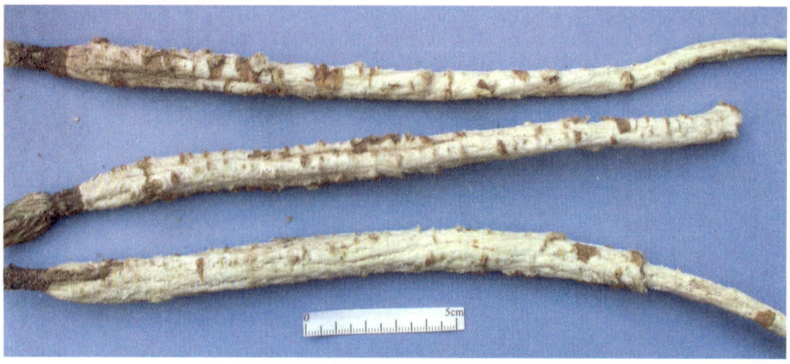

一等品

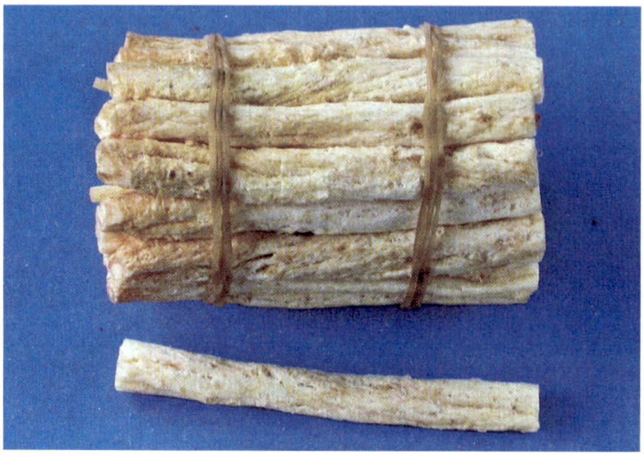

长段

图 6-25 北沙参

黄色木质心。微有香气,味微甜。条长 34cm 以上,上中部直径 0.3 ~0.6cm,无芦头、细尾须、油条、虫蛀、霉变。

二等品:条长 23cm 以上。余同一等。

三等品:条长 22cm 以下,粗细不分,间有破碎。

【主要化学成分】欧前胡素(imperatorin),佛手内酯(bergapten),补骨脂内酯以及挥发油,生物碱,北沙参多糖、磷脂等。

【贮藏养护】本品富含淀粉,易虫蛀和吸潮发霉,应贮藏于阴凉、干燥、通风处。防霉,防蛀。

【质量要求】

性状评价　以根条细长、圆柱形、均匀、质坚、外皮色白净者为佳。

秦艽 Qinjiao

Radix Saposhnikoviae

【基原】龙胆科(Gentianaceae)植物秦艽 *Gentiana macrophylla* Pall.、麻花秦艽 *Gentiana straminea* Maxim.、粗茎秦艽 *Gentianacrassicaulis* Duthie ex Burk. 或小秦艽 *Gentiana dahurica* Fisch. 的干燥根。

前三种按性状不同分别习称"秦艽"和"麻花艽",后一种习称"小秦艽"。春、秋二季采挖,除去泥沙;秦艽和麻花艽晒软,堆置"发汗"至表面呈红黄色或灰黄色时,摊

笔记

开晒干，或不经“发汗”直接晒干；小秦艽趁鲜时搓去黑皮，晒干。

【商品性状特征】

萝卜艽呈类圆柱形，上粗下细，扭曲不直，长 10～30cm，直径 1～3cm。表面黄棕色或灰黄色，有纵向或扭曲的纵皱纹，顶端有残存茎基及纤维状叶鞘。质硬而脆，易折断，断面略显油性，皮部黄色或棕黄色，木部黄色。气特异，味苦、微涩。

麻花艽呈类圆锥形，多由数个小根纠聚而交错缠绕成发辫状或麻花状，全体有显著的向左扭曲的纵皱纹。直径可达 7cm。表面棕褐色，粗糙，有裂隙呈网状孔纹。质松脆，易折断，断面多呈枯朽状。

小秦艽呈类圆锥形或类圆柱形，长 8～15cm，直径 0.2～1cm。表面棕黄色。主根通常 1 个，残存的茎基有纤维状叶鞘，下部多分枝。断面黄白。（图 6-26）

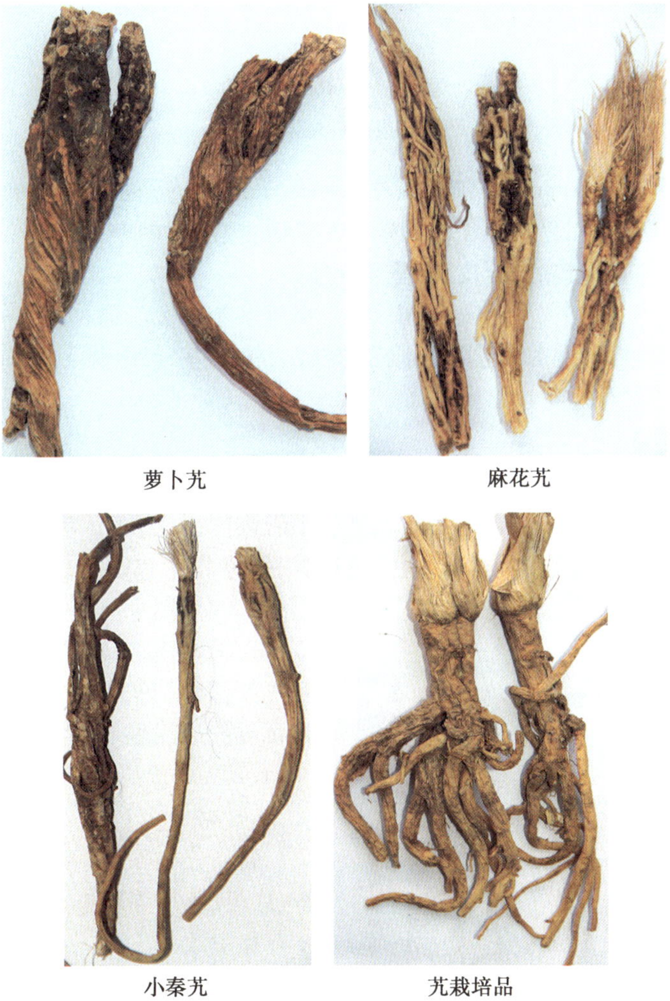

图 6-26　秦艽

【规格等级】

1. 大秦艽　一等　干货。芦下直径 1.2cm 以上。无芦头、须根、杂质、虫蛀、霉变。二等　干货。芦下直径 1.2cm 以下。最小不小于 0.6cm。

笔记

2. 麻花艽　统货，干货。大小不分，但芦下直径不小于0.3cm。无芦头、须根、杂质、虫蛀、霉变。

3. 小秦艽　一等　干货。长20cm以上，芦下直径1cm以上。无残茎、杂质、虫蛀、霉变。二等　干货。长短大小不分，芦下最小直径不小于0.3cm。

【主要化学成分】生物碱（秦艽甲素、秦艽乙素、秦艽丙素等）。还含糖分和挥发油等。

【质量要求】

1. 性状评价　以质坚实、色棕黄、气味浓厚者为佳。

2. 水分，不得过9.0%。总灰分，不得过8.0%。酸不溶性灰分，不得过3.0%。

3. 醇溶性浸出物含量　用乙醇作溶剂，热浸法测定，不得少于24.0%。

4. 龙胆苦苷（$C_{16}H_{20}O_9$）和马钱苷酸（$C_{16}H_{24}O_{10}$）的总含量　用高效液相色谱法测定，不得少于2.5%。

黄芩 Huangqin

Radix Scutellariae

【基原】唇形科（Labiatae）植物黄芩 *Scutellaria baicalensis* Georgi 的干燥根。

野生品：主产于河北承德，山西，内蒙古等地。春、秋两季采挖根，除去茎苗及泥土，晒至半干时，撞去或剥去栓皮，再晒至足干。

栽培品：主产于山东，河北安国，山西，甘肃等多个地区。播种后2～3年的秋季地上部分枯萎时采收，采挖时勿刨断；刨出的根，去掉残茎，摊开晒到6成干时，撞去外皮，捆成小把，再晒至足干。

【商品性状特征】

1. 野生品　呈圆锥形，扭曲，长8～25cm，直径1～3cm。表面棕黄色或深黄色，有稀疏的细根痕，上部较粗糙，有扭曲的纵皱或不规则网纹，下部有顺纹和细皱。顶端有茎痕或残留茎基。质硬脆，断面黄色，中央红棕色；老根中央暗棕色或棕黑色，呈枯朽状或已成空洞。气微，味苦。（图6-27）

2. 栽培品　较细长，多有分枝。表面浅黄棕色，外皮紧贴，纵皱纹较细腻。断面黄色或浅黄色，略呈角质样。味苦。（图6-27）

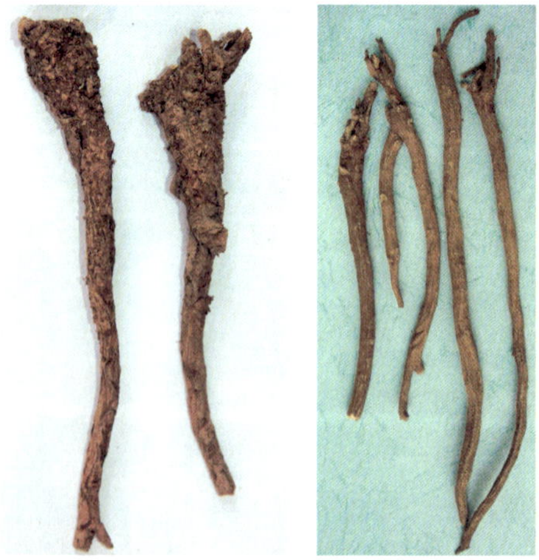

野生品　　栽培品

图6-27　黄芩

【规格等级】

商品分枝芩（条芩）1～2等、子芩、枯芩、片芩、统货等规格。出口商品分芩王、枝芩和中条芩3等。

【主要化学成分】黄芩苷（baicalin）、黄芩素（baicalein）、7-甲氧基黄芩素（7-methoxybaicalein）等；尚含查耳酮、黄酮醇等。

【质量要求】

1. 性状评价　以条粗长、质坚实、断

面色黄、内心充实者为佳。

2. 醇溶性浸出物含量　以稀乙醇作溶剂，用热浸法测定，不得少于40.0%。

3. 黄芩苷($C_{21}H_{18}O_{11}$)含量　用高效液相色谱法测定，不得少于9.0%。

4. 水分，不得过12.0%。总灰分，不得过6.0%。

【贮藏养护】本品易受潮变色，发霉，应贮藏于干燥、通风处，防潮。

【附注】黄芩是中医临床常用的大宗药材之一，至今已有2000余年的药用历史。20世纪60年代以前，黄芩全部来源于野生资源，随着需求量的不断增加，野生资源不断减少；20世纪60年代起，开始人工栽培研究。目前黄芩商品野生与栽培均有，属于能够满足市场需求的品种。黄芩号称"中药的抗生素"，广泛用于临床及多种中成药的原料，又是提取黄芩苷的原材料和大宗出口商品。国内外年需求量约1000万千克。

玄参 Xuanshen

Radix Saposhnikoviae

【基原】玄参科(Scrophulariaceae)植物玄参 *Scrophularia ningpoensis* Hemsl 栽培品的干燥根。

主产于浙江、湖北、湖南等地。

冬季茎叶枯萎时采挖，除去根茎、幼芽、须根及泥沙，晒或烘至半干，堆放3~6天，反复数次至干燥。

【商品性状特征】本品呈类圆柱形，中间略粗或上粗下细，有的微弯曲，长6~20cm，直径1~3cm。表面灰黄色或灰褐色，有不规则的纵沟、横长皮孔样突起和稀疏的横制纹和须根痕。质坚实，不易折断，断面黑色，微有光泽。气特异似焦糖，味甘、微苦。(图6-28)。

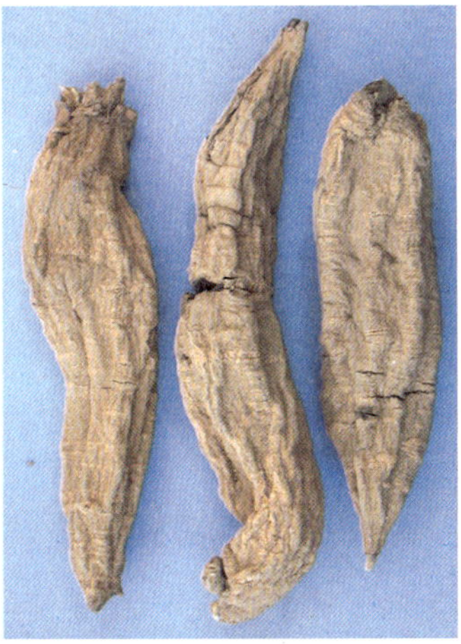

图6-28　玄参

【规格等级】

一等　干货。每1000g 36支以内，支头均匀。无芦头、空泡、杂质、虫蛀、霉变。

二等　干货。每1000g 72支以内，支头均匀。

三等　干货。每1000g 72支以外，个体最小在5g以上。间有破块。无芦头、杂质、虫蛀、霉变。

【主要化学成分】环烯醚萜苷类(哈巴苷、哈巴俄苷等)。还含微量挥发油和生物碱、氨基酸等。

【质量要求】

1. 性状评价　以条粗壮、坚实、断面乌黑色者为佳。

2. 水分，不得过16.0%。总灰分，不得过5.0%。酸不溶性灰分，不得过2.0%。

3. 水溶性浸出物含量　热浸法测定，不得少于60.0%。

4. 哈巴苷($C_{15}H_{24}O_{10}$)和哈巴俄苷($C_{24}H_{30}O_{11}$)的总含量　用高效液相色谱法测定，不得少于0.45%。

笔记

地黄 Dihuang

Radix Rehmanniae

【基原】玄参科(Scrophulariaceae)植物地黄*Rehmannia glutinosa* Libosch. 栽培品的新鲜或干燥块根。鲜根习称“鲜地黄”,干燥块根称“生地黄”。

主产于河南,山东,河北等地。以河南焦作市产量大,质量优,特称“怀地黄”,为著名的“四大怀药”之一。

秋季地上部分枯萎时采挖,除去茎叶、须根及泥沙,按大小分档加工。鲜用称“鲜地黄”,应及时埋入沙土中,或置入地窖中贮藏。将鲜地黄放在焙炕上,缓缓烘焙,经常翻动,翻捡出成品;焙至约八成干时,将地黄堆积压闷3~4天,使内心变黑,干湿一致;再微火复焙约3小时,趁热将长条者捏成团块,至表里柔软时,即为“生地黄”。

【商品性状特征】

1. 鲜地黄　纺锤形或条状,长8~24cm,直径2~9cm。表面浅红黄色,外皮薄,有弯曲的纵皱纹、芽痕及横长皮孔。肉质,易折断,断面皮部淡黄白色,有橘红色油点,木部黄白色,有放射状纹理。气微,味微甜、微苦。(图6-29)

2. 生地黄　不规则类圆形团块或长圆形,中间膨大,两端稍细,细小长条者稍扁而扭曲,长6~12cm,直径2~6cm。表面棕黑色或棕灰色,极皱缩,有明显挤压的横曲

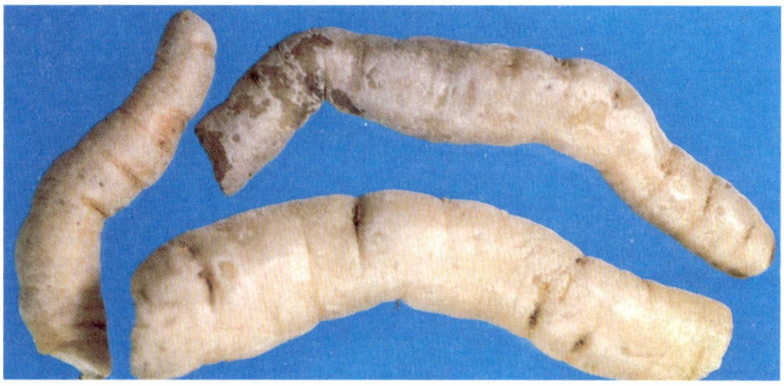

鲜地黄

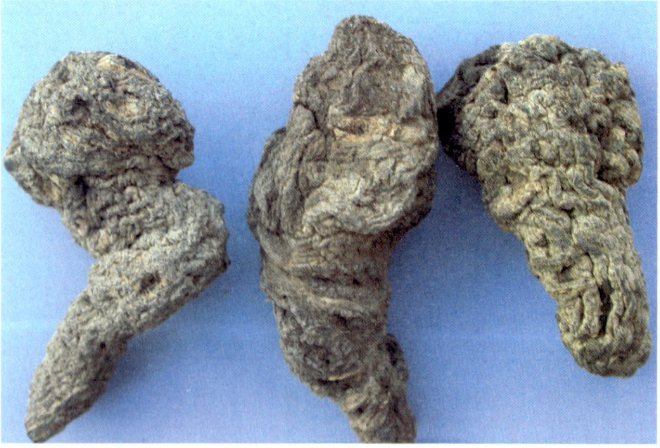

生地黄

图6-29　地黄

笔记

纹。体重,质较软而韧,断面棕黑色或乌黑色,有光泽,有黏性。微有焦糖气,味微甜。(图 6-29)

山西、陕西、河北产品:肥大而不圆,中小条者大都不掐圆。表面土黄色至黄褐色,表皮较厚,有的呈锈皮样。体重,黏性小,断面黄褐色至黑褐色,油润,光泽略差。

广东、广西产品:条较细,多为弯曲的纺锤形。表面土黄色或黄褐色,断面黄棕褐色,油润性差。

【规格等级】 商品按每 1000g 的支数分为 5 个等级。

1. 生地黄　一等品:呈纺锤形或条形圆根。体重质柔润,表面棕黑色或棕灰色。断面黑褐色或乌黑色,有油性,味微甜。每 1000g 16 支以内,无芦头、老母、生心、焦枯、杂质、虫蛀、霉变。二等品:每 1000g 32 支以内。余同一等。三等品:每 1000g 60 支以内。余同一等。四等品:每 1000g 100 支以内。余同一等。五等品:每 1000g 100 支以外,油性小,支根瘦小,最小货直径 1cm 以上。余同四等。

2. 出口品　生地黄以每 1000g 所含支数分等级:8 支、16 支、32 支、50 支、小生地、生地节。

【主要化学成分】 环烯醚萜苷类成分:梓醇(catalpol)、二氢梓醇(dihydrocatapol)、地黄素(rehmannin)、桃叶珊瑚苷(aucubin)、地黄苷(rehmannioside)A、B、C、D 等。熟地黄中含有 5-羟甲基糠醛。

【质量要求】

1. 性状评价　以个大体重、质柔软油润、断面乌黑、味甜者为佳。

2. 水溶性浸出物含量　用冷浸法测定,不得少于 65.0%。

3. 梓醇($C_{15}H_{22}O_{10}$)含量　用高效液相色谱法测定,不得少于 0.20%。

4. 水分,不得过 15.0%。总灰分,不得过 6.0%。酸不溶性灰分,不得过 2.0%。

【贮藏养护】 本品富含糖分,极易虫蛀、吸潮发霉。通常生品用麻袋包装,贮藏于阴凉、干燥、通风处,防霉,防蛀。鲜品埋于湿砂中,防冻。

【附注】 地黄为中医最常用的大宗传统药材之一,至今已有 2700 余年的药用历史,历来就作为贡品和馈赠亲友的珍品。商品全部来源于人工栽培,已有 1000 余年的栽培历史,属于可以满足市场需求的品种。地黄广泛用于临床配方和多种中成药的主要原料,大量用于保健药品、保健食品和保健饮料的开发;又是大宗传统的出口商品。据有关资料分析,地黄国内外年需求量约 2000 万千克。

天花粉 Tianhuafen

Radix Saposhnikoviae

【基原】 葫芦科(Cucurbitaceae)植物栝楼 *Trichosanthes kirilowii* Maxim. 或双边栝楼 *Trichosanthes rosthornii* Harms 栽培品的干燥根。主产于河北、河南、山东等地。秋、冬二季采挖,洗净,除去外皮,切段或纵剖成瓣,干燥。

【商品性状特征】 本品呈不规则圆柱形、纺锤形或瓣块状,长 8 ~ 16cm,直径 1.5 ~ 5.5cm。表面黄白色或淡棕黄色,有纵皱纹、细根痕及略凹陷的横长皮孔,有的有黄棕色外皮残留。质坚实,断面白色或淡黄色,富粉性,横切面可见黄色木质部,略呈放射状排列,纵切面可见黄色条纹状木质部。气微,味微苦。(图 6-30)

笔记

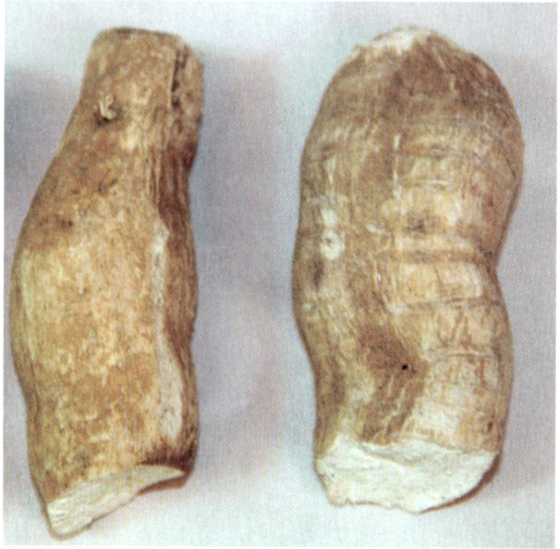

图 6-30　天花粉

【规格等级】

一等　干货。长 15cm 以上，中部直径 3.5cm 以上。无黄筋、粗皮、抽沟；无糠心、杂质、虫蛀、霉变。

二等　干货。长 15cm 以上，中部直径 2.5cm 以上。无糠心、杂质、虫蛀、霉变。

三等　干货。中部直径不小于 1cm。无糠心、杂质、虫蛀、霉变。

【主要化学成分】皂苷，天花粉蛋白，多种氨基酸等。

【质量要求】

1. 性状评价　以色白、质坚实、粉性足者为佳。

2. 水分，不得过 15.0%。总灰分，不得过 5.0%。

3. 二氧化硫残留量　照二氧化硫残留量测定法测定，不得过 400mg/kg。

4. 水溶性浸出物含量　冷浸法测定，不得少于 15.0%。

桔梗 Jiegeng

Radix Platycodi

【基原】桔梗科（Campanulaceae）植物桔梗 *Platycodon grandiflorum*（Jacq.）A. DC. 的干燥根。野生品全国大部分地区均有生产，东北、华北产者习称北桔梗；华东地区产者，习称南桔梗。野生品于春、秋二季采挖，以秋季采者质量好。栽培品主产于河南、山东、安徽、内蒙、陕西等地，归属南桔梗类。栽培品在播种 2～3 年后，于秋季植株枯萎后或春季芽萌动前采收。

采收的根，趁鲜时用瓷片刮去栓皮，洗净，晒干；或不去外皮，直接晒干。

【商品性状特征】

1. 野生品　呈长圆柱形或略呈纺锤形，下部渐细，有的分枝，略扭曲，长 7～20cm，直径 0.7～2cm。表面白色或淡黄白色，有纵皱纹、沟纹及横向皮孔；上端根茎部有数个半月形茎痕。质硬脆，断面不平坦，微有放射状裂隙，皮部类白色，形成层环棕色，木部淡黄色，习称“金井玉栏”。气微，味微甜而后稍苦。

2. 栽培品　根圆柱形，单条或有分枝。表面白色，有纵纹，较平滑；不去外皮者表面黄棕色至灰棕色。芦头呈短圆柱形，芦碗少或无。体重，质硬脆，断面少见裂隙。气微，味较甜，稍苦。（图 6-31）

图 6-31　桔梗

【规格等级】商品分南桔梗、北桔梗等规格，南桔梗按大小分为 3 等，北桔梗统货。

1. 南桔梗　一等品：呈顺直的长条形，去净粗皮及细梢。表面白色,体坚实。断面皮部白色,木部淡黄色,味微甜苦辛。上部直径 1.4cm,长 14cm 以上。无杂质、虫蛀、霉变。二等品:上部直径 1cm,长 12cm 以上。余同一等。三等品:味甘后苦。上部直径不低于 0.5cm,长度不低于 7cm。余同一等。

2. 北桔梗　统货。

【主要化学成分】桔梗皂苷 A、C、D(platycodin A、C、D)等。

【质量要求】

1. 性状评价　以根肥大、色白、质结实、味苦者为佳。

2. 薄层色谱　供试品色谱中,在与桔梗对照药材相应的位置上,显相同颜色的斑点。

3. 水分,不得过 15.0%。总灰分,不得过 6.0%。

4. 醇溶性浸出物含量　以乙醇作溶剂,用热浸法测定,不得少于 17.0%。

5. 桔梗皂苷 D($C_{57}H_{92}O_{28}$)含量　用高效液相色谱法测定,不得少于 0.10%。

【贮藏养护】本品富含糖分,易虫蛀、吸潮发霉,应贮藏于阴凉、干燥、通风处,防蛀、防潮。

【附注】传统上,将主产于安徽芜湖、六安、宿县、安庆,江苏镇江,以及河南信阳、南阳等地者称为津桔梗,属于南桔梗类。出口商品分为 4 等和桔梗碎 5 个规格。

党参 Dangshen

Radix Codonopsis

【基原】桔梗科(Campanulaceae)植物党参 *Codonopsis pilosula*(Franch.)Nannf.、素花党参 *Codonopsis pilosula* Nannf. var. *modesta*(Nannf.)L. T. Shen、或川党参 *Codonopsis tangshen* Oliv. 的干燥根。

党参主产于山西晋东南地区的平顺、陵川、长治、壶关、晋城、黎城及河南济源、焦作、新乡等地,习称潞党;山西五台山地区产的野生党参,称“野党参”或“台党”。产于辽宁凤城、宽甸,吉林延边州、通化,黑龙江尚志、五常、宾县等地,习称“东党”。甘肃定西、陇西等地有大量栽培,习称“白条党参”。

素花党参主产于甘肃文县、武都、舟曲、两当,四川南坪、平武、松潘、青川,陕西凤县。以甘肃文县和四川的南坪生产的最著名,习称“西党”。

川党主产于四川南坪,湖北恩施、建始、利川,重庆城口、巫山,陕西平利等地。其中山西、甘肃是党参重要的栽培基地。

秋季白露前后采挖栽培 3 年以上的根。采收时先拔除支架,割去茎蔓,挖取参根。挖根时注意不要伤根,以防浆汁流失。将根洗净泥土,按大小、长短、粗细分为老、大、中条,分别加工晾晒。晒至半干,即参体柔软,绕指而不断时,用手顺理根条并用木板搓揉,使皮部与木部紧贴,饱满柔软;然后再晒再搓,反复 3~4 次,至七八成干时,捆成小把,晒至足干,即为成品。理参和揉搓的次数不宜过多,用力不要过大,否则会变成“油条”,降低质量;每次理参或搓参后,必须摊晾,不能堆放,以免发酵,影响品质。若遇阴雨天,可用烘干法干燥,但只能用微火,不能用大火,否则根条易起鼓泡,使皮肉分离。

【商品性状特征】

1. 党参根　呈长圆柱形,长 10~35cm,直径 0.4~2cm。表面黄棕色至灰棕色,根

笔记

头部有多数疣状突起的茎痕及芽（习称“狮子盘头”），每个茎痕的顶端呈凹下的圆点状；根头下有致密的横环纹，向下渐稀疏，全体有纵皱纹及横长皮孔，支根断落处常有黑褐色胶状物。质稍硬或略韧，断面有裂隙及或放射状纹理，皮部淡黄白色至淡棕色，木部淡黄色。有特殊香气，味微甜。

（1）野生品：根条大小不一。芦头大，狮子盘头明显。表面较粗糙，根头下有致密的横环纹，向下渐稀疏，有的达全长的一半。（图 6-32）

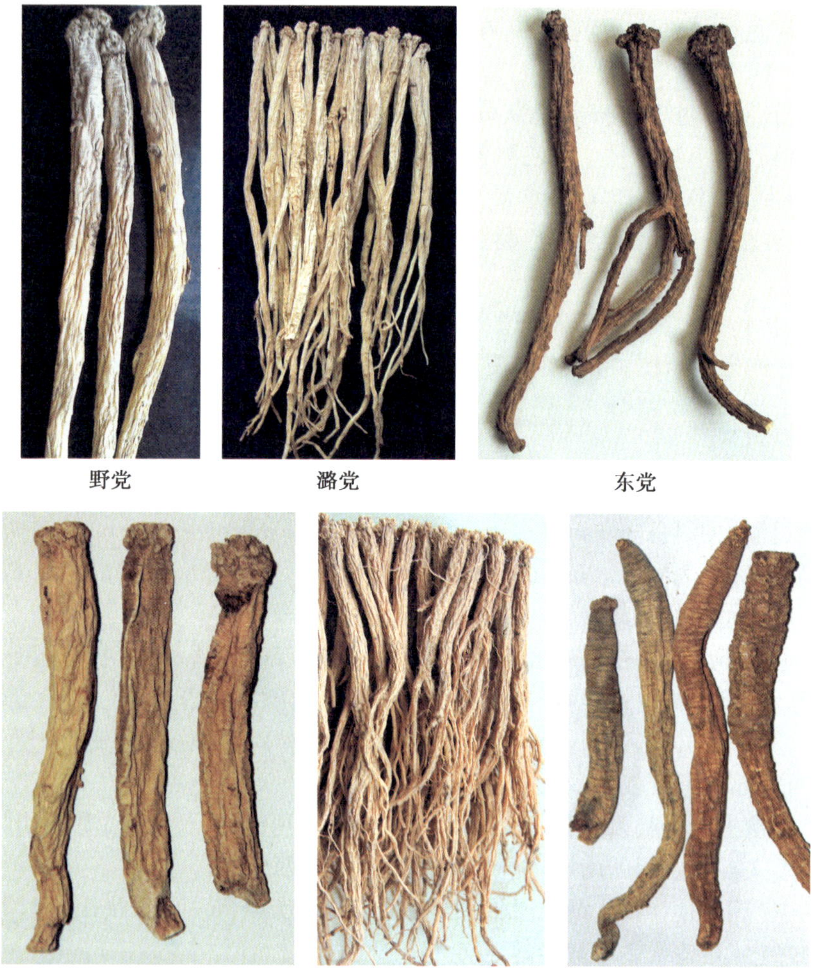

图 6-32　党参

（2）栽培品：呈圆柱形，芦头较小，狮子盘头不明显。根头下横环纹少。（图 6-32）

2. 素花党参　根长 10～35cm，直径 0.5～2.5cm。表面黄白色至灰黄色，根头下有致密的横环纹，达全长的一半以上。断面裂隙较多，皮部灰白色至淡棕色。（图 6-32）

3. 川党参　根长 10～45cm，直径 0.5～2cm。表面灰黄色至黄棕色，有明显不规则的纵沟。质较软而结实，断面裂隙较少，皮部黄白色。（图 6-32）

【规格等级】商品主要有潞党、西党、东党、条党(川党)等规格。西党、潞党、条党分为3等,东党分为2等。

1. 潞党　一等品:呈圆柱形,芦头较小。表面黄褐色或灰黄色。质柔韧,断面黄白色,糖质多,味甜。芦下直径1cm以上。无油条、杂质、虫蛀、霉变。二等品:芦下直径0.8cm以上。余同一等。三等品:芦下直径0.4cm以上,油条不超过10%。余同一等。

2. 西党　一等品:呈圆锥形,头大尾小,上端多横纹。外皮粗松,表面米黄色或灰褐色。断面黄白色,有放射纹理。糖质多,味甜。芦下直径1.5cm以上。二等品:芦下直径1cm以上。余同一等。三等品:芦下直径0.6cm以上,油条不超过15%。余同一等。

3. 东党　一等品:呈圆锥形,芦头较大,芦下有横纹。体较松,质硬。表面土黄色或灰黄色,粗糙。断面黄白色,中心淡黄色,有裂隙,味甜。长20cm以上,芦下直径1cm以上。二等品:长20cm以下,芦下直径0.5cm以上。余同一等。

4. 条党(川党)　一等品:呈圆锥形,头上茎痕较少而小,条较长,上端有横纹或无,下端有纵皱纹。表面灰黄色至黄棕色。断面白色或黄白色,有放射纹理。有糖质,味甜。芦下直径1.2cm以上。二等品:芦下直径0.8cm以上。余同一等。三等品:芦下直径0.5cm以上,油条不超过10%。无参秧。余同一等。

【主要化学成分】木栓酮(friedelin)、蒲公英萜醇(taraxeryl)等。

【质量要求】

1. 性状评价　以根条粗长、质柔润、气浓味甜、嚼之无渣者为佳。

2. 薄层色谱　供试品色谱中,在与党参炔苷对照品相同的位置上,显相同颜色的斑点或荧光斑点。

3. 水分,不得过16.0%。总灰分,不得过5.0%。二氧化硫残留量,不得过400mg/kg。

4. 醇溶性浸出物含量　以45%乙醇作溶剂,用热浸法测定,不得少于55.0%。

【贮藏养护】散顺装或扎成小捆,以席、竹篓或木箱内衬防潮纸包装。本品含大量糖分,味甜质松,易虫蛀、发霉、泛油。应贮藏于阴凉、通风、干燥处。在贮存中应勤检查,发现回软立即复晒干燥。

【附注】党参为现代中医最常用的药材之一,至今已有数百年的药用历史。20世纪50年代之前,党参商品野生与家种资源并存。随着药用量的增加,党参的野生资源已逐渐枯竭,家种党参得到大力发展。目前党参商品的主流几乎全部为栽培品,属于能够满足市场需求的品种。党参广泛应用于临床配方和中成药生产,是传统的大宗出口商品。党参药食两用,又是保健食品、保健饮料和保健美容品的重要原料。据资料分析,国内外年需要量约3000万千克。

木香 Muxiang

Radix Aucklandiae

【基原】菊科(Compositae)植物木香*Aucklandia lappa* Decne.栽培品的干燥根。

主产于云南省,习称"云木香",现四川也有大量种植。

秋、冬二季采挖,除去泥沙和须根,切段,大的再纵剖成瓣,晒干或风干后撞去

笔记

粗皮。

【商品性状特征】圆柱形或半圆柱形，长 5 ~ 10cm，直径 0.5 ~ 5cm。表面黄棕色至灰褐色，有明显的皱纹、纵沟及侧根痕。质坚，不易折断，断面灰褐色至暗褐色，周边灰黄色或浅棕黄色，形成层环棕色，有放射状纹理及散在的褐色点状油室。气香特异，味微苦。（图 6-33）

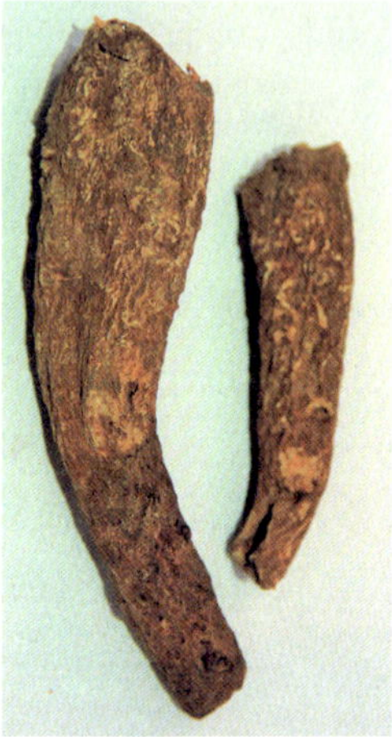

图 6-33 木香

【规格等级】云木香 一等品：呈圆柱形或半圆柱形。表面棕黄色或灰棕色。体实。断面黄棕色或黄绿色，有油性。气香浓，味苦而辣。根条均匀，最细端直径在 2cm 以上。不空、不泡、不朽。无芦头、根尾、焦枯、油条、杂质、虫蛀、霉变。二等品：呈不规则的条状或块状。最细端直径在 0.8cm 以上。间有根头根尾、碎节、破块。余同一等。

【主要化学成分】去氢木香内酯（dehydrocostuslactone）、木香烃内酯（costunolide）等。

【质量要求】

1. 性状评价 以坚实、条匀、香气浓，油性大者为佳。

2. 薄层色谱 供试品色谱中，在与去氢木香内酯、木香烃内酯对照品相应的位置上，显相同颜色的斑点。

3. 总灰分，不得过 4.0%。

4. 木香烃内酯（$C_{15}H_{20}O_2$）和去氢木香内酯（$C_{15}H_{18}O_2$）的总含量 用高效液相色谱法测定，不得少于 1.8%。

【贮藏养护】置干燥处，防潮。

天冬 Tiandong

Radix Asparagi

【基原】百合科（Liliaceae）植物天冬 *Asparagus cochinchinensis*（Lour.）Merr. 的干燥块根。

主产于贵州、四川、江苏等地。

秋、冬二季采挖，洗净，除去茎基和须根，置沸水中煮或蒸至透心，趁热除去外皮，洗净，干燥。

【商品性状特征】长纺锤形，略弯曲，长 5 ~ 18cm，直径 0.5 ~ 2cm。表面黄白色至淡黄棕色，半透明，光滑或有深浅不等的纵皱纹，偶有残存的灰棕色外皮。质硬或柔润，有黏性，断面角质样，中柱黄白色。气微，味甜、微苦。（图 6-34）

【规格等级】一等品：去净外皮。条肥大，有糖质。断面黄白色，角质状，中央有白色中柱（白心）。中部直径 1.2cm 以上。无硬皮、杂质、虫蛀、霉变。二等品：表面黄间有纵沟纹，中部直径 0.8cm 以上。间有未剥净硬皮，但不得超过 5%。余同一等。三等品：表面红棕色或红褐色，断面红棕色，中部直径 0.5cm 以上。稍有未去净硬皮，但不得超过 15%。余同一等。

【主要化学成分】天冬苷-Ⅳ（Asp-Ⅳ）、多糖等。

【质量要求】

1. 性状评价 以肥壮、半透明、色黄白、干燥者为佳。

笔记

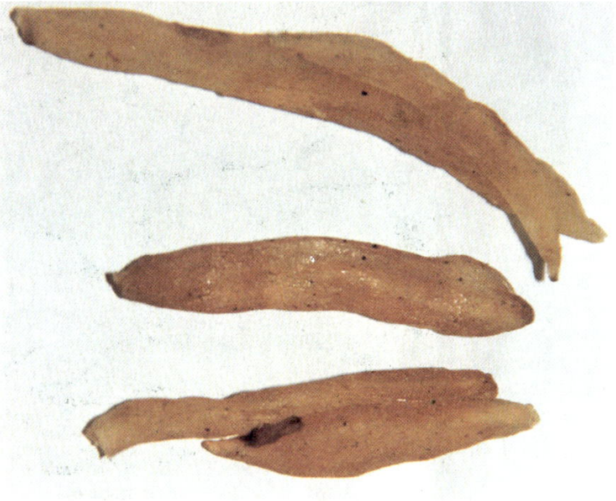

图6-34 天冬

2. 水分,不得过16.0%。总灰分,不得过5.0%。二氧化硫残留量,不得过400mg/kg。

3. 醇溶性浸出物含量 以稀乙醇作溶剂,用热浸法测定,不得少于80.0%。

【贮藏养护】置通风干燥处,防霉,防蛀。

麦冬 Maidong

Radix Ophiopogonis

【基原】百合科(Liliaceae)植物麦冬 *Ophiopogon japonicas*(Thunb.)Ker-Gawl. 栽培品的干燥块根。

主产于浙江、四川、贵州、江苏等地。浙江、四川、贵州产量大,质量好,为"道地药材"。

浙江麦冬(浙麦冬、杭麦冬)于栽培后第三年5~6月采挖;四川麦冬(川麦冬)于栽培后次年4月采挖;贵州麦冬于4月采挖;一般在夏季采挖。挖出后,洗净,反复曝晒、堆置,至七八成干,经搓揉、碰撞、修剪等方法除去须根,干燥。

【商品性状特征】纺锤形,两端略尖,长1.5~3cm,直径0.3~0.6cm。表面黄白色或淡黄色,有细皱纹。质柔韧,断面黄白色,半透明,中柱细小。气微香,味甜、微苦。(图6-35)

【规格等级】商品分浙麦冬、川麦冬等规格,再按大小分等级。

1. 浙麦冬 一等品:呈纺锤形,半透明。表面黄色,质柔韧。断面牙白色,有木心。味微甜,嚼之有黏性。每50g 150粒以内。无须根、油粒、烂头、枯子、杂质、霉变。二等品:每50g 280粒以内,余同一等。三等品:每50g 280粒以外。最小不低于麦粒大。油粒、烂头不超过10%。无须根、杂质、霉变。余同一等。

2. 川麦冬 一等品:纺锤形,半透明。表面淡白色,断面牙白色,木心细软。味微甜,少粘性。每50g 190粒以内。无须根、乌花、油粒、杂质、霉变。二等品:每50g 300粒以内。余同一等。三等品:每50g 300粒以外,最小不低于麦粒大。间有乌花,油粒不超过10%。余同一等。

杭麦冬

川麦冬

图6-35 麦冬

【主要化学成分】麦冬皂苷 A、B、B'、C、C'、D、D'；其中 A、B、C、D 的苷元为鲁斯可皂苷元(ruscogenin)；B'、C'、D'的苷元为薯蓣皂苷元(diosgenin)。

【质量要求】

1. 性状评价 以块根肥大、色黄白、半透明、木心小、香气浓、嚼之发黏为佳。

2. 薄层色谱 供试品色谱中，在与麦冬对照药材相应的位置上，显相同颜色的斑点。

3. 水分，不得过 18.0%。总灰分，不得过 5.0%。

4. 水溶性浸出物含量 用冷浸法测定，不得少于 60.0%。

5. 麦冬总皂苷含量 用分光光度法测定，以鲁斯可皂苷元($C_{27}H_{42}O_4$)计，不得少于 0.12%。

【贮藏养护】本品含有糖分，易虫蛀，应密封，贮藏于阴凉、通风、干燥处。

【附注】麦冬为传统大宗常用药材之一，药用历史和栽培历史悠久。商品麦冬几全部为栽培，商品主要由四川绵阳和浙江慈溪提供。20 世纪 60 年代以前，麦冬产量占总产量的 90% 以上，至 70 年代，由于山麦冬的迅速发展，麦冬仅占到全国总产量的 50%，尤其是优质浙麦冬产量很少。麦冬是临床配方和中成药生产的重要原料，又是重要的出口商品，远销世界各国。药食两用，广泛用于美容和保健食品的开发上。据资料统计，麦冬年需求量约 1000 万千克。

郁金 Yujin

Radix Curcumae

【基原】姜科(Zingiberaceae)植物温郁金 *Curcuma wenyujin* Y. H. Chen et C. Ling、姜黄 *Curcuma longa* L.、广西莪术 *Curcuma kwangsiensis* S. G. Lee et C. F. Liang 或蓬莪术 *Curcuma phaeocauLis* Val. 栽培品的干燥块根。前两者分别习称“温郁金”和“黄丝郁金”，其余按性状不同习称“桂郁金”或“绿丝郁金”。

温郁金主产于浙江、福建、四川等地；黄丝郁金主产于四川、福建、广东、江西等地；

笔记

桂郁金主产于广西、云南等地;绿丝郁金主产于四川、浙江、福建、广西等地。

冬季茎叶枯萎后采挖,除去泥沙和细根,蒸或煮至透心,干燥。

【商品性状特征】

1. 温郁金　长圆形或卵圆形,稍扁,有的微弯曲,两端渐尖,长 3.5 ~7cm,直径 1.2 ~2.5cm。表面灰褐色或灰棕色,有不规则的纵皱纹,纵纹隆起处色较浅。质坚实,断面灰棕色,角质样;内皮层环明显。气微香,味微苦。

2. 黄丝郁金　纺锤形,有的一端细长,长 2.5 ~4.5cm,直径 1 ~1.5cm。表面棕灰色或灰黄色,有细皱纹。断面橙黄色,外周棕黄色至棕红色。气芳香,味辛辣。

3. 桂郁金　长圆锥形或长圆形,长 2 ~6.5cm,直径 1 ~1.8cm。表面有疏浅纵纹或较粗糙网状皱纹。气微,味微辛苦。

4. 绿丝郁金　长椭圆形,较粗壮,长 1.5 ~3.5cm,直径 1 ~1.2cm。气微,味淡。(图 6-36)

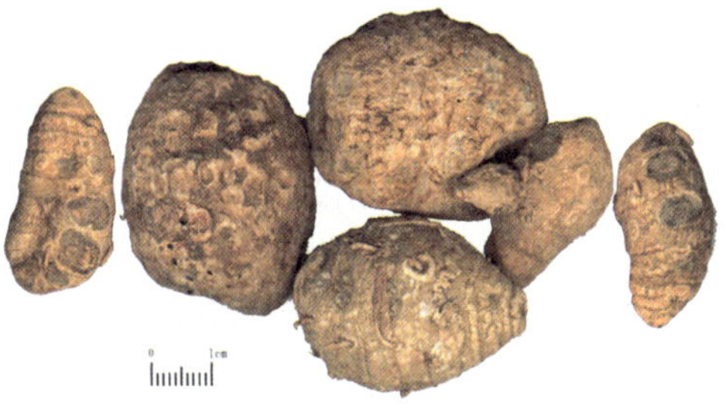

温郁金

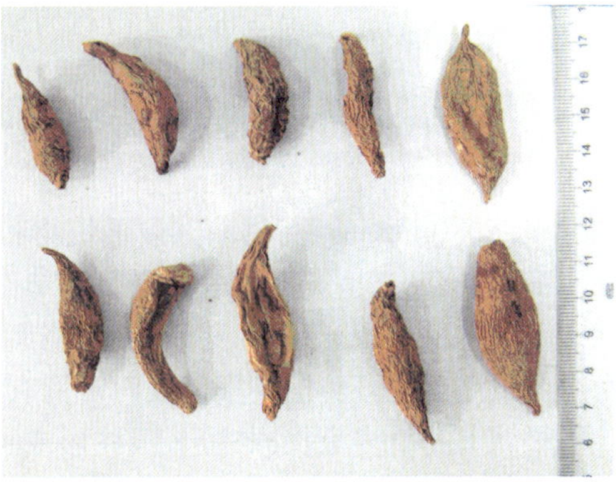

黄丝郁金

桂郁金

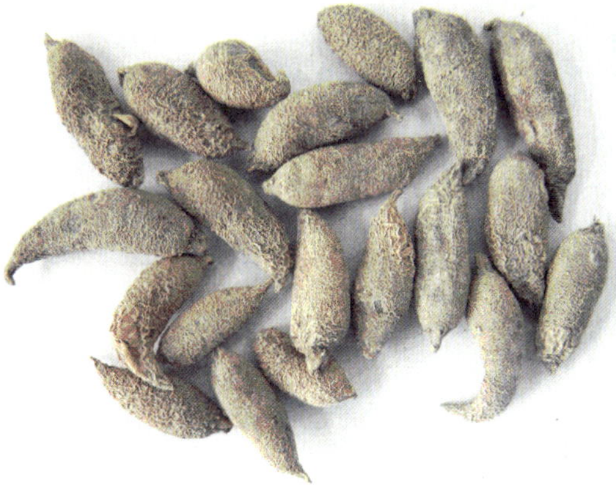

绿丝郁金

图 6-36　郁金

【规格等级】

1. 温郁金　一等品:纺锤形,稍扁。表面灰褐色,有皱纹。质坚实,断面角质状。略有姜气。每 1000g 280 粒以内。无须根、杂质、虫蛀、霉变。二等品:每 1000g 280 粒

笔记

以外，但直径不小于0.5cm。间有刀口、破碎。余同一等。

2. 黄丝郁金　一等品：类卵圆形。表面灰黄色或灰棕色，皮细，略现细皱纹。质坚实，断面角质状，有光泽，外层黄色，内心金黄色，有姜气。味辛香。每1000g 600粒以内。二等品：每1000g 600粒以外，直径不小于0.5cm。余同一等。

3. 桂郁金　统货。但直径不得小于0.6cm。

4. 绿丝郁金　统货。但直径不得小于0.5cm。

【主要化学成分】莪术醇（curcumol）、莪术二酮（curdione）等。

【质量要求】

1. 性状评价　以坚实、条匀、香气浓，油性大者为佳。

2. 薄层色谱　供试品色谱中，在与郁金对照药材相应的位置上，显相同颜色的主斑点或荧光斑点。

3. 水分，不得过15.0%。总灰分，不得过9.0%。

【贮藏养护】置干燥处，防虫蛀。

【附注】传统上，绿丝郁金又被称为绿白丝。

第二节　根茎类药材

根茎类（rhizoma）药材取自被子植物和蕨类植物地下茎的药材及其炮制品。

商品特征：根茎类药材表面有节与节间；节上常有退化的鳞片或膜质小叶；常有叶柄残基或叶柄痕；节上有幼芽或芽痕；侧面或下面常有不定根或根痕；顶端或上面常残存茎基或茎痕。蕨类植物根茎表面常留有叶柄残基以及鳞片或鳞毛。

根状茎药材多呈长圆柱形、圆柱形或圆锥形；块茎药材常呈长圆形、纺锤形或不规则形；球茎药材多呈球形或扁球形；鳞茎药材常呈类圆形而顶端略尖，鳞片扁平块状，一面凹入，一面凸出。蕨类植物根茎常呈扁平条状、圆锥形、圆柱形或不规则形。双子叶植物根茎药材有放射状结构，呈“菊花纹”，有形成层环纹，环外为皮部，环内为木部，中央有髓，可见“朱砂点”、“星点”；单子叶植物根茎药材无放射状结构，有内皮层环纹，环内外散有维管束小点，髓不明显。蕨类植物药材有的中央为木部，无髓；有的木部呈完整的环，中央有髓；有的断面有数个黄白色的分体中柱小点断续排列成环或散布。

黄连 Huanglian

Rhizoma Coptidis

【基原】毛茛科（Ranunculaceae）植物黄连 *Coptis chinensis* Franch. 栽培品的干燥根茎。药材称为“味连”。主产于重庆市石柱、城口、巫山、江津、巫溪、彭水，四川北川、彭县、洪雅、乐山，湖北利川、来凤、咸丰、宣恩、恩施，陕西平利、镇坪，湖南桑植，甘肃武都，贵州等地。

商品常以长江为界，分“北岸连”和“南岸连”。北岸连主产于长江北岸的川东、鄂西地区，如开县、巫溪、巫山、城口、房县、竹溪、巴东、秭归、镇平、平利等地。南岸连主产于川东鄂西长江以南的石柱、南川、武隆、黔江、彭水、江津、来凤、恩施、利川、建始、宣恩、咸丰、龙山、桑植等地。以重庆石柱和湖北利川为道地产地。

秋末初冬下雪前采收。一般栽培4～6年后采收，通常以第五年采收为好。挖起根茎后，除去地上部分及泥土（不能水洗），用柴火炕干，炕时应注意不能炕焦，炕至须脆、泥松时，趁热倒入竹笼中，撞去泥土、须根、粗皮及残余叶柄，簸净，为“毛连”。经分级、复炕，把黄连外表撞至光滑，筛去灰屑、碎渣，为“净连”。

【商品性状特征】多集聚成簇，常弯曲，形如“鸡爪”，单枝根茎长3～6cm，直径0.3～0.8cm。表面灰黄色或黄褐色，粗糙，有不规则结节状隆起、须根及须根痕，有的节间表面平滑如茎杆，习称“过桥”。上部多残留褐色鳞叶，顶端常有茎或叶柄残余。质硬，断面不整齐，皮部橙红色或暗棕色，木部鲜黄色或橙黄色，呈放射状排列，髓部有时中空。气微，味极苦。（图6-37）

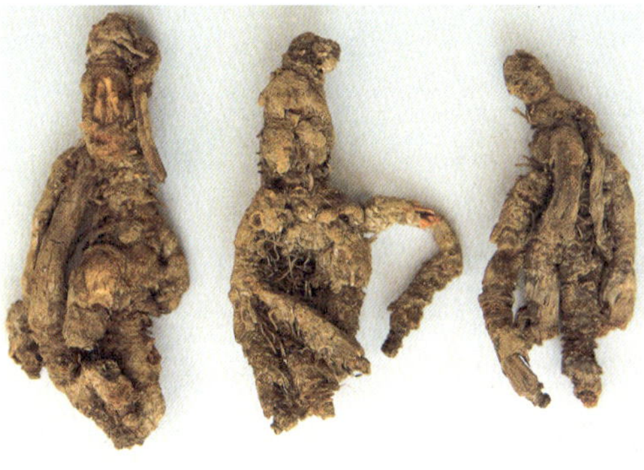

味连

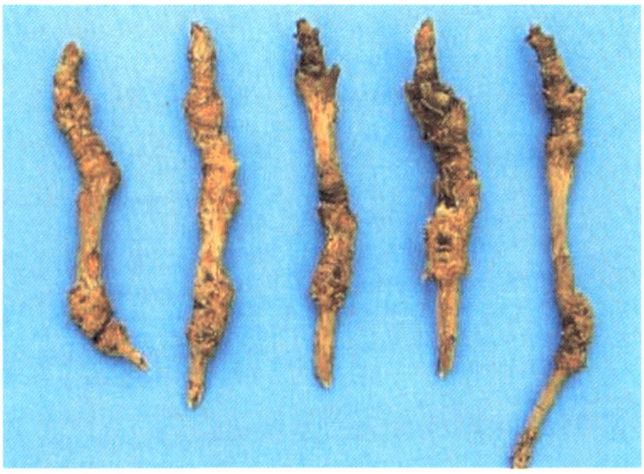

雅连

云连

图6-37　味连

【规格等级】一等：多聚集成簇，分枝多弯曲，形如鸡爪，少有单枝，肥壮坚实，间有过桥，长不超过2cm，表面黄褐色，无毛须。断面金黄色或黄色。味极苦。无不足1.5cm长的碎节、残茎。二等：条较瘦小，有过桥。间有碎节、碎渣、焦枯。余同一等。

南岸连：根茎短而瘦弱，分枝多，过桥长，毛多，质松，内色黄。

北岸连：根茎长而肥壮，分枝少，过桥短，质坚，皮细，毛少，外色黄，内色金黄。

【主要化学成分】小檗碱（berberine，又称黄连素）、黄连碱（coptisine）、甲基黄连碱（worenine）、巴马汀（palmatine，又名掌叶防己碱）等。

笔记

【质量要求】

1. 性状评价 以条粗长、连珠形、过桥短、质坚实、断面色红黄、味极苦者为佳。雅连以条粗壮、过桥短、形如蚕者为佳。云连以条细长、节多、须根少、色黄者为佳。

2. 荧光检查 根茎折断面在紫外光灯(365nm)下观察显金黄色荧光,木质部尤为显著。

3. 化学定性 取本品粉末或薄切片置载玻片上,加乙醇1~2滴及30%硝酸1滴,加盖玻片,放置片刻,镜检,有黄色针状或针簇状结晶析出,加热,结晶显红色并消失。

4. 薄层色谱 供试品色谱中,在与黄连对照药材色谱相应的位置上,显4个以上相同颜色的荧光斑点;与盐酸小檗碱对照品色谱相应的位置上,显相同颜色的荧光斑点。

5. 水分,不得过14.0%。总灰分,不得过5.0%。

6. 醇溶性浸出物含量 以稀乙醇作溶剂,用热浸法测定,不得少于15.0%。

7. 以盐酸小檗碱($C_{20}H_{17}ClNO_4$)计,含小檗碱($C_{20}H_{17}NO_4$)不得少于5.5%,表小檗碱($C_{20}H_{17}NO_4$)不得少于0.80%,黄连碱($C_{19}H_{13}NO_4$)不得少于1.6%,巴马汀($C_{21}H_{21}NO_4$)不得少于1.5%。

【贮藏养护】用麻袋或木箱包装,贮藏于干燥、通风处。酒黄连、姜黄连、萸黄连应密封,贮藏于阴凉、干燥处。

【附注】黄连是我国著名的常用药材,已经有2000余年的药用历史。商品全部来源于栽培,以味连为主流,雅连次之,云连很少,主要由重庆石柱和湖北利川提供。道地产区已有600余年的栽培历史。由于黄连对生态环境要求严格,技术性强,生长周期长,生产难度大,需要有计划的安排生产,才能使产销平衡。黄连在临床上应用广泛,又是多种中成药的重要原料和出口商品。

药典收载黄连的来源还有:三角叶黄连 *Coptis deltoidea* C. Y. Cheng et Hsiao、云连 *Coptis teeta* Wall. 的干燥根茎,药材称为"味连"、"雅连"、"云连"。但在目前市场上已极少见。

延胡索 Yanhusuo

Rhizoma Corydalis

【基原】罂粟科(Papaveraceae)植物延胡索 *Corydalis yanhusuo* W. T. Wang 栽培品的干燥块茎。

主产于浙江东阳、磐安,缙云、永康等地亦产。习称"浙元胡",为浙江著名的道地药材"浙八味"之一。陕西城固亦产。

栽培延胡索于5~6月植株枯萎时采挖块茎,除去地上部分及须根,搓掉浮皮,洗净;按大小分档,入沸水中煮3~6分钟,至块茎内部恰无白心时,捞起晒干或烘干。

【商品性状特征】呈不规则扁球形,直径0.5~1.5cm。表面黄色或黄褐色,有不规则网状皱纹。顶端有略凹陷的茎痕,底部常有疙瘩状凸起。质硬脆,断面黄色,角质样,有蜡样光泽。气微,味苦。(图6-38)

【规格等级】一等:呈不规则扁球形。表面黄棕色,多皱缩。质硬脆,断面黄褐色,有蜡样光泽。味苦微辛。每50g 45粒以内。无杂质、虫蛀、霉变。二等品:每50g

笔记

图 6-38　延胡索

45 粒以外，余同一等。

【主要化学成分】 紫堇碱（*d*-corydaline，延胡索甲素）、*dl*-四氢巴马汀（*dl*-tetrahydro pamatine，延胡索乙素）、*l*-四氢黄连碱（*l*-tetrahyaro coptisine）、原阿片碱（protopine，延胡索丙素）等。

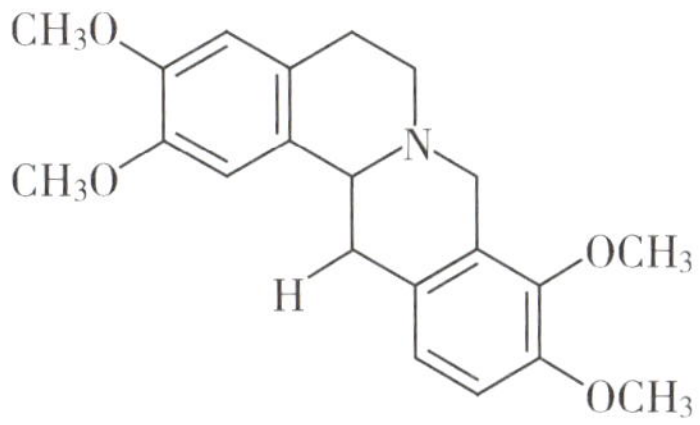

延胡索乙素

【质量要求】

1. 性状评价　以块茎粒大饱满、质坚皮细、内外色黄、味苦者为佳。

2. 薄层色谱　供试品色谱中，在与对照药材色谱和对照品色谱相应的位置上，显相同颜色的荧光斑点。

3. 水分，不得过 15.0%。总灰分，不得过 4.0%。

4. 醇溶性浸出物含量　以稀乙醇作溶剂，用热浸法测定，不得少于 13.0%。

5. 延胡索乙素（$C_{21}H_{25}NO_4$）含量　用高效液相色谱法测定，不得少于 0.050%。

【贮藏养护】本品富含淀粉，易虫蛀，应贮藏于阴凉、通风、干燥处，防蛀。

川芎 Chuanxiong

Rhizoma Chuanxiong

【基原】 伞形科（Umbelliferae）植物川芎 *Ligusticum chuanxiong* Hort. 栽培品的干燥根茎。

主产于四川都江堰、崇州、彭州、新都等地，为四川著名的道地药材之一。销全国并出口。

于栽培次年的 5 月下旬小满后 4～5 天采收，此时茎上的节盘显著膨大，并略带紫色。选择晴天采挖，除去茎叶及泥沙，在田间稍晾晒后，放入火炕及时烘干，每天上下翻动一次，至根茎干燥变硬，香气散发，起炕，放入竹制的撞笼内撞去须根及泥沙。

【商品性状特征】呈不规则结节状拳形团块。表面黄褐色，粗糙皱缩，有多数平行隆起的轮节，顶端有凹陷的茎痕，下面及轮节上有多数小瘤状根痕。质坚实。切面黄白色或灰黄色，散有黄棕色的油室，形成层环纹波状。气浓香，味苦、辛，稍有麻舌感，微回甜。（图 6-39）

图 6-39　川芎

【规格等级】一等品：呈结节状，质坚实。表面黄褐色。断面灰白色或黄白色。有特异香气，味苦辛、麻舌。每 1000g 44 个以内，单个重量不低于 20g。无空心。二等品：每 1000g 70 个以内。三等品：每 1000g 70 个以外；大个空心的也属此等。

【主要化学成分】川芎嗪（chuanxiongzine）、藁本内酯（ligustilide）、阿魏酸（ferulic acid）、欧当归内酯 A（levistilide A）等。

【质量要求】

1. 性状评价　以个大饱满、质坚实、断面色黄白、油性大、香气浓厚者为佳。

2. 化学定性　取川芎的水浸液加 1% 盐酸至酸性，取滤液 3 份，各加碘化铋钾、碘化汞钾或硅钨酸试剂，分别产生橘红色、白色或白色沉淀。

3. 薄层色谱　供试品色谱中，在与川芎对照药材色谱和欧当归内酯 A 对照品色谱相应的位置上，显相同颜色的斑点。

4. 水分，不得过 12.0%。总灰分，不得过 6.0%。酸不溶性灰分，不得过 2.0%。

5. 醇溶性浸出物含量　以乙醇作溶剂，用热浸法测定，不得少于 12.0%。

6. 阿魏酸（$C_{10}H_{10}O_4$）含量　用高效液相色谱法测定，不得少于 0.10%。

【贮藏养护】置干燥、通风处，避光。

【附注】川芎为《神农本草经》记载的常用药材。属于可以满足市场需求的商品。据相关资料统计，国内外年需求川芎药材量约 500 万千克。

白术 Baizhu

Rhizoma Atractylodis Macrocephalae

【基原】菊科（Compositae）植物白术 *Atractylodes mcrocephala* Koidz. 栽培品的干燥

笔记

根茎。

主产于浙江，安徽，江西、湖南、湖北、河北等地。以浙江产者质优，习称“浙白术”，为著名的“浙八味”之一，销全国各地并出口。

霜降至立冬茎叶转枯黄时，采挖2～3年生的根茎。采收前的7～8月间摘除花蕾。通常选晴天采挖，剪去茎叶，除去泥沙，烘干或晒干后，再除去须根。烘干者称“烘术”，晒干者称“生晒术”。

【商品性状特征】不规则肥厚团块。表面灰黄色或灰棕色，有瘤状突起及断续的纵皱纹、沟纹及须根痕，顶端残留茎基和芽痕。质坚硬，不易折断，断面不平坦，黄白色至淡棕色，散有棕黄色的油室；烘干者断面角质样，色较深或有裂隙。气清香，味甘、微辛，嚼之略带黏性。（图6-40）

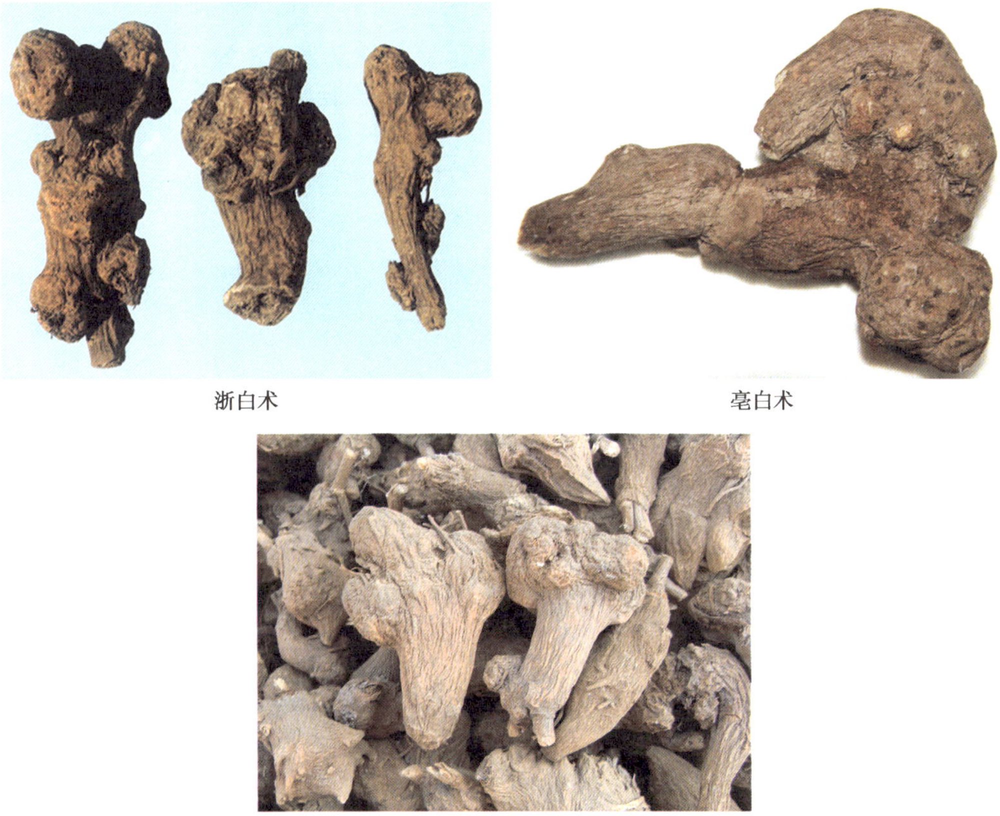
浙白术　亳白术　祁白术

图6-40　白术

【规格等级】一等品：呈不规则团块，形体完整。表面灰棕色或黄褐色。断面黄白色或灰白色。味甘、微辛苦。每1000g 40只以内。二等品：每1000g 100只以内。三等品：呈不规则团块状或长条形。每1000g 200只以内。四等品：体形不计，每1000g 200只。

【主要化学成分】挥发油，油中主要成分为苍术酮（atractylon）、苍术醇（atractylol）、白术内酯A（butenolide A）、白术内酯B（butenolide B）等。

笔记

【质量要求】

1. 性状评价 以个大、质坚实、断面色黄白、香气浓者为佳。

2. 薄层色谱 供试品色谱中，在与白术对照药材相应的位置上，显相同颜色的斑点，并应显有一桃红色主斑点（苍术酮）。

3. 水分，不得过15.0%。总灰分，不得过5.0%。二氧化硫残留量，不得过400mg/kg。

4. 色度检查 精密称取药材最粗粉1g，置有塞烧瓶中，加55%乙醇200ml，用稀盐酸调至pH 2~3，连续振摇1小时，滤过，吸取滤液10ml，置比色管中，与同量的对照液（取比色用三氯化铁溶液5ml，加比色用氯化钴溶液3ml与比色用硫酸铜溶液0.6ml，用水稀释至10ml制成）同置白纸上，自上面透视，显色不得更深。

5. 醇溶性浸出物含量 以60%乙醇作溶剂，用热浸法测定，不得少于35.0%。

【贮藏养护】置阴凉、干燥处，避光。

【附注】白术为《神农本草经》记载的常用药材。野生品以浙江于潜产者质量最佳，习称"于术"，为道地药材，目前已极为少见。商品全部来源于栽培，属于可以满足市场需求的商品。据相关资料统计，国内外年需求白术药材量约800万千克。

苍术 Cangzhu

Rhizoma Atractylodis

【基原】菊科（Compositae）植物茅苍术*Atractylodes lancea*（Thunb.）DC. 或北苍术*Atractylodes chinensis*（DC.）Koidz. 的干燥根茎。野生或栽培。前者习称"茅苍术"或"南苍术"，后者习称"北苍术"。

茅苍术主产于江苏，湖北，河南，安徽等地。北苍术主产于河北，山西，辽宁，内蒙古等地。

茅苍术于秋季采挖，除净泥土、残茎，晒干除净毛须，或晒至九成干后，用火燎掉毛须即可。北苍术于春、秋二季采挖，以秋后茎叶近枯萎至春季苗未出土前质量较好；采挖后除去茎叶及泥土，晒至四、五成干时装入筐内，撞掉须根；再晒至六、七成干，撞第二次，直至大部分老皮撞掉后，晒至足干时再撞第三次。

【商品性状特征】

1. 茅苍术 呈不规则连珠状或结节状圆柱形，略弯曲，偶有分枝。表面灰棕色，有皱纹、横曲纹及残留须根。质坚实，断面黄白色或灰白色，散有多数橙黄色或棕红色油室，习称"朱砂点"，暴露稍久，可析出白色细针状结晶，习称"起霜"，也称"吐脂"。气香特异，味微甜、辛、苦。（图6-41）

2. 北苍术 呈疙瘩状或结节状圆柱形。表面黑棕色，除去外皮者黄棕色。质较疏松，断面散有黄棕色油室。香气较淡，味辛、苦。（图6-41）

【规格等级】茅苍术、北苍术均为统货。同时要求，茅苍术中部直径0.8cm以上，北苍术1cm以上。

【主要化学成分】茅苍术：挥发油5%~9%，其中有茅术醇（hinesol）、β-桉油醇（β-eudesmol）、苍术素（atractylodin）、苍术醇（atractylol）等。北苍术：挥发油3%~5%，其中有茅术醇、β-桉油醇、苍术素、苍术醇、α-没药醇（α-bisabolol）等。

【质量要求】

1. 性状评价 以个大、色灰棕、质坚实、断面朱砂点多、香气浓者为佳。

笔记

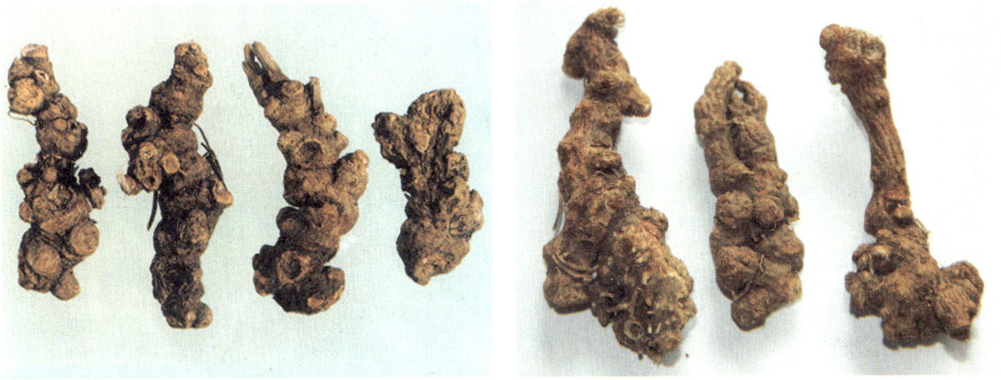

图6-41　苍术

2. 薄层色谱　供试品色谱中，在与苍术对照药材色谱和苍术素对照品色谱相应的位置上，显相同颜色的斑点。

3. 水分，不得过13.0%。总灰分，不得过7.0%。

4. 苍术素（$C_{13}H_{10}O$）含量，用高效液相色谱法测定，不得少于0.30%。

【贮藏养护】置阴凉、干燥处，避光。

【附注】苍术为《神农本草经》记载的常用药材。以野生的北苍术为商品主流，属于基本可以满足市场需求，但有缺口。据相关资料统计，国内外年需求苍术药材量约500万千克。

泽泻 Zexie

Rhizoma Alismatis

【基原】泽泻科（Alismataceae）植物泽泻 *Alisma orientale*（Sam.）Juzep. 的干燥块茎。主产于福建、四川、江西等地。

产于福建者习称建泽泻，产于四川者习称川泽泻。多为栽培。

冬季茎叶开始枯萎时采挖，洗净，干燥，除去须根和粗皮。

【商品性状特征】呈类球形、椭圆形或卵圆形，长2～7cm，直径2～6cm。表面淡黄色至淡黄棕色，有不规则的横向环状浅沟纹和多数细小突起的须根痕，底部有的有瘤状芽痕。质坚实，断面黄白色，粉性，有多数细孔。气微，味微苦。（图6-42）

【规格等级】

1. 建泽泻　一等品：呈椭圆形，撞净外皮及须根。表面黄白色，有细小突出的须根痕。质坚硬。断面浅黄白色，细腻有粉性。味微苦。每1000g 32个以内。无杂质、虫蛀、霉变。二等品：每1000g 56个以内。余同一等。三等品：每1000g 56个以外，最小直径不小于2.5cm。

2. 川泽泻　一等品：呈卵圆形，去净粗皮及须根，底部有瘤状小疙瘩。表面灰黄色。质坚硬。断面淡黄白色。味微苦，每1000g 50个以内。二等品：每1000g 50个，最小直径不小于2cm。余同一等。

【主要化学成分】泽泻醇（alisol）A、B、C，23-乙酰泽泻醇 B（23-*O*-Acetylalisol

笔记

川泽泻　　建泽泻

图 6-42　泽泻

B)等。

【质量要求】

1. 性状评价　以个大、色黄白、光滑,粉性足者为佳。

2. 薄层色谱　供试品色谱中,在与23-乙酰泽泻醇B对照品相应的位置上,显相同颜色的斑点。

3. 水分,不得过14.0%。总灰分,不得过5.0%。

4. 醇溶性浸出物含量　以乙醇作溶剂,用热浸法测定,不得少于10.0%。

5. 23-乙酰泽泻醇B($C_{32}H_{50}O_5$)含量　用高效液相色谱法测定,不得少于0.050%。

【贮藏养护】置干燥处,防蛀。

香附 Xiangfu

Rhizoma Cyperi

【基原】莎草科(Cyperaceae)植物莎草 *Cyperus rotundus* L. 的干燥根茎。

主产于山东、浙江、湖南等地。

秋季采挖,燎去毛须,置沸水中略煮或蒸透后晒干,或燎后直接晒干。

【商品性状特征】多呈纺锤形,有的略弯曲,长2~3.5cm,直径0.5~1cm。表面棕褐色或黑褐色,有纵皱纹,并有6~10个略隆起的环节,节上有未除净的棕色毛须和须根断痕;去净毛须者较光滑,环节不明显。质硬,经蒸煮者断面黄棕色或红棕色,角质样;生晒者断面色白而显粉性,内皮层环纹明显,中柱色较深,点状维管束散在。气香,味微苦。(图6-43)

【规格等级】统货。呈纺锤形,有的略弯曲。去净毛须。表面棕褐色、紫褐色。有光泽有纵皱纹,通常有数个隆起的环节及残留的根痕。质坚硬、粉足。断面淡褐色、灰白色或棕黄色。气芳香、味微苦。大小不分。

【主要化学成分】去氢木香内酯(dehydrocostuslactone)、木香烃内酯(costunolide)等。

笔记

图 6-43　香附

【质量要求】

1. 性状评价　以粒大，色紫褐，光润，质坚实，香气浓者为佳。

2. 薄层色谱　供试品色谱中，在与 α-香附酮对照品相应的位置上，显相同颜色的斑点。

3. 水分，不得过 13.0%。总灰分，不得过 4.0%。

4. 醇溶性浸出物含量　以稀乙醇作溶剂，用热浸法测定，不得少于 15.0%。

5. 挥发油含量　挥发油不得少于 1.0%（ml/g）。

【贮藏养护】置阴凉干燥处，防蛀。

半夏 Banxia

Rhizoma Pinelliae

【基原】天南星科（Araceae）植物半夏 *Pinellia ternate*（Thunb.）Breit. 的干燥块茎。

主产于四川、湖北、河南、安徽、贵州、山东等地。

夏、秋二季均可采挖。去掉茎叶，采用人工脱皮或机器脱皮法，脱皮后，用清水漂洗干净，暴晒至足干，即"生半夏"。在脱皮和冲洗时，要注意保护皮肤，以免中毒和半夏变色。

【商品性状特征】呈类球形，稍偏斜；表面白色或浅黄色，顶端有凹陷的茎痕，周围密布麻点状根痕；下面钝圆，较光滑。质坚实，断面洁白，富粉性。无臭，味辛辣，麻舌而刺喉。（图 6-44）

【规格等级】一等品：呈类球形半圆球形或偏斜，去净外皮。表面白色或浅黄白色，中心凹陷，周围有棕色点状根痕；下面钝圆，较平滑。质坚实。断面洁白或白色，粉质细腻。气微，味辛，麻舌而刺喉。每 1000g 800 粒以内。二等品：每 1000g 1200 粒以内。三等品：每 1000g 3000 粒以内。

【主要化学成分】β-谷甾醇-*d*-葡萄糖苷、高龙胆酸（homogentisic acid）及天门冬氨酸、精氨酸、β-氨基丁酸、γ-氨基丁酸等多种氨基酸。另含左旋盐酸麻黄碱、微量挥发油、原儿茶醛及半夏多糖等。

笔记

一等品

二等品

三等品

图6-44 半夏

【质量要求】

1. 性状评价 以色白、质坚实、粉性足者为佳。

2. 薄层色谱 供试品色谱中，在与精氨酸、缬氨酸、丙氨酸、亮氨酸对照品色谱和半夏对照药材色谱相应的位置上，显相同颜色的斑点。

3. 水分，不得过14.0%。总灰分，不得过4.0%。

4. 水溶性浸出物含量 用冷浸法测定，不得少于9.0%。

5. 总酸含量 以琥珀酸($C_4H_6O_4$)计，用滴定法测定，不得少于0.25%。挥发油含量挥发油不得少于1.0%(ml/g)。

【贮藏养护】置干燥、通风处，避光。

【附注】半夏为《神农本草经》记载的常用药材。野生品货源紧张不能满足市场需求，栽培品有发展的趋势。据相关资料统计，国内外年需求半夏药材量约600万千克。

川贝母 Chuanbeimu

Bulbus Fritiliariae Cirrhosae

【基原】百合科(Liliaceae)植物川贝母 *Fritillaria cirrhosa* D. Don、暗紫贝母 *Fritil-*

笔记

laria unibracteata Hsiao et K. C. Hsia、甘肃贝母 *Fritillaria przewalskii* Maxim. 或梭砂贝母 *Fritillaria delavayi* Franch. 的干燥鳞茎。野生。前三者按药材形状的不同分别习称"松贝"或"青贝",后者习称"炉贝"。

松贝和青贝来源的川贝母主产于四川石渠、德格,西藏、云南等地;暗紫贝母主产于四川阿坝自治州松潘、红原、若尔盖、阿坝等地;甘肃贝母主产于甘肃南部、青海东部和南部及四川等地。

炉贝来源的梭砂贝母主产于四川甘孜、德格、昌都、巴塘和云南西部。

夏、秋二季或积雪融化时采挖。因产地不同,采收期各异,青海通常 7 月采挖;四川、云南及甘肃约 5 月间采挖。挖出后,除去须根、粗皮及泥沙,晒干或低温干燥。

【商品性状特征】

1. 松贝　呈类圆锥形或近球形,高 3 ~ 8mm,直径 3 ~ 9mm。表面类白色。外层鳞叶 2 瓣,大小悬殊,大瓣紧抱小瓣,未抱部分呈新月形,习称"怀中抱月";顶部闭合,内有类圆柱形、顶端稍尖的心芽和小鳞叶 1 ~ 2 枚;先端钝圆或稍尖,基部平,微凹入,中心有 1 灰褐色的鳞茎盘,偶有残存须根。质硬脆,断面白色,富粉性。气微,味微苦。(图 6-45)

松贝

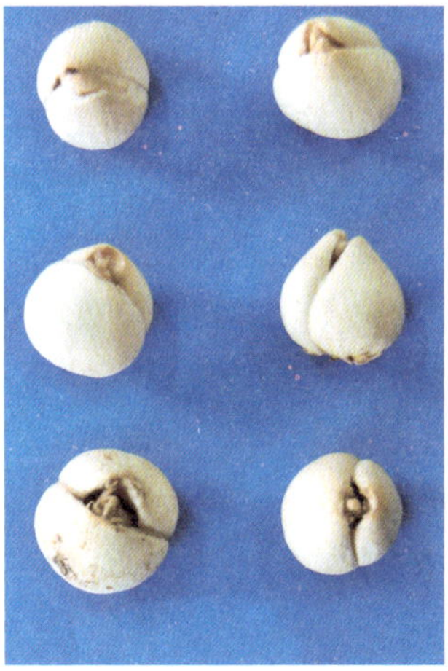
青贝

图 6-45　川贝母 1

2. 青贝　呈类扁球形,高 0. 4 ~ 1. 4cm,直径 0. 4 ~ 1. 6cm。外层鳞叶 2 瓣,大小相近,相对抱合,顶部开裂,内有心芽、小鳞叶及残茎。(图 6-45)

3. 炉贝　呈长圆锥形,高 0. 7 ~ 2. 5cm,直径 0. 5 ~ 2. 5cm。表面类白色或浅棕黄色,有的有棕色斑点。外层鳞叶 2 瓣,大小相近,顶部开裂而略尖,基部稍尖或较钝。(图 6-46)

【规格等级】

1. 松贝　一等品:呈类圆锥形或近球形。鳞瓣 2,大瓣紧抱小瓣,未抱部分呈新月形,顶部闭口,基部平。表面类白色。体结实,质细腻,断面粉白色。味甜微苦。每 50g 在 240 粒以外。二等品:顶端闭合或开口,基部平或近似平。每 50g 240 粒以内。

笔记

白炉贝

黄炉贝

图 6-46　川贝母 2

2. 青贝　一等品：呈扁球形或类圆形。外层两个鳞片大小相似。顶部闭口或微开口，基部较平。表面白色。细腻，体结实。断面粉白。味淡微苦。每 50g 190 粒以外。对开瓣不超过 20%。二等：顶端闭口或开口，每 50g 130 粒以外。对开瓣不超过 25%。花黄贝和花油贝不超过 5%。三等品：每 50g 100 粒以外。对开瓣不超过 30%。黄贝、油贝和碎贝不超过 5%。四等品：顶端闭合或开口较多。表面牙白色或黄白色。大小粒不分。兼有黄贝、油贝、碎贝。

3. 炉贝　一等品：呈长圆锥形，贝瓣略似马牙。表面白色。体结实。断面粉白色。味苦。大小粒不分。间有油贝、白色破瓣。二等品：表面黄白色或淡棕黄色，有的有棕色斑点。

【主要化学成分】甾体生物碱，主要有川贝碱（fritimine）、西贝母碱（sipeimine）、贝母素乙（peiminine）等。

【质量要求】

1. 性状评价　以质坚实、粉性足、色白者为佳。通常认为松贝最优，青贝次之。

2. 薄层色谱　供试品色谱中，在与贝母素乙对照品色谱和半夏对照药材色谱相应的位置上，显相同颜色的斑点。

3. 水分，不得过 15.0%。总灰分，不得过 5.0%。

4. 醇溶性浸出物含量　以稀乙醇作溶剂，用热浸法测定，不得少于 9.0%。

5. 总生物碱含量　以西贝母碱（$C_{27}H_{43}NO_3$）计，用分光光度法测定，不得少于 0.050%。

【贮藏养护】置干燥、通风处，避光、密封。

【附注】

1. 川贝母为《神农本草经》记载的常用药材。野生品为川贝母商品的主流来源，属于不能满足市场需求的商品。据相关资料统计，国内外年需求川贝母药材量约 100 万千克。

2. 药典收载的川贝母的来源植物还包括太白贝母 *Fritillaria taipaiensis* P. Y. Li、瓦布贝母 *Fritillaria unibracteata* Hsiao et K. C. Hsis var. *wabuensis*（S. Y. Tang et S. C. Yue）

Z. D. Liu, S. Wang et S. C. Chen。(图 6-47)

瓦布贝母

太白贝母

图 6-47 川贝母新品种

浙贝母 Zhebeimu

Bulbus Fritiliariae Thunbergii

【基原】 百合科(Liliaceae)植物浙贝母 *Fritillaria thunbergii* Miq. 栽培品的干燥鳞茎。

主产于浙江宁波鄞州区、金华磐安等地;浙江东阳、余姚、杭州,江苏海门、南通,安徽广德、宁国等地也产。

初夏植株枯萎时采挖,除去地上部分,洗净。大小分开,大者除去心芽,习称"大贝"(元宝贝);小者不去心芽,习称"珠贝"。分别撞擦,除去外皮,拌以煅过的贝壳粉,吸去擦出的浆汁,干燥。或者,取鳞茎洗净,除去芯芽,趁鲜切成厚片,洗净,干燥,习称"浙贝片"。

【商品性状特征】

1. 大贝 略呈新月形,高 1 ~ 2cm,直径 2 ~ 3.5cm。外表面类白色至淡黄色,内表面白色或淡棕色,被白色粉末。质硬脆,断面白色至黄白色,富粉性。气微,味微苦。(图 6-48)

2. 珠贝 呈扁球形,高 1 ~ 1.5cm,直径 1 ~ 2.5cm。表面类白色,外层鳞叶 2 瓣,肥厚,略肾形,互相抱合,内有小鳞叶 2 ~ 3 枚及干缩的残茎。(图 6-48)

【规格等级】 大贝、珠贝、浙贝片均为统货。

【主要化学成分】 含甾醇类生物碱,主要为贝母素甲(peimine)、贝母素乙(peiminine)、贝母新碱(peimisine)等。

【质量要求】

1. 性状评价 以鳞叶肥厚、质坚实、粉性足、断面色白者为佳。

2. 薄层色谱 供试品色谱中,在与贝母素甲对照品和贝母素乙对照品色谱相应的位置上,显相同颜色的斑点。

3. 水分,不得过 18.0%。总灰分,不得过 6.0%。

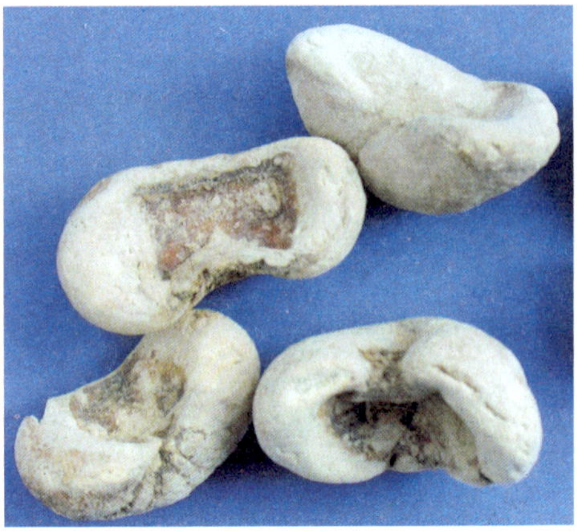

大贝

珠贝

图6-48　浙贝母

4. 醇溶性浸出物含量　以稀乙醇作溶剂，用热浸法测定，不得少于8.0%。

5. 贝母素甲($C_{27}H_{45}NO_3$)和贝母素乙($C_{27}H_{43}NO_3$)的总含量　用高效液相测谱法测定，不得少于0.080%。

【贮藏养护】置干燥、通风处，避光、防蛀。

【附注】浙贝母为《本草纲目拾遗》记载的常用药材。商品来源于栽培，属于可以满足市场需求的商品。据相关资料统计，国内外年需求浙贝母药材量约100万千克。

知母 Zhimu

Rhizoma Anemarrhenae

【基原】百合科(Liliaceae)植物知母*Anemarrhena asphodeloides* Bge. 的干燥根茎。

主产于河北、山西、内蒙古、陕西等地。

春、秋二季采挖，除去须根和泥沙，晒干，习称"毛知母"；或除去外皮，晒干，习称"知母肉"(光知母)。

【商品性状特征】呈长条状，微弯曲，略扁，偶有分枝，长3～15cm，直径0.8～1.5cm，一端有浅黄色的茎叶残痕(俗称金包头)。表面黄棕色至棕色，上面有一凹沟，有紧密排列的环状节，节上密生黄棕色毛(残存叶基)，由两侧向根茎上方生长；下面隆起而略皱缩，并有凹陷或突起的点状根痕。质坚实而柔润，易折断，断面黄白色，略显颗粒状。气微，味微甜、略苦，嚼之带黏性。(图6-49)

【规格等级】毛知母、知母肉均为统货。同时要求，毛知母长6cm以上，知母肉扁宽0.5cm以上。

【主要化学成分】芒果苷(mangiferin)、知母皂苷BⅡ(timosaponin B-Ⅱ)等。

【质量要求】

1. 性状评价　以坚实、条匀、香气浓，油性大者为佳。

2. 薄层色谱　供试品色谱中，在与芒果苷、知母皂苷BⅡ对照品相应的位置上，显相同颜色的斑点。

3. 水分，不得过12.0%。总灰分，不得过9.0%。酸不溶性灰分，不得过4.0%。

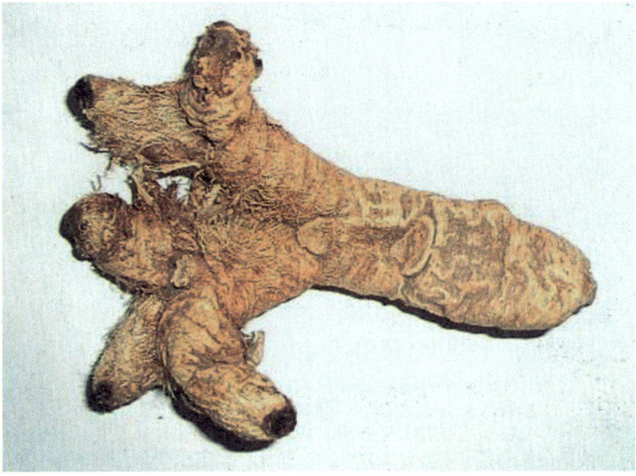

图 6-49　知母

4. 芒果苷、知母皂苷 BⅡ的含量　用高效液相色谱法测定，芒果苷（$C_{19}H_{18}O_{11}$）不得少于 0.70%，知母皂苷 BⅡ（$C_{45}H_{76}O_{19}$）不得少于 3.0%。

【贮藏养护】置通风干燥处，防潮。

山药 Shanyao

Rhizoma Dioscoreae

【基原】薯蓣科（Dioscoreaceae）植物薯蓣 *Dioscorea opposita* Thunb. 栽培品的干燥根茎。主产于河南。湖南、江西、广东、广西等地亦有栽培。

冬季茎叶枯萎后采挖，切去根头，洗净，除去外皮和须根，干燥，习称“毛山药片”；或除去外皮，趁鲜切厚片，干燥，称为“山药片”；也有选择肥大顺直的干燥山药，置清水中，浸至无干心，闷透，切齐两端，用木板搓成圆柱状，晒干，打光，习称“光山药”。

【商品性状特征】

1. 毛山药　略呈圆柱形，弯曲而稍扁，直径 1.5～6cm。表面黄白色或淡黄色，有纵沟、纵皱纹及须根痕，偶有浅棕色外皮残留。体重，质坚实，不易折断，断面白色，粉性。气微，味淡、微酸，嚼之发黏。

2. 山药片　为不规则的厚片，皱缩不平，切面白色或黄白色，质坚脆，粉性。气微，味淡、微酸。

3. 光山药　呈圆柱形，两端平齐，直径 0.8～3cm。表面光滑，白色或黄白色。（图 6-50）

【规格等级】

1. 光山药　一等品：呈圆柱形，条均挺直，光滑圆润，两头平齐。内外均匀为白色。质坚实，粉性足。味淡。长 15cm 以上，直径 2.3cm 以上。无裂痕、空心、炸头、杂质、虫蛀、霉变。二等品：长 13cm 以上，直径 1.7cm 以上。余同一等。三等品：长 10cm 以上，直径 1cm 以上。余同一等。四等品：直径 0.8cm 以上，长短不分，间有碎块。

2. 毛山药　一等品：干货。呈长条形，弯曲稍扁，有顺皱纹或周沟，去净外皮。内外均为白色或黄白色，有粉性。味淡。长 15cm 以上，中部围粗 10cm 以上。无破裂、

笔记

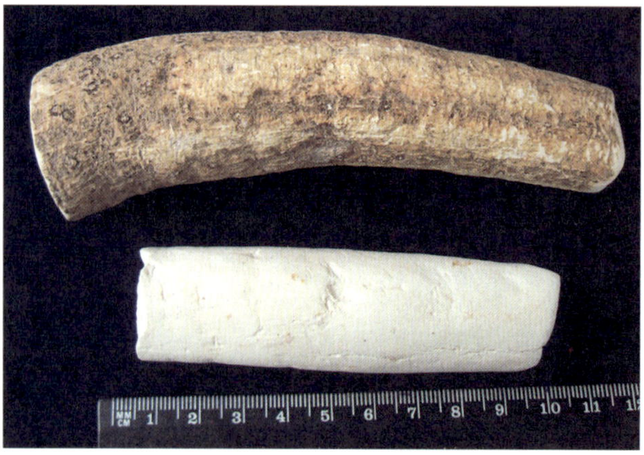

图6-50 山药

空心、黄筋、杂质、虫蛀、霉变。二等品：长10cm以上，中部围粗6cm以上。余同一等。三等品：中部围粗3cm以上。间有碎块。

3. 山药片 统货。

【主要化学成分】淀粉、多糖、蛋白质、薯蓣皂苷(Dioscin)等。

【质量要求】

1. 性状评价 以坚实、条匀、香气浓，油性大者为佳。

2. 薄层色谱 供试品色谱中，在与山药对照药材相应的位置上，显相同颜色的斑点。

3. 水分，毛山药和光山药不得过16.0%，山药片不得过12.0%。总灰分，毛山药和光山药不得过4.0%，山药片不得过5.0%。二氧化硫残留量，毛山药和光山药不得过400mg/kg，山药片不得过10mg/kg。

4. 水溶性浸出物含量 用冷浸法测定，毛山药和光山药不得少于7.0%，山药片不得少于10.0%。

【贮藏养护】置阴凉干燥处，防潮。

天麻 Tianma

Rhizoma Gastrodiae

【基原】兰科(Orchidaceae)植物天麻*Gastrodia elata* Bl. 的干燥块茎。

野生品主产于贵州大方、赫章、务川、德江、桐梓，云南昭通、彝良，四川叙永、古蔺以及湖北、陕西等地。于立冬后至次年清明前，选择晴天挖取块茎，洗净，刮去外皮或用谷壳搓去表面的鳞片和粗皮，蒸透心，置通风处摊开晾透，再晒或低温烘干。冬季至翌年发芽前采收者，习称“冬麻”；春季发芽后采收者，习称“春麻”。

栽培品主产于陕西商洛、汉中、安康，湖北宜昌、房县，安徽金寨、岳西，湖南靖州，河南商城、西峡等地。通常于栽培后一年的11月上旬至次年3月前采收。采收时，将商品麻与种子麻分开，种子麻当天采当天种。商品麻洗净，搓去外皮，大小分档，蒸10~30分钟至透心，取出摊晾，低温烘炕，经常翻动，如有气泡，用竹针放气。干到六七成时，用木板压扁，再烘烤至全干。

笔记

【商品性状特征】呈椭圆形，略压扁，长3～15cm，宽1.5～6cm，厚0.5～2cm。表面黄白色至淡黄棕色，有纵皱纹及多轮由点状痕排成的横环纹。顶端有红棕色芽苞（习称“鹦哥嘴”）或残留茎基；另一端有圆脐形疤痕（习称“肚脐眼”）。质坚硬，不易折断，断面黄白色，较平坦，角质样。气特异，味甜。（图6-51）

冬麻　　春麻　　野生品

图6-51　天麻

1. 野生品　呈扁椭圆形，大小不等。表面纵皱褶纹（习称“姜皮”）明显。

冬麻：皱纹较细，饱满。一端有鹦哥嘴或较长的芽（习称“红小辫”）。表面淡黄棕色或灰黄色。体重，质坚实。

春麻：皱纹粗大，常残留茎基。表面灰褐色，外皮多未除净。体较轻，易折断，断面常中空。

2. 栽培品　呈扁椭圆形或长条形，大小较均匀。表面黄白色，半透明。质较细嫩。

【规格等级】一等品：扁长椭圆形，去净外皮。表面黄白色，顶端留有芽苞或茎基。断面角质样，牙白色。每1000g 26支以内。二等品：每1000g 46支以内。三等品：断面牙白色或棕黄色，稍有空心。每1000g 90支以内。四等品：每1000g 90支以外。

【主要化学成分】天麻素（gastrodin），即对羟甲基苯-β-*d*-吡喃葡萄糖苷（p-hydroxymethylphenyl-β-*d*-glucopyranoside），亦称天麻苷。另含天麻醚苷（gastrodioside）、对-羟基苯甲醛（*p*-hydroxybenzaldehyde）、对-羟基苯甲醇（p-hydroxybenzyl alcohol）、天麻多糖等。

【质量要求】

1. 性状评价　以个大、色黄白、质坚实沉重、有鹦哥嘴、断面明亮、气浓者为佳。

2. 化学定性　10%水浸出液（浸渍4小时）滤液加碘试液2～4滴，显紫红色至酒红色。

3. 薄层色谱　供试品色谱中，在与天麻对照药材色谱、天麻素对照品和对羟基苯甲醇对照品色谱相应的位置上，显相同颜色的斑点。

4. 水分，不得过15.0%。总灰分，不得过4.5%。二氧化硫残留量，不得过

400mg/kg。

5. 醇溶性浸出物含量　以稀乙醇作溶剂，用热浸法测定，不得少于15.0%。

6. 天麻素($C_{13}H_{18}O_7$)和对羟基苯甲醇($C_7H_8O_2$)的总含量　用高效液相色谱法测定，不得少于0.25%。

【贮藏养护】置干燥、通风处，避光、防蛀。不宜久贮。

【附注】天麻为《神农本草经》记载的常用药材。栽培品是目前天麻商品的主流，属于可以满足市场需求的商品。据相关资料统计，国内外年需求天麻药材量约180万千克。

第三节　根及根茎类药材

根及根茎(radix et rhizoma)类药材是以根和根茎为入药部位的药材及其炮制品。有的根与根茎外形及大小相似，如甘草；有的根与根茎差异显著，如藁本；有的是须根集生于根茎上，如茜草、龙胆等。

细辛 Xixin

Radix et Rhizoma Asari

【基原】马兜铃科(Aristolochiaceae)植物北细辛*Asarum heterotropoides* Fr. Schmeidt var. *mandshuricum*(Maxim.) Kitag. 栽培品的干燥根及根茎。习称为"辽细辛"。北细辛主产于辽宁、吉林、黑龙江等地。为东北地区的道地药材。

6~7月间连根挖取，除尽泥土，每十数棵捆成一把，置阴凉通风处阴干，不宜日晒及水洗，以免挥发性成分降低而影响疗效。

【商品性状特征】常卷曲成团。根茎呈不规则圆柱形，有短分枝，长1~10cm，直径0.1~0.4cm；表面灰棕色，粗糙，环节明显，下部的节间较短，上部的节间较长；根细长，密生在根茎节上，长6~20cm，直径约0.1cm；表面灰黄色，常有微细的纵皱纹，有须根及须根痕，质脆，易折断，断面黄白色。气辛香，味辛辣，麻舌。(图6-52)

图6-52　细辛

栽培品的根茎多分枝，长5~15cm，直径0.2~0.6cm。根长15~40cm，直径

0.1～0.2cm，须根较少。

【规格等级】商品分为野生和栽培2种规格。均为统货。

【主要化学成分】含挥发油，油中主要成分为甲基丁香酚（methyleugenol）、黄樟醚（safrole）、细辛醚（asaricin）、榄香素（elemicine）等。除挥发油外，还含细辛脂素（asarinin）等。

【质量要求】

1. 性状评价　以根多、色灰、香气浓、味麻辣者为佳。

2. 薄层色谱　供试品色谱中，在与细辛对照药材色谱和细辛脂素对照品色谱相应的位置上，显相同颜色的斑点。

3. 水分，不得过10.0%。总灰分，不得过12.0%。酸不溶性灰分，不得过5.0%。

4. 马兜铃酸（$C_{17}H_{11}NO_7$）限量　用高效液相色谱法测定，不得过0.001%。

5. 醇溶性浸出物含量　以乙醇作溶剂，用热浸法测定，不得少于9.0%。

6. 挥发油含量　不得少于2.0%（ml/g）。

7. 细辛脂素（$C_{20}H_{18}NO_6$）含量　用高效液相色谱法测定，不得少于0.050%。

【贮藏养护】置阴凉干燥处，防潮。

【附注】药典收载细辛的来源还有：汉城细辛 *Asarum sieboldii* Miq. var. *seoulense* Nakai、华细辛 *Asarum sieboldii* Miq. 的干燥根及根茎。但在目前市场上已极少见。

大黄 Dahuang

Radix et Rhizoma Rhei

【基原】蓼科（Polygonaceae）植物掌叶大黄 *Rheum palmatum* L.、唐古特大黄 *Rheum tanguticum* Maxim. et Balf. 和药用大黄 *Rheum officinale* Baill. 的干燥根茎及根。前二种药材统称"西大黄"或"北大黄"；其中掌叶大黄，为商品的主流来源；后一种药材统称"南大黄"。

掌叶大黄主产于甘肃礼县、宕昌、岷县、文县、武威，青海同仁、同德、贵德，四川阿坝与甘孜州，云南西北部，陕西陇县、凤翔等地；唐古特大黄主产于青海与甘肃祁连山北麓，西藏东北部及四川西北部。南大黄多为栽培，主产于四川北部、东部及南部盆地边缘，河南西部，湖北西部，陕西南部，贵州北部、西部及云南西北部；野生品主产于四川西部、德格及云南，习称"雅黄"。

4～5月植物未发芽前或9～11月植株枯萎时采挖。栽培品栽培均3年以上采挖。除去泥土，切去顶芽及细根，刮去外皮（忌用铁器），按药材规格要求加工后，晒干、阴干或烘干。出口商品须除去外皮，或置于竹笼中撞光。西大黄药材常加工成蛋吉、蛋片吉、苏吉和水根等规格。

【商品性状特征】形状因加工规格而异。去栓皮者表面黄棕色至红棕色，有棕红和灰白相间的网状纹理（锦纹）；未去栓皮者表面棕褐色，有横皱纹及纵沟。质坚实。断面淡红棕色或黄棕色，颗粒性；根茎中心部有星点环列或散在；根有放射状纹理和环纹。气清香，味苦而微涩，嚼之粘牙，有砂粒感。（图6-53）

【规格等级】

1. 西大黄

（1）蛋吉：均为根茎，无粗皮，呈卵圆形。

笔记

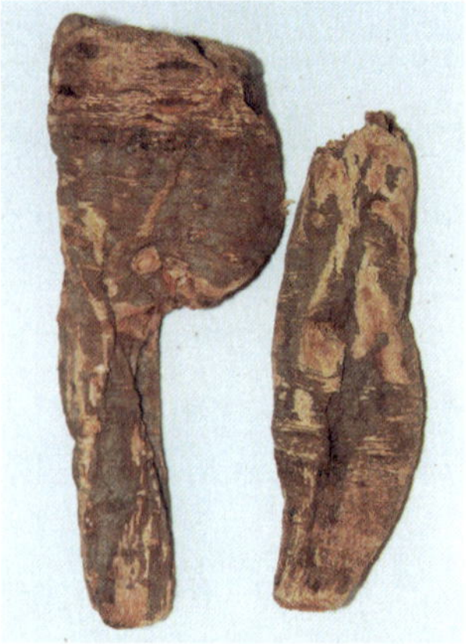
西大黄

南大黄

图 6-53　大黄

（2）蛋片吉：为纵切成瓣的半圆形块。一面微凸，另一面较平坦，直径 8～15cm。一等品：断面淡红棕色或黄棕色，有放射状纹理及明显环纹，红肉白筋，根茎的星点环列或散在。每 1000g 8 个以内，糠心不超过 15%。二等品：每 1000g 12 个以内。三等：每 1000g 18 个以内。

（3）苏吉：根茎及根。为横切的段，呈不规则圆柱形，长 4～10cm，直径 3～8cm。一等品：为根茎，每 1000g 20 个以内，糠心不超过 15%。二等品：根及根茎，每 1000g 30 个以内。三等品：每 1000g 40 个以内。

（4）水根：主根尾部及支根。呈长圆锥形或长条形。表面棕色或黄褐色，间有未除尽的栓皮。长短不限，间有闷茬，小头直径不小于 1.3cm。统货。

（5）原大黄：纵切或横切成瓣、段，块片大小不分。表面黄褐色。断面有放射状纹理及环纹。髓部有星点散在。中部直径在 2cm 以上，糠心不超过 15%。统货。

2. 南大黄　呈类圆柱形，一端稍大，形如马蹄，长 5～15cm，直径 3～10cm。表面黄褐色或黄棕色，有少量棕色纹理。质较疏松，易折断，断面黄褐色，多孔隙，星点断续排列成环。

一等品：表面黄褐色，体较结实。长 7cm 以上，直径 5cm 以上。无枯糠、糊黑、水根。二等品：大小不分，间有水根。最小头直径不低于 1.2cm。

3. 雅黄　一等品：呈不规则的块状，形似马蹄，无粗皮。表面黄色或黄褐色，体重质坚。断面黄色或棕褐色。气微香，味苦。每个 150～250g。无枯糠、焦黑、水根。二等品：体较轻泡，质松。每个 100～200g。三等品：未去粗皮，苦味较淡。大小不分，间有直径 3.5cm 以上的根黄。

【主要化学成分】蒽醌类：大黄酸（rhein），大黄素（emodin），大黄酚（chrysophanol），芦荟大黄素（aloe emodin），大黄素甲醚（physcion），番泻苷 A、B、C、D、E、F（sennoside A，B，C，D，E，F），大黄苷（rheinoside）A、B、C、D 等。

【质量要求】

1. 性状评价　以个大、表面色黄棕、体重、质坚实、有油性、锦纹及星点明显、气清香、味苦而不涩、嚼之发黏、无糠心者为佳。

笔记

2. 荧光检查　取生品断面或粉末的稀乙醇浸液滴于滤纸上，在紫外灯下显棕至棕红色荧光，不得显亮蓝紫色荧光。

3. 微量升华　取生品粉末进行微量升华，得黄色菱状针晶或羽毛状结晶。加碱液，结晶溶解并显红色。

4. 化学定性　取生大黄片或粉末，加碱液呈红色。

5. 薄层色谱　供试品色谱中，在与大黄对照药材色谱相应的位置上，显相同的五个橙黄色荧光主斑点；在与大黄酸对照品色谱相应的位置上，显相同的橙黄色荧光斑点，置氨蒸气中熏后，斑点变为红色。

6. 土大黄苷　用薄层色谱法试验。供试品色谱中，在与土大黄苷对照品色谱相应的位置上，不得显相同的亮蓝色荧光斑点。

7. 总灰分，不得过 10.0%。

8. 水溶性浸出物含量　用热浸法测定，不得少于 25.0%。

9. 总蒽醌含量　用高效液相色谱法测定，以芦荟大黄素（$C_{15}H_{10}O_5$）、大黄酸（$C_{15}H_8O_6$）、大黄素（$C_{15}H_{10}O_5$）、大黄酚（$C_{15}H_{10}O_4$）和大黄素甲醚（$C_{16}H_{12}O_5$）的总量计，不得少于 1.5%。

10. 游离蒽醌含量　用高效液相色谱法测定，以芦荟大黄素（$C_{15}H_{10}O_5$）、大黄酸（$C_{15}H_8O_6$）、大黄素（$C_{15}H_{10}O_5$）、大黄酚（$C_{15}H_{10}O_4$）和大黄素甲醚（$C_{16}H_{12}O_5$）的总量计，不得少于 0.20%。

【贮藏养护】置干燥、通风处，避光，防蛀。

【附注】大黄为《神农本草经》记载的常用药材。掌叶大黄的根茎是大黄的主流来源，属于可以满足市场需求的商品。据相关资料统计，国内外年需求大黄药材量约 800 万千克。

甘草 Gancao

Radix et Rhizoma Glycyrrhizae

【基原】豆科（Leguminosae）植物甘草 *Glycyrrhiza uralensis* Fisch.、胀果甘草 *Glycyrrhiza inflata* Bat. 或光果甘草 *Glycyrrhiza glabra* L. 的干燥根及根茎。

甘草主产于内蒙古，以伊克昭盟杭锦旗所产者品质最优，习称“内蒙甘草”，视为道地药材。胀果甘草主产于新疆、陕北三边及甘肃河西走廊，习称“新疆甘草”或“西北甘草”；光果甘草主产于新疆，且欧洲有产，习称“欧甘草”或“洋甘草”。

春、秋二季采挖，除去须根及茎基，切成适当长度的段，晒干。亦有把外皮削除，切成长段晒干者，习称“粉甘草”；扎成把者称为“把甘草”。

【商品性状特征】

1. 内蒙甘草　根呈圆柱形，不分枝，长 25~100cm，直径 0.6~3.5cm，外皮松紧不等。表面红棕色或灰棕色，有明显的纵皱纹、沟纹及稀疏的细根痕。质坚实，断面略呈纤维性，黄白色，粉性，形成层环明显，有放射状花纹与裂隙，形成菊花心。气微，味甜而特殊。根茎呈圆柱；表面有芽痕，断面中央有髓。（图 6-54）

2. 新疆甘草　根及根茎木质粗壮，有的分枝。表面灰棕色或灰褐色，粗糙。质坚硬，木质纤维多，粉性小。根茎不定芽多而粗大。（图 6-54）

3. 欧甘草　根及根茎质地较坚实，有的分枝。表面灰棕色，较平滑，皮孔细而不

笔记

内蒙甘草

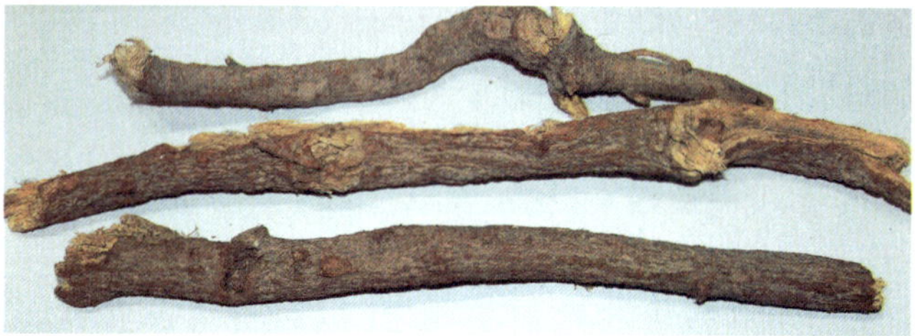

新疆甘草

欧甘草

图6-54 甘草

明显。(图6-54)

【规格等级】商品分西草和东草2个品别。西草指内蒙西部及陕西、甘肃、青海等地所产皮细、色红、粉足的优质草。东草指内蒙东部及东北、河北、山西等地所产。新疆草中质优的按西草论等级,质次的为原料草。

1. 西草

(1) 大草:统货。呈圆柱形。表面红棕色、棕黄色或灰棕色,皮细紧,有纵纹。斩去头尾,切口整齐。质坚实,体重。断面黄白色,粉性足。味甜。长25~50cm,顶端直径2.5~4cm,黑心草不超过总重量的5%。无须根、杂质、虫蛀、霉变。

(2) 条草:一等:呈圆柱形,单枝顺直。表面红棕色、棕黄色或灰棕色。皮细紧,有纵纹。斩去头尾,切口整齐。质坚实,体重。断面黄白色,粉性足。味甜。长25~50cm,顶端直径1.5cm以上。间有黑心。无须根、杂质、虫蛀、霉变。二等:长25~50cm,顶端直径1cm以上。余同一等。三等:顶端直径0.7cm以上。余同一等。

(3) 毛草:统货。呈圆柱形弯曲的小草,去净残茎,不分长短。表面红棕色、棕黄色或灰棕色。断面黄白色。味甜。顶端直径0.5cm以上。无须根、杂质、虫蛀、霉变。

(4) 草节:一等:圆柱形。单枝条。长6cm以上,顶端直径1.5cm以上。无须根、

笔记

疙瘩头、杂质、虫蛀、霉变。二等:顶端直径7mm以上,余同一等。

(5)疙瘩头:统货。系加工条草砍下之根头,呈疙瘩头状。去净残茎及须根。大小长短不分,间有黑心。无杂质、虫蛀、霉变。

2. 东草

(1)条草:一等:呈圆柱形,上粗下细。表面紫红或灰褐色,皮粗糙。不斩头尾。质松体轻。断面黄白色,有粉性。味甜。长60cm以上,芦下3cm处直径1.5cm以上。间有5%的20cm以上草头。无杂质、虫蛀、霉变。二等:长50cm以上,芦下3cm处直径1cm以上,间有5%的20cm以上草头。无杂质、虫蛀、霉变。余同一等。三等:间有弯曲分叉的细根。长40cm以上,芦下3cm处直径0.5cm以上。无细小须子。

(2)毛草:统货。圆柱形弯曲的小草,去净残茎,间有疙瘩头。表面紫红色或灰褐色。质松体轻。断面黄白色。味甜。不分长短,芦下直径0.5cm以上。无杂质、虫蛀、霉变。

3. 新疆草

(1)新疆条草:分3等及统货。标准要求同西草,唯表面灰棕色,多粗糙。体轻,质松脆。断面黄色,纤维重,粉性小。味甜微苦。

(2)新疆原料草:粗加工品或多来源的混合草。根条粗细长短不一。表面灰棕色或灰褐色,粗糙。体轻,质松脆。断面黄色,纤维重,粉性小。味微甜。等级以草节、毛草、疙瘩头为主,多为磨粉、熬膏的原料草。

【主要化学成分】甘草甜素(glycyrrhizin),以及甘草苷(liquiritin)、异甘草苷(isoliquiritin)、新甘草苷(neoliquiritin)等黄酮类化合物。

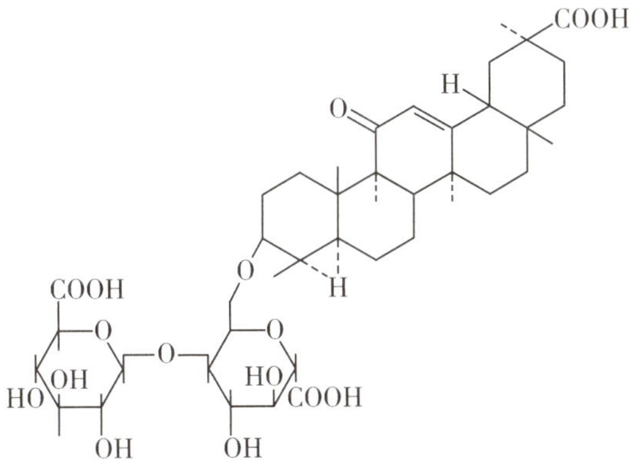

甘草酸(glycyrrhizic acid)

【质量要求】

1. 性状评价　以外皮细紧、色红棕、质坚体重、断面黄白色、粉性足、味甜者为佳。

2. 薄层色谱　供试品色谱中,在与甘草对照药材色谱相应的位置上,显相同颜色的荧光斑点;在与甘草酸单铵盐对照品色谱相应的位置上,显相同的橙黄色荧光斑点。

3. 水分,不得过12.0%。总灰分,不得过7.0%。酸不溶性灰分,不得过2.0%。

4. 重金属及有害元素限量　铅不得过5mg/kg;镉不得过0.3mg/kg;砷不得过2mg/kg;汞不得过0.2mg/kg;铜不得过20mg/kg。

5. 有机氯农药残留量　六六六(总BHC)不得过0.2mg/kg。滴滴涕(总DDT)不得过0.2mg/kg。五氯硝基苯(PCNB)不得过0.1mg/kg。

笔记

6. 甘草酸($C_{42}H_{62}O_{16}$)、甘草苷($C_{21}H_{22}O_9$)含量 用高效液相色谱法测定,甘草酸不得少于2.0%,甘草苷不得少于0.50%。

【贮藏养护】药材多打捆或用麻布捆扎。本品含大量淀粉以及甜味成分,易虫蛀、吸潮发霉,应贮藏于阴凉、通风、干燥处,防霉,防蛀。

【附注】

甘草出口品根据商家的要求,常保持一部分历史规格,按产区不同主要有下列几种。

(1) 梁外草:主产于内蒙古伊克昭盟黄河以南的杭锦旗。条粗均匀,口面光洁,大头中心髓部凹陷,习称"胡椒眼";外皮枣红,皮细紧质嫩,体沉重坚实(有骨气),内色鹅黄,粉性足。为内蒙草中最优商品。

(2) 王爷地草:主产于内蒙古巴彦淖尔盟的乌拉特前旗、杭锦后旗以及阿拉善旗等地。单枝独干,条粗均匀,两端直径相近。表面深枣红色,皮细,粉足。体质较柔韧。为内蒙草中的中上品。

(3) 西镇草、上河川草、边草、西北草:西镇草主产于内蒙古伊盟的鄂托克旗及宁夏回族自治区的陶东、平罗。上河川草主产于伊盟达拉特旗。边草主产于陕西靖边、定边等地。西北草主产于甘肃民勤、庆阳、张掖、玉门等地。共同特征:表面红褐色、棕红色或黑褐色。断面老黄,体质松,骨气差,粉性小,口面显裂纹。

(4) 下河川草:主产于内蒙古包头附近的土默特旗、托克托和林格尔等地。表面灰褐色,根条两端粗细不匀,皮松,易剥落,粉性很差。质次。

(5) 东北草:来源于甘草。主产于内蒙古东部、辽宁的昭乌达盟、吉林的哲盟以及黑龙江的呼盟。根条细长带芦头;表面紫红色或暗红,皮松易破;质松,断面老黄,纤维多,粉性小;味特甜。为标准东草。

(6) 新疆草:北疆产品主要来源于甘草,少量光果甘草和胀果甘草;南疆产品来源于胀果甘草和甘草;东疆有少量黄甘草。商品外皮棕褐色,大部挂白霜(习称"碱皮");体质松紧不一,断面色黄,粉性差。味甜而带苦。

羌活 Qianghuo

Radix et Rhizoma Notopterygii

【基原】伞形科(Umbelliferae)植物羌活 *Notopterygium incisum* Ting ex H. T. Chang 或宽叶羌活 *Notopterygium forbesii* de Boiss. 的干燥根茎和根。

羌活主产于四川、云南、青海、甘肃等地。宽叶羌活主产于四川、青海、陕西、河南等地。传统上,又将羌活分为川羌与西羌两种:川羌系指四川的阿坝、甘孜等地所产的羌活;西羌系指甘肃、青海所产的羌活。

春、秋二季采挖,除去须根及泥沙,晒干。

【商品性状特征】羌活为圆柱状略弯曲的根茎,长4~13cm,直径0.6~2.5cm,顶端有茎痕。表面棕褐色至黑褐色,外皮脱落处呈黄色。节间缩短,呈紧密隆起的环状,形似蚕者,习称"蚕羌";节间延长,形如竹节状者,习称"竹节羌"。节上有多数点状或瘤状突起的根痕及棕色破碎鳞片。体轻,质脆,易折断,断面不平整,有多数裂隙,皮部黄棕色至暗棕色,油润,有棕色油点,木部黄白色,射线明显,髓部黄色至黄棕色。气香,味微苦而辛。

宽叶羌活根茎类圆柱形，顶端有茎和叶鞘残基，根类圆锥形，有纵皱纹和皮孔；表面棕褐色，近根茎处有较密的环纹，长8～15cm，直径1～3cm，习称“条羌”。有的根茎粗大，不规则结节状，顶部有数个茎基，根较细，习称“大头羌”。质松脆，易折断，断面略平坦，皮部浅棕色，木部黄白色。气味较淡。（图6-55）

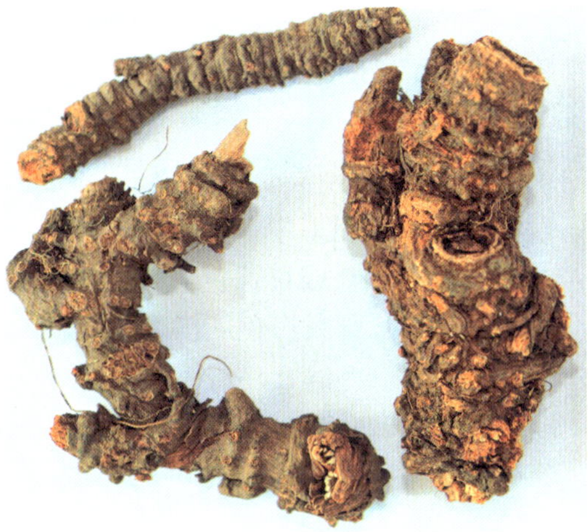

图6-55　羌活

【规格等级】

1. 川羌　一等品（蚕羌）：呈圆柱形。全体环节紧密，似蚕状。表面棕黑色。体轻质松脆。气清香纯正，味微苦辛。长3.5cm以上，顶端直径1cm以上。无须根、杂质、虫蛀、霉变。二等品（条羌）：呈长条形。长短大小不分，间有破碎。

2. 西羌　一等品（蚕羌）：同川羌一等品。二等品（大头羌）：呈瘤状突起，不规则的块状。气浊。无细须根。三等品（条羌）：同川羌二等品。

【主要化学成分】紫花前胡苷（nodakenin）、羌活醇（notopterol）、异欧前胡素（isoimperatorin）等。

【质量要求】

1. 性状评价　以条粗外皮棕褐色、断面朱砂点多、香气浓者为佳。

2. 薄层色谱供　试品色谱中，在与紫花前胡苷对照品相应的位置上，显相同的蓝色荧光斑点。

3. 总灰分，不得过8.0%。酸不溶性灰分，不得过3.0%。

4. 醇溶性浸出物含量　以乙醇作溶剂，用热浸法测定，不得少于15.0%。

5. 挥发油含量　挥发油不得少于1.4%（ml/g）。

6. 羌活醇（$C_{21}H_{22}O_5$）和异欧前胡素（$C_{16}H_{14}O_4$）的总量　用高效液相色谱法测定，不得少于0.40%。

【贮藏养护】置干燥处，防潮。

龙胆 Longdan

Radix et Rhizoma Gentianae

【基原】龙胆科（Gentianae）植物条叶龙胆 *Gentiana manshurica* Kitag.、龙胆

笔记

Gentiana scabra Bge.、三花龙胆 *Gentiana triflora* Pall. 或坚龙胆 *Gentiana rigescens* Franch. 的干燥根及根茎。前三种习称“龙胆”，后一种习称“坚龙胆”。

龙胆主产于黑龙江、吉林、辽宁、内蒙古、等地，药材习称“关龙胆”或“东胆草”，为道地药材。坚龙胆主产于云南、四川、贵州等地。

野生者于春、秋二季采挖，以秋季采者质量好；栽培品一般于栽培 4 年的秋季采收。挖出根及根茎后，除去地上部分和泥沙，晒至半干，抖去泥屑，将根条理直捆成小把，再晒至全干。

【商品性状特征】

1. 龙胆　根茎呈不规则块状，长 1～3cm，直径 0.3～1cm。表面暗灰棕色或深棕色，上端有多个茎痕或残留茎基，周围和下端着生多数细长的根。根圆柱形，略扭曲，长 10～20cm，直径 2～5mm；表面淡黄色或黄棕色，上部多有显著的横皱纹，下部有纵皱纹及细根痕。质脆，断面略平坦，皮部黄白色或淡黄棕色，木部色较淡，呈点状环列。气微，味极苦。（图 6-56）

2. 坚龙胆　根稀疏，表面黄棕色或红棕色，无横皱纹，外皮膜质，易脱落，木部黄白色，易与皮部分离。（图 6-56）

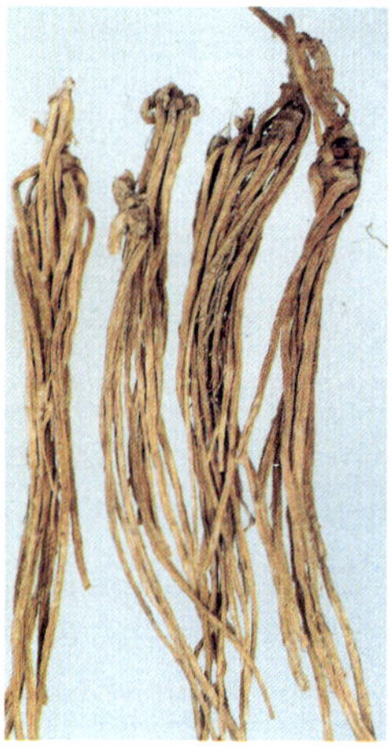
关龙胆

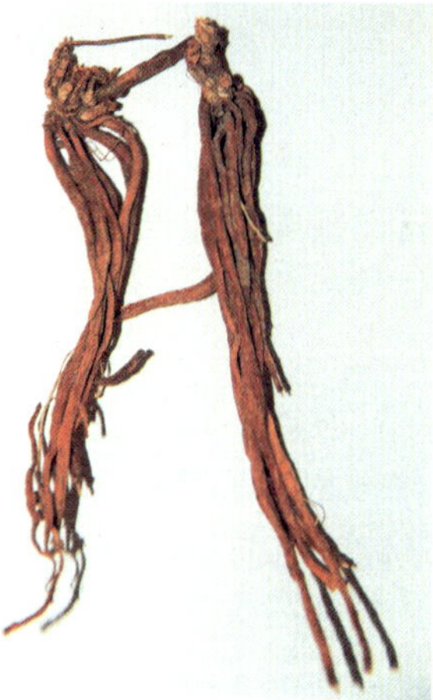
坚龙胆

图 6-56　龙胆

【规格等级】商品分为关龙胆（龙胆）和坚龙胆两种规格，均为统货。

【主要化学成分】环烯醚萜苷类：龙胆苦苷（gentiopicrin）、獐牙菜苦苷（swertiamarin）、獐牙菜苷（sweroside）、龙胆碱（gentioflavine）及龙胆三糖（gentianose）、苦味质等。

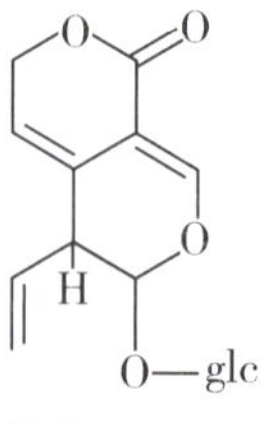

龙胆苦苷（gentiopicrin）

【质量要求】

1. 性状评价　龙胆以根茎小、根密而粗长、色淡黄、味极苦者为佳。坚龙胆以根细长、色黄棕、味极苦者为佳。

2. 化学定性　取本品粉末的甲醇提取液，加酸酸化，加碘化铋钾试剂呈橘红色沉淀。

3. 薄层色谱　供试品色谱中，在与龙胆苦苷对照品相应的位置上，显相同颜色的斑点。

4. 水分，不得过 9.0%。总灰分，不得过 7.0%。酸不溶性灰分，不得过 3.0%。

5. 水溶性浸出物含量　用热浸法测定，不得少于 36.0%。

6. 龙胆苦苷（$C_{16}H_{20}O_9$）含量　用高效液相色谱法测定，龙胆含龙胆苦苷不得少于 3.0%；坚龙胆含龙胆苦苷得少于 1.5%。

【贮藏养护】置干燥处，防潮，防霉。

【附注】龙胆为中医临床传统的常用药材，药用历史悠久。商品龙胆主要来自野生资源。20 世纪 70 年代之前，东北的关龙胆完全为野生品；70 年代之后，随着资源的减少，野生关龙胆的产量呈逐年下滑之势；云贵的坚龙胆被大量开发利用，产量大，价格低；20 世纪 90 年代东北关龙胆开始推广种植，但由于生长周期长，投入高，家种面积逐年下降。目前属于市场供应紧张的品种。龙胆广泛用于临床配方、中成药及兽药原料和出口。据资料统计，国内外开发新药及医疗用量每年以 10% 左右递增，龙胆年需求量约 150 万～200 万千克。

丹参 Danshen

Radix et Rhizoma Salviae Miltiorrhizae

【基原】唇形科（Labiatae）植物丹参 *Salvia miltiorrhiza* Bge. 的干燥根及根茎。

野生丹参主产于山东、河南、陕西、湖北、河北、山西、安徽、四川等地。以山东沂蒙山区产量大、质量最优，特称“山东丹参”。春、秋二季采挖，除去茎叶及泥沙，直接晒干。

栽培丹参主产于四川、山东、陕西、河南、河北、安徽等地。近年来全国多数省区均有栽培。主产于四川中江者称为“中江丹参”，为四川道地药材。于秋分至霜降采收。种子繁殖移栽者第二年采收，根段扦插繁殖者当年采挖。将根及根茎除去茎叶及泥沙，直接晒干。或将根及根茎在阳光下略晒，然后堆置于阴凉处，慢慢干燥。

【商品性状特征】

1. 野生品　根茎粗短，有的残留茎基。根数条，长圆柱形，略弯曲，分枝并有须根，长 10～20cm，直径 0.3～1cm。表面棕红色至暗棕红色，粗糙，有纵皱纹。老根外皮疏松，多显紫棕色，常呈鳞片状脱落。质硬脆，断面较疏松，有裂隙或略平整而致密，皮部棕红色，木质部灰黄色，导管束黄白色，放射状排列。气微，味微苦涩。（图 6-57）

2. 四川栽培品　根粗壮挺直，圆柱形或长条形，偶有分枝，直径 0.5～1.5cm。表面紫红色或黄红色，根皮细致紧贴。质坚实，断面黄褐色或紫褐色，平整致密，略显粉质或角质样。

3. 山东栽培品　根茎较短。根数条，细长。表面砖红色或棕红色，下部有须根。断面类白色，平整致密。

笔记

栽培品　　野生品

图 6-57　丹参

【规格等级】商品分为野生(山丹参)统货,栽培丹参(川丹参)2 种规格。

1. 山丹参　统货。

2. 川丹参　一等:呈圆柱形或长条形,偶有分枝,表面紫红色,有纵皱纹。质坚实,皮细而粗壮。断面紫褐色。无纤维。味甜微苦。多为整枝,头尾齐全,主根中上部直径 1cm 以上。二等:主根中上部直径 1cm 以下,但不低于 0.4cm,有单枝及撞断的碎节。余同一等。

【主要化学成分】含结晶性菲醌类化合物:丹参酮Ⅰ(tanshinone Ⅰ)、丹参酮 II_A,丹参酮 II_B,隐丹参酮(cryptotanshinone),羟基丹参酮(hydroxytanshinone),丹参内酯(tanshilactone)等。酚酸类化合物:丹参酸甲(salvianic acid A)又称丹参素。尚含丹参酸乙、丙,丹酚酸 A、B(salvianolic acid A、B),原儿茶醛(protocatechuic aldehyde),原儿茶酸(protocatechuic acid)等。

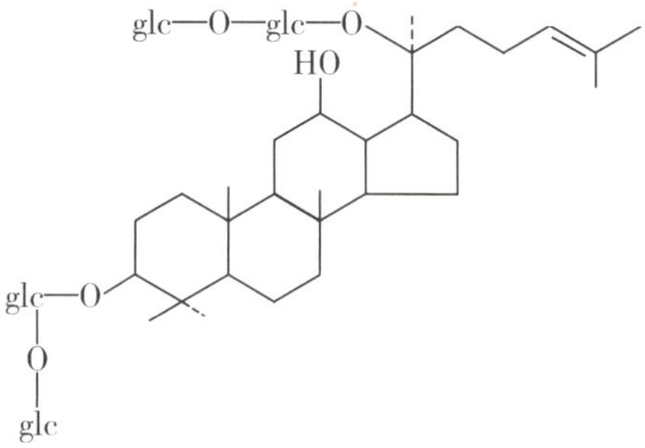

隐丹参酮(cryptotanshinone)

【质量要求】

1. 性状评价　野生品以茎短、根条粗长、表面色砖、须根少、断面色白者为佳。栽培品以根条粗壮、分枝少、色棕红或紫红、皮细、质坚实者为佳。

2. 薄层色谱　供试品色谱中,在与丹参对照药材色谱、丹参酮 II_A 和丹酚酸 B 对照品色谱相应的位置上,显相同颜色的斑点或荧光斑点。

3. 水分，不得过 13.0%。总灰分，不得过 10.0%。酸不溶性灰分，不得过 3.0%。

4. 重金属及有害元素限量　铅不得过 5mg/kg；镉不得过 0.3mg/kg；砷不得过 2mg/kg；汞不得过 0.2mg/kg；铜不得过 20mg/kg。

5. 水溶性浸出物含量　用冷浸法测定，不得少于 35.0%。

醇溶性浸出物含量　以乙醇作溶剂，用热浸法测定，不得少于 15.0%。

6. 丹参酮类含量　用高效液相色谱法测定，含丹参酮ⅡA（$C_{19}H_{18}O_3$）、隐丹参酮（$C_{19}H_{23}O_3$）和丹参酮Ⅰ（$C_{18}H_{12}O_3$）的总量不得少于 0.25%。

丹酚酸 B（$C_{36}H_{30}O_{16}$）含量　用高效液相色谱法测定，不得少于 3.0%。

【贮藏养护】多用竹篓、麻包袋或箱盛装。本品易受潮发霉。应贮藏于通风、干燥处。

【附注】丹参为中医常用的大宗药材之一，已有 2000 余年的药用历史。20 世纪 60 年代以前，商品来源几乎全部为野生资源，随着药用量的不断增加，野生资源不断减少；到 70 年代中期，各地纷纷开展野生变家种。目前家种丹参是市场商品的主流，属于可以满足市场需求的商品。近年来，丹参已广泛的应用于临床治疗、疾病预防、健体美容、各种中成药原料，并且大量出口，用量激增。据资料分析，丹参年需求量 2000 万千克以上。

紫菀 Ziwan

Radix et Rhizoma Asteris

【基原】菊科（Compositae）植物紫菀 *Aster tataricus* L. f. 的干燥根和根茎。主产于河北、安徽、河南、黑龙江等地。

春、秋二季采挖，除去有节的根茎（习称“母根”）和泥沙，编成辫状晒干，或直接晒干。

【商品性状特征】

根茎呈不规则块状，大小不一，顶端有茎、叶的残基；质稍硬。根茎簇生多数细根，长 3～15cm，直径 0.1～0.3cm，多编成辫状；表面紫红色或灰红色，有纵皱纹；质较柔韧。气微香，味甜、微苦。（图 6-58）

【规格等级】统货。

【主要化学成分】紫菀酮（shionone）等。

图 6-58　紫菀

【质量要求】

1. 性状评价　以根长、色紫红、质柔韧者为佳。

2. 薄层色谱　供试品色谱中，在与紫菀酮对照品相应的位置上，显相同颜色的斑点或荧光斑点。

3. 水分，不得过 15.0%。总灰分，不得过 15.0%。酸不溶性灰分，不得过 8.0%。

4. 水溶性浸出物含量　用热浸法

测定，不得少于45.0%。

5. 紫菀酮($C_{30}H_{50}O$)含量　用高效液相色谱法测定，不得少于0.15%。

【贮藏养护】置干燥处，防潮。

（肖冰梅　张贵君）

第四节　茎、木类药材

茎(caulis)类药材主要指木本植物的茎，包括干燥的藤茎、茎枝、茎刺、茎髓、茎的带翅状附属物等。木类(lignum)中药指木本植物茎形成层以内的部分。木材又分心材和边材，木类药材多采用心材、含树脂的心材等。通常根据组织构造的特点分为茎类和木类两大部分。由于茎、木类药材在性状上有相似之处，习惯将二者并入一起论述。

商品特征：茎、木类药材的商品鉴别应主要观察形状、大小、表面纹理、颜色、质地、断面、气味以及水浸、火烧等特点。带叶的茎枝，则再按叶类药材的要求进行观察。观察时要特别注意其表面的纹理和色泽、横切(断)面上射线的颜色及密度、导管孔的大小及分布状态等。

商品规格：茎木类药材的商品规格多为统货，少数划分等级。如钩藤依据色泽和枝梗的含量分等，沉香根据品质和树脂的含量划分等级。

粉末鉴别：主要注意木纤维(韧型纤维、纤维管胞、分隔纤维)、导管或管胞、射线细胞、各种晶体、厚壁细胞等特征。

检查：由于木本植物常含有树脂，一般通过测定其浸出物等含量来控制质量。

贮藏养护：茎木类药材一般用袋装或箱装。本类药材含淀粉及糖类成分较少，一般不易被虫蛀；但含有挥发油、树脂等成分的药材，若贮藏不当，易变色或散失香气。所以，应注意密封，防止高热。

沉香 Chenxiang

Lignum Aquilariae Resinatum

【基原】瑞香科(Thymelaeaceae)植物白木香*Aquilaria sinensis*(Lour.)Gilg或沉香*Aquilaria agallocha* Roxb. 含有树脂的木材。前者称为“国产沉香”，后者称为“进口沉香”。国产沉香主产于海南海口，广东湛江、徐闻、肇庆等地。进口沉香主产于印度尼西亚。

根据传统习惯，一般有以下几种采集方法：①选择树干直径达30cm以上的大树，在距地面1.5～2m高处树干上顺砍数刀，伤口深3～4cm，刀距30～50cm，伤口附近的木质部则分泌树脂，逐渐变成棕黑色，经数年后割取有树脂的木部。此创伤口经数年后又继续生成沉香。②在距离地面约1m处的树干上，凿成深3～6cm、直径3～6cm的小口，然后用泥土封好，伤口附近的木质部分泌树脂。此法生成沉香较快。③寻找枯朽的白木香及沉香树，有时可觅得质量较好的沉香。所得沉香木，用刀除去不含树脂的木部，晒干后，即为市售品。④人工结香法，采用真菌寄生在白木香树上，使木材的薄壁细胞中贮存的物质产生一系列的变化，最后形成香脂。采用此法，一般3年左右即可达到二等、三等品的沉香。

由于产沉香的树要经受外界刺激后，才能形成沉香。因此，采沉香时要注意观察

笔记

已受损伤的枝叶或被虫咬伤的老根有无沉香的生成,以免误采未生成沉香的树木。一般生有沉香的树木枝叶多变枯黄,可供鉴别。

采到的木材要除去枯废白木,劈成小块,临床使用时捣碎或研成细粉。

【商品性状特征】

1. 国产沉香　呈不规则的块状、片状或盔帽状,表面可见黑褐色树脂与黄白色木部相间的斑纹。质较坚实。气芳香,味苦。易点燃,燃烧时发浓烟,有黑色油状树脂冒出,并有浓郁香气。(图 6-59)

国产沉香　　进口沉香

图 6-59　沉香

2. 进口沉香　呈圆柱形或不规则棒状,表面黄棕色或黄褐色,纵纹顺直明显,有时可见黑棕色树脂斑痕。质坚硬而重。气味较浓,燃烧时香气更浓,味微苦。(图 6-59)

【规格等级】分为国产沉香和进口沉香 2 种规格。

1. 国产沉香按品质及表面树脂部分(俗称油格)所占比例分为 4 等。

一等品:身重结实,油色黑润,油格占整块 80% 以上。

二等品:油色黑润或棕黑色,油格占整块 60% 以上。

三等品:油格占整块 40% 以上。

四等品:质疏松轻浮,油格占整块 25% 以上。

2. 进口沉香一般分成 4 等。

一等品:醇浸出物在 25% ~30% 之间。

二等品:醇浸出物在 20% ~25% 之间。

三等品:醇浸出物在 17% ~20% 之间。

四等品:醇浸出物在 15% ~17% 之间。

【主要化学成分】白木香含挥发油及树脂。挥发油中含沉香螺萜醇(agarospirol)、白木香酸(baimuxinic acid)及白木香醛(baimuxinal)等。沉香含油树脂。沉香的丙酮提取物经皂化后蒸馏,得挥发油 13%,油中含白木香酸(baimuxinic acid)、白木香醛(baimuxinal)、苄基丙酮(benzylactone)、对甲氧基苄丙酮(*p*-methoxystyrene)等。

【质量要求】

1. 性状评价　以色黑、质坚硬、油性足、香气浓而持久、能沉水者为佳。

笔记

2. 醇溶性浸出物含量 用乙醇作溶剂，不得少于10.0%。

3. 微量升华 取本品乙醇浸出物少量，进行微量升华，得黄褐色油状物，香气浓郁；于油状物上加盐酸1滴与香草醛少量，再滴加乙醇1~2滴，渐显樱红色，放置后颜色加深。

【贮藏养护】用木箱包装。本品易失润、干燥、走散香气，应密闭，置阴凉干燥处，避光，防潮。

第五节 皮类药材

皮(cortex)类药材通常是指来源于被子植物(其中主要是双子叶植物)和裸子植物的茎干、枝和根的形成层以外部分的药材。其中大多为茎干的皮，少数为根皮或枝皮。

商品特征：皮类药材的商品鉴别应注意形状(如平坦、卷曲、筒状、单卷状、双卷筒状)，外表面(如颜色、纹理、皮孔和附属物)，内表面(如油痕、纹理)，横折断面(如平坦、颗粒状、纤维状、层状)，气味(如香气、甜味)等特征。其中皮孔形态、横折断面、气味等方面是鉴别的主要内容。

皮类药材常按其长度、宽度、厚度或中部直径等划分商品的规格等级。如厚朴按照长度和重量等划分等级，根皮类药材一般均为统货。

贮藏养护：皮类药材一般采用袋、箱密闭包装，置阴凉、通风、干燥处保存，防虫蛀。

牡丹皮 Mudanpi

Cortex Mudan

【基原】毛茛科(Ranunculaceae)植物牡丹*Paeonia suffruticosa* Andr. 的干燥根皮。主产于安徽铜陵，山东菏泽，湖南邵阳、长沙、衡阳，四川涪陵、西昌、汶川及陕西、甘肃等地。安徽铜陵产者习称“凤丹皮”，山东产者习称“菏泽丹皮”，湖南产者习称“湘丹皮”，四川产者习称“川丹皮”，甘肃、陕西产者习称“西丹皮”。

栽培3~5年后采收，于10~11月挖根，洗净，去掉须根及茎基，用刀直剖皮部，抽去木部，将根皮晒干，为“原丹皮”或“连丹皮”；如先用竹刀或瓷片刮去外皮后，再剥取皮部晒干，为“刮丹皮”(粉丹皮)。

【商品性状特征】

1. 原丹皮 呈筒状或半筒状，长5~20cm，直径0.5~1.2cm，厚1~4mm。外表面灰褐色或黄褐色。内表面淡灰黄色或浅棕色，常见发亮的结晶。质硬而脆，断面淡粉红色。气芳香，味微苦而涩，有麻舌感。(图6-60)

2. 刮丹皮 外表面淡灰黄色、粉红色或淡红棕色，内表面淡灰黄色或浅棕色，有明显纵细的纹理及白色结晶(系针状、片状或柱状丹皮酚结晶)。

【规格等级】商品上分为凤丹皮、连丹皮、刮丹皮等规格

1. 凤丹皮

一等品：呈圆筒状，条均匀微弯，两端剪平，纵形隙口紧闭，皮细肉厚。表面褐色。质硬而脆。断面粉白色，粉质足，有亮银星。香气浓，味微苦涩。长6cm以上，中部围粗2.5cm以上。无木心、青丹、杂质、霉变。

二等品：长5cm以上，中部围粗1.8cm以上。

图 6-60　牡丹皮

三等品：长 4cm 以上，中部围粗 1cm 以上。

四等品：凡不符合一、二、三等的细条及断支碎片，均属此等。但最小围粗不低于 6mm。

2. 连丹皮

一等品：呈圆筒状，条均匀，稍微弯。表面灰褐色或棕褐色，栓皮脱落处呈粉褐色。质硬而脆。断面粉白或淡褐色，有粉性。香气浓，味微苦涩。长 6cm 以上，中部围粗 2.5cm 以上。碎节不超过 5%。去净木心，无杂质。

二等品：长 5cm 以上，中部围粗 1.8cm 以上。碎节不超过 5%。

三等品：长 4cm 以上，中部围粗 0.9cm 以上。皮刮净，色粉红，碎节不超过 5%。

四等品：干货。凡不符合一、二、三等的细条及断支碎片，均属此等。但最小围粗不低于 6mm。

3. 刮丹皮

一等品：呈圆筒状，条均匀，刮去外皮，表面粉红色，在节疤、皮孔、根痕处，偶有未去净的粗皮，形成棕褐色的花斑。质坚硬。断面粉白色，有粉性。气香浓，味微苦涩。长 6cm 以上，中部围粗 2.4cm 以上。皮刮净，色粉红，碎节不超过 5%。无木心、杂质。

二等品：长 5cm 以上，中部围粗 1.7cm 以上。皮刮净，色粉红，碎节不超过 5%。

三等品：长 4cm 以上，中部围粗 9mm 以上。皮刮净，色粉红，碎节不超过 5%。

四等品：凡不符合一、二、三等的细条及断支碎片，均属此等。

【主要化学成分】主含芍药苷（paeoniflorin）、羟基芍药苷（oxypaeoniflorin）、苯甲酰芍药苷（benzoylpaeoniflorin）、苯甲酰羟基芍药苷（benzoyloxypaeonolide）、丹皮酚（paeonol）、丹皮酚苷（paeonoside）等。

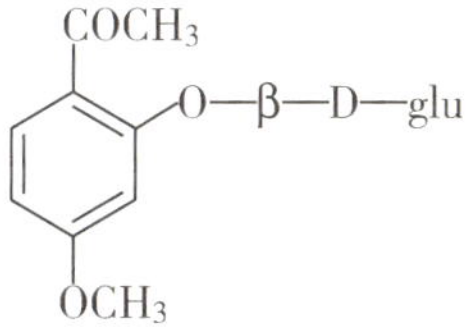

丹皮酚苷（paeoniflorin）

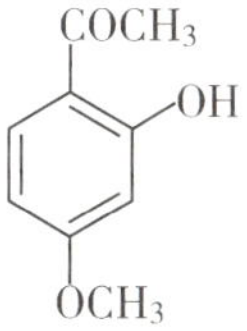

丹皮酚（paeonol）

【质量要求】

1. 性状评价 以条粗、皮厚、断面色淡红、粉性足、结晶多、香气浓者为佳。

2. 醇溶性浸出物含量 用乙醇作溶剂用热浸法测定，不得少于15.0%。

3. 丹皮酚($C_9H_{10}O_3$)含量 用高效液相色谱法测定，不得少于1.2%。

4. 微量升华 取本品粉末进行微量升华，升华物在显微镜下呈长柱状、针状、羽状结晶，于结晶上滴加三氯化铁醇溶液，则结晶溶解而呈暗紫色。

5. 紫外光谱 取粉末0.15g，加无水乙醇25ml，振摇数分钟，滤过，取滤液1ml，加无水乙醇至25ml。用分光光度法测定，在274nm波长处有最大吸收。

6. 水分测定 水分不得过13.0%。

7. 灰分测定 总灰分不得过5.0%。

【贮藏养护】用木箱或竹篓包装。本品易生霉、变色，应置阴凉干燥处保存。

【附注】牡丹皮为常用药材，属于可以满足市场需求的商品。据相关资料统计，国内外年需求牡丹皮药材量约300万~400万千克。

厚朴 Houpo

Cortex Magnoliae Officinalis

【基原】木兰科(Magnoliaceae)植物厚朴*Magnolia officinalis* Rehd. et Wils. 或凹叶厚朴*Magnolia officinalis* Rehd. et Wils. var. *biloba* Rehd. et Wils. 的干燥干皮、根皮及枝皮。主产于四川广元、涪陵，湖北恩施、宜昌，湖南衡阳等地，历史上称为"川厚朴"，或称"紫油厚朴"；主产于浙江丽水，福建南平，江西等地的为"温厚朴"。以川朴质优。

4~6月剥取15~20年的树皮、枝皮、根皮，直接阴干。干皮入沸水中微煮后，堆置阴湿处，"发汗"至内表面变紫褐色或棕褐色时，蒸软，取出，卷成筒状，晒干或炕干。临床应用时，将厚朴炮制成厚朴丝、姜厚朴使用。

【商品性状特征】

1. 川厚朴

(1) 筒朴：呈卷筒状或双卷筒状，长30~35cm，厚2~7mm。外表面灰棕色或灰褐色，内表面紫棕色或深紫褐色，划之显油痕。断面外层颗粒性，内层纤维性，富油性，有时可见多数小亮星。气香，味辛辣、微苦。(图6-61)

(2) 靴朴：呈靴形，长13~25cm，厚3~8mm，一端呈卷筒状，另一端宽大似喇叭口状。外表面与筒朴相似但较粗。(图6-61)

(3) 耳朴：呈块片状或半卷状，长短不一，多似耳状。(图6-61)

(4) 根朴：呈单筒状或不规则碎片；有的弯曲似鸡肠，习称"鸡肠朴"。

(5) 枝朴：呈单筒状，质脆，易折断，断面纤维性。

2. 温厚朴 形状与川厚朴相似，不同点是：表面颜色较深，断面纤维性较强，气味较淡。

【规格等级】商品按产区主要分为川朴、温朴两类。规格有又因部位和形态的不同，分为筒朴、蔸朴(即靴朴，为靠近根部的干皮)、耳朴、根朴、枝朴等5种规格。筒朴分为4个等级，根朴、枝朴分为统装货和2个等级。

笔记

筒朴

根朴

耳朴

图 6-61　厚朴

1. 温朴　1～3 等均为筒朴。

一等品：卷成半卷筒或双筒，两端平齐。表面灰棕色或灰褐色，有纵皱纹，内表面深紫色或紫棕色，平滑。质坚硬。断面外侧灰褐色，内侧紫棕色，颗粒状。气香，味苦、辛。筒长 40cm，重 800g 以上。

二等品：筒长 40cm，重 500g 以上，其余同一等。

三等品：筒长 40cm，重 200g 以上，其余同一等。

四等品：凡不合以上规格者以及碎片、枝朴，不分长短大小，均属此等。

2. 川朴　1～3 等均为筒朴。

一等品：卷成半卷筒或双筒，两端平齐。表面黄棕色，有纵皱纹，内表紫棕色，平滑，划之显油痕。质坚硬。断面外侧黄棕色，内侧紫棕色，显油润，纤维少。气香，味苦、辛。筒长 40cm，不超过 43cm，重 500g 以上。

二等品：筒长 40cm，不超过 43cm，重 200g 以上，其余同一等。

三等品：筒长 40cm，重不少于 100g，其余同一等。

四等品：凡不合以上规格者以及碎片、枝朴，不分长短大小，均属此等。

3. 蒽朴

一等品：为靠近根部的干皮和根皮，似靴形。表面粗糙，灰棕色或灰褐色，内面深紫色。下端呈喇叭口状，纤维性不明显。气香，味苦、辛。块长70cm以上，重2000g以上。

二等品：块长70cm以上，重2000g以下，其余同一等。

三等品：块长70cm以上，重500g以上，其余同一等。

4. 耳朴　统货。呈块片状或半卷筒形，多似耳状。大小不一。

5. 根朴

一等品：呈卷筒状长条。表面土黄色或灰褐色，内面深紫色，质韧，断面油润。气香，味苦、辛。条长70cm，重400g以上。

二等品：长短不分，每条400g以下，其余同一等。

【主要化学成分】含挥发油约0.3%，油中主要含α-桉油醇、β-桉油醇（β-eudesmol），另含厚朴酚（magnolol）、和厚朴酚（holnokiol）等成分。

【质量要求】

1. 性状评价　以皮厚、肉细、内表面色紫棕、油性足、断面有亮星、香气浓者为佳。

2. 厚朴酚（$C_{18}H_{18}O_2$）与和厚朴酚（$C_{18}H_{18}O_2$）的总含量　用高效液相色谱法测定，不得少于2.0%。

3. 粉末特征　厚朴粉末棕色。纤维甚多，直径15～32μm，壁甚厚，有的呈波浪形或一边呈锯齿状。石细胞类方形、椭圆形、卵圆形或不规则分枝状，直径11～65μm。油细胞椭圆形或类圆形，直径50～85μm，含黄棕色油状物。木栓细胞呈多角形，壁薄微弯曲。

4. 化学定性　取本品粗粉3g，加三氯甲烷30ml，回流30分钟，滤过。取15ml三氯甲烷提取液，蒸去三氯甲烷，残渣加10ml乙醇溶液，取滤液各1ml，分别加5%三氯化铁的甲醇溶液（1∶1）1滴显棕黑色或蓝黑色；加米伦（Millon）试剂1滴，产生棕色沉淀。

【贮藏养护】打捆或木箱装。本品易散失香气，故应避光、避风吹。置阴凉干燥处，防潮。

【附注】厚朴为大宗常用中药材商品，年生产和销售300万～400万千克，出口约20万千克。

肉桂 Rougui

Cortex Cinnamomi

【基原】樟科（Lauraceae）植物肉桂*Cinnamomum cassia* Presl的干燥树皮。主产于广西钦州、玉林，广东茂名、肇庆，云南，福建等地，其中以广西产量最大。

每年分两期采收，第一期于4～5月间剥皮称春桂，容易剥取，但质量稍次。第二期于9～10月间称秋桂，不易剥皮，但加工的产品质量较好。以第二期产量大，香气浓，质量佳。采收时选取适龄肉桂树，按一定的长、宽度剥下树皮，放于阴凉处，按各种规格修整，或置于木制的“桂夹”内压制成型，阴干或先放置阴凉处2～3天后，与弱光下晒干。根据采收加工方法不同，有如下加工品：

1. 桂通　为不经压制，剥取5～6年生的树皮和老树枝皮，自然卷曲成筒状，长约

笔记

30cm，直径2～3cm。阴干，又称广条桂。

2. 企边桂　为剥取5～6年生的树皮，将两端削成斜面，突出桂心，夹在木制的凹凸板中间，压成两侧向内卷曲的浅槽状。长约40cm，宽6～10cm。晒干。

3. 板桂　老树离地面30com处，作环状剥皮，夹在木制的桂夹中，晒至九成干，经纵横堆迭，加压，约1个月完成干燥，为扁平板状。

4. 桂碎　在桂皮加工过程中的碎块。

5. 桂心　为刮去外皮者。

【商品性状特征】

1. 板桂　呈板片状，长30～40cm，宽5～10cm，厚6～8mm。表面灰褐色，栓皮较厚。内表面棕红色或黄棕色，稍显凹凸不平。质坚硬，油性较少。气香较差，味微甜，辛辣。（图6-62）

板桂

企边桂

桂尔通

刮皮桂

图6-62　肉桂

甲级：外皮有光泽，含油分较足。乙级：色泽和所含油分比甲级差。丙级：色泽和所含油分比乙级差。

2. 企边桂　呈槽状或卷筒状，长30～40cm，宽3～10cm，厚2～8mm。外表面灰棕色，内表面红棕色，划之显油痕。质硬而脆，断面两层间有1条黄棕色线纹。气香浓烈，味甜、辣。（图6-62）

3. 桂尔通　呈双卷状或圆筒形，长35cm，厚1～3mm。外表面灰棕色，内表面暗棕色。质硬而脆，断面紫红色或棕红色，气香，味微甜而辣。（图6-62）

4. 桂碎　呈大小不规则的片块状或短卷筒状，外表面灰棕色，断面和内表面呈棕色和棕褐色。气香，味微甜而辣。

5. 桂心　为刮去外皮者，表面红棕色。

【规格等级】由主产区广西制定的肉桂地方标准如下：

甲级：皮细有彩云纹，无破裂，每片重175g以上，长约43cm。

乙级：皮略粗，破裂不超过3cm，每片重160g以上。

丙级：皮略粗，破裂不超过4.5cm，每片重150g以上。

丁级：皮粗细不均，多破裂，每片重150g以下。

【主要化学成分】含挥发油1%～2%，油中主要成分为桂皮醛（cinnamic aldehyde）、醋酸桂皮酯（cinnamyl acetate），另含少量的苯甲醛、桂皮酸、水杨酸等。

【质量要求】

1. 性状评价　以体重、肉厚、外皮细、断面色紫、油性大、香气浓厚、味甜辣、嚼之渣少者为佳。

2. 挥发油含量　不得少于1.2%（ml/g）。

3. 桂皮醛（C_9H_8O）含量　用高效液相色谱法测定，不得少于1.5%。

4. 粉末特征　红棕色。纤维大多单个散在，长梭形，长195～920μm，直径约至50μm。石细胞类方形或类圆形，直径32～88μm，有的三面增厚，一面菲薄。油细胞类圆形或长圆形，直径45～108μm，含黄色油滴状物。草酸钙针晶细小，散在于射线细胞中。

5. 水分测定　水分不得过15.0%。

6. 灰分测定　总灰分不得过5.0%。

【贮藏养护】通常用防压、防潮性能较好的木箱或纸箱包装，贮藏于阴凉避风遮光处，高温高湿季节宜密封保存。

【附注】肉桂目前年均生产约100万千克左右。过去进口量较大，近年国内广西等地大量栽培，产量和质量都不低于国外，不需进口，价格稳中有升，还能出口。

进口肉桂主产于越南、柬埔寨等地。药材呈双卷状，中央略向下凹的槽形，两端皆斜向削去外皮，长40～50cm，宽6～8cm，厚6～7mm。外表面有灰白色和黄棕色相间的斑块，圆形或半圆形皮孔多见；内表面棕色至棕褐色，指甲刻划显油痕。有特殊香气，味甜，微辛。商品分高山肉桂和低山肉桂二种规格。①低山肉桂外表面粗糙，内表面稍粗糙。皮薄体较轻，断面浅黄色线纹明显。含挥发油量较少，香气淡，甜味淡，辛味浓。②高山肉桂外表面细致而润滑。皮厚体较重，断面浅黄色线纹不明显。含挥发油量较高，香气浓，甜味浓，辛味淡。

笔记

杜仲 Duzhong

Cortex Eucommiae

【基原】杜仲科(Eucommiaceae)植物杜仲*Eucommia ulmoides* Oliv. 的干燥树皮。主产于贵州遵义、贵阳、安顺,四川广元、达县、万县,湖北宜昌、恩施、十堰,陕西汉中、安康,湖南常德、吉首等地。

每年4~6月剥取,刮去粗皮,堆置“发汗”至内皮呈紫褐色,晒干。取原药材,刮去残留粗皮,洗净,切成块或丝,干燥,为“生杜仲”块或丝;取杜仲块或丝,用盐水拌匀,润透,置锅内,用中火加热炒或炒烫至丝易断,取出,晾干,为“盐杜仲”。每杜仲块或丝100千克,用食盐2千克。

【商品性状特征】呈扁平板片状或两边稍向内卷的块片,厚3~7mm。外表面淡棕色或灰褐色,内表面暗紫色或紫褐色。质脆,易折断,断面有细密、银白色、富弹性的橡胶丝相连。气微,味稍苦。(图6-63)

图6-63　杜仲

【规格等级】商品分4等。

特等品:呈平板状,两断切齐,去净粗皮。表面呈灰褐色,内表面黑褐色,质脆。断处有胶丝相连,味微苦。整张长70~80cm,宽50cm以上,厚7mm以上。碎块不超过10%。无卷形、杂质、霉变。

一等品:呈平板状,两断切齐,去净粗皮。表面呈灰褐色,内表面黑褐色,质脆。断处有胶丝相连,味微苦。整张长40cm以上,宽40cm以上,厚5mm以上。余同特等。

二等品:整张长40cm以上。宽30cm以上,厚3mm以上,碎块不超过10%。

三等品:凡不符合特等及一、二等标准,厚度最薄不得小于2mm,包括枝皮、根皮、碎块,均属此等,无杂质、霉变。

【主要化学成分】主含杜仲胶(gutta-percha)、桃叶珊瑚苷(aucubin)、松脂醇二-β-*D*-葡萄糖苷(pinoresinol-di-β-*D*-glucoside)等。

笔记

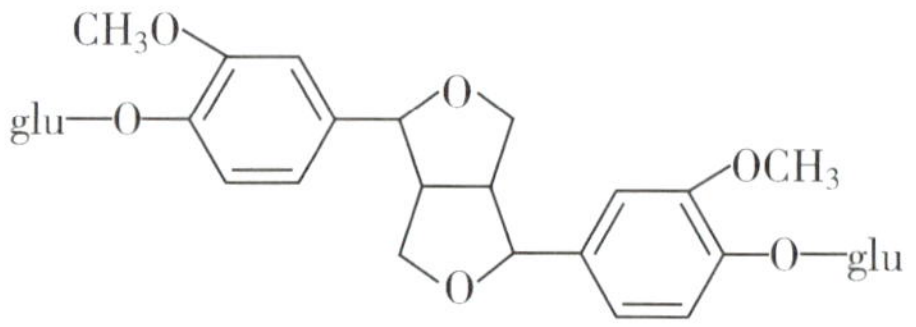

松脂醇二葡萄糖苷(pinorecind diglucoside)

【质量要求】

1. 性状评价　一般以皮厚、块大、内表面暗紫色、断面丝多、弹性大者为佳。

2. 醇溶性浸出物含量　药材用75%乙醇作溶剂,用热浸法测定,不得少于11.0%。盐杜仲不得少于12.0%。

3. 松脂醇二葡萄糖苷($C_{32}H_{42}O_{16}$)含量　用高效液相色谱法测定,不得少于0.10%。

4. 粉末特征　棕色。橡胶丝成条或扭曲成团,表面呈颗粒性。石细胞甚多,单个类长方形、类圆形、长条形或形状不规则,长约至180μm,直径20~80μm,壁厚,有的胞腔内含橡胶团块。

5. 化学定性　取本品粉末1g,加三氯甲烷10ml,浸渍2小时,滤过。滤液挥干,加乙醇1ml,产生有弹性的胶膜。另取本品粗粉10g,加乙醇100ml回流提取,回收乙醇至膏状,加蒸馏水搅拌,滤过,滤液加数滴对二甲氨基苯甲醛试液,加热煮沸10分钟,溶液呈蓝色。

【贮藏养护】打捆或箱装。本品易发霉,应贮藏于阴凉干燥通风处保存。

【附注】杜仲为常用中药,全国年均生产300万千克左右。

黄柏 Huangbai

Cortex Phellodendri

【基原】芸香科(Rutacae)植物黄皮树 *Phellodendron chinense* Schneid. 除去栓皮的干燥树皮。习称"川黄柏"。主产于四川汶川、乐山、南充,贵州贵阳、遵义、安顺,陕西宝鸡、汉中、商州、安康,湖北十堰、咸宁,云南保山等地。以四川、贵州产量大,质量最佳。

3~6月间采收。选择生长10年以上的树,剥取一部分树皮,晒至半干,压平,刮净粗皮至显黄色,不可伤入内皮,刷净晒干,置干燥通风处,防霉变色。留下未剥的部分树皮,可待新树皮生长后再剥,通常在下半年进行。

【商品性状特征】呈板片状或浅槽状,厚3~6mm。外表面黄褐色或黄棕色,内表面暗黄色或淡棕色,具细密的纵棱纹。体轻,质硬,断面纤维性,呈裂片状分层,深黄色。气微,味甚苦,嚼之有黏性,可使唾液染成黄色。(图6-64)

【规格等级】

一等品:呈平板状,去净粗皮,表面黄褐色或黄棕色,内表面暗黄色或淡棕色,体轻,质较坚硬。断面鲜黄色。气微,味极苦,长40cm以上,宽15cm以上。

二等品:呈板片状或卷筒状,大小不等,厚度不得小于2mm,间有枝皮,其余同一等。

【主要化学成分】含小檗碱(berberine)、药根碱(jatrorrhizine)、木兰碱(magnoflorine)、黄柏碱(phellodendrine)、掌叶防己碱(palmatine)、蝙蝠葛碱(menisperine)、白栝

笔记

川黄柏

关黄柏

图 6-64　黄柏

楼碱(candicine)等多种生物碱,酯类有黄柏内酯(obaculactone)、黄柏酮(obacunone)等。黄柏小檗碱含量较高(4% ~8%)。

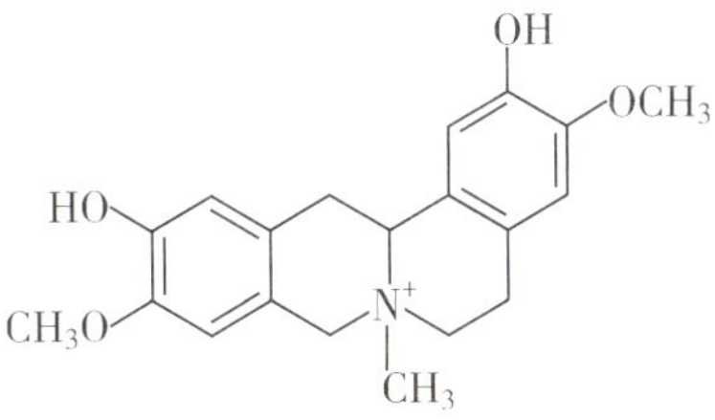
黄柏碱(phellodendrine)

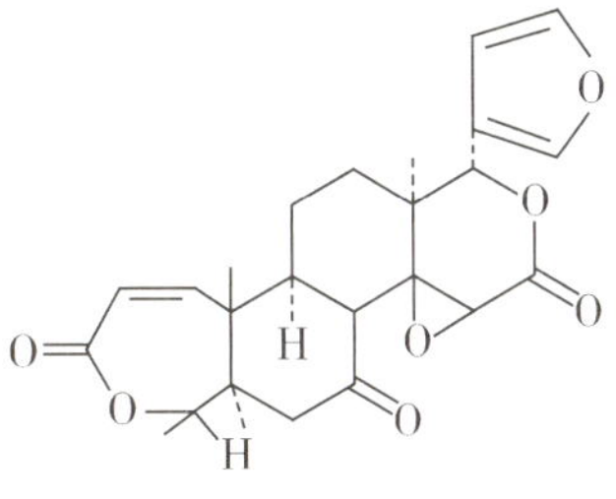
黄柏酮(obacunone)

【质量要求】

1. 性状评价　以皮厚、色鲜黄、无栓皮者为佳。

2. 醇溶性浸出物含量　用稀乙醇作溶剂,用冷浸法测定,不得少于 14.0%。

3. 小檗碱含量　用高效液相色谱法测定,以盐酸小檗碱($C_{20}H_{18}ClNO_4$)计,不得少于 3.0%。

4. 荧光检查　取本品药材折断,将断面置紫外光灯(365nm)下观察,显亮黄色荧光。

5. 化学定性　取本品粉末1g，加乙醚10ml，振摇后，滤过，滤液挥干，残渣加冰醋酸1ml使溶解，再加硫酸1滴，放置，溶液显紫棕色。

【贮藏养护】打捆，以篾席包装。本品易虫蛀、发霉、变色，应置干燥通风处，避光保存。

【附注】

1. 市场全国年均产量约3000吨，纯购约2700吨，纯销约2000吨，供应出口80吨左右。本品历史上少有脱销和积压现象。近年来由于资源受到破坏，出口量增大，市场上供不应求，价格有所上升。

2. 关黄柏（Guanghuangbai，Cortex Phellodendri Amurensis）为芸香科（Rutacae）植物黄檗 *Phellodendron amurense* Rupr. 除去栓皮的干燥树皮。主产于东北三省。药材：厚2～4mm。外表面黄绿色或淡棕黄色，内表面黄色或黄棕色。体轻，质较硬，断面鲜黄色或黄绿色。（图6-64）。主含小檗碱（berberine）0.6%～2.5%，药根碱（jatrorrhizine），木兰碱（magnoflorine），黄柏碱（phellodendrine）等。性状评价：以无粗皮及死树的松泡皮。以皮厚、色黄绿、无栓皮者为佳。醇溶性浸出物含量：用稀乙醇作溶剂，用冷浸法测定，不得少于14.0%。小檗碱含量：用高效液相色谱法测定，以盐酸小檗碱（$C_{20}H_{18}ClNO_4$）计，不得少于0.60%。水分含量不得过12.0%。总灰分不得过8.5%。置干燥通风处，避光保存。

第六节　叶类药材

叶（folium）类药材一般采用完整而长成的干燥叶、嫩叶。包括单叶、复叶的小叶，或带有部分嫩枝等，以单叶为主。

商品特征：叶类药材的鉴定，一般应注意叶片的形状、大小；叶端、叶缘及叶基；叶片上、下表面的颜色及有无毛茸和腺点；叶的质地及叶脉的类型；叶柄的有无及长短；叶翼、叶轴、叶鞘、托叶及茎枝的有无等。其中叶的形状、表面特征、叶脉等是鉴别的重点。叶类药材一般均皱缩或破碎，观察其特征时常需将其浸泡在水中使湿润并展开后才能识别。

商品规格：叶类药材多为统货，不分等级。

粉末鉴别：叶类药材粉末显微特征主要注意观察毛茸（腺毛、非腺毛和腺鳞）、气孔、表皮细胞、草酸钙或碳酸钙结晶、角质层等，少有分泌组织和纤维。叶表皮的角质层纹理可采用扫描电镜技术进行鉴别。

检查：叶类药材常掺有混杂物，一般需要进行杂质、水分和灰分等项检查。

贮藏养护：叶类药材通常用袋装，置阴凉干燥处，防止变色、霉变。

番泻叶 Fanxieye

Folium sennae

【基原】豆科（Fabaceae）植物狭叶番泻 *Cassia angustifolia* Vahl 或尖叶番泻 *Cassia acutifolia* Delile 的干燥小叶。狭叶番泻主产于红海以东至印度一带，以印度南端丁内末利（Tinnevelly）产量最大。尖叶番泻主产于埃及尼罗河上游。

狭叶番泻叶在开花前摘取叶，摘下来的叶片及时摊晒，经常翻动，不要堆积过厚，

笔记

以免叶色变黄。干燥后，按叶片大小和品质优劣分级。用水压机打包。尖叶番泻叶在9月果实将成熟时，摘取叶片，晒干，按全叶、碎叶分别包装。

【商品性状特征】

1. 狭叶番泻叶　呈长卵形或卵状披针形，长1.5～5cm，宽0.4～2cm。上表面黄绿色，下表面浅黄绿色，无毛或近无毛。革质。气微弱而特异，味微苦，稍有黏性。(图6-65)

狭叶番泻叶

尖叶番泻叶

图6-65　番泻叶

2. 尖叶番泻叶　呈披针形或长卵形，叶片两面均有细短毛绒。质地较脆薄。气微、味微苦。(图6-65)

【规格等级】番泻叶规格较多，目前市场品为印度产品，分狭叶和尖叶两种。进口品为一等、二等和统货3种。

一等品：叶大、尖、色绿无黄叶及枝梗，碎叶及杂质不超过5%。

二等品：叶尖、色绿、梗小、碎叶、黄叶及杂质不超过8%。统货：黄叶不超过20%，枝、碎叶及杂质不超过12%。

【主要化学成分】番泻苷A及B(sennosideA，B，二者互为立体异构)、番泻苷C、D(sennoside C，D，二者互为立体异构)、芦荟大黄素-8-葡萄糖苷(aloeemodin-8-monoglucoside)、大黄酸-8-葡萄糖苷(rhein-8-monoglucoside)、异鼠李素(isorhamnetin)等。

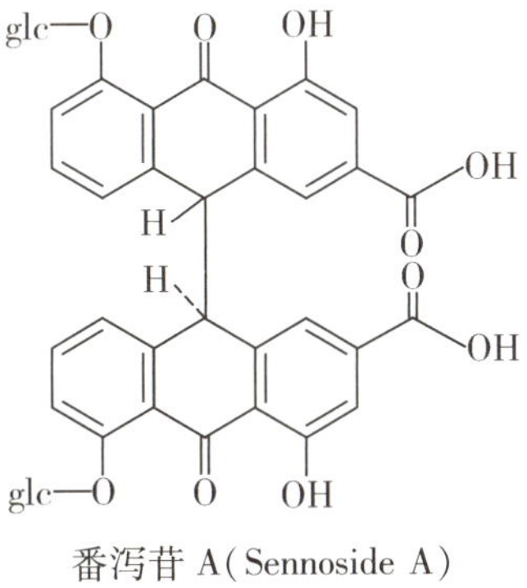

番泻苷A(Sennoside A)

【质量要求】

1. 性状评价　以叶片大、完整、色绿、枝梗少、无黄叶者为佳。

2. 番泻苷含量　含总番泻苷以番泻苷B($C_{42}H_{38}O_{20}$)计,不得少于2.5%。

3. 化学定性　取本品粉末25mg,加水50ml及盐酸20ml,置水浴中加热15分钟,放冷,加乙醚40ml,振摇提取,分取醚层,通过无水硫酸钠层脱水,滤过。取滤液5ml,蒸干,放冷,加氨试液5ml,溶液显黄色或橙色,置水浴中加热2分钟后,变为紫红色。

4. 水分测定　水分不得过10.0%。

5. 杂质检查　杂质不得过6%。

【贮藏养护】竹席装,再用小压机打包。本品易发霉变质。置阴凉干燥处避光保存,注意防潮。

【附注】每年进口番泻叶约20~50吨,历史上供求基本平衡,近年来市场供不应求,价格也有所上升。我国广东海南和云南西双版纳等地有栽培,但产量不大。

第七节　花类药材

花(flos)类药材是指植物的花为药用部位的药材,通常包括完整的花、花序或花的某一部分。完整花有开放的花和花蕾,如红花和金银花。花序也有开放的和未开放的,如菊花和款冬花。花的某一部分有雄蕊的莲须、花柱的玉米须、柱头的西红花、花粉的松花粉等。

商品特征:花类药材鉴别时,以花朵入药时要注意观察花托、萼片、花瓣、雄蕊和雌蕊的数目及其着生位置、形状、颜色、被毛茸与否、气味等。如以花序入药时,还需注意花序类别、总苞片或苞片等。如以花的某一部分入药注意区分是花的哪一个部位,再仔细观察。花类药材由于经过采收、干燥运输等,常皱缩、破碎而变形,如果肉眼不易辨认的,需将干燥的药材先放入水中浸泡展平后,再进行鉴别。

商品规格:花类药材常依据颜色、质地、大小、开放花的比例等划分规格等级,部分开放的花通常均为统货。

粉末鉴别:鉴别重点为花粉粒和花粉囊内壁细胞,尚有毛茸、草酸钙结晶、分泌组织、花瓣表皮细胞、气孔等。花粉粒的形态和外壁纹饰可采用扫描电镜技术进行鉴别。

检查:花类药材有时会掺入杂质,通常进行灰分、水分和浸出物测定等控制药材的纯度或质量。

贮藏养护:花类药材通常用布袋、木箱或硬纸箱等包装,西红花等贵重药材可用金属盒储存。贮存中应防潮、防重压、避光。翻晒时要防止暴晒,以防破碎、耗散气味、散瓣等变质现象的发生。

金银花 Jinyinhua

Flos Lonicerae

【基原】忍冬科(Caprifoliaceae)植物忍冬 *Lonicera japonica* Thunb. 栽培品的干燥花蕾或带初开的花。主产于河南密县、登封、巩县、莱阳,山东平邑、费县、苍山、沂水等地,多为栽培品。产于河南密县、巩县等地的称为“密银花”,产于山东平邑、苍山等地

笔记

的称为“东银花”。

5~6月，选择晴天早晨露水刚干时，摘取青色未开放的花蕾。再根据质量的优次分别薄摊放在席上晾晒，一般不翻动，即使需翻动不宜用手翻动，应用竹棍轻翻即可，否则易变黑。待晾晒九成干时，拣净茎叶杂质等，再晾干即可。忌在烈日下暴晒或用强火烘烤，以免影响其质量。

【商品性状特征】

1. 密银花　呈长棒状，上粗下细，略弯曲，长2.5~3cm，直径0.15~0.3cm。表面黄白色或绿白色，密生短茸毛及腺毛。开放者花冠筒状，先端二唇形。质稍柔，气清香，味微苦。（图6-66）

2. 东银花　外观性状近似密银花，但花稍短，长2~2.5cm。表面黄色或浅黄色，密生短茸毛及腺毛。香气比密银花稍淡。（图6-66）

密银花

东银花（烘干）

东银花（晒干）

图6-66　金银花

【规格等级】

1. 密银花

一等品：花蕾呈棒状，上粗下细，略弯曲。表面绿硬，握之有顶手感。气清香，味甜微苦。无开放花朵,破裂花蕾及黄条不超过5%。

二等品:表面绿白色,花冠厚质稍硬,开放花朵不超过5%,黑头、破裂花蕾及黄条不超过10%。其余同一等。

三等品:白色或黄白色,花冠厚质硬,开放花朵、黑条不超过30%,其余同二等。

四等品:花蕾或开放花朵兼有,色泽不分。枝叶不超过3%。其余同三等。

2. 东银花

一等品:花蕾呈棒状,肥壮。上粗下细,略弯曲。表面黄白色、青色。气清香,味甘、微苦。开放花朵不超过5%。无嫩蕾、黑头、枝叶。

二等品:花蕾较瘦,开放花朵不超过15%,黑头不超过3%。其余同一等。

三等品:花蕾瘦小,开放花朵不超过25%,黑头不超过15%,枝叶不超过1%。其余同二等。

四等品:花蕾或开放的花朵兼有。色泽不分,枝叶不超过3%。其余同三等。

3. 出口商品分甲、乙两级。甲级:色泽青绿微白,花均匀,有香气,散花不超过2%,无枝、叶,无黑头和油条,身干。乙级:色泽白绿,花均匀,有香气,散花、枝、叶不超过5%,无黑头及油条。木箱装:内衬防潮纸,密封,每件净重25kg。

【主要化学成分】主含绿原酸(chlorogenic acid)、木犀草素(luteolin)、肌醇(inositol)、挥发油等。

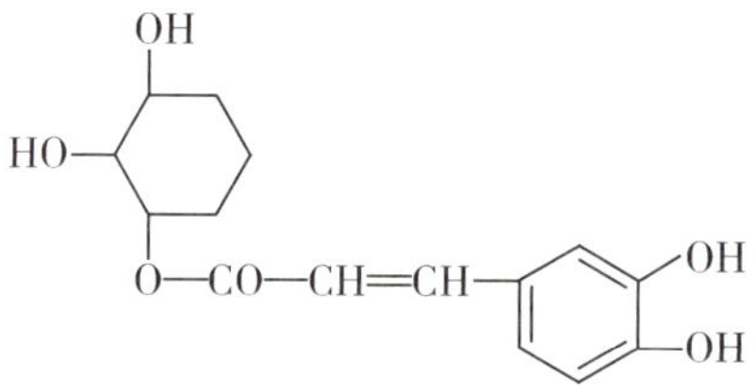

绿原酸(chlorogenic acid)

【质量要求】

1. 性状评价　以花蕾多、肥壮、色青绿微白、气清香者为佳。

2. 绿原酸含量　用高效液相色谱法测定,含绿原酸($C_{16}H_{18}O_9$)不得少于1.5%。

3. 粉末特征　白色。腺毛较多,有2种类型。一种头部倒圆锥形,顶端平坦,侧面观侧面观约10～33个细胞排,柄部2～5细胞。另一种头部类圆形或略扁圆形,侧面观4～20个细胞,腺柄2～4个细胞。非腺毛为单细胞,有二种,一种长而弯曲,壁薄,有微细疣状突起;另一种非腺毛较短,壁稍厚。花粉粒众多,黄色,球形或三角形,直径60～70μm,外壁有细刺状突起,萌发孔3个。

4. 灰分测定　总灰分不得过10.0%。酸不溶性灰分不得过3.0%。

【贮藏养护】木箱、纸箱或袋装,置阴凉干燥处;防潮,防蛀。

【附注】

1. 市场全国近年产量年均约5000余吨,纯购约4000余吨,纯销约3500余吨,供应出口200余吨。金银花为常用中药,大路商品,历史上由于生产情况的变化,常出现脱销、紧俏和积压现象。1980年全国紧缺,价格成倍上升,1986年生产过剩,各地积压,价格为历史最低水平,1987年市场销路松动,价格回升,出口量也增大。2003年非典期间市场价格爆长,目前价格趋于平稳。

笔记

2. 山银花（Flos Lonicensl）为忍冬科植物灰毡毛忍冬 *L. macranthoides* Hand.-Mazz.、红腺忍冬 *Lonicera hypoglauca* Miq.、或华南忍冬 *Lonicera confusa* DC. 的干燥花蕾或带初开的花。在不同的地区药用。灰毡毛忍冬主产于贵州、四川、广西、云南、湖南等省区，华南忍冬主产于广西、云南等省区，红腺忍冬主产于浙江、江西、福建、湖南、广东、广西、四川等省区。商品特征：灰毡毛忍冬成棒状，长 3～4.5cm；上部直径约 2mm，下部直径约 1mm，表面绿棕色至黄白色。华南忍冬长 1.5～3.5cm，直径 0.5～2mm。萼筒和花冠密被灰白色毛，子房有毛。红腺忍冬长 2.5～4.5cm，直径 0.8～2mm。表面黄白色至黄棕色，无毛或疏被毛。化学成分与金银花相似，采用高效液相色普法测定，含绿原酸（$C_{16}H_{18}O_9$）不得少于 1.5%。商品均分为二等：一等：花蕾呈棒状，上粗下细，略弯曲，花蕾长瘦。表面黄白色或青白色。气清香，味淡、微苦。开放花朵不超过 20%。二等：花蕾或开放的花朵兼有。色泽不分。枝叶不超过 10%。其余同一等。

菊花 Juhua

Flos Chrysanthemi

【基原】菊科（Compositae）植物菊 *Chrysanthemum morifolium* Ramat. 栽培品的干燥头状花序。亳菊花主产于安徽亳县、涡阳及河南商丘，在药菊中品质较佳。滁菊花主产于安徽滁州，品质较佳。贡菊主产于安徽歙县。浙江德清产者为清菊。杭菊花（白茶菊、黄甘菊），主产于浙江嘉兴、桐乡、海宁县等地。山东产者称济菊，河北产者称祁菊。主产于河南者称怀菊，为四大怀药之一。

一般在 10 月中旬至 11 月初花开时，待花瓣平展，由黄转白而心略带黄时，选择晴天露水干后或午后分批采收，此时采的花水分少，易干燥，色泽好，品质好。

采下鲜花，切忌堆放，需及时干燥或薄摊于通风处。因各地产的药材品种不同，而有不同的加工方法。亳菊扎把倒挂，防日晒雨淋，约 1～2 月，冬至以后再将花序摘下阴干或晒干。杭菊是将摘下的鲜花放入蒸笼内蒸，蒸上大气后，取出晒干。蒸时要注意锅内水不要浸入菊花，时间不宜过长或过短，以花不熟为度，否则影响质量。贡菊多采用烘干的方法，烘时不宜一次烘干，轮流交换，以免烘焦走色。但也可以先阴干，软时，包成 250g 的包，成砖状，放入石灰缸内干燥即可。

【商品性状特征】

1. 亳菊　呈倒圆锥形或圆筒形，直径 1.5～3cm。舌状花数层，类白色，劲直，上举，散生金黄色腺点；管状花位于中央，黄色，为舌状花所隐藏。体轻，质柔润。气清香，味甜、微苦。（图 6-67）

2. 滁菊　呈不规则球形或扁球形，直径 1.5～2.5cm。舌状花类白色，不规则扭曲，内卷，有时可见淡褐色腺点；管状花大多隐藏。（图 6-67）

3. 贡菊　呈扁球形或不规则球形，直径 1.5～2.5cm。舌状花白色或类白色，斜升，上部反折，边缘稍内卷而皱缩，通常无腺点；通常无腺点；管状花少，外露。（图 6-67）

4. 杭菊　呈碟形或扁球形，直径 2.5～4cm，常数个相连成片。舌状花类白色或黄色，平展或微折叠，彼此黏连，通常无腺点；管状花多数，外露（图 6-67）。

5. 怀菊　呈不规则的扁球形，外形近似滁菊，摊平直径 1.5～2.5cm。舌状花瓣

笔记

亳菊

滁菊

贡菊

杭菊

图 6-67　菊花

类白色，间有浅红色、紫蓝色。花心细，密集隐藏。质松而柔软。气香，味苦。

【规格等级】

1. 亳菊

一等品：呈圆盘或扁扇形，花朵大，瓣密，苞厚，不露心。花瓣长而宽，白色，近基部微带红色。体轻，质柔软。气清香，味甘，微苦。无散朵、枝叶、虫蛀、霉变。

二等品：花朵色微黄，近基部微带红色。气芳香，其余同一等。

三等品：呈圆盘或扁扇形，花朵小，色黄或暗，间有散朵。叶棒不超过 5%。其余同二等。

2. 滁菊

一等品：呈绒球状或圆形（多为头花），朵大，花粉白色，花心较大，黄色。质柔，气芳香，味甜，微苦。不散瓣、无枝叶、无杂质、虫蛀，霉变。

二等品：呈绒球形（即二水花），花粉白色，朵均匀，不散瓣，其余同一等。

三等品：呈绒球状，朵小，色次（即尾花），间有散瓣，并条。其余同一等。

3. 贡菊

一等品：花头较小，圆形，花瓣密，白色，花蒂绿色，花心小，淡黄色，均匀不散朵。体轻质柔软。气芳香，味甘，微苦。无枝叶、杂质、虫蛀、霉变。

二等品：圆形，色白，花心淡黄色，朵均匀。其余同一等。

三等品：花头小，花心淡黄色，朵不均匀，间有散瓣。其余同二等。（图 6-67）

笔记

4. 杭菊

一等品：蒸花呈压缩状，朵大肥厚，玉白色，花心较大，黄色。气清香，味甘，微苦。无霜打花及枝叶。

二等品：花朵厚，较小，心黄色。其余同一等。

三等品：花朵小，间有不严重的霜打花。其余同二等。

5. 怀菊

一等品：呈圆盘或扁扇形，朵大，瓣长，肥厚。花黄白色，间有浅红或棕红色。质松而柔。气芳香，味微苦。无散朵、枝叶杂质、虫蛀等。

二等品：朵较瘦小，色泽较暗，间有散朵。其余同一等。

6. 出口品　以杭菊为主，分甲、乙两级。

【主要化学成分】挥发油约 0.13%，油中主要含龙脑、醋酸龙脑酯、樟脑、菊油环酮（chrysanthenone）等。

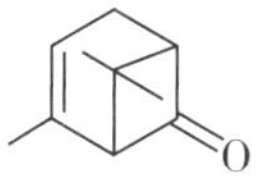

菊油环酮（chrysanthenone）

【质量要求】

1. 性状评价　一般以身干、色白（黄）、花朵完整不散瓣、香气浓郁、无杂质者为佳，通常认为亳菊和滁菊品质最优。

2. 绿原酸含量　用高效液相色谱法测定，含绿原酸（$C_{16}H_{18}O_9$）不得少于 0.20%。

【贮藏养护】本品易虫蛀，晒干后放缸甏内或木箱内盖紧（宜 30℃以下），置阴凉干燥处，密闭保存，防霉，防蛀。夏、秋季要勤检查，如有霉蛀，要烘干，不宜曝晒，否则散瓣变色。

红花 Honghua

Flos Carthami

【基原】菊科（Compositae）植物红花 *Carthamus tinctorius* L. 栽培品的干燥花。主产于河南延津等地者称怀红花，产四川简阳等地者称川红花，产云南凤庆等地者称云红花，产浙江慈溪等地者称杜红花，产新疆伊犁等地者称新疆红花。

本品于 5～6 月间当花正开放时，宜于晴天早晨露水未干前采收，晒干或阴干。

【商品性状特征】为不带子房的管状花，红色，花筒呈细管状，先端开裂，常见有黄色雄蕊高出花冠筒之上。气香，味微苦。（图 6-68）

1. 怀红花　先端较扁宽，色红而较深，黄色雄蕊相对较少露出，质柔软。

2. 川红花　较其他红花小，色红而鲜，近于橙红色，黄色雄蕊稍有露出，质稍硬。少数质差者带有白色花瓣。

3. 云红花　类似川红花，但色淡，近于橙黄色。

4. 杜红花　近于怀红花，花较长大，色红而不如怀红花色深，质柔软。

5. 新疆红花　过去野生品花短而碎，色红而晦暗，质硬，残留针刺较多；近年家种品质量有很大的改进，色红中带黄，质较柔软，尤以北疆的吉昌州、伊犁产品质好，近于

笔记

图 6-68　红花

怀红花。

【规格等级】商品分 2 等。

一等品：筒状花皱缩弯曲，成团或散在。表面深红色、鲜红色，微带黄色。无枝叶、杂质。

二等品：表面浅红，暗红或淡黄色，其余同一等。

【主要化学成分】红花苷（carthamin）、红花醌苷（carthamone）、新红花苷（neocarthamin）、红花素（carthamidin）和多种氨基酸等。

【质量要求】

1. 性状评价　一般以质干、花冠长、色红艳、质柔软、无枝刺者为佳。
2. 杂质检查　杂质不得超过 2%。
3. 水分测定　水分用烘干法测定，不得过 13.0%。
4. 灰分测定　总灰分不得过 15.0%。
5. 黄色素测定　用分光光度法测定，不得低于 0.40。
6. 红色素测定　用分光光度法测定，不得低于 0.20。

【贮藏养护】置阴凉干燥处，防潮，防蛀。传统贮藏法，系将净红花用纸分包（每包 500～1000g），贮于石灰箱内，以保持红花鲜艳的色泽。

【附注】全国每年生产红花约 1500 吨，纯购约 1400 吨，纯销约 1300 吨，供应出口约 200 吨。其中四川每年纯购不下 500 吨，供应出口 70 吨。红花近年来由滞变畅，价格上扬，各地应注意生产。

西红花 Xihonghua

Stigma Croci

【基原】鸢尾科（Iridaceae）植物番红花 *Crocus sativus* L. 栽培品的干燥柱头。

【产地】主产于西班牙。意大利、德国、法国、美国、奥地利、伊朗、日本等亦产，以西班牙产量最大。我国西藏、新疆、浙江、江苏、上海等地 20 世纪自 60 年代开始引种，80 年代大面积栽培，但产量不大，主为进口。

每年9～10月晴天早晨采集花朵，摘取柱头，在55～60℃烘干，但不宜烘的过干，使其保持色泽鲜艳，品质优良。或晾干，不宜晒干及阴干，即为“干西红花”；若再加工使其润光亮者为“湿西红花”，但目前此法已经极少采用。

【商品性状特征】呈线形，三分枝，暗红色。先端较宽大，向下渐细呈尾状，先端边缘有不整齐的齿状，下端为残留的黄色花柱。长约2.5cm，直径约1.5mm。体轻，质脆。气特异，微有刺激性，味微苦。（图6-69）

图6-69　番红花

1. 湿西红花　呈棕红色，有油润光泽。单一的柱头如线形，略弯曲，长约3cm，顶端较宽，基部较窄，用放大镜观察，内方有一短裂缝。置于水中，柱头扩大膨胀，开口呈长喇叭状，水被染成黄色。有特异香气，味微苦而后甘凉。

2. 干西红花　呈暗红棕色，间有浅黄色花柱。柱头常分2～3叉连在花柱上。质轻松而不粘连，无光泽及油润感。其余同湿西红花。

3. 国产西红花　性状基本与进口干西红花相同，但柱头较短，一般不带花柱，色泽较暗，质不如进口西红花柔软。水泡色稍淡。

【规格等级】分为散装生晾和采花生晾等规格。

【主要化学成分】主含胡萝卜素类化合物约2%，其中主要成分为西红花苷（crocin）、西红花苦苷（picrocrocin）、α-西红花酸（α-crocetin）等。此外含挥发油0.4%～1.3%，油中主要成分为西红花醛（safranal），为西红花苦苷的分解产物，次为桉脑、蒎烯等。

【质量要求】

1. 性状评价　以柱头暗红色、黄色花柱少、无杂质、有香气者为佳。

2. 醇溶性浸出物含量　含醇溶性浸出物不得少于55.0%。

3. 西红花苷-Ⅰ和西红花苷-Ⅱ的总含量　含西红花苷-Ⅰ和西红花苷-Ⅱ的总量不得少于10.0%。

4. 水试　取本品浸入水中，可见橙黄色直线下降，并逐渐扩散，水被染成黄色，无沉淀；柱头呈喇叭状，有短缝。

5. 化学定性　取本品少量，置白瓷板上，加硫酸1滴，酸液显蓝色，渐变为紫色，

笔记

后缓缓变为棕红色或红褐色。

6. 荧光检查　取本品粉末0.5g，加甲醇5ml，冷浸过夜，滤过。滤液浓缩为1ml，取浓缩浸液2滴，点于滤纸上，待溶剂挥干后，置紫外光灯（365nm）下观察，显橘红色荧光。

7. 紫外光谱　取吸收度项下的溶液，用分光光度法分别在458nm和432nm处测定吸收度，其吸收度的比值为0.85～0.90。

8. 干燥失重　减失重量不得过12.0%。

9. 灰分测定　总灰分不得过7.5%。

【贮藏养护】用铁盒、玻璃瓶或纸盒装。本品易泛油、变色，应密封，置阴凉干燥处保存。应注意防潮、避光。

第八节　果实类药材

果实包括果皮和种子两部分，药用常分为果实（fructus）、种子（semen）和果皮三大部分。

采用被子植物的完整果实或其一部分为药用部位的称为果实类药材。完整的果实包括成熟的、近成熟的和幼果，部分使用整个果穗；果实的一部分包括果皮、果肉、果核、果实上的宿存花萼、带部分果皮的果柄、果皮纤维束等。此外，商品药材中，以种子入药，但以果实出售和保存的，亦列入果实类。

商品特征：果实类药材大多为干燥品，其表面常有皱纹，以肉质果尤为明显。果实的形状因品种不同而异，较易识别，有些常有特殊的香气。果实类药材的鉴别主要应注意其类型、形状、颜色、表面特征、质地、断面、气味等。

商品规格：果实类商品药材多为统货。商品有规格等级的药材常依据药材大小和表面颜色或单位重量的粒数来划分。

粉末鉴别：主要观察果皮表皮碎片，中果皮薄壁细胞及纤维、石细胞、结晶、种皮、胚乳及胚的组织碎片。此外，注意有无镶嵌状细胞、内果皮表皮碎片等。

检查：果实类药材容易混入泥沙，有的直径较大不易干燥，应进行灰分、水分和浸出物的测定，以保证药材的纯度和质量。

贮藏养护：果实类药材一般使用袋、箱或缸贮。该类药材有的含有较丰富的营养物质，如糖类物质、淀粉、油脂等，易于虫蛀和泛油，因此应置于阴凉、通风干燥处保存。

五味子 Wuweizi

Fructus Schisandrae Chinensis

【基原】木兰科（Magnoliaceae）植物五味子 *Schisandra chinensis*（Turcz.）Baill. 的干燥成熟果实。药材习称“北五味子”。北五味子主产于辽宁本溪、凤城、桓仁、新滨、宽甸，吉林桦甸、蛟河、抚松、柳河、临江、延边、通化，黑龙江阿城、宁安、虎林等地。以辽宁产品质量最佳，故有“辽五味”之称。

东北各省多在霜降后采收，此时果实老熟定浆，质量好，其他地区多在白露后果实成熟时采收。将果实摘下，拣净果枝和杂质，晒干即可。河南、湖北、陕西各省将采下

笔记

的果实置于锅中略蒸后，取出晒干。

【商品性状特征】果实呈不规则球形或扁球形，直径0.5~0.8cm；表面红色、紫红色或暗红色，皱缩，显油性。果皮肉质柔软，内含种子1~2粒。种子肾形，表面黄棕色，有光泽。果肉味酸。种子破碎后，有香气，味辛辣而微苦。(图6-70)

北五味子　　南五味子

图6-70 五味子

【规格等级】北五味子(辽五味)按果实表面颜色和干瘪粒的多少分为两个等级。

一等品：呈不规则球形或椭圆形。表面紫红色或红褐色，皱缩，肉厚，质柔润。果肉味酸，种子有香气。干瘪粒不超过2%，无枝梗、杂质。

二等品：表面黑红、暗红或淡红色，皱缩，肉较薄。干瘪粒不超过20%。余同一等。

【主要化学成分】挥发油主含倍半蒈烯(sesquicarene)、β_2-没药烯(β_2-bisabolene)、β-花柏烯(β-chamigrene)及α-衣兰烯(α-ylangene)等。木脂素类成分主要为五味子素(schizandrin)、伪γ-五味子素(pseudo-γ-schizandrin)、去氧五味子素(deoxyschizandrin)、新五味子素(neoschizandrin)、五味子醇(schizandrol)、α-五味子素、β-五味子素、γ-五味子素、δ-五味子素、ε-五味子素等。

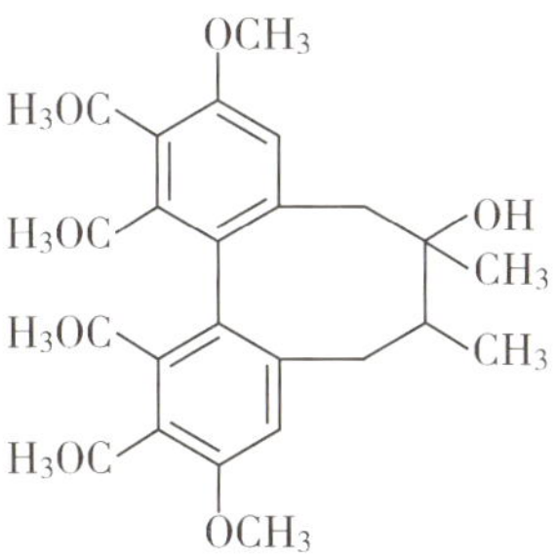

五味子素(schizandrin)

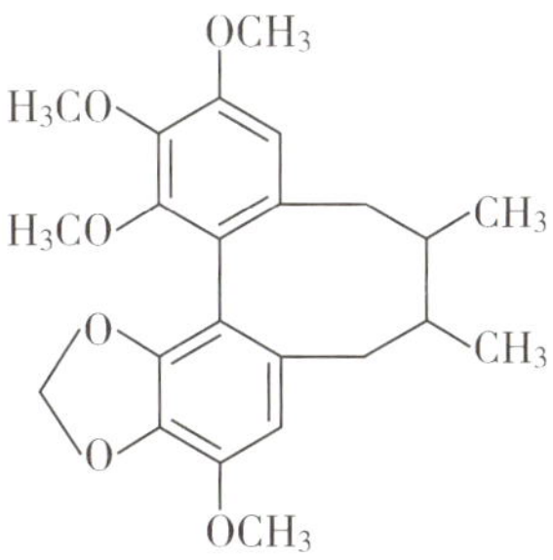

γ-五味子素(γ-schizandrin)

【质量要求】

1. 性状评价　一般以个大、色紫红、肉厚、柔润光泽、气味浓者为佳。通常认为北五味子质量最优。

2. 含量测定　用高效液相色谱法测定，含五味子醇甲($C_{24}H_{32}O_7$)不得少于0.40%。

3. 紫外光谱　取本品粉末0.2g，加乙醇20ml，放置12小时，滤过，滤液用乙醇稀释成每1ml约含1mg药材的溶液，作为供试品溶液。测试条件：扫描范围400～200μm，吸收度量程0～2A，狭缝宽度2nm，波长标尺放大40nm/cm。北五味子在216nm±2nm波长处有最大吸收，在253nm波长处有肩峰；南五味子在216nm±2nm附近有肩峰。

4. 杂质检查　杂质不得过1%。

【贮藏养护】以麻袋或塑料编织袋包装。本品易吸湿返潮，霉变，应置于阴凉通风干燥处保存，但不可干燥过度，以免失润干枯。

【附注】

1. 市场　全国每年生产约8500余吨，纯购约5800余吨，纯销约5000余吨，供出口约120吨。五味子市场供过于求，但无大的积压。

2. 南五味子　为华中五味子 *Schisandra sphenanthera* Rehd. et Wils. 的干燥成熟果实。主产于陕西、湖北、山西、河南、云南等地。果实呈不规则球形，较小，表面棕红色红色或暗棕色，果皮肉质较薄，无光泽，内含种子1～2粒。种子肾形，较北五味子种子略小，表面黄棕色，略呈颗粒状(图6-70)。商品为统货；干瘪粒不超过10%。无枝梗、杂质、虫蛀、霉变。含五味子甲素(deoxyschizandrin A)，五味子酯甲、乙、丙、丁、戊(deoxyschizandrin A、B、C、B、E)等成分。

枳壳 Zhiqiao

Fructus Aurantii

【基原】芸香科(Rutaceae)植物酸橙 *Citrus aurantium* L. 及其栽培变种的干燥近成熟果实。主产于江西清江、新干、新余，四川綦江、江津，湖南沅江等地。商品将江西产者称"江枳壳"，四川产者称"川枳壳"，湖南产者称"湘枳壳"，以江西产者最为闻名。四川产者质量最佳。

多在大暑前采收，但因枳壳的品种有差别，按产地具体条件亦可推迟到秋分至寒露采收。过迟则果实成熟，皮薄瓤多，气味不佳，影响质量。于果实未成熟或近成熟时自树上从上至下、由内而外进行摘取，从中间横切成两半，仰面晒干或用微火烘干即可。晒时需用东西遮盖，以免阳光直射，使挥发油损失过多，肉被浸润发黄，影响质量。故宜阴干或风干。

【商品性状特征】

1. 枳壳　呈半球形，直径3～5cm。外果皮褐色或棕褐色，表面有颗粒状突起，突起的顶端有凹点状油室，切面中果皮黄白色，边缘散有1～2列油点。气清香，味苦、微酸。(图6-71)

2. 川枳壳　个大，直径3.5～6cm。表面青绿色至绿褐色，皮细有光泽，肉厚，质坚实，气香。

3. 江枳壳　个小，直径在3.5～4.5cm，少数可达5.5cm。表面黑绿色至棕褐色，皮稍粗糙，肉厚，瓤小，质坚实，气香。

4. 湘枳壳　个大，外皮棕褐色，皮粗糙，肉较薄，质较松，香气较淡。

酸橙枳壳

香圆枳壳

玳玳花枳壳

图 6-71　枳壳

【规格等级】商品主要分为川枳壳、江枳壳、湘枳壳等规格。均分为 2 等或统货。

一等品：横切对开，呈扁圆形。表面绿褐色或棕褐色，有颗粒状突起。切面黄白色或淡黄色，肉厚，果小，质坚硬。气清香，味苦微酸。直径 3.5cm 以上，肉厚 0.5cm 以上。

二等品：直径 2.5cm 以上，肉厚 0.35cm 以上。余同一等。

【主要化学成分】主含 *d*-柠檬烯（*d*-limonene）、柠檬醛（citral）、*d*-芳樟醇（*d*-linalool）、邻氨基苯甲酸甲酯、橙皮苷（hesperidin）、新橙皮苷（neohesperidin）、柚皮苷（即异橙苷，naringin）、苦味成分苦橙苷（aurantiamarin）、辛弗林（synephrine）。

【质量要求】

1. 性状评价　以个大、果皮色青绿、果肉厚而色白（习称青皮白口）、质坚实、气清香者为佳。通常认为川枳壳最优。

2. 含量测定　用高效液相色谱法测定，含柚皮苷（$C_{27}H_{32}O_{14}$）不得少于 4.0%。

3. 化学定性　取本品粉末 0.5g，加甲醇 10ml，加热回流 10 分钟，滤过，取滤液 1ml，加四氢硼钾约 5mg，摇匀，加盐酸数滴，溶液显樱红色至紫红色。

4. 灰分测定　总灰分不得过 7.0%。

【贮藏养护】用竹篓或麻袋装。本品易虫蛀、发霉、怕热，应置阴凉干燥处保存。

笔记

【附注】

1. 市场 枳壳在全国产量比枳实大，纯购、纯销大于市场2倍。市场供求情况基本上和枳实相同。

2. 枳实 酸橙 *Citrus aurantium* L. 及其栽培变种的干燥未成熟的果实。

吴茱萸 Wuzhuyu

Fructus Evodiae

【基原】芸香科（Rutaceae）植物吴茱萸 *Evodia rutaecarpa*（Juss.）Benth.、石虎 *Evodia rutaecarpa*（Juss.）Benth. var. *officinalis*（Dode）Huang 或疏毛吴茱萸 *Evodia rutaecarpa*（Juss.）Benth. var. *bodinieri*（Dode）Huang 的干燥近成熟果实。前者习称“大花吴萸”或“大粒吴萸”，后二者习称“小花吴萸”或“小粒吴萸”。吴茱萸主产于贵州铜仁、广西、四川、湖北、云南、湖南、广东、浙江、江西等地。其中以贵州、广西、湖南产量最大。石虎主要分布于贵州、四川、广西、湖北、湖南、浙江及江西。疏毛吴茱萸主要分布于贵州、广西、江西、湖南及广东。

本品于每年处暑前后（8月下旬），当吴茱萸由绿色变黄色，而心皮尚未分离时采收，采摘时将果穗成串剪下，立即摊开日晒，晚上收回亦摊开，晒7～8天即干。若遇阴雨天气，可用不超过60℃的文火烤干。晒或烤的过程中，须经常翻动，使之干燥一致。干后用手或木棒揉搓打下果实，拣尽枝、叶、果柄等杂质，折干率约30%～50%。

【商品性状特征】

1. 大花吴萸 呈类圆球形或略呈五角状扁球形，直径约3～6mm，表面褐色，质硬而脆，横切面可见子房5室，每室有未成熟的淡黄色种子1～2粒，气芳香浓郁，味辣而苦。（图6-72）

2. 小花吴萸 呈球形，直径2～5mm，表面黄绿色至褐色，顶端有五角星状裂隙，气芳香浓郁，味辣而苦。

图6-72 吴茱萸

【规格等级】商品分大粒吴萸和小粒吴萸2种规格，一般为统货。

【主要化学成分】主含吴茱萸碱（evodiamine）、吴茱萸次碱（rutecarpine）、吴萸烯（evodene）等。

【质量要求】

1. 性状评价 一般以粒大、色棕黑、无枝梗、芳香气浓郁者为佳。

2. 醇溶性（稀乙醇）浸出物含量 用热浸法测定，不得少于30.0%。

3. 吴茱萸碱（$C_{19}H_{17}N_3O$）和吴茱萸次碱（$C_{18}H_{13}N_3O$）含量 用高效液相色谱法测定，总含量不得少于0.15%。

4. 干燥失重 105℃干燥6小时，减失重量不得过15.0%。

5. 灰分测定 总灰分不得过10.0%，酸不溶性灰分不得过1.0%。

笔记

6. 杂质检查　杂质不得过 7%。

【贮藏养护】用竹篓或木箱内衬麻袋包装。本品易泛油，散失气味。宜置阴凉干燥处保存，注意防热。

【附注】全国一般年均生产 400～600 吨，纯购约 500 吨，纯销约 450 吨，供应出口约 20～30 吨。吴茱萸为常用中药，虽用量不大，但资源较少，故近年来市场紧缺，有时脱销，价格成倍上涨。

山茱萸 Shanzhuyu

Fructus Corni

【基原】山茱萸科（Cornaceae）植物山茱萸 *Cornus officinalis* Sieb. et Zucc. 的干燥成熟果肉。主产于浙江临安、淳安、昌化，河南南阳、嵩县、济原、巩县等地。产于浙江者习称“杭萸肉”、“淳萸肉”，产量大，品质佳。

一般在秋季 10～11 月间霜降后采收，以经霜后采者质量最佳。将鲜果放在竹笼内用文火烘焙至膨胀（防止烘焦），冷却后用手把核挤出，置阳光下晒干，此法所得产品质佳。或将鲜果置入沸水中，待水再沸起小泡约 10 分钟捞出，稍凉，捏去种子，将果肉晒干或烘干。或将鲜果入木屉内蒸 5 分钟，取出稍晾，捏去种子，将果肉晒干或烘干。煮或蒸者，所得产品质量较次。

【商品性状特征】呈不规则片状或囊状，长 1～1.5cm，宽 0.5～1cm；表面紫红色至紫黑色，皱缩，有光泽，质柔软。气微，味酸、涩、微苦。（图 6-73）

山茱萸　　山茱萸（新货）

图 6-73　山茱萸

【规格等级】一般为统货。

【主要化学成分】主含山茱萸苷（即马鞭草苷 cornin 或 verbenalin）、莫诺苷（morroniside）、7-*O*-甲基莫罗忍冬苷（7-*O*-methyl morroniside）、番木鳖苷（loganin）、熊果酸（ursolic acid）等。

【质量要求】

1. 性状评价　以肉肥厚、色紫红、油润柔软者为佳。

2. 水溶性浸出物含量　用冷浸法测定，不得少于 50.0%。

3. 马钱苷($C_{17}H_{26}O_{10}$)含量　用高效液相色谱法测定,不得少于0.60%。

4. 干燥失重　105℃干燥6小时,减失重量不得过16.0%。

5. 灰分测定　总灰分不得过6.0%,酸不溶性灰分不得过0.5%。

6. 杂质检查　果核果梗不得过3%。

【贮藏养护】贮藏用木箱或麻袋装。本品易虫蛀、发霉,应置阴凉干燥处,防潮,防蛀。酒山茱萸、蒸山茱萸应密闭,置阴凉干燥处,防蛀。

【附注】全国每年生产约450~1000吨,纯购约800吨,纯销约700~800余吨,供应出口约20吨左右。山茱萸产地较少,生长周期长,又是多种成药的原料药。长期以来市场上属紧俏商品,供不应求。随着商品紧缺,质量也大为下降。

连翘 Lianqiao

Fructus Forsythiae

【基原】木犀科(Oleaceae)植物连翘 *Forsythia suspense*(Thunb.)Vahl 干燥果实。主产于山西、河南、陕西、山东等地,以山西、河南产量最大。

秋季果实初熟尚带绿色时采收,除去杂质,蒸熟,晒干,习称"青翘";果实熟时采收,晒干,除去杂质,习称"老翘"。

【商品性状特征】呈长卵形至卵形,长1.5~2.5cm,直径0.5~1.3cm;表面有多数凸起的小斑点,两面各有1条明显的纵沟;顶端锐尖,"青翘"多不开裂,表面绿褐色,种子多数。"老翘"自顶端开裂成两瓣,表面黄棕色或红棕色,种子多已脱落。气微香,味苦。(图6-74)

青翘　　老翘

图6-74　连翘

【规格等级】商品分"青翘"、"老翘",其种子为"连翘心"一般为统货。

【主要化学成分】主含连翘酚(forsythol)、连翘苷(phillyrin)、连翘苷元(phillygenin)等。

【质量要求】

1. 性状评价　青翘以色较绿、不开裂者为佳。老翘以色黄棕、瓣大、壳厚者为佳。

2. 浸出物测定　用冷浸法测定,青翘不得少于30.0%,老翘不得少于16.0%。

3. 连翘苷($C_{29}H_{36}O_{15}$)含量 用高效液相色谱法测定,不得少于0.15%。

4. 杂质检查 青翘含杂质不得过3%,老翘不得过9%。

5. 灰分测定 总灰分不得过4.0%。

【贮藏养护】易受潮发霉,虫蛀,应置干燥处用麻袋或竹席包装。

【附注】全国丰年一般年均产12 000余吨,欠年产7400余吨,纯购年均为4000余吨,纯销年均约3600吨,出口近年在10吨以下。

枸杞子 Gouqizi

Fructus Lycii

【基原】茄科(Solanaceae)植物宁夏枸杞*Lycium barbarum* L. 栽培品的干燥成熟果实。主产于宁夏中宁、中卫。近年来内蒙古、甘肃、新疆等地亦大量栽培。以宁夏产者质量最佳,为道地药材。

夏、秋季(6~10月)果实呈橙红色(8~9月成熟)时采收,通常每隔5~7天采摘1次,忌在有晨露和雨水未干时采摘。晒干法将鲜果摊在果栈上,厚度2~3cm,放阴凉通风处,晾至皮皱后,再曝晒至外皮干硬,果肉柔软,在晾晒时不要用手翻动,以免果实变黑,影响质量。烘干法将摊有鲜果的果栈逐层叠架,推入烘房中,梯度升温使其逐渐干燥,一般3~4昼夜即可干燥。果实干燥后,将其装入一长布袋中,两人抬起布袋往返拉动,使果实在布袋中相互摩擦撞击而脱去果柄和宿萼。亦可采用脱柄机脱柄,效率高,效果好。目前大批量加工多采用低温干燥法,或采用以化学方法处理后干燥的新技术——快速低温干燥法。取原药材,除去杂质,摘去残留果柄,拣除霉坏变质的果实。

【商品性状特征】呈纺锤形,长6~21mm,直径3~10mm.。果皮红色或暗红色,果肉肉质,柔润而有黏性;种子通常20~50粒,类肾形,扁而翘,表面淡黄色至黄色。无臭,味甜。(图6-75)

图6-75 枸杞子

【规格等级】商品常分宁夏枸杞子等规格。宁夏枸杞子一般分为5个等级。

一等品:每50g 370粒以内。果实椭圆形或长卵形,色泽鲜红或红色、暗红色,质

笔记

柔软,多糖质,滋润,味甜。大小均匀,无油粒、破粒、杂质、虫蛀、霉变。

二等品:每 50g 580 粒以内。其余同一等。

三等品:每 50g 900 粒以内。果实暗红或橙红色,糖质较少,其余同一等。

四等品:每 50g 1100 粒以内。果实暗红或橙红色,糖质少,无油粒。其余同一等。

五等品:色泽深浅不一,每 50g 1100 粒以外。破粒,油粒不超过 30%。余同四等。(图 6-76)

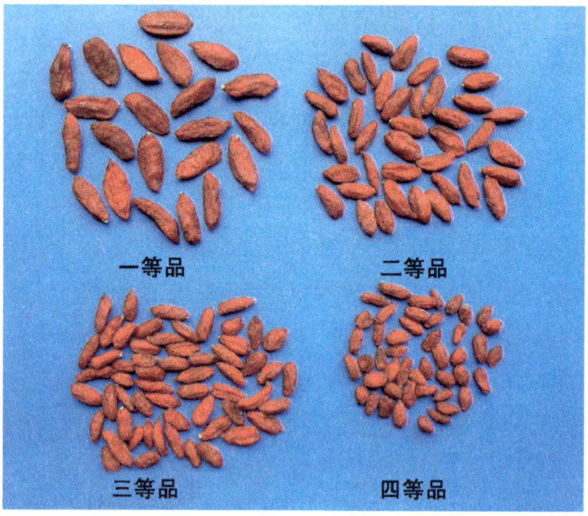

图 6-76 宁夏枸杞子

出口品:分特级(贡果面)、甲级(贡果王)、乙级(贡果)、丙级(超王杞)等 4 个规格。

【主要化学成分】主含甜菜碱(betaine),胡萝卜素,烟酸,维生素 B_1、B_2、C,硫胺素(thiamine),抗坏血酸(asorbic acid),玉蜀黍黄素(zeaxanthin)等。

【质量要求】

1. 性状评价 以粒大、色红、肉厚、质柔润、籽少、味甜者为佳。
2. 杂质检查 杂质不得过 0.5%。
3. 水分测定 水分不得过 13.0%。
4. 灰分测定 总灰分不得过 5.0%。

【贮藏养护】用箱或硬纸箱内衬防潮油纸包装。本品极易虫蛀、霉变、泛油、变色、应密封,置于阴凉干燥处保存。注意防热、防蛀,少量商品可在晒干后每 0.5 ~ 1kg 为包,贮于石灰缸内,或置于缸内再喷白酒,以防霉蛀。大宗商品可用氯化苦或磷化铝熏。如有条件最好冷藏。在保管中,应防鼠害。

【附注】全国一般年均生产约 3600 余吨,纯购约 1800 ~ 2500 余吨,纯销约 2200 余吨,供应出口约 180 ~ 200 余吨。枸杞为大路商品,也是许多中成药、营养饮料不可缺少的原料。历史上曾几度出现紧缺和积压情况,以宁夏枸杞紧缺为多,以津枸杞供大于求为多。1985 年津枸杞全国大量积压,许多地区霉烂库内,价格降为历史最低水平。近几年枸杞市场销售抬头,价格回升。

笔记

砂仁 Sharen

Fructus Amomi

【基原】姜科(Zingiberaceae)植物阳春砂 *Amomum villosum* Lour.、绿壳砂 *Amomum villosum* Lour. var. *xanthioides* T. L. Wu et Senjen 或海南砂 *Amomum longiligulare* T. L. Wu 栽培品的干燥成熟果实。阳春砂仁主产广东阳春、阳江、高州、信宜、广宁、封开。以广东阳春、阳江产量大，最为著名，为道地药材。绿壳砂主产于云南西双版纳、临沧、文山、景洪。海南砂主产于海南澄迈、崖县，广西博白、陆川。

1. 采收　砂仁果实成熟期各地不同。一般于 8 月中、下旬，当果实表面颜色由红紫变为红褐色，果肉呈荔枝肉状，种子红褐色，嚼之有浓烈的辛辣味时采收。其成品生干比率可达 23% ~25%。采收时，山区自下而上进行，平原则分畦采摘。用小刀或剪刀剪下果穗，收果后再剪去过长的果序柄，将鲜果分 2 级，再进行加工。采收时注意：切勿手扯果穗，以防扯伤匍匐茎的表皮，不要压倒植株和踩伤匍匐茎。

2. 加工

(1) 焙干法：分杀青、压实、复火 3 个工序。杀青，将鲜果放入焙筛约 10cm 厚，摊平，置于炉上，盖上湿麻袋，轻压一夜，使果皮与种子贴紧。复火，压实的果实再放焙。筛上摊平，置于炉上，用炭火烘焙，经常翻动。在 70℃以下，烘约 6 小时，晾干后包装。

(2) 晒干法：分杀青和晒干 2 个工序。一般选用木桶(称杀青木桶)，每桶盛砂仁 50kg 左右。加工时，将木桶置于熏烟灶上，装入砂仁，用湿麻袋盖密桶口，升火熏烟，至砂仁“发汗”(即果皮布满小水珠)时，取出摊放在竹筛或晒场上晒干，此法较简单、灵活，可分散加工，但时间较长，效率低，成品果质量差。

【商品性状特征】

1. 阳春砂　呈椭圆形或卵圆形，有不明显的钝三棱，长 1.5 ~2cm，直径 1 ~1.5cm。外表棕红色或紫红色，密具柔软肉质的短刺，果皮薄，与种子团紧贴。种子团长圆形或圆形，3 室，每室有种子 6 ~15 粒，紧排成 2 ~4 行。种子表面有不规则的致密皱纹。气芳香而浓烈，味辛凉、微苦。(图 6-77)

2. 绿壳砂　呈类圆形，长 1.5 ~2cm，直径 1 ~1.2cm。表面短刺呈片状突起，外表面黄棕色或棕色，有较明显的纵向棱线。果皮和种子团多不紧贴。种子团较小，气味比阳春砂淡。(图 6-77)

进口品：呈长椭圆形，长 1.5 ~2cm，直径 1 ~1.5cm。有钝三棱，一端较尖，表面颜色较暗，呈灰褐色至棕色，疏生片状突起。

3. 海南砂　呈长椭圆形或卵圆形，直径 0.8 ~1.2cm。有明显的三棱，长 1.5 ~2cm，表面被片状、分支状软刺。果皮厚而硬，种子团较小，每瓣有种子 3 ~24 粒，气味稍淡。(图 6-77)

【规格等级】商品常分为阳春砂、绿壳砂、海南砂等规格，一般为统货，但果柄不得超过 2cm。另有净砂，常分 2 等或为统货。进口品分原砂仁、砂头王、砂米、砂壳等规格。

1. 净砂

一等品：为除去外果皮的种子团，呈钝三棱状的椭圆形或卵圆形，分成 3 瓣，每瓣

阳春砂　　　绿壳砂　　　海南砂

图6-77　砂仁

约有种子十数粒，子粒饱满。表面灰褐色，破开后，内部灰白色。味辛凉微辣。种子团完整。每50g 150粒以内。无糖子、果壳、杂质、霉变。

二等品：种子团较小而瘪，每50g 150粒以上，间有糖子，无果壳、杂质、霉变砂壳。余同一等。

2. 进口品

（1）原砂仁　为种子团，呈长椭圆形，钝三棱明显，表面暗棕色或灰棕色，分成3瓣，相接处凹下成3条纵沟。每瓣约有种子数粒至十数粒，种子团大小不均匀。

（2）砂头王　呈类圆球形或卵圆形，颗粒大而均匀饱满。外被一层白粉霜。为原砂仁中的质佳者。

（3）砂米　为砂仁的散粒种子。呈不规则马蹄形或多角形，直径约0.3cm。表面暗棕色或棕红色，有多数细小皱纹。质坚硬，断面白色，显油润。

（4）砂壳　为砂仁的果皮。多呈三瓣裂开。外表面棕色或棕褐色，密生刺片状突起，内表面淡棕色，平滑。质轻而韧，易纵向撕破，气味较砂仁为淡。

【主要化学成分】阳春砂种子含挥发油3%以上。油的主要成分为龙脑、右旋樟脑、醋酸龙脑酯（bornyl acetate）、芳樟醇（linalool）、橙花叔醇（nerolidol）、柠檬烯、莰烯等。绿壳砂（缩砂）仁种子含挥发油约1.7%～3%，油中成分与阳春砂种子大致相似。海南砂种子亦含挥发油。

【质量要求】

1. 性状评价　以个大、饱满、坚实、种子色红棕、气味浓者为佳。

2. 含量测定　阳春砂、绿壳种子团含挥发油不得少于3.0%（ml/g）；海南砂种子团含挥发油不得少于1.0%（ml/g）。

3. 水分测定　用甲苯法测定，不得过15.0%。

【贮藏养护】用木箱或纸箱装。置阴凉干燥处。商品安全水分10%～12%。本品易生虫，受潮发霉，久置泛油。贮藏期间可密封抽氧充氮（或二氧化碳）养护。

【附注】全国近年来平均生产约280～300吨，纯购约260吨，纯销约800吨，也有一定量出口。砂仁为常用中药，多年来市场供不应求，有时严重脱销；很多地区常以土

笔记

砂仁代替使用，价格梯形上升，1986 年砂仁价格为历史最高水平，目前价格日趋下降，但幅度不大，估计砂仁供求矛盾在短时间不能缓和。

第九节　种子类药材

以种子植物的成熟种子为药用部位的药材称为种子类药材。多数药材是用完全成熟的种子，少数为种子的一部分，如假种皮（龙眼肉）、种皮（绿豆衣）、种仁（肉豆蔻）、去子叶胚（莲心）等。少数用发了芽的种子（大豆卷）或种子发酵加工品。

商品特征：种子类药材形态多样，应注意观察种子的形状、大小、颜色、表面纹理、种脐、种脊、种阜、含点的位置，以及质地、纵横剖面及气味等。其中重点观察种子表面特征，如王不留行表面有颗粒状突起，蓖麻子表面有色泽鲜艳的花纹，马钱子表面密被毛茸。胚乳的形状或有无，如马钱子有发达的胚乳，苦杏仁无胚乳；子叶的数目，如单子叶植物的种子子叶 1 枚，双子叶植物的种子子叶 2 枚，裸子植物的种子子叶 2 至多枚，如松属植物种子有子叶 5 ~ 18 枚。

商品规格：种子类药材多为统货，少数按照大小、色泽、杂质和碎仁的比例、成熟程度和产地等划分等级。

粉末鉴别：种子类药材粉末鉴别特征的主要标志是糊粉粒，此外还应注意种皮碎片、纤维、石细胞，或可能出现的栅状细胞、杯状细胞、支持细胞、色素细胞、网状细胞、硅质块、分泌组织等，均为鉴别的主要依据。

检查：种子类药材通常需进行灰分和水分测定；含有黏液质的药材，可进行膨胀度的测定；富含蛋白质的药材，可采用电泳技术进行鉴别。种子与果实类药材的贮藏方法相同。

酸枣仁 Suanzaoren

Semen Ziziphi Spinosae

【基原】鼠李科（Rhamnaceae）植物酸枣 *Ziziphus jujuba* Mill. var. *spinosa* Bunge Hu ex H. F. Chou 的干燥成熟种子。主产于河北邢台、内丘、邯郸、承德及辽宁、内蒙古、山东、山西、河南、陕西、甘肃、宁夏、四川，以河北邢台产量最大。销全国各地及出口。

秋季果实变红时采下果实，沤烂果肉，用水淘净，将果核晒干，碾破种壳取出种子，晒干。

【商品性状特征】呈扁圆形或椭圆形，长 5 ~ 9mm，宽 5 ~ 8mm，厚约 3mm；表面紫红或紫褐色，平滑有光泽，有的有裂纹，一面较平坦，中间有 1 条隆起的纵线纹，另一面稍凸起；一端凹陷，可见白色线形种脐；另一端有细小凸起的合点；种皮较脆，胚乳白色，子叶 2 片，浅黄色，富油性；气微，味淡。（图 6-78）

【规格等级】

一等品：饱满，表面深红色或紫褐色，有光泽。核壳不超过 2%，碎仁不得超过 5%。

二等品：较瘪瘦，表面深红色或棕黄色。核壳不超过 5%，碎仁不超过 10%。

【主要化学成分】酸枣仁皂苷 A、B（jujuboside A、B），白桦脂酸（betulic acid），白桦脂醇（betulin），胡萝卜苷（daucosterol），当药素（swertisin），阿魏酸，植物甾醇，脂肪

图6-78　酸枣仁

油,cAMP,维生素 C 等。

【质量要求】

1. 性状评价　一般以粒大、饱满、外皮色紫红、光滑油润、种仁色黄白、无核壳者为佳。

2. 化学定性　取本品粗粉 1g,加水 10ml,浸泡过夜;滤过,取滤液 1ml 置试管内,激烈振摇,产生泡沫,经久不消。

【贮藏养护】 置阴凉干燥处。

马钱子 Maqianzi

Semen Strychni

【基原】马钱科(Loganiaceae)植物马钱 *Strychnos nux-vomica* L. 的干燥成熟种子。主产于印度东海岸森林地带、越南、缅甸、泰国、锡兰等地。

冬季采收成熟果实,取出种子洗净附着的果肉,晒干。

【商品性状特征】呈扁圆形钮扣状,直径 1.5 ~ 3cm,厚 0.3 ~ 0.6cm。常一面隆起,一面稍凹下,表面灰棕色或灰绿色,密生银灰色毛茸,自中央向四周呈辐射状排列,有丝状光泽。边缘稍隆起,较厚,有突起的珠孔,底面中心有突起的圆点状种脐。质坚硬,平行剖面可见淡黄色胚乳,角质样,子叶心形,叶脉 5 ~ 7 条,无臭,味极苦。(图 6-79)

【规格等级】一般均为统货。

【主要化学成分】含总生物碱 2% ~ 5%,主要为番木鳖碱(士的宁 strychnine,$C_{21}H_{22}O_2N_2$)、马钱子碱(brucine,$C_{23}H_{26}O_4N_2$),另含微量的番木鳖次碱(vomicine)、伪番木鳖碱(pseudostrychnine)、伪马钱子碱(pseudobrucine)、α-及 β-可鲁勃林(α-,β-colubrine)等。此外,尚含番木鳖苷(loganin,$C_{17}H_{26}O_{10}$)、绿原酸等。

【质量要求】

1. 性状评价　一般以个大、饱满、灰棕色微带绿色、有细密毛茸、质坚无破碎者为佳。

笔记

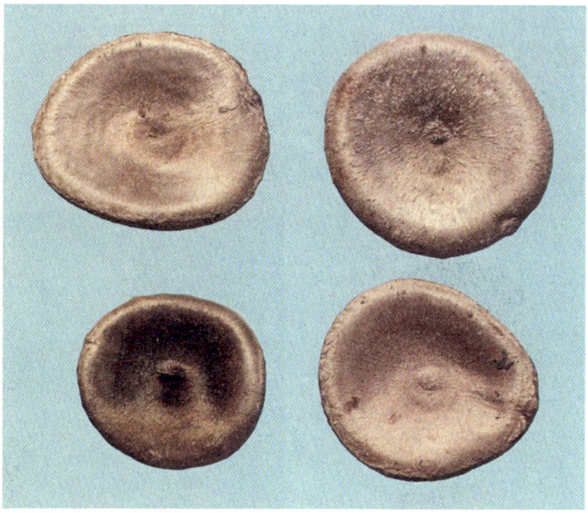

图 6-79 马钱子

2. 士的宁含量 用高效液相色谱法测定，生马钱子含士的宁（$C_{21}H_{22}N_2O_2$）应为 1.20% ~2.20%。马钱子粉含士的宁应为 0.78% ~0.82%。

3. 化学定性 取干燥种子的胚乳部分作切片，加 1% 钒酸铵硫酸溶液 1 滴，胚乳即显紫色。加发烟硝酸 1 滴，胚乳即显橙红色。

4. 水分测定 用烘干法测定，生马钱子水分不得过 13.0%。马钱子粉的水分不得过 14.0%。

【贮藏养护】置阴凉干燥处。

槟榔 Binglang

Semen Arecae

【基原】棕榈科（Palmae）植物槟榔 *Areca catechu* L. 栽培品的干燥成熟种子。主产于广东，云南元江、河口、金平，海南屯昌、定安、陵水、崖县、琼东、东会、万宁、澄迈、保亭、琼中等县。福建、台湾、广西等地亦产。国外以菲律宾、印度尼西亚、印度、斯里兰卡产量最大，为著名的四大南药之一。

春末至秋初果实成熟时采收，用水煮后低温干燥，除去果皮，取出种子，干燥。

【商品性状特征】

1. 进口品（大白槟） 呈近圆锥形或扁圆形，高 1.5 ~3cm，基部直径 2 ~3cm。顶端钝圆，底部中央微凹陷，可见疤痕状的种脐。表面淡棕色或黄棕色，略粗糙，有颜色较淡的网状沟纹。质坚硬，不易破碎，断面有白色（胚乳）、红棕色（外胚乳及种皮）交错相间的大理石纹理。气微，味涩而微苦。柬埔寨产品：表面及横切面均稍呈红色，其形状有似尖槟的，也有似大白槟的。

2. 国产品（尖槟） 形状较高，形如鸡心，横切面的大理石纹较不清晰，时有枯心。

【规格等级】常按产地分为：榔玉（海南槟），产于海南省平扁形，质松，外表多皱纹，故亦称“抗皱槟”。台槟，产于台湾。形尖圆，颗粒小，质较差。吕宋槟，产于菲律宾；与台槟相仿，但质较坚实，多由吕宋输出。马来半岛产者形正圆，颗粒较大，质坚实。一般分为二等或统货。

笔记

一等品：呈扁圆形或圆锥形。表面淡黄色或棕黄色。质坚实。断面有灰白色与红棕色交错的大理石样花纹。味涩、微苦。每1000g 160个以内。

二等品：每1000g 160个以外。间有破碎、枯心不超过5%，轻度虫蛀不超过3%。其余同一等。（图6-80）

一等品

二等品

图6-80 槟榔

【主要化学成分】槟榔碱（arecoline，$C_8H_{13}NO_2$）、槟榔次碱（arecaidine）、去甲基槟榔碱（guvacoline）、去甲基槟榔次碱（guvacine）、异去甲基槟榔次碱（isoguvacine）、槟榔副碱（arecolidine）、高槟榔碱（homoarecoline）等，均以与鞣酸结合的形式存在。此外，含鞣质13%～27%、脂肪油14%～28%、槟榔红（areca red，红色素）、多种氨基酸等。

【质量要求】

1. 性状评价　一般以个大、体重、质坚、无破裂者为佳。

2. 槟榔碱含量　用酸碱滴定法测定，本品含醚溶性生物碱以槟榔碱（$C_8H_{13}NO_2$）计算，不得少于0.30%。

3. 化学定性　取本品粉末0.5g，加水3～4ml，加5%硫酸液1滴，微热数分钟，滤过，取滤液1滴于玻片上，加碘化铋钾试滴1滴，即显混浊，放置后，置显微镜下观察，有石榴红色的球晶或方晶产生。

4. 水分测定　本品水分用烘干法测定，不得过10.0%。

【贮藏养护】置阴凉干燥处。

第十节　全草类药材

以草本植物的全体或一部分为药用部位的药材称为全草类药材。全草（herba）类药材又称草类药材，在中药商品中占有重要位置。全草类药材大多数为植物地上部分，亦有带有根及根茎的全株（全草），或小灌木草质茎的枝梢，如麻黄等。

商品特征：全草类药材鉴别应按所包括的器官，如根、茎、叶、花、果实、种子等分别进行观察。全草类药材是植物全株或地上的某些器官直接干燥而成，原植物的特征一

笔记

般反映了药材性状特征，因此原植物分类鉴定尤为重要。

商品规格：全草类药材多为统货，少数依据来源、产地、划分规格，或按大小分等。

组织鉴别：主要注意茎、叶的构造特点。

粉末鉴别：全草类药材的粉末鉴别，一般应注意观察下列特征：茎、叶的表皮细胞、非腺毛、叶肉组织、草酸钙或碳酸钙晶体、花粉粒。带有根及根茎者应注意淀粉粒、导管和厚壁组织等。

检查：全草类药材常混有杂质、泥土，一般应进行灰分、水分、浸出物和挥发油的含量测定。

贮藏：全草类药材通常用袋、筐或箱装，较长大的全草类药材可打包。本类药材较易变色和散失气味，贮藏时应注意密封，置于阴凉、干燥、通风处保存。

麻黄 Mahuang

Herba Ephedrae

【基原】麻黄科（Ephedraceae）植物草麻黄*Ephedra sinica* Staspf.、木贼麻黄*Ephedraequisetina* Bunge及中麻黄*Ephedra intermedia* Schrenk et C. A. Mey.的干燥草质茎。主产于山西大同、浑源、山阴，河北蔚县、怀安、围场，内蒙古、辽宁、甘肃、陕西、宁夏、新疆等地；销全国各地，并出口。习惯以山西产者质量最佳。

秋季割取草质茎，去净杂质，晾干，或晾至6成干时，再晒至足干即可。切勿受霜打，以免影响疗效。

【商品性状特征】

1. 草麻黄　呈细长圆柱形，少分枝，直径1～2mm。有的带少量棕色木质茎。表面淡绿色至黄绿色，有细纵脊线，触之有粗糙感。节明显，节间长2～6cm。节上有膜质鳞叶，长3～4mm；裂片2（稀3），锐三角形，先端灰白色，反曲，基部联合成筒状，红棕色。体轻，质脆，易折断，断面略成纤维性，周边绿黄色，髓部红棕色，近圆形。气微香，味涩、微苦。（图6-81）

2. 中麻黄　多分枝，直径1～1.5mm，无粗糙感。节间长2～6cm，膜质鳞叶长2～3mm；裂片3（稀2），先端锐尖。断面髓部呈三角状圆形。（图6-81）

3. 木贼麻黄　分枝较多，直径1～1.5mm，无粗糙感。节间长1.5～3cm。膜质鳞叶长1～2mm；裂片2（稀3），上部短三角形，灰白色，先端多不反曲，基部棕红色至棕黑色。（图6-81）

【规格等级】分为草麻黄、中麻黄、木贼麻黄3种规格，一般为统货。

【主要化学成分】*l*-麻黄碱（*l*-ephedrine）、*d*-伪麻黄碱（*d*-pseudoephedrine）、微量的*l*-*n*-甲基伪麻黄碱（*l*-*n*-methyl-ephedrine）、*d*-*n*-甲基伪麻黄碱（*d*-*n*-methyl-pseudoephedrine）、*l*-去甲基麻黄碱（*l*-norephedrine）、右旋去甲基伪麻黄碱（*d*-norpseudoephedrine）、苄甲胺（benzymethylamine）、*l*-松油醇（*l*-terpineol）、麻黄噁唑酮（ephedroxane）等。总生物碱的含量草麻黄约1.3%，中麻黄约1.1%，木贼麻黄约1.7%。其中*l*-麻黄碱在草麻黄和木贼麻黄中的含量均占总生物碱的80%以上，中麻黄中的含量较少，约占30%～40%。

笔记

草麻黄

木贼麻黄

图6-81 麻黄

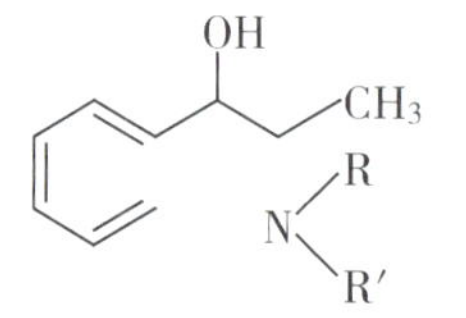

l-麻黄碱(*l*-ephedrine)

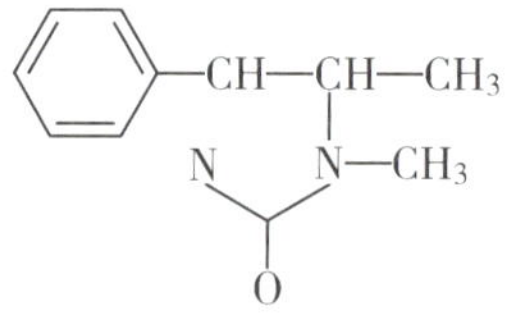

麻黄噁唑酮(ephedroxane)

【质量要求】

1. 性状评价　一般以干燥、茎粗、淡绿色、内心充实、味苦涩者为佳。色变黄，手拉脱节者不可药用。

2. 麻黄碱含量　用酸碱滴定法，本品含生物碱以麻黄碱($C_{10}H_{16}NO$)含量计算，不得少于0.8%。

3. 荧光检查　药材纵剖面置紫外光下观察，边缘显亮白色荧光，中心显亮棕色荧光。

4. 化学定性　取本品粉末0.2g，加水5ml与稀盐酸1～2滴，煮沸2～3分钟，滤过。滤液置分液漏斗中，加氨试液数滴使成碱性，再加三氯甲烷5ml，振摇提取。分取三氯甲烷液置2支试管中，一管加氨制氯化铜试液与二硫化碳各5滴，振摇，静置，三氯甲烷层显深黄色；另一管为空白，以三氯甲烷5滴代替二硫化碳，振摇后三氯甲烷层无色或显微黄色。

【贮藏养护】置阴凉干燥处。

广藿香 Guanghuoxiang

Herba Pogostemonis

【基原】唇形科(Labiatae)植物广藿香*Pogostemon cablin*(Blanco)Benth. 栽培的干燥地上部分。主产于广东湛江、肇庆、广州市郊,海南万宁;此外,广西、台湾、云南亦产。商品以海南广藿香(包括湛江地区)为大宗,销全国各地。石牌广藿香销广州市及省外部分地区。高要广藿香销广东,少量销往外地。

本品因产地而采收季节及方法有所不同。广州市郊6月采收;肇庆地区12月采收;海南7月、11月各采收1次。采收时将全株拔起,除去根,暴晒两天,堆起,用草席覆盖两天,摊开再晒,反复至干,或晒至半干时捆成把,再晾至全干即可。

【商品性状特征】茎略呈方柱形,分枝多,枝条稍曲折,长30~60cm,直径0.2~0.7cm;表面被柔毛;质脆,易折断,断面中部有髓;老茎类圆柱形,直径1~1.2cm,被灰褐色栓皮。叶对生,皱缩成团,展平后叶片呈卵形或椭圆形,长4~9cm,宽3~7cm;两面均被灰白色绒毛;先端短尖或钝圆,基部楔形或钝圆,边缘有大小不规则的钝齿;叶柄细,长2~5cm,被柔毛。气香特异,味微苦。(图6-82)

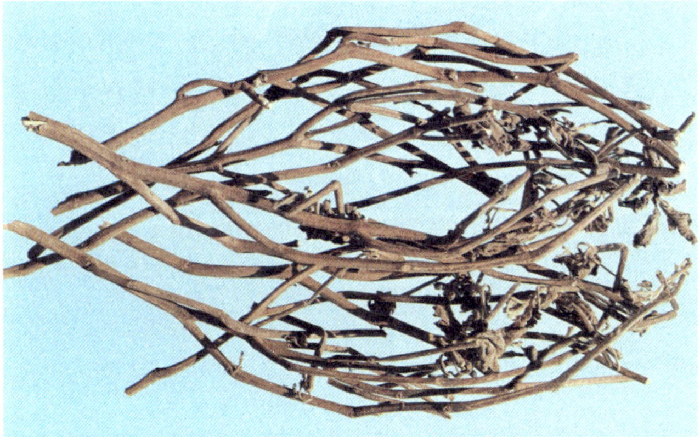

图6-82　广藿香

1. 石牌广藿香　枝条较瘦小,表面较皱缩,灰黄色或灰褐色,节间3~7cm,叶痕较大而凸出,中部以下被栓皮,纵皱较深,断面渐呈类圆形,髓部较小。叶片较小而厚,暗绿褐色或灰棕色。

2. 海南广藿香　枝条较粗壮,表面较平坦,灰棕色至浅紫棕色。节间长5~13cm,叶痕较小,不明显凸出,枝条近下部始有栓皮,纵皱较浅,断面呈钝方形。叶片较大而薄,浅棕褐色或浅黄棕色。

【规格等级】商品按产地分为石牌香、高要香、海南香等规格,一般为统货。

1. 石牌香　枝叶相连。老茎多呈圆形,茎节较密;嫩茎略呈方形,密被毛茸。断面白色,髓心较小,叶面灰黄色,叶背灰绿色。气纯香,味微苦而凉。散叶不超过10%。无死香、杂质、霉变、虫蛀。

2. 高要香　枝叶相连。枝干较细,茎节较密;嫩茎方形,密被毛茸。断面白色,髓心较大，叶片灰绿色。气清香，味微苦而凉。散叶不超过15%。无死香、杂质、霉变、虫蛀。

3. 海南香　枝叶相连。枝干粗大，呈方形，有稀毛茸。断面白色，髓心较大。叶片灰绿色。气香浓，味微苦而凉。散叶不超过20%。无死香、杂质、霉变、虫蛀。

【主要化学成分】含挥发油，油中主要成分为广藿香醇（patchouli alcohol）、广藿香酮（pogostone），尚含苯甲醛（bezaldehyde）、丁香酚、桂皮醛（cinnamaldehyde）、广藿香荜醇（pogostol）、生物碱类有广藿香吡啶（patchoulipyridine）、表愈创吡啶（epiguaipyridine）、迪尔万京（dhelwangin）等。

【质量要求】

1. 性状评价　一般以叶多、香气浓者为佳。叶不少于20%。

2. 百秋李酸（$C_{15}H_{26}O$）含量　气相色谱法测定，百秋李酸（$C_{15}H_{26}O$）含量不得少于0.10%。

3. 粉末特征　叶片粉末淡棕色。叶表皮细胞不规则形，气孔直轴式。非腺毛1～6个细胞，平直或先端弯曲，长约至590μm，壁有刺状突起，少数胞腔内含黄棕色物。腺鳞头部单细胞状，顶面观常作窗形或缝状开裂，直径37～70μm；柄单细胞，极短。间隙腺毛存在于栅栏组织或薄壁组织的细胞间隙中，头部单细胞，呈不规则囊状，直径13～50μm，长约至113μm；柄短，单细胞。小腺毛头部2个细胞；柄1～3个细胞，甚短。草酸钙针晶细小，散在于叶肉细胞中，长约至27μm。

4. 灰分测定　总灰分不得过11.0%。酸不溶性灰分检查不得过4.0%。

【贮藏养护】按不同规格捆压成把，用竹席或草席封装，贮存于阴凉、避风、避光、干燥处。

【附注】粤西的湛江是本品主产区，最高年产800万千克，全国年用药量400万～500万千克。

石斛 Shihu

Caulis Dendrobii

【基原】兰科（Orchidaceae）植物金钗石斛*Dendrobium nobile* Lindl.、鼓槌石斛*Dendrobium chrysotoxum* Lindl.或流苏石斛*Dendrobium fimbriatum* Hook.的栽培品及其同属植物近似种的新鲜或干燥茎。全年均可采收，鲜用者除去根和泥沙；干用者采收后，除去杂质，用开水略烫或烘软，再边搓边烘晒，至叶鞘搓净，干燥。

主产于四川凉山、甘孜、西昌、雅安，贵州罗甸、兴仁、安顺、都匀，广西靖西、凌云、田林、睦边，安徽霍山，云南砚山、师宗，湖北等地。江南诸省均有分布。销全国。习惯认为金钗石斛主产于广西靖西者为最佳。

全年均可采收。鲜石斛以春末夏初和秋季采者为佳，除去须根、叶和泥沙。干石斛采收后，除去杂质，用开水略烫或烘软，再边搓边烘晒，至叶鞘搓净，干燥。

【商品性状特征】

1. 鲜石斛　呈圆柱形或扁圆柱形，长约30cm，直径0.4～1.2cm。表面黄绿色，光滑或有纵纹，节明显，色较深，节上有膜质叶鞘。肉质多汁，易折断。气微，味微苦而回甜，嚼之有黏性。

笔记

2. 金钗石斛　呈扁圆柱形，长 20～40cm，直径 0.4～0.6cm，节间长 2.5～3cm。表面金黄色或黄中带绿色，有深纵沟。质硬而脆，断面较平坦而疏松。气微，味苦。（图 6-83）

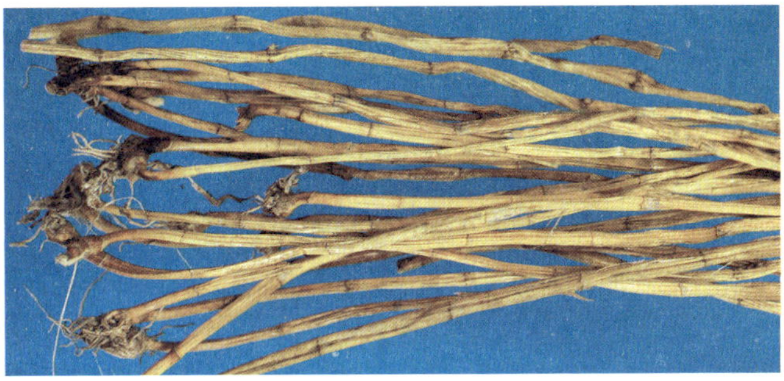

金钗石斛

铁皮枫斗

鼓槌石斛

图 6-83　石斛

3. 鼓槌石斛　呈粗纺锤形，中部直径 1～3cm，具 3～7 节。表面光滑，金黄色，有明显凸起的棱。质轻而松脆，断面海绵状。气微，味淡，嚼之有黏性。（图 6-83）

4. 流苏石斛　呈长圆柱形，长 20～150cm，直径 0.4～1.2cm，节明显，节间长 2～6cm。表面黄色至暗黄色，有深纵槽。质疏松，断面平坦或呈纤维性。味淡或微苦，嚼之有黏性。

【规格等级】

商品因品种及加工方法的不同，规格较为复杂，按其来源分为鲜石斛、金钗石斛、耳环石斛、马鞭石斛等 4 种，又分不同的等级。

1. 鲜石斛　统货。全株色鲜艳，无枯死草，无腐烂茎叶，无泥杂。

2. 金钗石斛　统货。足干，色黄，无须根，无枯死草，不捶破，无霉坏。

3. 鼓槌石斛　统货。

4. 流苏石斛　统货。

【主要化学成分】石斛茎含生物碱 0.3%～0.8%，主要为石斛碱（dendrobine）、石斛次碱（nobilonine）、6-羟基石斛醚碱（6-hydroxydendrobine）、石斛醚碱（dendroxine）、4-羟基石斛醚碱、石斛酯碱（dendrine）、*n*-甲基石斛季铵碱碘化物（*n*-methyldendrobinumiodide）、*n*-异戊烯基石斛季铵碱溴化物（*n*-isopentenyldedroinium bromide）。

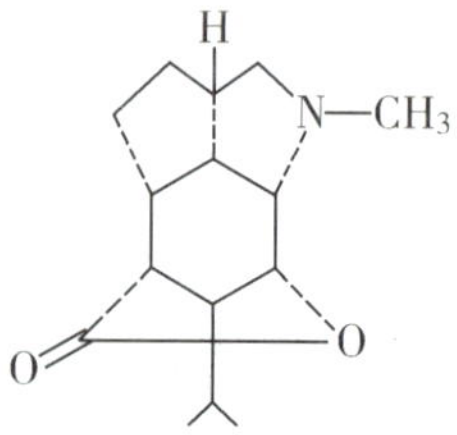

石斛碱(dendrobine)

【质量要求】

1. 性状评价　鲜石斛以青绿色、肥满多叶、嚼之发黏者为佳。干品以色金黄、有光泽、质柔者为佳。

2. 薄层色谱　取本品粗粉或碎块,加浓氨水使粉末湿润,三氯甲烷冷浸过夜,再于50℃温浸,滤液浓缩至干,加少量三氯甲烷溶解,作为样品溶液。以石斛碱的三氯甲烷液作为对照品溶液。分别取上述2种溶液点于硅胶G-CMC-Na薄层板上,以三氯甲烷-甲醇(10∶0.8)为展开剂,在氨蒸气饱和下展开。用改良碘化钾试液喷雾显色。供试品在与对照品色谱相应的位置上,均有橘红色斑点。

【贮藏养护】干品贮干燥容器内,置于干燥通风处,防潮;鲜品置阴凉湿沙中,防冻。

【附注】铁皮石斛　国家标准中将其单列,为同属植物铁皮石斛 *Dendrobium officinale* Kimura et Migo 的干燥茎。以主产于湖北老河口者为最佳。11月至翌年3月采收,除去杂质,剪去部分须根,边加热边扭成螺旋形或弹簧状,烘干;或切成段,干燥或低温烘干,前者习称"铁皮枫斗"(耳环石斛);后者习称"铁皮石斛"。

①铁皮枫斗:本品呈螺旋形或弹簧状,通常为2~6个旋纹,茎拉直后长3.5~8cm,直径0.2~0.4cm。表面黄绿色或略带金黄色,有细纵皱纹,节明显,节上有时可见残留的灰白色叶鞘;一端可见茎基部留下的短须根。质坚实,易折断,断面平坦,灰白色至灰绿色,略角质状。气微,味淡,嚼之有黏性。②铁皮石斛:本品呈圆柱形的段,长短不等。以色黄绿、饱满、结实者为佳。本品味甘,性微寒。归胃、肾经。功能:益胃生津,滋阴清热。用于热病津伤,口干烦渴,胃阴不足,食少干呕,病后虚热不退,阴虚火旺,骨蒸劳热,目暗不明,筋骨痿软。

商品药材按其个头及粗细分3个等级。

一等品:螺旋形紧贴,2~4个旋纹,身细结实,全部有"龙头凤尾",黄绿色或金黄色,无杂质,无霉坏。

二等品:螺旋形稍松不紧贴,2~4个旋纹,身稍粗较结实,其余同一等。

三等品:螺旋形较松散不紧贴,身粗不甚结实,没有"龙头凤尾",其余同一等。

第十一节　藻菌类药材

藻、菌及地衣类药材是指均来源于藻类(algae)、菌类(fungi)和地衣类(lichenes)3大类低等植物的药材,以真菌类药材资源最为丰富。药用部位包括干燥的藻体、子实体、菌丝体、菌核和地衣体。

商品特征:藻、菌及地衣类药材的鉴别主要应注意其形状、大小、颜色、表面特征、

笔记

质地、折断面和气味等。其中重点观察形状、颜色、表面特征和气味。藻类药材主要来源于褐藻、红藻和绿藻门的干燥植物体，多为叶状体或枝状体，常含有色素和各种不同的副色素。所以，商品特征主要注意其形状和颜色。菌类药材主要来源于真菌门。本类药材一般不含叶绿素和任何质体，药用部位主要有菌丝体、子实体或菌核体，应重点观察中药的形状和表面特征。地衣类是真菌和藻类共生的复合体，药用种类很少，药用部位根据形状主要为叶状地衣、壳状地衣和丝状地衣。

规格等级：多数藻、菌及地衣类药材为统货，部分商品常常根据产地、品种、加工方法划分规格，并以大小分等。

粉末鉴别：藻、菌及地衣类药材的显微鉴别应根据来源进行。藻类药材应注意细胞和孢子体的形状、藻淀粉及色素颗粒等。真菌类药材主要注意孢子、子囊壳、菌丝、有无草酸钙晶体等特征。地衣类药材常可见藻类和真菌菌类共同特征。

检查：藻、菌及地衣类药材应进行灰分和水分测定，部分品种应测定其碘的含量。

贮藏：藻、菌及地衣类药材通常采用袋装或箱装，贵重药可密封保存。藻类药材由于附有一定的盐分，极易吸潮变软。本类药一般应置于干燥、阴凉、通风处保存，部分药要防虫蛀。

化学成分：藻类药材常含多聚糖，糖醇，糖醛酸，氨基酸及其衍生物，胆碱，蛋白质，甾醇，碘、溴、钾等无机元素，胡萝卜素，叶黄素，叶绿素等。菌类药常含多糖，氨基酸，蛋白质，生物碱，蛋白酶，甾醇，抗生素等。地衣类药常含地衣酸，地衣色素，地衣聚糖等。

茯苓 Fuling

Poria

【基原】多孔菌科(Polyporaceae)植物茯苓*Poria cocos*(Schw)Wolf 野生和培养的干燥菌核。野生品主产于云南丽江地区，家种茯苓主产于湖北罗田、英山、麻城，安徽金寨、霍山、岳西，河南商城，广西岑溪、昭平、苍梧、玉林，广东信宜、高州、新丰，福建尤溪、三明、沙县，云南禄功、武定。年销量 10 000 吨左右，销全国各地及港、澳、台地区。

茯苓接种后，经 10～12 个月的生长，待木营养基本耗尽，材质呈腐朽状，菌核皮色开始变深，表面裂纹渐渐愈合(俗称“封顶”)，呈淡棕色。可选晴天采挖。采集的菌核先堆放在不通风的室内，使水分慢慢蒸发逸出(俗称“发汗”)，然后削去外皮，切成块、片或骰状，经反复翻晒，干燥后即成商品。切制余留下的碎屑、外皮，干燥后即为碎苓和茯苓皮。发汗后不切制的菌核，干燥后即为个苓。色变淡棕的苓肉经加工即为赤茯苓。原个茯苓可分为野生品的“云苓”和栽培品的个茯苓，而在栽培品的个茯苓中，过去又分有“排苓”和“个苓”2 种。

【商品性状特征】

1. 云苓　呈不规则圆球形，稍长，大多近椭圆形，大小不一，小者如拳或更细，大者可达 2～3kg。表面黑褐色，擦之显光泽，皮较厚而明显皱缩，粗糙不平，习称“蟾蜍皮”。常有横折凹入，似半环状折陷成沟。体重，质坚硬结实，不易破开，破开后常 2～3 片劈裂，裂缝较大，片与片明显分离，习称“石榴子”形。茯苓肉米白色，甚坚实，断面微呈颗粒状，嚼之黏牙力强。广西产野生茯苓称百色苓，表面棕褐色，擦之不显光泽，

笔记

余与云苓相同。

2. 排苓　呈扁圆形，个较大而均匀，平放横宽 15～25cm。表面棕褐色，皮薄，微皱缩，习称“沙纸皮”，皮层甚少而砂粒嵌入。体重，质结实，断面较平坦，微呈颗粒性。类白色，周边常稍带浅红色，甚少有裂隙，嚼之黏性较强。

3. 个苓　又称“拣苓”，呈类圆球形，大小不一。表面灰褐色，外皮较粗糙，有的皮层嵌有砂粒，甚至茯苓肉亦含有细砂。质轻重不一，内里松泡或虚空者，以手指弹之，显空洞声响，习称“卜鱼”，形容像佛堂敲“木鱼”之声。断面粉白色至浅赤红色不等。质坚实者呈颗粒状，质松泡者有空裂隙或黏性差而易散碎。（图 6-84）

个茯苓

个茯神

图 6-84　茯苓

4. 茯神　呈椭圆形，表面与云苓或百色苓相同，中央有一条 1～2cm 粗的松根贯穿，松根常已为茯苓菌丝所侵入，因而不同程度嵌有茯苓肉在内而呈花白色斑块。（图 6-84）

【规格等级】分为个苓、茯神木等规格，多为统货。

一等品：不规则圆球形或块状，表面黑褐色或棕褐色。体坚实，皮细。断面白色。大小不分，无霉变。

二等品：体轻泡，皮粗，质松。断面白色至黄棕色。间有皮沙、水锈、破块、破伤。

【主要化学成分】β-茯苓聚糖（β-pachyman，含量约占干重的 93%）、茯苓酸（pachymic acid）、16-α-羟基齿孔酸、齿孔酸（ebricoic acid）、去氢齿孔酸、松苓酸（pinicolic acid）、土莫酸（tumulosic acid）、松苓新酸、麦角甾醇、腺嘌呤等。

【质量要求】

1. 性状评价　一般以色白（赤茯苓以色绯红）、质坚实、无砂粒嵌入、嚼之黏性强者为佳。

2. 粉末特征　灰白色。不规则颗粒状团块及分枝状团块（担子柄和担孢子），无色，遇水合氯醛溶液渐溶化。菌丝无色或淡棕色，细长，稍弯曲，有分枝，直径 3～8μm，少数至 16μm。

3. 化学定性　取本品粉末 1g，加丙酮 10ml，水浴上加热并振摇，10 分钟后滤过，

笔记

滤液蒸干，残渣加1ml冰醋酸溶解，再加浓硫酸1滴，显淡红色，后变淡褐色（麦角甾醇反应）。取茯苓片或粉末少许，加碘化钾试液1滴，显深红色（可区别猪苓）。

【贮藏养护】个茯苓通常用麻袋包装，每袋30kg；茯苓块片用木箱或纸箱内衬防潮纸包装，每件20kg。置阴凉干燥处，温度在30℃以下，相对湿度70%～75%；或密封抽氧充氮加以养护。贮藏期间，高温高湿季节要勤检查，发现虫蛀霉变，及时曝晒或烘干，除去霉迹或虫尸。

第十二节　树脂类药材

树脂类（resina）中药是指来源于种子植物组织的一类正常代谢产物或分泌物的药材。树脂类药材一般为固体或半固体，无定形，少数为液体。树脂类药材的药用部位根据其化学组成分为：树脂（单树脂resina，包括酸树脂、酯树脂、混合树脂）、油胶树脂（oleo-gummi-resina）、香树脂（balsamum）、胶树脂（gummi-resina）和油树脂（oleo-resina）。

商品特征：树脂类药材商品鉴别应主要注意观察其形状、大小、颜色、表面特征、质地、断面、气味、水试和火试等现象。一般常呈泪滴状、颗粒状、不规则块状、流体状态或加工成特定的形状；久置则颜色变深；表面光滑、粉尘状、多皱或有裂纹；断面或破碎面呈贝壳状、玻璃状、颗粒状等；有蜡样光泽、玻璃样光泽或不同的颜色等。本类药材通常不溶于水或吸水膨胀，易溶于大多数有机溶剂，加热至一定温度则软化而后熔融，燃烧时常发生浓烟，并有特殊的香气或臭气，将其乙醇溶液蒸干后则成薄膜状物质，可区别水浸膏和树胶类。

商品规格：树脂类药材通常为统货，少数依据来源、形状、加工方法等划分规格。

粉末鉴别：利用显微镜可以检查树脂类药材中混有的杂质，如树皮、泥沙等，以确定其品质。粉末性树脂在显微镜下常呈黄棕色或暗棕色的不规则颗粒状或团块状，且能被苏丹Ⅲ或紫草试液染成红色。

化学成分：树脂类药材的化学成分主要有树脂酸类（resin acids）、树脂醇类（resin alcohols）、树脂酯类（resin esters）、树脂烃类（resenes）、树脂苷类（gluco-resins）。本类药材易溶于大多数有机溶剂，不溶于水；部分或完全溶于碱溶液，酸化后沉淀；加热至一定温度则软化而后熔融，冷后质脆。燃烧时常发生浓烟，并有特殊的香气或臭气。其乙醇溶液蒸干后则成薄膜状物质（可区别水浸膏和树胶类）。

检查：树脂类药材由于常混有杂质，通常进行灰分、浸出物、溶解度、干燥后减失重量的检查，测定树脂的酸价、皂化价、碘价和醇不溶物，测定总香脂酸或挥发油的含量，用于品种和纯度的鉴别。

树脂类药材通常袋包后入木箱、木盒、金属盒、瓶等容器包装。本类药一般均有特殊的气味，同时含有丰富的树脂酸、树脂醇和树脂酯等，容易散失气味和氧化，应密封，置于阴凉干燥处储存。

血竭 Xuejie

Sanguis Draxonis

【基原】棕榈科（Palmae）植物麒麟竭 *Daemonorops draco* Bl. 及其同属其他植物果

笔记

实中渗出的树脂和从百合科(Liliaceae)植物海南龙血树 *Dracaena cambodiana* Pierrese 含脂木质部中提取而得的树脂。前者称“进口血竭”,后者称“国产血竭”。进口血竭通常分为原装血竭和加工血竭。

麒麟血竭主要产于印度尼西亚及马来西亚等国,销世界各地。海南龙血树主产于广东、海南等地。国内销售的血竭多为加工血竭和国产血竭。

麒麟血竭是采收成熟果实,充分晒干,加贝壳同入笼中强力振摇,松脆的红色树脂即脱落,筛去果实鳞片等杂质,用布包起树脂,入热水中使软化成团,取出放冷即可。加工血竭多从印尼输入血竭原料,经新加坡掺入辅料而成。国产血竭是采取植物木质部含紫红色树脂部分,粉碎后分别用乙醇和乙醚进行提取,浓缩后即得血红色的血竭粗制品和精制品。

【商品性状特征】

1. 加工血竭　呈扁圆四方形,直径 6~8cm,厚约 4cm,重 250~280g,表面暗红色或黑红色,有光泽,常有因摩擦而掉落的红粉。底部平圆,顶端有包扎成形时遗留的纵折纹,一般呈四棱形。表面印有金印牌号。体坚,质脆易碎。比重 1.2。破碎面黑红,光亮,粉末则为血红色。气无,味淡。嚼之有砂粒感。以外黑红似铁,断面黑亮,研粉鲜红色者为佳。(图 6-85)

2. 原装血竭　呈扁圆形、圆形或不规则块状。表面红褐色、红色、砖红色,体轻重不一,断面有光泽或无光泽而粗糙。因品质不一,常含有多少不等的花序、果实及鳞片等杂质。无臭,味淡。以表面黑红色、不黏手、粉末血红色、燃烧呛鼻、无松香气、无杂质者为佳。(图 6-85)

原装血竭

加工血竭

图 6-85　血竭

3. 国产血竭　呈不规则块状,大小不一,精制品呈片状。表面黑紫色,有光泽,局部有红色粉末黏附。质硬,易碎。断面平滑,有玻璃样光泽。气无,味微涩,嚼之有黏牙感。以外色黑似铁,研粉红如血,火燃呛鼻而有苯甲酸样香气者为佳。

规格等级　进口血竭有血竭花、加工血竭(五星牌、手牌、皇冠牌等)等,再分等及块装。国产血竭有广西产剑牌,云南产版纳牌等,一般为统货。

【主要化学成分】麒麟血竭含红色树脂约 57%,从中分离出结晶形红色素:血竭

笔记

素(dracorhodin)、血竭红素(dracorubin)、去甲基血竭红素(nordracorubin)、去甲基血竭素(nordracorhodin)等。另含(2*S*)-5-甲氧基-6-甲基黄烷-7-醇(黄烷醇)、(2*S*)-5-甲氧基黄烷-7-醇、2,4-二羟基-5-甲基-6-甲氧基查耳酮、2,4-二羟基-6-甲氧基查耳酮、血竭树脂鞣醇(dracoresino tannol)、苯甲酸、松脂酸(pimaric acid)、异松脂酸(isopimaric acid)、松香酸(abietic acid)、去氢松香酸(dehydroabietic acid)、黄色血竭树脂烃(dracoresene)等。国产血竭含红色树脂约90%以上。

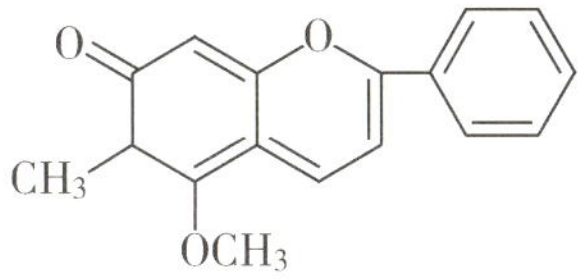

血竭素(dracorhodin)

【质量要求】

1. 性状评价　一般以表面黑红色、不粘手、粉末鲜红色、燃烧呛鼻、无松香气、无杂质者为佳。通常认为进口血竭质优。

2. 醇(95%)不溶物的含量测定　取本品粉末2g,精密称定,装入已知重量的滤纸筒,置索氏提取器中,加乙醇200～400ml,在水浴上加热回流提取至提取液无色为止,取出滤纸筒,挥散乙醇,于105℃干燥4小时,精密称重计算。加工血竭:一等品醇不溶物应不高于21%;二等品醇不溶物应不高于25%。原装血竭醇不溶物应不高于25%。

3. 血竭素的含量　用高效液相色谱法测定。色谱条件与系统适用性试验:用十八烷基硅烷键合硅胶为填充剂,乙腈-0.05mol/L磷酸二氢钠溶液(50∶50)为流动相,检测波长440nm,柱温40℃。理论板数按血竭素峰计算不低于4000。精密称取血竭素高氯酸盐对照品9mg,置50ml棕色量瓶中,加3%磷酸甲醇溶液使溶解并稀释至刻度,摇匀,精密量取1ml,置5ml棕色量瓶中,加甲醇至刻度,摇匀,作为对照品溶液(每1ml中含血竭素26μg,血竭素的重量=血竭素高氯酸盐重量/1.377)。取本品适量,研细,精密称取0.05～0.15g,置具塞试管中,精密加入3%磷酸甲醇溶液10ml,密塞,摇匀3分钟,滤过,精密量取续滤液1ml,置5ml棕色量瓶中,加甲醇至刻度,摇匀,作为供试品溶液。分别精密吸取对照品溶液与供试品溶液各10μl,注入液相色谱仪测定。本品含血竭素($C_{17}H_{14}O_3$)不得少于1.0%。

4. 化学定性　取本品粉末10g,加醚50ml温浸,浓缩至30ml,加入无水乙醇50ml,应无白色沉淀。取本品颗粒置白纸上,用火烘烤则熔化,但无扩散的油迹,对光照视呈鲜红的血红色,以火燃之则发生呛鼻烟气。取本品粉末0.1g,置具塞试管中,加石油醚(60～90℃)10ml,振摇数分钟,滤过,取滤液5ml,置另一试管中,加新配制的0.5%醋酸铜溶液5ml,振摇后,静置分层,石油醚层不得显绿色。

5. 红外光谱　取进口血竭乙醚提取物测定其红外光谱,特征吸收峰是1120cm^{-1}、1610cm^{-1}(掺假物达马胶的红外吸收峰是1380cm^{-1}、1460cm^{-1}、1707cm^{-1},以1707cm^{-1}为特征吸收峰;松香的特征吸收峰主要是1692cm^{-1}、1280cm^{-1})。

6. 紫外光谱　进口血竭:取本品粉末30.0mg,精密称量,置50ml量瓶中,加乙醇适量,浸泡10分钟后用力振摇20分钟使溶解,加乙醇至刻度,摇匀,置1cm石英吸收池中,以同批乙醇作空白,照紫外分光光度法测定,在270nm±1nm处有最大吸收。国

笔记

产血竭：取本品粉末10.0mg，精密称定，置25ml量瓶中，加乙醇溶解并稀释至刻度，摇匀，用干燥滤纸滤过，弃去初滤液，精密量取续滤液0.5ml，置10ml量瓶中，加乙醇至刻度，摇匀，照紫外分光光度法测定，在284nm±2nm波长处有最大吸收。

7. 灰分测定　进口加工血竭灰分不得过6%，进口原装血竭灰分不得过10%。

8. 吸收度检查　进口血竭一等品紫外吸收不得低于0.50，二等品紫外吸收不得低于0.35；国产血竭紫外吸收不得低于0.40。

【贮藏养护】木箱装。置于干燥处。

（肖冰梅　张贵君　杜娟　李建宽　杨红兵）

笔记

第七章

动物类药材

第一节　概　　述

动物类药材是指以动物的全体或某一部分为药用部位的药材。包括动物的全体，如土鳖虫、蜈蚣等；除去内脏的干燥全体，如地龙、蛤蚧等；动物体的某一部分，包括角、茸、骨骼、皮甲、贝壳、内脏器官，如鹿茸、豹骨、龟甲、石决明、熊胆、哈蟆油等；生理产物，如麝香、蟾酥、蝉蜕等；病理产物，如牛黄、马宝等；排泄物，如蚕沙、黑冰片等；加工品，如阿胶等。

一、动物类药材的分类

古代动物类药材的分类是根据动物的表面特征、习性的某些特点或药用部位进行分类，如《唐本草》把动物药分为人、兽、禽、虫、鱼 5 部；《本草纲目》将动物药由虫到兽，从无脊椎到有脊椎，由低等动物到高等动物再到人类，即分为虫、鳞、介、禽、兽、人 6 部，部下又分条目。这种排列次序和分类方法，体现了当时动物药分类已有了进化论思想，后来逐渐使用了自然分类法。在自然界的分类地位中，药用动物的类群被分为原生动物门、多孔动物门、腔肠动物门、扁形动物门、线形动物门、环节动物门、软体动物门、节肢动物门、棘皮动物门和脊索动物门 10 个门，门以下又细分成不同的纲、目、科、属、种各级。一般将动物类中药按照纲的等级分为无脊椎类动物药、昆虫类动物药、鱼类动物药、两栖类动物药、爬行类动物药、鸟类动物药、哺乳类动物药 7 大类。

二、动物类药材的鉴别

商品特征：动物类药材的鉴别，一般应注意形态、大小、颜色、表面特征、质地、断面、气味、水试和火试现象等。其中，完整的动物体（主要为昆虫、蛇类及鱼类等），应侧重以其形态特征进行动物分类学鉴定，确定其品种；蛇类要注意鳞片的特征；角类应注意其类型，角质角还是骨质角，洞角还是实角，有无骨环等；骨类应注意骨的解剖面特点；分泌物类应注意气味、颜色等；贝壳类应注意形状、大小、外表面的纹理颜色。

规格等级：动物类药材常依据来源、加工方法等划分规格，从形状、颜色、长度、重量等划分等级。质量相似的药材为统货。

显微鉴别：动物类药材在显微镜下可以观察细胞形态、组织构造和细胞后含物等，如麝香、牛黄粉末；羚羊角、鹿角组织；蛇类药材的鳞片；贝壳类的组织粉末；珍珠的磨

笔记

片等。进行动物类药材的显微磨片、切片观察时，应依据动物的组织结构、器官特点等的解剖学特征。采用扫描电镜对海珍珠与湖珍珠在断层上的观察；对9种药用蛇背鳞的超微形态的观察等，为该类药材的显微鉴别提供了新的手段。

检查：动物类药材一般应进行水分、灰分测定和杂质检查，部分药材可进行还原糖的含量测定和膨胀度的测定等。还可利用现代理化或仪器分析方法，分析动物药材中的信息物质组分，对部分动物药如蜂蜡、虫白蜡等，还应测定其熔点、溶解度、酸值、皂化值等，用以控制该药的内在质量。

动物类药材含有大量的蛋白质及其水解产物，可采用聚丙烯酰胺凝胶蛋白电泳（polacrylamide gel electrophoresis，PAGE）法、蛋白质等电点检测法或蛋白质运动黏度法进行鉴别。特别值得一提的是，聚合酶链反应（PCR）技术目前已广泛应用于生命科学的各个领域。《中国药典》将聚合酶链反应-限制性内切酶长度多态性方法，用于乌梢蛇、蕲蛇的鉴别。由于该项技术是利用作为遗传信息直接载体的DNA分子为鉴定依据，因此对药材品种进行更深入和客观的鉴定研究具有重大意义。

贮藏养护：动物类药材由于富含蛋白质和脂肪，极易虫蛀和霉变，通常采用木箱或硬纸箱包装，内衬防潮油纸，密封。有的需用金属盒包装；易虫蛀的药材可置石灰缸内，30℃以下保存；贝壳类常用袋装；贵重药如牛黄应置玻璃瓶内密封；珍珠用软纸包好，放玻璃瓶或瓷瓶内。动物类药材一般应置阴凉干燥处，防蛀、防霉、防变色；数量少时，可与花椒等辛辣的药材共贮藏。

第二节　各　　论

地龙 Dilong

Pheretima

【基原】钜蚓科（Megascolecidae）动物参环毛蚓 *Pheretima aspergillum*（E. Perrier）、通俗环毛蚓 *Pheretima vulgaris* chen、威廉环毛蚓 *Pheretima guillelmi*（Michaelsen）或栉盲环毛蚓 *Pheretima pectinifera* Michaelsen 野生及养殖品的干燥体。前一种习称“广地龙”，后3种习称“沪地龙”。主产于广东、广西、海南等地，以广东产最好，为道地药材；沪地龙主产于江苏及上海郊区。

人工饲养的蚯蚓应适时捕收成蚓；野生蚯蚓一般在5～9月间捕收。将捕捉的蚯蚓用草木灰、木屑和米糠拌和，去其体外黏液，然后用刀或剪将其从头至尾剖开，除去泥杂，摊平贴在竹竿、芦苇茎或其他物体上，晒干。

【商品性状特征】

1. 广地龙　呈长条状薄片，弯曲，边缘略卷，长15～20cm。全体具环节，背部棕褐色至紫灰色，腹部浅黄棕色；第14～16环节为灰白色生殖带，习称“白颈”，较光亮。体前端稍尖，尾端钝圆，刚毛圈粗糙而硬，色稍浅，雄生殖孔在第18环节腹侧刚毛圈一小孔突上，外缘有数个环绕的浅皮褶，内侧刚毛圈隆起，前面两边有横排（1排或2排）小乳突，每边10～20个不等。受精囊孔2对，位于7/8至8/9环节间一椭圆形突起上，约占节周5/11，体轻，略呈革质，不易折断。气腥，味微咸。（图7-1）

笔记

广地龙

沪地龙

图 7-1　地龙

2. 沪地龙　呈条状薄片长 8～15cm，全体有环节，背部棕褐色至黄褐色，腹部浅黄棕色；受精囊孔 3 对，在 6、7 至 8、9 环节间，第 14～16 环节为生殖带，不明显，第 18 环节有 1 对雄生殖孔，通俗环毛蚓的雄交配腔能全部翻出，呈花菜状或阴茎状；威廉环毛蚓的雄交配腔孔呈纵向裂缝状；栉盲环毛蚓的雄生殖孔内侧有 1 个或多个小乳突。（图 7-1）

【规格等级】一般为统货。广东产的体积肥大，去内脏，做成片状，近方形，背部色黑，两侧色黄，横纹清楚，质量最佳，为出口药材。广西产的个小，未去内脏，圆筒形，质稍次，湖南产的个不完整，圆筒形，常未剖开。

【主要化学成分】主要含蚯蚓解热碱（lumbrofebrine）、蚯蚓素（lumbitin）、蚯蚓毒素（terrestro lumbrilysin）、嘌呤类、多种氨基酸、维生素类及无机盐等。

【质量要求】

1. 性状评价　一般以条大、肉厚、干燥、剖开、摊平成卷、无泥杂、色棕褐、无臭味者为佳。

2. 水溶性浸出物测定　用热浸法测定，不得少于 16.0%。

3. 杂质检查　杂质不得过 6%。

4. 水分测定　水分不得过 12.0%。

5. 灰分测定　总灰分不得过 10.0%；酸不溶性灰分不得过 5.0%。

6. 重金属检查　不得过百万分之三十。

【贮藏养护】袋装或桶贮，直干燥通风处，防霉，防蛀。

水蛭 Shuizhi

Hirudo

【基原】水蛭科动物蚂蟥 *Whitmania pigra* Whitman、水蛭 *Hirudo nipponica* Whitman 或柳叶蚂蟥 *Whitmania acranulata* Whitman 野生及养殖品的干燥全体。蚂蝗产于河北、山东、安徽、江苏等地；水蛭主产于山东、江苏、湖北、四川等地；柳叶蚂蝗主产于河北、

笔记

安徽、江苏、福建等地。

夏、秋二季捕捉，用沸水烫死，晒干或低温干燥。

【商品性状特征】

1. 蚂蟥　呈扁平纺锤形，有多数环节，长 4～10cm，宽 0.5～2cm。背部黑褐色或黑棕色，稍隆起，用水浸后，可见黑色斑点排成 5 条纵纹；腹面平坦，棕黄色。两侧棕黄色，前端略尖，后端钝圆，两端各有 1 吸盘。前吸盘不显著，后吸盘较大。质脆，易折断，断面胶质状。气微腥。（图 7-2）

2. 水蛭　扁长圆柱形，体多弯曲扭转，长 2～5cm，宽 0.2～0.3cm。（图 7-2）

3. 柳叶蚂蟥　狭长而扁，长 5～12cm，宽 0.1～0.5cm。（图 7-2）

蚂蟥和水蛭

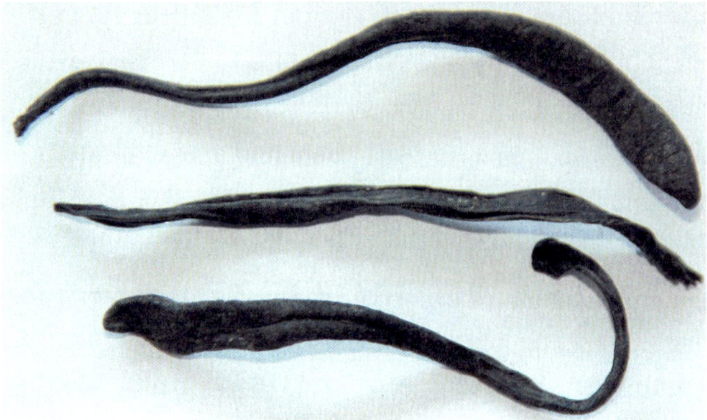

柳叶蚂蟥

图 7-2　水蛭

【规格等级】一般为统货。

【主要化学成分】蛋白质。活水蛭唾液腺中含有一种抗凝血的动物水蛭素（hirudin），在 70℃ 以下可保持活性，在干燥药材中水蛭素已破坏。此外，尚含肝素（heparin），抗凝血素（antithrombin）等抗凝血物质。

【质量要求】

1. 性状评价　一般以身干、条整齐、无杂质者为佳。

2. 抗凝血酶活性测定　每 1g 含抗凝血酶活性，水蛭应不低于 16.0U；蚂蟥，柳叶蚂蟥应不低于 3.0U。

笔记

3. 醇溶性浸出物测定 用热浸法测定，不得少于15.0%。
4. 水分测定 水分不得过18.0%。
5. 灰分测定 总灰分不得过10.0%；酸不溶性灰分不得过2.0%。
6. 酸碱度 pH值测定应为4.5~6.5。
【贮藏养护】袋装或桶贮，直干燥通风处，防霉，防蛀。

珍珠 Zhenzhu

Margarita

【基原】珍珠贝科(Pteriidae)动物马氏珍珠贝 *Pteria martensii*(Dunker)、蚌科(Unionidae)动物三角帆蚌 *Hyriopsis cumingii*(Lea)或褶纹冠蚌 *Cristaria plicata*(Leach)等双壳类动物受刺激形成的珍珠。前1种习称“天然珍珠”，后2种习称“淡水珍珠”。马氏珍珠贝分布于广东、广西沿海。三角帆蚌分布于江西、湖北、湖南、江苏等地，是我国主要的淡水育珠蚌。褶纹冠蚌分布于全国各地湖泊、江河和池塘。海水珍珠以合浦所产珍珠量大质优，以“南珠”名扬海内外，称“道地药材”；淡水珍珠主产于安徽的宣城、南陵等地。国外多产于印度、日本、锡兰、墨西哥等地。

每年晚秋或初冬，选取培育1~3年的育珠蚌(3年左右的为好)，分离出珍珠。采收后的珍珠及时放在饱和食盐水中浸泡5~15分钟，用清水洗去黏液和珍珠囊碎片，再放到饱和的温香皂水中浸泡30分钟，洗净，干燥。

【商品性状特征】形状各异。表面类白色、浅粉红色、浅黄绿色或浅蓝色，半透明，光滑或微有凹凸，具特有的彩色光泽。质坚硬，破碎面现层纹。无臭，无味。(图7-3)

图7-3 珍珠(淡水)

【规格等级】药用主要为淡水珍珠，通常分为4等。

一等品：圆球形或近圆球形，重量在0.05g以上，表面自然玉白色(或彩色)，全身细腻光滑，显闪耀珠光。

二等品：圆球形，近圆球形，半圆形，大小不分，色较次于一等，表面自然玉白色(或彩色)浅，全身细腻光滑，显闪耀珠光。

笔记

三等品：圆球形，近圆球形，半圆形，馒头形，长圆形，腰箍形（腰鼓形），大小不分，表面玉白色，浅粉红色，浅黄色，浅橙色，浅紫色，全身光滑，有皱纹，显珠光。

四等品：半圆形，长形，腰箍形，馒头形，大小不分，全身基本光滑，显有珠光，表面色不分，有细皱纹或微沟纹。

五等品：不规则形，大小不分，珠身有明显皱纹或沟纹，全身有珠光。

【主要化学成分】主要含碳酸钙（calcium carbonate）、多种无机元素及氨基酸。

【质量要求】

1. 性状评价　以纯净、质坚、有彩光者为佳。

2. 荧光检查　取本品完整颗粒置紫外光灯（365nm）下观察，显浅蓝紫色或亮黄绿色荧光，通常环周部分较明亮。

3. 化学定性　取本品粉末，加稀盐酸，即发生大量气泡，滤液显钙盐的鉴别反应。

【贮藏养护】软纸包好，置玻璃瓶或瓷瓶内；或以绸布包好，置木盒或铁盒内。

僵蚕 Jiangcan

Bombyx Batryticatus

【基原】蚕蛾科（Bombycidae）昆虫家蚕 *Bombyx mori* Linnaeus 4～5 龄的幼虫感染（或人工接种）白僵菌 *Beauveria bassiana*（Bals.）Vuillant 而致死的干燥体。主产于江苏、浙江、四川、广东等地。

多于春、秋季生产，将感染白僵菌病死的蚕干燥。

【商品性状特征】略呈圆柱形，多弯曲皱缩。长 2～5cm，直径 0.5～0.7cm。表面灰黄色，被有白色粉霜状的气生菌丝和分生孢子。头部较圆，足 8 对，体节明显，尾部略呈二分歧状。质硬而脆，易折断，断面平坦，外层白色，中间有亮棕色或亮黑色的丝腺环 4 个。气微腥，味微咸。（图 7-4）

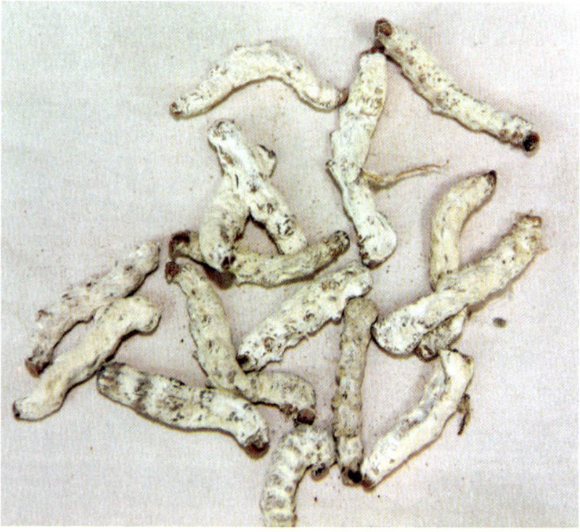

图 7-4　僵蚕

【规格等级】统货。

【主要化学成分】含蛋白质、脂肪。僵蚕体表的白粉中含草酸铵，从白僵菌中分离得到白僵菌黄色素及高分子昆虫毒素、环酯肽类白僵菌素等。

【质量要求】

1. 醇溶性浸出物含量　热浸法测定不得少于 20.0%。

2. 杂质检查杂质　不得过 3%。

3. 水分测定水分　不得过 13.0%。

4. 灰分测定总灰分　不得过 7.0%；酸不溶性灰分不得过 2.0%。

5. 黄曲霉毒素检测　本品每 1000g 含黄曲霉毒素 B_1 不得过 5μg，含黄曲霉毒素 G_2、黄曲霉毒素 G_1、黄曲霉毒素 B_2 和黄曲霉毒素 B_1 的总量不得过 10μg。

【贮藏养护】软纸包好，置玻璃瓶或瓷瓶内；或以绸布包好，置木盒或铁盒内。

笔记

蜂蜜 Fengmi

Mel

【基原】蜜蜂科(Apidae)昆虫中华蜜蜂 *Apis cerana* Fabr 或意大利蜂 *Apis mellifera* Linn 所酿的蜜。全国各地均有生产,以湖北、广东、河南、云南、江苏盛产。

多在春、夏、秋三季采收,采收时,先将蜂巢割下,置于布袋中,将蜜挤出。新法将人工蜂巢置离心机内把蜜摇出,滤过,除去蜂蜡的碎片及其他杂质即得。

【商品性状特征】呈黏稠性透明或半透明液体。白色至淡黄色或橘黄色至黄褐色,微有光泽,放久或遇冷有白色颗粒结晶析出。气芳香,味极甜。(图 7-5)

白蜜　　黄蜜

图 7-5　蜂蜜

【规格等级】蜂蜜品质因蜜源植物不同而差别较大。各地划分等级的方法也不相同,有的按花种分等;有的按上市季节分等;有的按颜色分等;有的按浓度(含水量的多少)分等;有的按统货处理分等级。现分述主要的分类方法:

1. 按蜜源植物分等　有龙眼、荔枝、枇杷、荆条、椴树、洋槐、枣树等花种蜜及相当于以上的花种蜜为一等;棉花、瓜花、芝麻、葵花、油菜、紫云英等花种蜜及相当以上的花种蜜为二等;荞麦、乌桕、皂角、水莲、大葱等花种蜜及相当于以上的花种蜜为三等。

2. 按浓度分级　通常用波美氏比重计测定浓度:45°为一级;44°为二级;以下每低一度下降一级;37°为九级;36°及 36°以下为等外级。

3. 按采收季节和颜色分等　春蜜(多为洋槐、橙花、梨花、油菜、紫云英等花蜜):白色至淡黄色,黏度大,气清香,味甜,质量较好。伏蜜(多为枣树、椴树、葵花、瓜花等花蜜):色泽多为淡黄色,深黄色至琥珀色,黏稠度大,细腻,气清香,味甜,质量较次。秋蜜(多为棉花、荞麦等花蜜):深琥珀色至暗棕色,气微臭,味稍酸,质粗,不透明,质量最次。冬蜜(多为桂树、龙眼等花蜜):水白色或白色,质量最佳。

【主要化学成分】葡萄糖和果糖 70% ~80%(二者含量近相等),蔗糖 1% ~3%,

笔记

水分 14% ~23%。

【质量要求】

1. 性状评价 以含水分少、有油性、稠如凝脂、用木棒挑起时蜜丝下流不断成叠状、味甜不酸、气芳香、无异臭杂质者为佳。

2. 还原糖含量 含还原糖不得少于 64.0%。

3. 相对密度测定 用韦氏比重秤法测定,相对密度一般应在 1.349 以上。

4. 淀粉和糊精检查 取本品适量,加水煮沸,其冷滤液中加碘试液 1 滴,不得显蓝色、绿色或红褐色。

5. 酸度检查 取本品适量,加新沸过的冷水,加酚酞指示液与氢氧化钠滴定液(0.1mol/L),应显粉红色,10 秒内不消失。

6. 5-羟甲基糠醛检查 采用紫外-可见分光光度法,在 284nm 和 336nm 的波长处测定吸收度,其吸收度差不得大于 0.34。

【贮藏养护】 置罐内盖紧,置阴凉干燥处,蜂蜜宜在 10℃以下保存。

海马 Haima

Hippocampus

【基原】海龙科动物线纹海马 *Hippocampus kelloggi* Jodan et Snyder、刺海马 *Hippocampus histrix* Kaup、大海马 *Hippocampus* kuda Bleeker、三斑海马 *Hippocampus trimaculatus* Leach 或小海马(海蛆) *Hippocampus japonicus* Kaup 野生品的干燥体。主产于广东沿海、海南、福建、山东、青岛等地。国外主产于新加坡、日本等国。

夏、秋二季捕捞,洗净,晒干;或除去皮膜和内脏,晒干。

【商品性状特征】

1. 线纹海马 呈扁长形而弯曲,体长约 30cm。表面黄白色。头略似马头,有冠状突起,有管状长吻,口小,无牙,两眼深陷。躯干部七棱形,尾部四棱形,渐细卷曲,体上有瓦楞形的节纹并有短棘。体轻,骨质,坚硬。气微腥,味微咸。

2. 刺海马 体长 15 ~20cm。头部及体上环节间的棘细而尖。

3. 大海马 体长 20 ~30cm。黑褐色。

4. 三斑海马 体侧背部第 1、4、7 节的短棘基部各有 1 黑斑。

5. 小海马(海蛆) 体形小,长 7 ~ 10cm。黑褐色。节纹和短棘均较细小。(图 7-6)

【规格等级】海马根据大小分成 3 等。

一等品(大条):体弯曲、头尾齐全。体长 16 ~30cm,黄白色。

二等品(中等):头尾齐全,体长 8 ~15cm,黄白色。

三等品(小条):头尾齐全,体长 8cm 以下者,黄白色或暗褐色。

【主要化学成分】 主含蛋白质和酶,如乙酰胆碱酯酶、胆碱酯酶和蛋白酶等。

【质量要求】 性状评价以体大、坚实、头尾齐全、色白、尾卷曲者为佳。

【贮藏养护】 用纸包好,放入木箱或纸箱内保存。本品易虫蛀、变色,应置阴凉干燥处保存。包装内可放花椒以防虫。

笔记

线纹海马　刺海马　大海马

三斑海马　小海马

图7-6 海马

哈蟆油 Hamayou

Oviductus Ranae

【基原】蛙科(Ranidae)动物中国林蛙*Rana temporaria chensinensis* David 野生雌蛙的干燥输卵管。主产于吉林、黑龙江等地。

9～10月,以霜降期捕捉最好,选肥大雌蛙,取出输卵管,去尽卵子及其他内脏,通风处阴干。

【商品性状特征】呈不规则块状,弯曲而重叠;表面黄白色,呈脂肪样光泽,摸之有滑腻感,在温水中浸泡体积可膨胀10～15倍;气腥,味微甜,嚼之有黏滑感。(图7-7)

【规格等级】一般分为4等。

一等品:黄白色,大块整齐,有光泽,不带皮膜,无血筋及卵子等其他杂物,干而不湿。

笔记

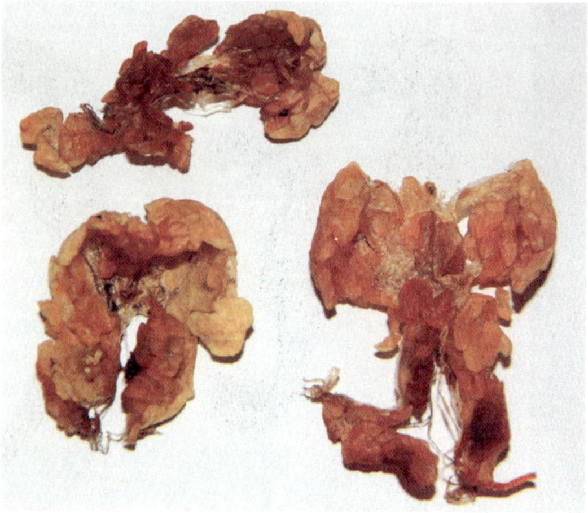

图 7-7 哈蟆油

二等品：色黄不黑，皮膜及其他杂物不超过 1%。

三等品：外表颜色较深，筋皮、卵子及其他杂物不超过 5%。

不符合一、二、三等者均属四等，但杂物不得超过 10%。

【主要化学成分】睾酮、雌二醇、孕酮、18 种氨基酸、磷脂类、维生素等成分。

【质量要求】性状评价以块大、肥厚、质干、色白、有光泽、无皮膜者为佳。

【贮藏养护】本品易虫蛀、发霉、泛油，贮藏置阴凉干燥处，密闭。

蛤蚧 Gejie

Gecko

【基原】壁虎科（Geckonidae）动物蛤蚧 *Gekko gecho* Linnaeus 野生品的干燥体。主产于广西，云南、广东、福建等地亦产。进口蛤蚧产于越南、泰国、柬埔寨、印度尼西亚。

通常于 5～9 月捕捉，剖开腹部，取出内脏，用布抹净血液，再以竹片撑开身体使扁平，四肢顺直并用纱布条把尾系在竹条上，以防断尾，以微火焙干，将 2 只以腹面相对合成 1 对，扎好。然后每 10 对交接相连扎成一排。

【商品性状特征】呈扁片状，头颈部约占三分之一；头略呈扁三角状，两眼多凹陷成窟窿，口内有细齿，生于腭的边缘，无异行大齿，吻部半圆型，吻鳞不切鼻孔，与鼻鳞相连，上鼻鳞左右各 1 片，上唇鳞 12～14 对，下唇鳞（包括颏鳞）21 片；背部呈灰黑色或银灰色，有黄白色或灰绿色斑点散在或密集成不显著的斑纹，脊椎骨及两侧肋骨突起，四足均有 5 趾；足趾底有吸盘，尾细而坚实，微现骨节，与背部颜色相同，有 6～7 个明显的银灰色环带，全身密被圆形或多角形微有光泽的细鳞；气腥，味微咸。（图 7-8）

图 7-8 蛤蚧

笔记

【规格等级】

特装品：执中横量8.6cm以上。

五装品：执中横量7.7～8.5cm。

十装品：执中横量7.2～7.6cm。

二十装品：执中横量6.8～7.1cm。

三十装品：执中横量6～6.7cm。

断尾蛤蚧：再生尾不足6cm均作下一等级处理。

除此之外，全蝎又分广西全尾特装、全尾20对装、全尾30对装等规格。商品以"对"为单位，原以雌雄为对，现常以1只长尾、1只短尾搭配出售。

【主要化学成分】主要含氨基酸、溶血磷脂酰胆碱（lysophos-phatidylcholine）、磷脂酸（phosphatidic acid）、神经鞘磷脂（sphingomyelin）、磷脂酰胆碱（phosphatidylcholine）、磷脂酰乙醇胺（phosephatidylethanolamine）、豆蔻酸等成分。

【质量要求】

1. 性状评价　以干爽，色鲜明，撑面平整，体大，肥壮，尾全（再生尾6cm以上），不破碎，无烘焦，无破裂，无虫蛀者为佳。

2. 蛋白黏度测定　蛋白黏度一般为1.40。

3. 杂质检查　杂质不得过2%。

4. 水分测定　水分不得过12.0%。

5. 灰分测定　总灰分不得过14.0%；酸不溶性灰分不得过1.5%。

【贮藏养护】铁盒或木箱严密封装。本品常用花椒拌存，置阴凉干燥处，防虫、防霉、防蛀。

蕲蛇 Qishe

Agkistrodon

【基原】蝰科动物五步蛇 *Agkistrodon acutus*（Güenther）的野生品干燥体。主产于浙江、广东、广西等地。

多于夏、秋二季捕捉，剖开蛇腹，除去内脏，洗净，用竹片撑开腹部，盘成圆盘状，干燥后拆除竹片。

【商品性状特征】呈圆盘状，盘径17～34cm，体长可达2m。头在中间稍向上，呈三角形而扁平，吻端向上，习称"翘鼻头"。上腭有管状毒牙，中空尖锐。背部两侧各有黑褐色与浅棕色组成的V形斑纹17～25个，其V形的两上端在背中线上相接，习称"方胜纹"，有的左右不相接，呈交错排列。腹部撑开或不撑开，灰白色，鳞片较大，有黑色类圆形的斑点，习称"连珠斑"；腹内壁黄白色，脊椎骨的棘突较高，呈刀片状上突，前后椎体下突基本同形，多为弯刀状，向后倾斜，尖端明显超过椎体后隆面。尾部骤细，末端有三角形深灰色的角质鳞片1枚。气腥，味微咸。（图7-9）

【规格等级】统货。

【主要化学成分】主含精氨、蛇肉碱、蛋白质、脂肪、氨基酸及多种无机元素。

【质量要求】

1. 性状评价　以头尾齐全、条大、花纹明显、内壁洁净者为佳。

2. 醇溶性浸出物含量　用热浸法测定，不得少于10.0%。

笔记

图 7-9 蕲蛇

【贮藏养护】用塑料袋装。本品易虫蛀、霉变，应密封贮存于阴凉干燥处。

熊胆 Xiongdan

Fel Ursi

【基原】熊科(Ursidae)动物黑熊*Selenarctos thibeanus* Cuvier 或棕熊 *Ursus arctos* L. 野生及养殖品的干燥胆。主产于黑龙江、吉林、云南、贵州等地。以云南所产质量最优，称"云胆"，东北产量较大，称"东胆"。

多于冬季捕捉。捕获后，立即剖腹取胆，将胆囊口扎紧，吊于通风处阴干，或用夹板将胆囊夹扁，悬于通风处阴干或置石灰缸中干燥。

【商品性状特征】呈囊状，上部狭细中空而皱缩，下部膨大。表面灰褐色、黑褐色或暗棕色，常有皱褶，囊皮纤维性。干燥胆汁称"胆仁"，呈不规则的块状或硬膏状，不易吸潮，色泽深浅不一；金黄色，有光泽，半透明，质松脆者，习称"铜胆"或"金胆"。黑褐色或墨绿色，质硬脆或呈硬膏状者，习称"铁胆"或"墨胆"；黄绿色或黄褐色，质硬脆者，习称"菜花胆"。气清香，微腥，味苦回甜，有黏舌感。(图 7-10)

云胆胆仁多黄绿色，松脆，颗粒状，透明，有玻璃样光泽。

东胆胆仁多黑色、绿黑色，光亮，松脆，亦有稠膏状。

【规格等级】分黑龙江 1 ~ 3 等及统货、云南毛金胆、毛菜胆、毛墨胆、净胆等规格。

一等品：干重 50g 以上。

二等品：干重 35g 以上。

三等品：干重 35g 以下。

【主要化学成分】熊去氧胆酸(ursodeoxycholic acid)、鹅去氧胆酸(chenodeoxycholic acid)、胆酸(cholic acid)。

【质量要求】

1. 性状评价　以个大、胆仁多、质松脆、色金黄、透明、味苦回甜、无腥气者为佳。

笔记

扁胆

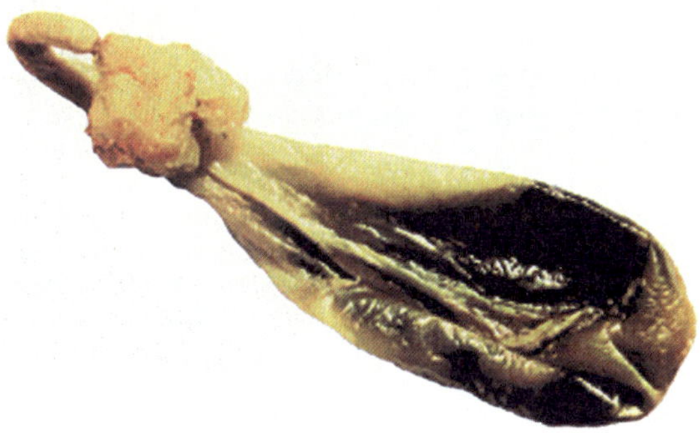

吊胆(棕熊胆)

图 7-10 熊胆

2. 荧光检查 取胆仁在紫外光灯(365nm)下观察,显黄白色荧光。

【贮藏养护】瓶装式盒装,放石灰缸内或置于阴凉干燥处。

麝香 Shexiang

Moschus

【基原】鹿科(Cervidae)动物林麝 *Moschus berezovskii* Flerov、马麝 *Moschus sifanicus* Przewalski、原麝 *Moschus moschiferus* Linnaeus 野生及养殖成熟雄体香囊中的干燥分泌物。主产于四川、西藏、云南、青海、陕西、甘肃、新疆、内蒙古、湖北等地。

野麝于冬季至次春猎取,猎捕雄麝割取香囊,阴干,习称"毛壳麝香";剖开香囊,除去囊壳,习称"麝香仁"。家麝于冬季或春季从3岁以上的雄麝香囊中取香1次,或春季和秋季2次取香,阴干或放置干燥器内密闭干燥。

【商品性状特征】

1. 毛壳麝香 呈扁球形或类球形囊状体,直径3~7cm,厚2~4cm。开口面皮革质,棕褐色,略平,密生白色或灰棕色短毛,从两侧围绕中心排列,中间有1小囊孔。另一面为棕褐色略带紫色的皮膜,微皱缩,偶显肌肉纤维,略有弹性,剖开后可见中层皮膜呈棕褐色或灰褐色,半透明,内层皮膜呈棕色,内含颗粒状、粉末状的麝香仁和少量细毛及脱落的内层皮膜(习称"银皮")。(图7-11)

2. 麝香仁

(1)野生品:呈不规则圆球形或颗粒状,表面多呈紫黑色,油润光亮,微有麻纹,断面深棕色或黄棕色,习称"当门子"。粉末状者多呈棕褐色或黄棕色,并有少量脱落的内层皮膜和细毛。气香浓烈而特异,味微辣、微苦带咸。

(2)饲养品:呈颗粒状、短条形或不规则团块;表面不平,紫黑色或深棕色,显油性,微有光泽,并有少量毛和内层皮膜。

【规格等级】分毛壳麝香、净香(麝香仁)2种规格,一般为统货。

【主要化学成分】麝香酮(muscone)。

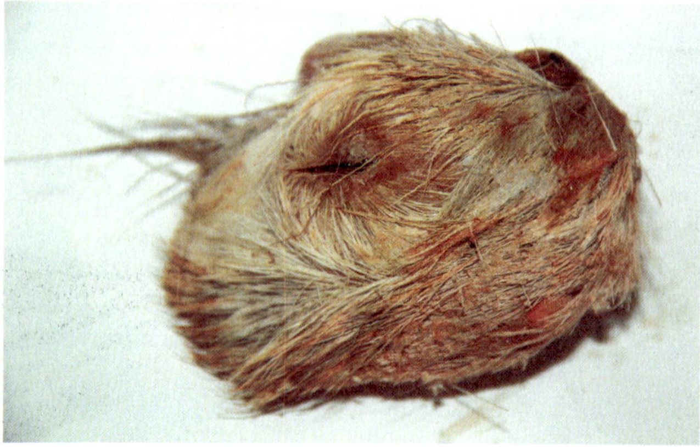

图 7-11　麝香

【质量要求】

1. 性状评价　以当门子多、质柔润、香气浓烈者为佳。

2. 麝香酮含量　用气相色谱法测定，含麝香酮($C_{16}H_{30}O$)不得少于 2.0%。

3. 干燥失重　不得过 35.0%。

4. 灰分测定　总灰分不得过 6.5%；酸不溶性灰分不得过 5.0%。

【贮藏养护】毛壳麝香与当归共贮藏较好，最佳方法是冷藏。

鹿茸 Lurong

Cornu Cervi Pantotrichum

【基原】鹿科(Cervidae)动物梅花鹿 *Cervus nippon* Temminck 或马鹿 *Cervus elaphus* Linnaeus 养殖的雄鹿未骨化密生茸毛的幼角。前者习称"花鹿茸"，后者习称"马鹿茸"。花鹿茸主产于吉林、辽宁、河北。马鹿茸主产于黑龙江、吉林、内蒙古、新疆、青海、四川及云南。东北产者习称"东马鹿茸"，质优；西北产者习称"西马鹿茸"，称"道地药材"。

鹿茸一般分锯茸和砍茸。育成公鹿第一次长出的圆柱形茸，锯下称"初生茸"或"初角茸"。梅花鹿 3～4 岁进入正常产茸期，应以采收"二杠茸"为主。5 岁以上可采收"三岔茸"。一年之中第二次采收的茸称"再生茸"或"二茬茸"。马鹿锯茸一般采收"莲花"、"三岔茸"和"四岔茸"。砍头采收带脑骨和皮的鹿茸称"砍茸"，通常是在需要淘汰的鹿身上进行。一般夏、秋二季锯取鹿茸，经加工后，阴干或烘干。

【商品性状特征】

1. 花鹿茸　呈圆柱状分枝，有 1 个分枝者习称"二杠"茸，主枝习称"大挺"，长 17～20cm，锯口直径 4～5cm，离锯口约 1cm 处分出侧枝，习称"门庄"或"眉枝"，长9～15cm，直径较大挺细。外皮红棕色或棕色，多光润，表面密生红黄色或棕黄色细茸毛，上端较密，下端较疏；分岔间有 1 条灰黑色筋脉，皮茸紧贴，习称"扈口封口线"。锯口黄白色，外围无骨质，中部密布细孔。体轻，气微腥，味微咸。有 2 个分枝者，习称"三岔茸"，大挺长 23～33cm，直径较二杠茸细，略呈弓形，微扁，枝端略尖，下部多有纵棱筋及突起疙瘩，习称"起筋"或"骨钉"，皮红黄色，茸毛较稀而粗。(图 7-12)

二茬茸：与头茬茸相似，但主枝长而不圆或下粗上细，下部有纵棱筋，皮灰黄色，茸毛较粗糙，锯口外围多已骨化，体较重。

砍茸：为带脑骨的茸，茸形与锯茸同，二茸相距约 7cm，脑骨前端平齐，后端有 1 对弧形骨分列两旁，习称“虎牙”。外附脑皮，皮上密生毛。

2. 马鹿茸　较花鹿茸粗大，分枝较多，有 1 个分枝者习称“单门”，2 个分枝者习称“莲花”，3 个分枝者习称“三岔”，4 个分枝者习称“四岔”或更多。其中以莲花、三岔为主。（图 7-12）

东马鹿茸：“单门”的大挺长 25 ~ 27cm，直径约 3cm。外皮灰黑色，茸毛灰褐色或灰黄色，锯口面外皮较厚，灰黑色，中部密布蜂窝状细孔，质嫩；莲花的大挺长可达 33cm，下部有棱筋，锯口面蜂窝状小孔稍大；三岔皮色深，质较老；四岔茸毛粗而稀，大挺下部有棱筋及疙瘩，分枝顶端多无毛，习称“捻头”。（图 7-12）

西马鹿茸（新疆马鹿茸）：多为血茸，锯茸大挺更长，可至 1 米，直径达 7 ~ 8cm，大挺多不圆而带纵棱或抽缩扁斜，分枝较长且弯曲，皮深灰色，茸毛粗长，灰色或黑灰色。锯口色较深，常见骨质。气腥，味咸。（图 7-12）

砍茸：一般较梅花鹿砍茸大，也有因需淘汰而未等茸生长充分就砍杀的，此时加工的茸形小，头皮及毛为淡褐棕色至褐灰色。

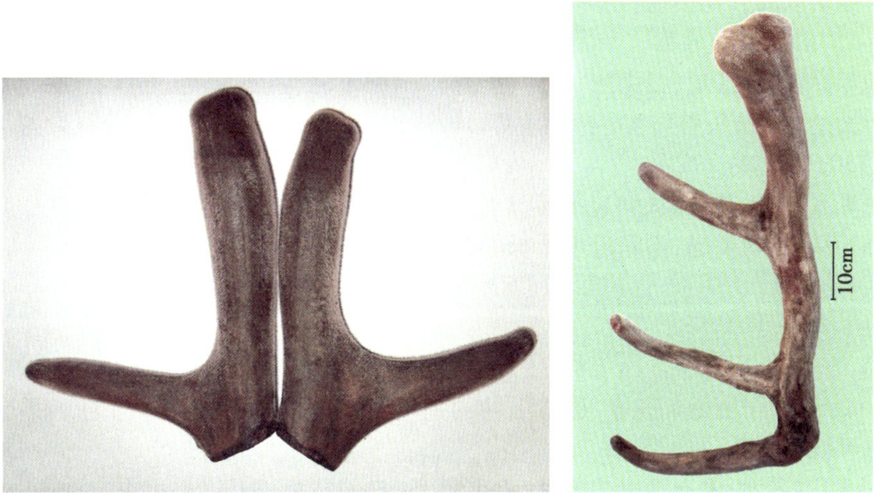

花鹿茸　　马鹿茸

图 7-12　鹿茸

【规格等级】分梅花鹿茸和马鹿茸 2 大类。

1. 梅花鹿茸

（1）二杠锯茸：分为 4 个等级。

一等品：锯口有正常的孔隙结构，有正常典型分岔，主干与眉枝相称，圆粗嫩壮，茸皮、锯口有正常色调。每支重 85g 以上。

二等品：主干破皮不显露结缔组织，虎口以下稍有突起棱纹，每支重 65g 以上。

三等品：不显露皮下结缔组织，主干存折不超过一处，有分枝。枝岔较瘦，不拧嘴，不拉沟。锯口有蜂窝状细孔，虎口以下有棱纹，每支重 45g 以上。

四等品：有独干畸型者和不符合一、二、三等者均属此等。

（2）三岔锯茸：分为 4 个等级。

一等品（以下各个等级的含水量不超过 18%）：顶头丰满，锯口有蜂窝状细孔，不拧嘴，主干嘴头不存折。有正常典型分岔和匀称结构，短粗嫩壮，每支重250g以上。

二等品：顶头较丰满。每支重200g以上。

三等品：加工有暄皮、乌皮，破皮不显露皮下结缔组织，存折不超过2处，顶端不拧嘴，嘴头不破皮（一、二等因嘴头破皮按三等收购），有正常分岔（但三岔无眉枝的按三等收购），枝干较瘦，茸、皮或锯口色调正常，无再生茸骨化现象。有蜂窝状细孔。每支150g以上。

四等品：不符合一、二、三等者均属此等。

（3） 二杠砍茸：分为4个等级。

特等品：肥圆粗壮，眉枝与主干匀称。四衬全美，主干顶端不扁头，嘴头肥满。头骨坚实、洁白，后脑皮与后脑骨平齐，眶骨留50%。每架茸估重为250g五个“底”以上的干品。

一等品：短圆粗壮，嘴头丰满。每架1200g以上的干品。

二等品：仅在重量上与一等有区别，每架1000g以上的干品。

三等品：重量要求每架茸重350g至不足1000g的。稍瘦条、色调乌暗，畸型怪角，顶端不穿尖以及其他不符合特等、一、二等者，均属此等。

（4） 三岔砍茸：分为3个等级。

特等品：细毛红地，粗嫩肥壮，四衬全美，不圆不扁，嘴头肥美。有疙状突起，不超过主干长的30%，头骨坚实、洁白。无腮骨残肉，后头皮与后头骨平齐，眶骨留50%，每架1750g以上的干成品。

一等品：主干圆，疙状突起不超过主干长的40%，每架重1200g以上的成品。

二等品：疙状突起，不超过主干长的50%，每架重1000g以上。

2. 马鹿茸

（1） 东马鹿茸

1） 带血锯茸：分为3个等级。

一等品：主干圆嫩的三岔；肥嫩上冲的莲花；茸内含血充分，分布均匀，呈深红色，每支重不低于500g的干品。

二等品：三岔、主干圆嫩的四岔，人字角，三类规格要求是：茸顶端丰满，茸内含血充分，呈深红色的干品，每支重300g以上。

三等品：不足一、二等的莲花、三岔、四岔和肥嫩的畸型茸，茸内充分含血，每支重225g以上。

2） 排血锯茸：除茸内不含血外，一、二、三等要求与带血马鹿锯茸相同。

（2） 西马鹿茸西马茸的规格等级与东马鹿茸大致相同。

【主要化学成分】 雌二醇（estradiol）、雌酮（oestrone）、睾酮（testosterone）、脑素（ceramine）、多种氨基酸。

【质量要求】 性状评价　花鹿茸以茸粗壮、主枝圆、顶端丰满、质嫩、毛细、皮色红棕、有油润光泽者为佳。

马鹿茸以饱满、体轻、毛色灰褐、下部无棱线者为佳。

【贮藏养护】 装入撒有樟脑粉的木箱内（樟脑用纸包好），放于干燥处密封，防潮、防虫蛀。

【附注】 我国野生梅花鹿资源濒临绝境，已列为国家一级保护动物。现商品主要来源于人工饲养的加工品。

笔记

牛黄 Niuhuang

Calculus Bovis

【基原】牛科动物牛 *Bos taurus domesticus* Gmelin 的干燥胆结石，习称“天然牛黄”。取自胆囊的习称“胆黄”或“蛋黄”；取自胆管及肝管的习称“管黄”或“肝黄”。主产于北京、内蒙包头、呼和浩特（商品称“京牛黄”），河北、天津、新疆、青海、西藏、河南、广西、甘肃、陕西、江苏等地。以西北（商品称“西牛黄”），西南、东北（商品称“东牛黄”）等地产量较大。国外主产于印度（商品称“印度牛黄”）、加拿大和阿根廷（商品称“金山牛黄”）、乌拉圭等地。

宰牛时，如发现有牛黄，即滤去胆汁，将牛黄取出，除去外部薄膜，阴干。

【商品性状特征】

1. 胆黄　呈卵形、类球形、三角形或四方形，大小不一，直径 0.6～3(～4.5)cm。表面黄红色至棕黄色，有的表面挂有一层黑色光亮的薄膜，习称“乌金衣”，有的粗糙，有疣状突起，有的有龟裂纹。体轻，质酥脆，易分层剥落，断面金黄色，可见细密的同心层纹，有的夹有白心。气清香，味苦而后微甘，有清凉感，嚼之易碎，不粘牙。（图 7-13）

胆黄

管黄

胆黄断面

图 7-13　牛黄

2. 管黄 呈管状，表面不平或有横曲纹，或为破碎小片，长约3cm，直径1～1.5cm。表面红棕色或棕褐色，有裂纹及小突起，断面有较少的层纹，有时中空，色较深。（图7-13）

【规格等级】按产地不同分京牛黄、东牛黄、西牛黄、金山牛黄、印度牛黄。按其出处和形状不同又分胆黄和管黄2种，以胆黄质量为佳。

一等品：胆黄呈卵形、类球形或三角形，大小块不分，间有碎块，表面、断面金黄色。

二等品：呈管状或胆汁渗入的各种黄块，表面黄褐色或棕褐色，断面棕褐色。

【主要化学成分】胆酸（cholic acid）、胆红素（bilirubin）。

【质量要求】

1. 性状评价 以完整、表面金黄色或棕黄色、有光泽、质松脆、断面棕黄色或金黄色、有自然形成层、气清香、味微苦后甘者为佳。

2. 胆酸（$C_{24}H_{40}O_5$）含量 用薄层色谱法测定，不得少于4.0%。

3. 胆红素（$C_{33}H_{36}N_4O_6$）含量 用高效液相色谱法测定，不得少于25.0%。

4. 水分测定 水分不得过9.0%。

5. 灰分测定 总灰分不得过10.0%。

【贮藏养护】用玻璃纸包好，或装入干燥的玻璃瓶中，置阴凉干燥处，遮光、密闭、防潮、防压。

【附注】由于天然牛黄货少，价格昂贵，从猪胆汁中提取出相关物质配制成的人工牛黄，已经大大弥补天然牛黄的不足。

羚羊角 Lingyangjiao

Cornu SaigaeTataricae

【基原】牛科（Bovidae）动物赛加羚羊 *Saiga tatarica* Linnaeus 雄兽的角。主产于新疆天山北路伊犁、博落培拉河流，中苏交界处一带，甘肃、青海、西藏北部，内蒙古大兴安岭一带。

猎取后锯取其角，晒干。

【商品性状特征】呈长圆锥形，略呈弓形弯曲，长15～33cm。类白色或黄白色，基部稍呈青灰色，嫩枝对光透视有“血丝”或紫黑色斑纹，光润如玉，无裂纹；老枝则有细纵裂纹，除尖端部分外，有10～16个隆起环脊，间距约2cm，用手握之，四指正好嵌入凹处，习称“握把”；角的基部横截面圆形，直径3～4cm，内有坚硬质重的角柱，习称“骨塞”或“羚羊塞”；骨塞长约占全角的1/2或1/3，表面有突起的纵棱与其外面角鞘内的凹沟紧密嵌合，从横切面观，其结合部呈锯齿状。除去“骨塞”后，角的下半段成空洞，全角呈半透明，对光透视，上半段中央有一条隐约可辩的细孔道直通角尖，习称“通天眼”。质坚硬。气微，味淡。（图7-14）

图7-14 羚羊角

【规格等级】分大枝羚羊角、小枝羚羊角、老角、羚羊角尖、羚羊角丝、羚羊角片、羚羊角粉等

笔记

规格。

【主要化学成分】角蛋白(keratin)、甾类化合物、多种氨基酸。

【质量要求】性状评价以质嫩、色白、光润、内含红色斑纹、无裂纹者为佳。

【贮藏养护】以纸包好,置木箱内或纸箱内,置干燥处,密闭保存。

【附注】羚羊角主要从中俄边贸城市如满州里、黑河、绥芬河等口岸进口。因羚羊被滥捕乱杀,来货逐年减少。

(辛宁　杨晶凡　杨扶德　包桂花　张贵君)

笔记

第八章

矿物类药材

矿物类药材是指可供药用的天然矿物(mineral)、矿物的加工品、人造矿物(artificial mineral,synthetic mineral)或动物骨骼化石(animal fossils)等药材。

第一节 矿物的性质

矿物是地壳部分的自然元素或各种化学元素在不同的物理、化学条件下自然的化学反应所形成的产物。

除少数是自然元素外,绝大多数矿物是化合物。大部分是固体,少数是液体或气体。药用矿物以固体为主,每一种固体矿物都有一定的物理、化学性质,这些性质取决于它们的结晶构造和化学成分。人们常利用这些性质的不同,来鉴别和认识不同种类的矿物。

1. 结晶形状　自然界中的绝大多数矿物都是由结晶质组成。凡是质点呈有规律排列者称为晶体(结晶质 crystal),反之为非晶体(非结晶质)。组成晶体的质点在三维空间内以固定距离作有规律格子状排列,这种构造称为空间格子。组成空间格子的基本单位—平行六面体,称为晶胞(unit cell)。晶胞(平行六面体)由棱长和棱间夹角组成。不同晶体晶胞的棱长和棱间夹角不同,同一晶体晶胞的棱长和棱间夹角相同。晶胞的棱长和棱间夹角称为晶体常数。根据晶体常数的特点,一般将晶体分为七大晶系:等轴晶系(isometric system)、四方晶系(tetragonal system)、三方晶系(trigonal system)、六方晶系(hexagonal system)、斜方晶系(orthorhombic system,又称"正交晶系")、单斜晶系(monoclinic system)、三斜晶系(triclinic system)。

由于不同晶系的晶体内部质点排列不同,故它们所表现出的几何外形特征也不同。除等轴晶系的晶体呈立方体或近于圆形外,其他 6 个晶系的晶体都是伸长成柱状、针状,或压扁成板状、片状。

矿物除了单体的形态以外,常以许多单体聚集出现,这种聚集的整体称为集合体。集合体的形态多样,呈粒状、晶簇状、放射状、结核体状等。

2. 结晶习性　一般指晶体的外观形态。多数固体矿物为含水矿物,有一系列特征,如比重小、硬度低等。水在矿物中的存在形式,直接影响到矿物的性质。按其存在形式,矿物中的水可分为两大类:一是不加入晶格(lattice)中的吸附水(自由水);另一是加入晶格中的结晶水和结构水。以分子形式加入晶格中的水称为结晶

笔记

水,如芒硝($Na_2SO_4 \cdot 10H_2O$);以离子形式加入晶格中的水称为结构水,如滑石[$Mg_3Si_4O_{10}(OH)_2/3MgO \cdot 4SiO_2 \cdot H_2O$]。

3. 透明度 矿物透光能力的大小称为透明度。按矿物磨至0.03mm标准厚度时比较其透明度,分为3类:透明矿物,能通过绝大部分光线,隔着它可以清晰地透视另一物体;半透明矿物,能通过一部分光线,隔着它不能看清另一物体;不透明矿物,光线几乎不能通过,即使是薄片或在边缘部分,也不透光。

4. 颜色 矿物对光线中不同波长的光波均匀吸收或选择吸收所表现出的性质称为颜色。一般分为三类:

本色:矿物的成分和内部构造所决定的颜色称为本色。

外色:矿物的外色是由外来的带色杂质、气泡等包裹体所引起的,与矿物本身的成分和构造无关。外色的深浅与外来物的量及其分散程度有关。

假色:某些矿物有时可见变彩现象,这是由于投射光受晶体内部裂缝面、解理面及表面氧化膜的反射所引起光波干涉作用而产生的颜色。

5. 条痕及条痕色 矿物在白色毛瓷板上刻划后所留下的粉末痕迹称为"条痕"(wale),粉末痕迹的颜色称为条痕色。

6. 光泽 矿物表面对于投射光的反射能力称为光泽。矿物单体光滑平面的光泽由强至弱分为:金属光泽、半金属光泽、金刚光泽、玻璃光泽;矿物断口或集合体表面不平滑,并有细微的裂缝、小孔等,使一部分反射光发生散射或相互干扰,而形成一些特殊的光泽:主要有油脂光泽、丝绢光泽、珍珠光泽、土状光泽等。

7. 密度 各种矿物的比重在一定条件下为一常数,密度是鉴定矿物重要的物理常数。

8. 硬度 矿物抵抗外来机械作用(刻划、挤压、研磨等)能力的大小称为硬度。

9. 解理和断口 矿物受力后沿一定结晶方向裂开成光滑平面的性质称为解理,所裂成的平面称为解理面。解理是结晶物质特有的性质,其形成与晶体构造的类型有关。矿物受力后不沿一定结晶方向裂开,断裂面不规则和不平整,这种断裂面称为断口。结晶质矿物和非结晶质矿物均可产生断口。断口的形态有平坦状、贝壳状、参差状和锯齿状。

10. 矿物的力学性质 矿物受压轧、锤击、弯曲或拉引等力的作用所呈现的力学性质有脆性、延展性、挠性、弹性、柔性、磁性等。

此外,矿物类药材有的具有特殊的气味;有的有吸水分的能力。

第二节 矿物类药材的分类与鉴别

一、矿物类药材的分类

矿物类药材的分类是以矿物中所含主要的或含量最多的某种化合物为依据。矿物在矿物学上的分类,通常是根据其阴离子的种类,但从药学的观点来看,因为阳离子通常起主要的药效作用,则根据阳离子种类来分类较为恰当。现以阳离子的种类将常见的矿物作如下的分类:汞化合物类如朱砂、轻粉、红粉;铁化合物类如自然铜、赭石、禹余粮、磁石;铅化合物类如铅丹、密陀僧;铜化合物类如胆矾、铜绿;铝化合物类如白

笔记

矾、云母(硅酸钾铝);砷化合物类如雄黄、雌黄、信石;镁化合物类如滑石;钙化合物类如石膏;钠化合物类如芒硝;其他类如炉甘石、硫黄、硝石。

二、矿物类药材的鉴别

矿物类药材绝大部分属于晶质矿物,有一定的化学组成、内部结构、形态和物理性质。通常采用形态和化学的方法进行鉴定。

1. 性状鉴别　矿物类药材的商品鉴别应注意形状、颜色、条痕、透明度、光泽、硬度等。颜色一般以新鲜面为准,应注意本色、外色与假色的区别。矿物的条痕色比矿物表面的颜色更稳定,往往反映矿物的本色,因而更具有鉴定意义。但应注意,有的条痕色与矿物表面的颜色不同,如赭石、自然铜。此外,还应注意密度、解理、断口、气味、磁性、吸湿性、触感特点等。

矿物类药材的饮片一般为打碎的小块,如龙骨等;有的需水飞成细粉或极细粉,如雄黄、朱砂。鉴别一般应注意表面、颜色、气味等。

矿物类药材一般依据来源、产地、形状、颜色等划分不同的规格,如朱砂、龙骨;一般不分等级。多数矿物类药材为统货。

2. 显微鉴别　矿物类药材的显微鉴别主要是借助偏光显微镜(polarizing microscope)和普通生物显微镜,观察矿物药的磨片或粉末特征。偏光显微镜主要观察形态、解理、透明度、边缘、断面及光学性质等;普通生物显微镜主要观察粉末的颗粒形状、颜色、透明度及光泽等特征。偏光显微镜只适合透明矿物的显微鉴别,其中均质矿物只能在单偏光镜下鉴定;非均质矿物可在正交偏光镜或锥光镜下鉴定。

3. 理化鉴别

(1) 化学定性鉴别

1) 汞盐:①取供试品溶液,加氢氧化钠试液,即生成黄色沉淀。②取供试品的中性溶液,加碘化钾试液,即生成猩红色沉淀,能在过量的碘化钾试液中溶解;再以氢氧化钠试液碱化,加铵盐即生成红棕色沉淀。③取不含过量硝酸的供试品溶液,涂于光亮的铜箔表面,擦拭后即生成一层光亮似银的沉积物。

2) 钙盐:①取铂丝,用盐酸湿润后,蘸取供试品,在无色火焰中燃烧,火焰即显砖红色。②取供试品溶液(1→20),加甲基红指示液2滴,用氨试液中和,再滴加盐酸至恰呈酸性,加草酸铵试液,即生成白色沉淀;分离,沉淀不溶于醋酸,但可溶于盐酸。

3) 钠盐:①取铂丝,用盐酸湿润后,蘸取供试品,在无色火焰中燃烧,火焰即显鲜黄色。②取供试品的中性溶液,加醋酸氧铀锌试液,即生成黄色沉淀。

4) 钾盐:①取铂丝,用盐酸湿润后,蘸取供试品,在无色火焰中燃烧,火焰即显紫色;但有少量钠盐混存时,须隔蓝色玻璃透视,方能辨认。②取供试品,加热炽灼除去可能杂有的铵盐,放冷后,加水溶解,再加0.1%四苯硼酸钠溶液与醋酸,即生成白色沉淀。

5) 铁盐:①取供试品溶液,加亚铁氰化钾试液,即生成深蓝色沉淀;分离,沉淀在稀盐酸中不溶,但加氢氧化钠试液,即分解成棕色沉淀。②取供试品溶液,加硫氰酸铵试液,即显血红色。

6) 锌盐:①取供试品溶液,加亚铁氰化钾试液,即生成白色沉淀;分离,沉淀在稀盐酸中不溶解。②取供试品溶液,加稀盐酸酸化,加0.1%硫酸铜溶液1滴及硫氰酸

笔记

汞铵试液数滴，即生成紫色沉淀。

7）硫酸盐：①取供试品溶液，加氯化钡试液，即生成白色沉淀；分离，沉淀在盐酸或硝酸中均不溶解。②取供试品溶液，加醋酸铅试液，即生成白色沉淀；分离，沉淀在醋酸铵试液或氢氧化钠试液中溶解。

8）氯化物：①取供试品溶液，加硝酸使成酸性后，加硝酸银试液，即生成白色凝乳状沉淀；分离，沉淀加氨试液即溶解，再加硝酸，沉淀又生成。②取供试品少量，置试管中，加等量的二氧化锰，混匀，加硫酸湿润，缓缓加热，即发生氯气，能使湿润的碘化钾淀粉试纸显蓝色。

9）磷酸盐：①取供试品的中性溶液，加硝酸银试液，即生成浅黄色沉淀；分离，沉淀在氨试液或稀硝酸中易溶解。②取供试品溶液，加氯化铵镁试液，即生成白色结晶性沉淀。③取供试品溶液，加钼酸铵试液与硝酸后，加热即生成黄色沉淀；分离，沉淀能在氨试液溶解。

（2）各种检查法

1）氯化物检查法：除另有规定外，取各药品项下规定量的供试品，加水溶解使成25ml（溶液如显碱性，可滴加硝酸使成中性），再加稀硝酸10ml；溶液如不澄清，应滤过；置50ml纳氏比色管中，加水使成约40ml，摇匀，即得供试品溶液。另取各药品项下规定量的标准氯化钠溶液，置50ml纳氏比色管中，加稀硝酸10ml，加水使成约40ml，摇匀，即得对照溶液。于供试品溶液与对照溶液中，分别加入硝酸银试液1.0ml，用水稀释使成50ml，摇匀，在暗处放置5分钟，同置黑色背景上，从比色管上方向下观察、比较，即得。供试品溶液如带颜色，除另有规定外，可取供试品溶液2份，分置50ml纳氏比色管中，一份加硝酸银试液1.0ml，摇匀，放置10分钟，如显浑浊，可反复滤过，至滤液完全澄清，再加规定量的标准氯化钠溶液与水适量使成50ml，摇匀，在暗处放置5分钟，作为对照溶液；另一份加硝酸银试液1.0ml与水适量使成50ml，摇匀，在暗处放置5分钟，按上述方法与对照溶液比较，即得。（标准氯化钠溶液的制备　称取氯化钠0.165g，置1000ml量瓶中，加水适量使溶解并稀释至刻度，摇匀，作为储备液。临用前，精密量取储备液10ml，置100ml量瓶中，加水稀释至刻度，摇匀，即得。每1ml相当于10μg的Cl）。

2）铁盐检查法：除另有规定外，取各药品项下规定量的供试品，加水溶解使成25ml，移置50ml纳氏比色管中，加稀盐酸4ml与过硫酸铵50mg，用水稀释使成35ml后，加30%硫氰酸铵溶液3ml，再加水适量稀释成50ml，摇匀；如显色，立即与标准铁溶液一定量制成的对照溶液（取各药品项下规定量的标准铁溶液，置50ml纳氏比色管中，加水使成25ml，加稀盐酸4ml与过硫酸铵50mg，用水稀释使成35ml后，加30%硫氰酸铵溶液3ml，再加水适量稀释成50ml，摇匀）比较，即得。如供试管与对照管色调不一致时，可分别移至分液漏斗中，各加正丁醇20ml提取，待分层后，将正丁醇层移至50ml纳氏比色管中，再用正丁醇稀释至50ml，比较，即得。（标准铁溶液的制备　称取硫酸铁铵［$FeNH_4(SO_4)_2 \cdot 12H_2O$］0.863g，置1000ml量瓶中，加水溶解后，加硫酸2.5ml，用水稀释至刻度，摇匀，作为储备液。临用前，精密量取储备液10ml，置100ml量瓶中，加水稀释至刻度，摇匀，即得。每1ml相当于10μg的Fe。）

3）砷盐检查法　仪器装置如图8-1所示，A为100ml标准磨口锥形瓶；B为中空的标准磨口塞，上连导气管C（外径8.0mm，内径6.0mm），全长约180mm；D为有孔的

笔记

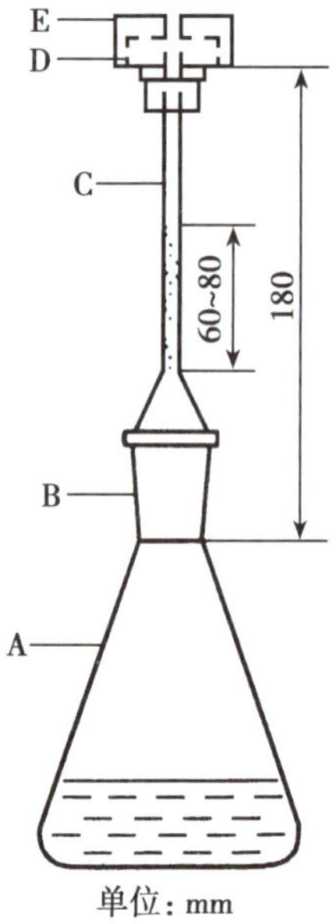

图 8-1　砷盐检查法仪器装置图

有机玻璃旋塞，其上部为圆形平面，中央有一圆孔，孔径与导气管 C 的内径一致，其下部与导气管 C 的外径相适应，将导气管 C 的顶端套入旋塞下部孔内，并使管壁与旋塞的圆孔相吻合，黏合固定；E 为中央有圆孔（孔径 6.0mm）的有机玻璃旋塞盖，与 D 紧密吻合。测试时，于导气管 C 中装入醋酸铅棉花 60mg（装管高度为 60～80mm），再于旋塞 D 的顶端平面上放一片溴化汞试纸（试纸大小以能覆盖孔径而不露出平面外为宜），盖上旋塞盖 E 并旋紧，即得。

4）标准砷斑的制备　精密量取标准砷溶液 2ml，置 A 瓶中，加盐酸 5ml 与水 21ml，再加碘化钾试液 5ml 与酸性氯化亚锡试液 5 滴，在室温放置 10 分钟后，加锌粒 2g，立即将照上法装妥的导气管 C 密塞于 A 瓶上，并将 A 瓶置 25～40℃水浴中，反应 45 分钟，取出溴化汞试纸，即得。取各药品项下规定制成的供试品溶液，置 A 瓶中，照标准砷斑的制备，自"再加碘化钾试液 5ml"起，依法操作。将生成的砷斑与标准砷斑比较，不得更深。

此外，差热分析、热重分析、X 射线衍射分析和红外光谱法等，也是鉴别矿物类药材的常用方法。

矿物类药材多用木箱、缸、瓷罐包装，也有用铅皮箱或袋装的。矿物类药材极易风化、吸湿、变色、潮解，有的易燃，要注意密封，置于阴凉干燥处，防尘、避风、防热、防火。毒性矿物类药材应专柜专人管理，如信石、雄黄等。

第三节　各　　论

朱砂 Zhusha

Cinnabaris

【基原】硫化物类矿物辰砂族辰砂，主含硫化汞（HgS）。主产于湖南（新晃、凤凰等县）、贵州、四川、广西、云南等省区。天然朱砂，以湖南辰州（今沅陵）产的为好，故有"辰砂"之称。

采挖后，选取纯净者，用磁铁吸净含铁的杂质，再用水淘去杂石和泥沙。根据临床要求需将朱砂用磁铁吸去铁屑，用水飞法制成极细的粉末，晾干或 40℃以下干燥，为朱砂粉使用。

【商品性状特征】呈粒状或块状集合体，呈颗粒状或块片状。鲜红色或暗红色，条痕红色至褐红色，有光泽，体重，质脆，片状者易破碎，粉末状者有闪烁的光泽。气微，味淡。（图 8-2）

【规格等级】分镜面砂、豆瓣砂、朱宝砂 3 种规格。镜面砂又名劈砂、片砂。片大如瓜仁、薄而颜色鲜明透亮者称"大片王"；片稍小而略薄者称"大片"；片小而薄，色泽

笔记

镜面砂

豆瓣砂

朱宝砂

图8-2　朱砂

较差者称“中片”。豆瓣砂又名豆砂、个砂。颗粒状而无光泽。朱宝砂又名洋尖砂。色红鲜亮者为一等，稍次者为二等，再次者为“魁砂”。

【主要化学成分】硫化汞（HgS）。

【质量要求】

1. 性状评价　以色鲜红、有光泽、质脆体重者为佳。搓时不染色，研细不见白点者为真；有白点则夹有砂石，质不纯。

2. （HgS）含量　采用滴定法测定，不得少于96.0%。

【贮藏养护】有毒，用纸或塑料袋包装，拆装或炮制后置密闭容器内，贴上标签，有明显的标志干燥、低温、避光储藏。

【附注】目前商品中所称的“辰砂”是以水银和硫黄为原料加热升华而合成的加工品，又称“平口砂”或“灵砂”。多为大小不等的碎块，完整者呈盆状；全体暗红色，质松脆易碎；断面呈纤维柱状（习称“马牙柱”），有宝石样或金属样光泽；无臭，味淡。朱砂的商品历史规格分：箭镞砂、肺砂和末砂，其中色紫不染纸者，称“旧坑砂”为上品；色鲜染纸者称“新坑砂”，质次之。

笔记

雄黄 Xionghuang

Realgar

【基原】硫化物类矿物雄黄族雄黄，主含二硫化二砷（As_2S_2）。主产于湖南、湖北、贵州、甘肃、云南及四川等地。以湖南石门，贮量大、品质高，最为著名。采挖后，除去杂质。

【商品性状特征】呈块状或粒状集合体，呈不规则块状，大小不一。深红色或橙红色，质脆易碎；断面有树脂光泽；微有特异臭气，味淡。（图 8-3）

图 8-3 雄黄

【规格等级】分雄黄、腰黄 2 种规格。雄黄分为天、地、元、黄 4 个等级。

天字雄黄：为不规则块状物，长至 6cm，厚至 3cm，外表橙红色间夹暗红色，有玻璃闪光，质酥脆。

地字雄黄：为块状或较小粒状，色红、熟透。

元字雄黄：为 2～3cm 的不规则小块状，外表与天字雄黄相似，但质较坚。

黄字雄黄：为前述品种的粉末或碎片。腰黄又称雄精或明雄，颜色鲜艳，光亮透明如琥珀，可随身佩戴作装饰品。腰黄按大小分为一、二、三等。目前市售商品多已不分规格，均为统庄。

【主要化学成分】二硫化二砷（As_2S_2）。

【质量要求】

1. 性状评价　以色红、块大、质松脆、有光泽者为佳。
2. 二硫化二砷（As_2S_2）含量　采用滴定法测定，不得少于 90.0%。
3. 三氧化二砷检查　照砷盐检查法检查，所显砷斑颜色不得深于标准砷斑。

【贮藏养护】毒性药材，置于密闭容器中，贴上标签，放置干燥处贮藏。本品遇火易燃烧，应单独存放，注意防火。

【附注】雄黄为常用的矿物类药材，主要在中成药牛黄解毒丸（片）中使用，牛黄解毒丸销售量与雄黄药材用量有较大关系。现因雄黄中砷的毒性，药用量逐渐减少。

芒硝 Mangxiao

Natrii Sulfas

【基原】硫酸盐类矿物芒硝族芒硝，经加工精制而成结晶体。主含含水硫酸钠（$Na_2SO_4 \cdot 10H_2O$）。主产于河北、天津、山东、河南、江苏、安徽、山西。

冬季取天然的不纯芒硝（土硝），加水溶解，滤过，滤液浓缩，放冷析出结晶，如结晶不纯，可重复处理，得较洁净的芒硝结晶。或将天然土硝溶于水中，加萝卜片共煮、滤过，滤液静置冷却析出结晶即得芒硝。

【商品性状特征】呈棱柱状、长方形或颗粒状；大小不一；无色，透明；质脆易碎；棱柱状者断面偏斜或方形，呈玻璃样光泽；无臭，味咸。（图8-4）

【规格等级】分芒硝净统和皮硝粗统。皮硝（朴硝）呈小块片粒状，不成条，略透明；可见灰屑等杂质，易结块、潮解；质脆易碎；无臭，味苦、咸。

图8-4　芒硝

【主要化学成分】含水硫酸钠（$Na_2SO_4 \cdot 10H_2O$）。

【质量要求】

1. 性状评价　以结晶体呈冰条状、色莹白、透明、洁净者为佳；色暗含泥者质次。

2. 二硫化二砷（As_2S_2）含量　用碘量滴定法测定，不得少于99.0%。

3. 铁盐与锌盐　滴加氢氧化钠试液中和，加稀盐酸、亚铁氰化钾试液、适量的水，不得发生浑浊或显蓝色。

4. 镁盐　加氨试液与磷酸氢二钠试液，不得发生浑浊。

5. 干燥失重　减失重量应为51.0%～57.0%。

【贮藏养护】本品是含10个水结晶分子的硫酸钠，易风化失去结晶水成粉状（习称风化硝），受潮易溶解，受热易熔化，贮藏于罐内或木箱，密闭；在30℃以下，阴凉干燥处保存，防潮、防风吹日晒。本品有腐蚀性，存放应注意对贮藏器具的腐蚀损坏。

【附注】玄明粉为芒硝经干燥制得。主含硫酸钠（Na_2SO_4）。呈白色粉末状，无臭、味咸，有引湿性。外用治目赤、咽肿、口疮。

龙骨 Longgu

Os Draconis

【基原】古代哺乳类动物如象类或三趾马、恐龙、牛类、鹿类等的骨骼化石。前者习称“五花龙骨”，后者习称“龙骨”。主产于河南、河北、陕西、陕西及内蒙古、湖北、四川等地。

全年可采，挖出后除去泥土及杂质。五花龙骨见风极易破碎，故常用毛边纸包裹，只露出一、二处花色较好的部分，供鉴别用。

【商品性状特征】

1. 五花龙骨　呈不规则块状，大小不一；全体淡黄白色，夹有蓝灰色的花纹，深浅不一；表面平滑，时有小裂隙；断面多粗糙，质硬而脆，易片片剥落而散碎；吸湿性强，以舌舔之有吸力；无臭，无味。（图 8-5）

2. 龙骨 呈不规则块状，大小不一；表面白色，较光滑，有的有纹理与裂隙，或有棕色条纹和斑点；质硬，断面不平坦，色白，细腻如粉质；吸湿性亦强。（图 8-5）

五花龙骨

白龙骨

青龙骨

图 8-5 龙骨

【规格等级】分为五花龙骨和龙骨等，均为统货。

【主要化学成分】羟磷酸钙［$Ca_5(PO_4)_3(OH)$］、碳酸钙（$CaCO_3$）。

【质量要求】性状评价五花龙骨以色白、有各种花纹、松脆易碎、舔之粘舌者为佳；龙骨质坚硬、不易破碎，一般认为质较次。

【贮藏养护】置干燥处，防潮。龙骨可装袋，五花龙骨宜装木箱，密闭、避风保存。

【附注】龙齿（Dens Draconis）为古代哺乳动物象、犀牛、三趾马等牙齿的化石。呈圆锥形、圆柱形或不规则块状，多少弯曲，形似牙齿。表面类白色、青灰色、黑褐色或红白色，粗糙或有时微显珐琅质。断面常常分为 2 层，外层微显纤维状层纹，内层为类白色、淡黄色或淡棕色，有蓝青色或棕色的条纹或斑点。根据形状和颜色，商品分为青龙齿、白龙齿和龙齿墩等。多煅后敲碎用。功能镇惊安神、除烦热。

（辛宁 杨晶凡 杨扶德 包桂花 张贵君）

第九章

药材提取物

第一节 概　　述

药材提取物系指从植、动物药材中制得的挥发油、油脂、有效部位和有效成分。药材提取物包括以水或醇为溶剂经提取制成的流浸膏、浸膏或干浸膏，含有一类或数类有效成分的有效部位和含量达到90%以上的单一有效成分。按照提取药材的成分不同，可分为苷、酸、多酚、多糖、萜类、黄酮、生物碱等；按照最终产品的性状不同，可分为植物油、浸膏、粉、晶状体等。

商品性状特征：包括药材提取物的形态、颜色、澄明度、气味等。

规格等级：统货，不分等级。

质量要求：一般进行药材提取物中主要单一成分的含量测定以及水分、炽灼残渣、重金属、总灰分、粒度、干燥失重、有机氯农药残留等指标的检查。

贮藏养护：药材提取物通常要遮光，密闭，置阴凉干燥处。

第二节 各　　论

黄芩提取物 Huangqintiquwu

Scutellaria Extract

【基原】唇形科（Labiatae）植物黄芩 *Scutellaria baicalensis* Georgi 的干燥根经加工制成的提取物。

【商品性状特征】呈淡黄色至棕黄色粉末；味淡、微苦。（图 9-1）

【规格等级】统货。

【主要化学成分】黄芩苷（baicalin）。

【质量要求】

1. 黄芩苷（$C_{21}H_{18}O_{11}$）含量　采用高效液相色谱法测定，不得少于85.0%。
2. 水分测定　水分不得过5.0%。
3. 炽灼残渣检查　不得过0.8%。
4. 重金属检查　不得过20mg/kg。

【贮藏养护】密封，置阴凉干燥处。

笔记

图 9-1 黄芩提取物

丹参提取物 Danshentiquwu

Salvia Extract

【基原】唇形科(Labiatae)植物丹参 *Salvia miltiorrhiza* Bge. 的干燥根及根茎经加工制成的提取物。

【商品性状特征】呈棕红色的粉末;有特殊气味,无吸湿性。(图 9-2)

图 9-2 丹参提取物

【规格等级】统货。

【主要化学成分】隐丹参酮、丹参酮 $Ⅱ_A$。

【质量要求】

1. 隐丹参酮($C_{19}H_{20}O_3$)和丹参酮 $Ⅱ_A$($C_{19}H_{18}O_3$)含量 采用高效液相色谱法测定,前者不得少于 2.1%,后者不得少于 9.8%。

2. 水分测定 水分不得过 5.0%。

3. 炽灼残渣检查 不得过 3.0%。

4. 重金属检查 不得过 10mg/kg。

【贮藏养护】遮光,密闭,置阴凉干燥处。

人参提取物 Renshentiquwu

Ginseng Extract

【基原】五加科(Araliaceae)植物人参 *Panax ginseng* C. A. Mey. 的干燥根及根茎经加工制成的提取物。

【商品性状特征】呈黄白色或淡黄色粉末;微臭、味苦;有吸湿性。(图 9-3)

【规格等级】统货。

笔记

图 9-3　人参提取物

【主要化学成分】人参总皂苷(ginsengoside)、人参皂苷 Rg_1、Re、Rd。

【质量要求】

1. 人参总皂苷含量　采用紫外分光光度法测定,以人参皂 Re($C_{48}H_{82}O_{18}$)计应为 65% ~85%;采用高效液相色谱法测定,含人参皂苷 Rg_1($C_{42}H_{72}O_{14}$)、人参皂苷 Re($C_{48}H_{82}O_{18}$)和人参皂苷 Rd($C_{48}H_{82}O_{18}$)的总量计,应为 15% ~25%。

2. 粒度检查　能通过 120 目筛的粉末不少于 95%。

3. 干燥失重检查　不得过 5.0%。

4. 灰分测定　总灰分不得过 6.0%。

5. 炽灼残渣检查　不得过 6.0%。

6. 重金属及有害元素检查　铅不得过 3mg/kg;镉不得过 0.2mg/kg;砷不得过 2mg/kg;汞不得过 0.2mg/kg;铜不得过 20mg/kg。

7. 有机氯农药残留量检查　六六六(总 BHC)不得过 0.1mg/kg;滴滴涕(总 DDT)不得过 1mg/kg;五氯硝基苯(PCNB)不得过 0.1mg/kg。

【贮藏养护】密闭,置干燥处。

薄荷油 Boheyou

Peppermint Oil

【基原】唇形科(Labiatae)植物薄荷 *Mentha haplocalyx* Briq. 的新鲜茎和叶经水蒸气蒸馏、冷冻、部分脱脑加工提取的挥发油。

【商品性状特征】呈无色或淡黄色的澄清液体,有特殊清凉香气,味初辛、后凉。存放日久,色渐变深。(图 9-4)

【规格等级】统货。

【主要化学成分】薄荷脑(menthol)。

【质量要求】

1. 薄荷脑($C_{10}H_{20}O$)含量　采用气相色谱法测定,含量应为 20.0% ~40.0%。

2. 颜色检查　取本品与同体积的黄色 6 号标准比色液比较,不得更深。

3. 乙醇中不溶物检查　取本品 1ml,加 70% 乙醇 3.5ml,溶液应澄清。

图9-4　薄荷油

4. 酸值检查　应不大于1.5。

【贮藏养护】避光，密封，置阴凉处。

（张贵君）

下篇 药品商品

第十章 中药饮片商品

第一节 中药材炮制

一、炮制目的

药材炮制是根据中医药理论，按照医疗、调剂、制剂，以及药材自身性质所采取的一项制药技术。药材依法炮制后是临床配方使用的药物，炮制后的药材称之为饮片。炮制是我国一项传统的制药技术，又称“修事”或“修治”。一般地说，药材经过特定的炮制处理，才能符合治疗要求，具有药效。因此，按照不同的药性和治疗要求而有多种炮制方法。药材在炮制中通常要加入辅料，并且要注意炮制火候，正如前人所说：“不及则功效难求，太过则气味反失”。炮制是否得当，直接影响到临床用药安全性和有效性。

药材炮制的目的是多方面的，往往一种炮制方法或者炮制一种药材同时具有几个方面的目的，这些虽有主次之分，但彼此之间又有密切联系。炮制的主要目的如下：

1. 清除杂质和非药用部分　除去杂质和非药用部分，使药物纯净，才能用量准确或利于服用。如一般植物药的根和根茎类应当除去残茎，皮类去粗皮；某些动物药类去头、足、翅等；大部分药材通过清洗去泥沙、杂质等。

2. 降低或消除药材的不良反应，使之具有药用价值　某些含有毒性物质的药材，炮制后才符合药物安全性和有效性的基本要求。如油炙马钱子、制草乌、巴豆霜等；常山酒炒方可使用，可避免生品造成催吐的不良反应。

3. 改变或缓和药性，使之适合病情需要　药材经过不同的炮制方法，使其具有各自的性味功能。此外，为了适应不同病情和体质的需要，可经过炮制改变药物的性能，用于不同的疾病。如生地黄凉血，经蒸制后为熟地黄则性味转温而以补血见长；麻黄生用辛散解表作用较强、蜜制后辛散作用缓和，止咳平喘作用增强；生姜煨熟，则能减缓其发散之力，而增强其温中之效。

4. 提高疗效　中药除了通过配伍提高疗效外，还可通过炮制、制剂等手段提高疗效。如蜂蜜润肺，蜜制款冬花，可增强其润肺止咳的作用；羊脂油滋补肾阳，用以炙淫羊藿，可增强其治疗阳痿的效能。

笔记

5. 引药归经 中医对于疾病的部位通常以经络脏腑来归纳，对药物作用的趋向以升降沉浮来表示。通过炮制可改变作用部位和趋向，有引药入经的作用。如柴胡、香附等经醋制后有助于引药入肝，更有效地治疗肝经疾病；又如小茴香、橘核等经盐制后，有助于引药入肾能更好地发挥治疗肾经疾病的作用。

6. 便于调剂和制剂 某些药材经过加工后切成段、丝、片、块等饮片，便于制剂和调配。一些矿物及贝壳类药物，质地坚硬，很难粉碎，不便制剂和调剂，在短时间内也不易把药效成分煎煮出来。因此，必须经过炮制，使其质地酥脆，如煅制自然铜、牡蛎等。

7. 利于贮藏 药材经过加工热处理可以进一步干燥或杀死虫卵，有利于贮藏。有些含有苷类的药物，经加热处理，能使其中与苷类共存的酶失去活性，可以久藏而不变质，如黄芩经蒸制可以破坏黄芩苷的水解酶。

8. 利于服用 一些动物类药或其他有特殊臭味的药物，在服用时易引起呕恶等反应，为了利于服用，常将此类药物采用酒炙、蜜炙、醋炙、麦麸炒、水漂、炒黄等处理，以达到矫臭矫味的效果。如僵蚕微腥臭，麸炒僵蚕用以矫味。

二、炮制方法

明缪希雍的《炮炙大法》（1622年）中曾把古代的炮制方法归纳为十七法：炮、爁、煿、炙、煨、炒、煅、炼、制、度、飞、伏、镑、摋、㬠、曝及露，后人称此“雷公炮制十七法”。现代的炮制方法是在古代炮制方法的基础上，经过不断实践，逐渐充实发展起来的，常用的有以下几种类型。

1. 净制 即净选加工。经净制后的药材称为“净药材”。药材在切制、炮炙和调配制剂时，均应使用净药材。净制药材可根据具体情况，分别选用挑选、风选、水选、筛选、剪、切、刮削、剔除、刷、擦、碾、串、泡洗等方法达到药品的质量要求。

2. 切制 即将药材切制成一定形状的片、段、块、丝等。切制时，除鲜切、干切外，须经浸润使其柔软，少泡多润，防止药效成分流失；应按药材的大小、粗细、软硬程度等分别处理，应注意掌握气温、水量、时间等条件。不宜切制的药材，一般应捣碎用。

3. 炮炙

（1）炒：炒制分清炒和加辅料炒。炒时应火力均匀，不断翻动。掌握加热温度、炒制时间集成度要求。

1）清炒又称“净炒”，是将净药材置热锅中，用文火炒至规定程度时，取出，放凉。需炒焦者，一般用中火炒至表面焦黄色，断面色加深为度，取出，放凉。炒焦后易燃的药材，可喷淋清水少许，再炒干或晒干。

2）麸炒取麸皮，撒在热锅中，加热至冒烟时，放入净药材，迅速翻动，炒至药材表面呈黄色或色变深时，取出，筛去麸皮，放凉。除另有规定外，一般每100kg净药材，用麸皮10kg。

（2）烫：烫法常用的辅料为洁净的沙子、蛤粉或滑石粉。取沙子（蛤粉或滑石粉）置锅内，一般用武火炒热后，加入净药材，不断翻动，烫至泡酥或规定的程度时，取出，筛去沙子（蛤粉或滑石粉），放凉。如需要醋淬时，应趁热投入醋中淬酥。

（3）煅：煅制时应注意煅透，使之酥脆。

1）明煅：取净药材，砸成小块，置无烟的炉火上或置适宜的容器内，煅至酥脆或

笔记

红透时取出，放凉，碾碎。含有结晶水的盐类药材，不要求煅红，但需使结晶水蒸发尽，或全部形成蜂窝状的块状固体。

2）煅淬：将净药材煅至红透时，立即投入规定的液体辅料中，淬酥，取出，干燥，打碎或研粉。

（4）制炭：制炭是应存性，并防止灰化。

1）炒炭：取净药材，置热锅内，用武火炒至表面干焦黑色色、内部焦黄色或至规定的程度时，喷淋清水少许，熄灭活性，取出，晾干。

2）煅炭：取净药材，置煅锅内，密封，闷煅至透，放凉，取出。

（5）蒸：取净药材，加入液体辅料拌匀（清蒸除外），置适宜的容器内，加热蒸透或至规定的程度时，取出，干燥。

（6）煮：取净药材加水或液体辅料共煮，至液体完全被吸尽或切开内无白心时，取出，干燥。有毒药材煮制后的剩余汁液，一般应弃去。

（7）燉：取净药材，加入液体辅料，置适宜的容器内，密闭，隔水加热，或用蒸气加热燉透，或燉至辅料完全被吸尽，取出，放凉，干燥。

（8）燀：取净药材投入沸水中，翻滚片刻，捞出。有的种子类药材，燀至种皮由皱缩至舒展、能搓去时，捞出，放冷水浸泡，除去种皮，晒干。

（9）酒制：包括酒炙、酒燉、酒蒸等。酒制时，除另有规定外，一般用黄酒。

1）酒炙：取净药材，加酒拌匀，闷透，置锅内，用文火炒至规定的程度时，取出，放凉。

2）酒燉：取净药材，加酒拌匀，照上述燉法制备。

3）酒蒸：取净药材，加酒拌匀，照上述蒸法制备。

（10）醋制：包括醋炙、醋煮、醋蒸等。醋制时，应用米醋或其他发酵醋。

1）醋炙：取净药材，加醋拌匀，闷透，置锅内，炒至规定的程度时，取出，放凉。

2）醋煮：取净药材，加醋，照上述煮法制备。

3）醋蒸：取净药材，加醋拌匀，照上述蒸法制备。

（11）盐制：包括盐炙、盐蒸等。盐制时，应先将实验加适量水溶解后，过滤，备用。

1）盐炙：取净药材，加盐水拌匀，闷透，置锅内（个别药物则先将净药材放锅内，边拌炒边加盐水），以文火加热，炒至规定的程度时，取出，放凉。

2）盐蒸：取净药材，加盐水拌匀，照上述蒸法制备。

（12）姜汁炙：姜汁炙时，应先将生姜洗净，捣烂，加水适量，压榨取汁，姜渣再加水适量重复压榨1次，合并汁液，即为姜汁。如用干姜，捣碎后加水煎煮2次，取汁。

取净药材，加姜汁拌匀，置锅内，用文火炒至姜汁被吸尽，或至规定的程度，取出，晾干。

（13）蜜炙：蜜炙时，应先将炼蜜加适量开水稀释后，加入净药材中拌匀，闷透，置锅内，用文火炒至规定的程度时，取出，放凉。

（14）制霜：去油成霜。取净药材碾碎如泥状，经微热后，压去部分油脂，制成符合一定要求的松散粉末。

（15）水飞：取按规定处理后的药材，加水适量共研细，再加多量的水，搅拌，倾出混悬液，下沉部分再按上法反复操作数次，除去杂质，合并混悬液，静置后，分取沉淀，

笔记

干燥，研散。

第二节 中药饮片各论

一、解表药类

桂枝 Guizhi

【基原】为桂枝药材切厚片的净制品。

【商品性状特征】呈类圆形或椭圆形的厚片，表面红棕色至棕色，有时可见点状皮孔或纵棱线。切面皮部红棕色，木部黄白色或浅黄棕色，髓部类圆形或略呈方形，有特异香气，味甜、微辛。（图 10-1）

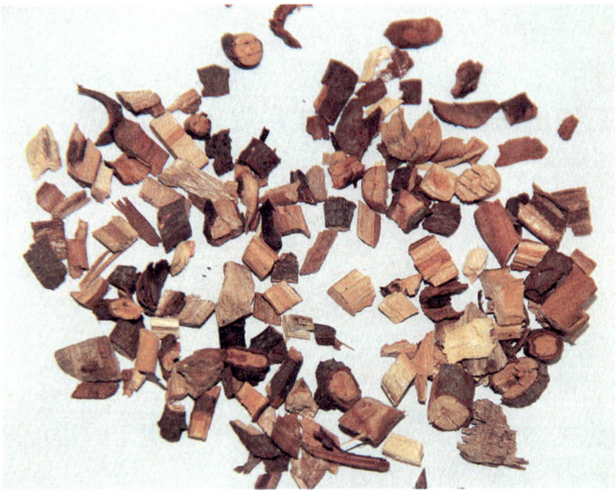

图 10-1 桂枝

【规格】统货。厚 2～4mm。

【主要化学成分】桂皮醛（cinnamic aldehyde）等。

【质量要求】

1. 薄层鉴别 以桂皮醛对照品作对照，喷以二硝基苯肼乙醇试液。供试品色谱中，在与对照品色谱相应的位置上，显相同的橙红色斑点；以桂枝对照药材作对照，喷以香草醛硫酸试液，在 105℃加热至斑点显色清晰。供试品色谱中，在与对照药材色谱相应的位置，显相同颜色的斑点。

2. 水分测定 水分不得过 12.0%。

3. 灰分测定 总灰分不得过 3.0%。

4. 桂皮醛（C_9H_8O）含量 用高效液相色谱法测定，不得少于 1.0%。

【贮藏养护】置阴凉干燥处。

【性味功能】辛、甘，温。发汗解肌，温通经脉，助阳化气，平冲降气。用于风寒感冒，脘腹冷痛，血寒经闭，关节痹痛，痰饮，水肿，心悸，奔豚。

【用法用量】3～9g。

笔记

白芷 Baizhi

【基原】为白芷药材切厚片的净制品。

【商品性状特征】呈圆形或类圆形的厚片。外表皮灰棕色或黄棕色，有纵皱纹及皮孔。切面白色或灰白色，具粉性，形成层环棕色，近方形或近圆形，皮部散有多数棕色油点。气芳香味辛、微苦。（图 10-2）

图 10-2　白芷

【规格】统货。直径 0.6～2.5cm。

【主要化学成分】欧前胡（imperatorin）、异欧前胡素（isoimperatorin）等。

【质量要求】

1. 薄层鉴别　以白芷对照药材和欧前胡素、异欧前胡素对照品作对照，置紫外光灯（365nm）下检视。供试品色谱中，在与对照药材色谱和对照品色谱相应的位置上，显相同颜色的荧光斑点。

2. 水分测定　水分不得过 14.0%。

3. 灰分测定　总灰分不得过 5.0%。

4. 浸出物含量　用稀乙醇作溶剂热浸法测定，不得少于 15.0%。

5. 欧前胡素（$C_{16}H_{14}O_4$）含量　用高效液相色谱法测定，不得少于 0.080%。

【贮藏养护】置阴凉干燥处，防蛀。

【性味功能】辛，温。解表散寒，祛风止痛，宣通鼻窍，燥湿止带，消肿排脓。用于感冒头痛，眉棱骨痛，鼻塞流涕，鼻鼽，鼻渊，牙痛，带下，疮疡肿痛。

【用法用量】3～9g。

紫苏叶 Zisuye

【基原】为紫苏叶药材切碎的净制品。

【商品性状特征】呈不规则的段或未切叶。叶多皱缩卷曲、破碎，完整者展平后呈卵圆形。边缘具圆锯齿。两面紫色或上表面绿色，下表面紫色，疏生灰白色毛。叶柄紫色或紫绿色。带嫩枝者，紫绿色，切面中部有髓。气清香，味微辛。（图 10-3）

笔记

图 10-3　紫苏叶

【规格】统货。枝的直径 2～5mm。

【主要化学成分】挥发油、紫苏醛(perillaldehyde)等。

【质量要求】

1. 薄层鉴别

(1) 以紫苏叶对照药材作对照，喷以 10% 硫酸乙醇溶液，在 105°C 加热至斑点显色清晰，置紫外光灯(365nm)下检视。供试品色谱中，在与对照药材色谱相应的位置上，显相同颜色的荧光斑点。

(2) 以紫苏醛对照品作对照，喷以二硝基苯肼乙醇试液。供试品色谱中，在与对照品色谱相应的位置上，显相同颜色的斑点。

2. 水分测定　水分不得过 12.0%。

3. 挥发油含量　含挥发油不得少于 0.20%(ml/g)。

【贮藏养护】置阴凉干燥处。

【性味功能】辛，温。解表散寒，行气和胃。用于风寒感冒，咳嗽呕恶，妊娠呕吐，鱼蟹中毒。

【用法用量】5～10g。

生姜 Shengjiang

【基原】为生姜药材切厚片的净制品。

【商品性状特征】呈不规则的厚片，可见指状分枝，表面黄白色或灰白色，切面浅黄色，内皮层环纹明显，维管束散在。气香特异，味辛辣。(图 10-4)

【规格】统货。长 40～180mm，厚 10～30mm。

【主要化学成分】挥发油；6-姜辣素(6-gingerol)、8-姜酚(gingerose)、10-姜酚(gingerose)等。

【质量要求】

1. 薄层鉴别　取 6-姜辣素对照品作对照品，喷以香草醛硫酸试液，在 105℃ 加热至斑点显色清晰。供试品色谱中，在与对照品色谱相应的位置上，显相同颜色的斑点。

笔记

图 10-4 生姜

2. 灰分测定 总灰分不得过 2.0%。

3. 6-姜辣素($C_{17}H_{26}O_4$)含量 用高效液相色谱法测定,不得少于 0.020%。

【贮藏养护】置阴凉潮湿处,或埋入湿砂内,防冻。

【性味能】辛,微温。解表散寒,温中止呕,化痰止咳,解鱼蟹毒。用于风寒感冒,胃寒呕吐,寒痰咳嗽,鱼蟹中毒。

【用法用量】3~9g。

【附注】

1. 煨姜 温里药。为不规则薄片,姜皮偶见焦斑,表面显油黄色。温中止呕。

2. 姜皮 利水渗湿药。为半卷曲碎片,表面灰白色或灰棕色,气香及辛辣味微弱。辛,凉。行水消肿。1.5~5g。

藁本 Gaoben

【基原】为藁本药材切厚片的净制品。

【商品性状特征】

1. 藁本片 呈不规则的厚片。外表皮棕褐色至黑褐色,粗糙。切面黄白色至浅黄褐色,具裂隙或孔洞,纤维性。气浓香,味辛、苦、微麻。

2. 辽藁本片 外表皮可见根痕和残根突起呈毛刺状,或有呈枯朽空洞的老茎残基。切面木部有放射状纹理和裂隙。(图 10-5)

【规格】统货。直径 1~4cm。

【主要化学成分】阿魏酸(ferulic acid)等。

【质量要求】

1. 薄层鉴别 取藁本对照药材作对照,置紫外光灯(365nm)下检视。供试品色谱中,在与对照药材色谱相应的位置上,显相同颜色的荧光主斑点。

2. 水分测定 水分不得过 10.0%。

3. 灰分测定 总灰分不得过 10.0%;酸不溶性灰分不得过 5.0%。

4. 浸出物含量 用乙醇作溶剂热浸法测定,不得少于 13.0%。

5. 阿魏酸($C_{10}H_{10}O_4$)含量 用高效液相色谱法测定,不得少于 0.050%。

笔记

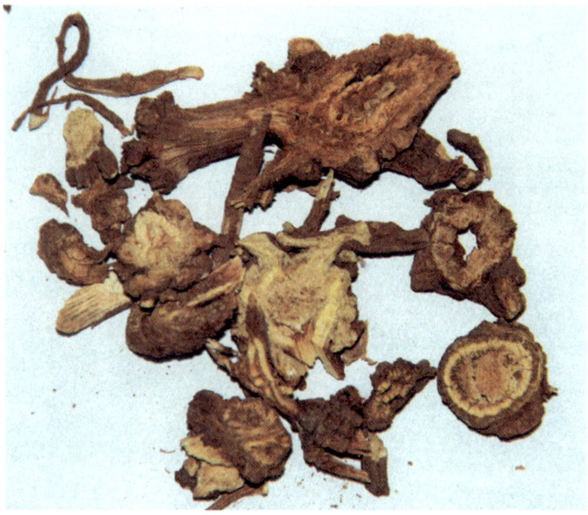

图 10-5 藁本

【贮藏养护】置阴凉干燥处，防潮，防蛀。

【性味功能】辛，温。祛风，散寒，除湿，止痛。用于风寒感冒，巅顶疼痛风湿痹痛。

【用法用量】3～9g。

荆芥 Jingjie

【基原】为荆芥药材切段的净制品。

【商品性状特征】呈不规则的段，茎呈方柱形，表面淡黄绿色或淡紫红色，被短柔毛，切面类白色，叶多已脱落，穗状轮伞花序，气芳香，味微涩而辛凉。（图 10-6）

【规格】统货。茎直径 0.2～0.4cm。

【主要化学成分】挥发油、胡薄荷酮（pulegone）等。

【质量要求】

1. 薄层鉴别　取荆芥对照药材作对照，喷以 5% 香草醛的 5% 硫酸乙醇溶液，在 105°C 加热至斑点显色清晰。供试品色谱中，在与对照药材色谱相应的位置上，显相同颜色的斑点。

2. 挥发油含量　含挥发油不得少于 0.30%（ml/g）。

3. 胡薄荷酮（$C_{10}H_{16}O$）含量　用高效液相色谱法测定，不得少于 0.020%。

【贮藏养护】置阴凉干燥处。

【性味功能】辛，微温。解表散风，透疹，消疮。用于感冒，头痛，麻疹，风疹，疮疡初起。

【用法用量】5～10g。

【附注】

1. 荆芥炭　为止血药。形如荆芥，表面黑褐色，内部焦黄色，味苦而稍辛香。收涩止血。

2. 炒荆芥　为解表药。形如荆芥，表面焦黄色，气味稍弱。缓和表散。

笔记

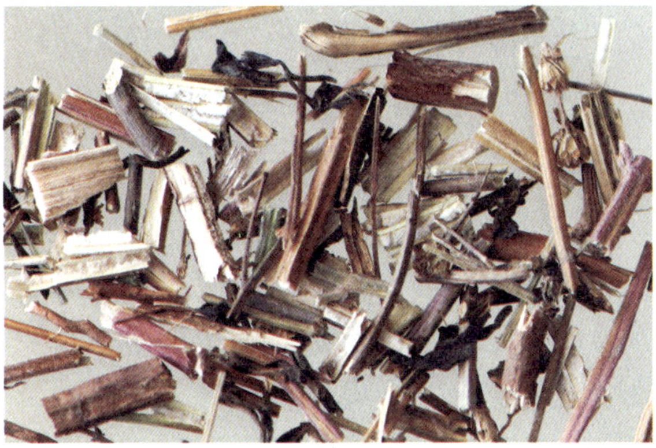

荆芥

荆芥梗

荆芥穗

荆芥炭

图 10-6　荆芥

辛夷 Xinyi

【基原】为辛夷药材的净制品。

【商品性状特征】

1. 望春花　呈长卵形，似毛笔头。基部常具短梗，长约 5mm，梗上有类白色点状皮孔。苞片 2～3 层，每层 2 片，两层苞片间有小鳞芽，苞片表面密被灰白色或灰绿色茸毛，内表面类棕色，无毛。花被片 9，棕色，外轮花被片 3，条形，约为内两轮长的1/4，呈萼片状，内两轮花被片 6，每轮 3，轮状排列。雄蕊和雌蕊多数，螺旋状排列。体轻，质脆，气芳香，味辛凉而稍苦。（图 10-7）

2. 玉兰　基部枝梗较粗壮，皮孔浅棕色。苞片外表面密被灰白色或灰绿色茸毛。花被片 9，内外轮同型。

3. 武当玉兰　基部枝梗粗壮，皮孔红棕色。苞片外表面密被淡黄色或淡黄绿色茸毛，有的最外层苞片茸毛已脱落而呈黑褐色。花被片 10～12（15），内外轮无显著差异。

【规格】统货。望春花长 1.2～2.5cm，直径 0.8～1.5cm。玉兰长 1.5～3cm，直径 1～1.5cm。武当玉兰长 2～4cm，直径 1～2cm。

【主要化学成分】挥发油、木兰脂素（magnolin）等。

图 10-7　辛夷

【质量要求】

1. 薄层鉴别　以木兰脂素对照品作对照，喷以 10% 硫酸乙醇溶液，在 90°C 加热至斑点显色清晰。供试品色谱中，在与对照品色谱相应的位置上，显相同的紫红色斑点。

2. 水分测定　水分不得过 18.0%。

3. 挥发油含量　含挥发油不得少于 1.0%（ml/g）。

4. 木兰脂素（$C_{23}H_{28}O_7$）含量　用高效液相色谱法测定，不得少于 0.40%。

【贮藏养护】置阴凉干燥处。

【性味功能】辛，温。散风寒，通鼻窍。用于风寒头痛，鼻塞流涕，鼻鼽，鼻渊。

【用法用量】3～9g。包煎。外用适量。

薄荷 Bohe

【基原】为薄荷药材切短段的净制品。

【商品性状特征】呈不规则的段，茎方柱形，表面紫棕色或淡绿色，具纵棱线，棱角处有茸毛。切面白色，中空。叶多破碎，上表面深绿色，下表面灰绿色，稀被茸毛。轮伞花序腋生，花萼钟状，先端 5 齿裂，花冠淡紫色。揉搓后有特殊清凉香气，味辛凉。（图 10-8）

【规格】统货。茎长 5～8mm，直径在 4mm 以内。叶展平后，完整者长 2～7cm，宽 1～3cm。

【主要化学成分】挥发油、薄荷脑（menthol）等。

【质量要求】

1. 化学定性　取本品叶的粉末少量，经微量升华得油状物，加硫酸 2 滴及香草醛结晶少许，初显黄色至橙黄色，再加蒸馏水 1 滴，即变紫红色。

2. 水分测定　水分不得过 13%。

3. 灰分测定　总灰分不得过 11.0%；酸不溶性灰分不得过 3.0%。

4. 挥发油含量　不得少于 0.40%（ml/g）。

图 10-8 薄荷

【贮藏养护】置阴凉干燥处。

【性味功能】辛,凉。疏散风热,清利头目,利咽,透疹,疏肝行气。用于风热感冒,风温初起,头痛,目赤,喉痹,口疮,风疹,麻疹,胸胁胀闷。

【用法用量】3 ~6g,后下。

【附注】蜜薄荷解表药。形如薄荷,表面显黄火色,略带黏性,味微甜。

蝉蜕 Chantui

【基原】为蝉蜕药材净制品。

【商品性状特征】略呈椭圆形而弯曲,表面黄棕色,半透明,有光泽。头部有丝状触角 1 对,多已断落,复眼突出。额部先端突出,口吻发达,上唇宽短,下唇伸长成管状。胸部背面呈十字形裂开,裂口向内卷曲,脊背两旁具小翅 2 对;腹面有足 3 对,被黄棕色细毛。腹部钝圆,共 9 节。体轻,中空,易碎。气微,味淡。(图 10-9)

【规格】统货。长约 3.5cm,宽约 2cm。

【主要化学成分】吗啡(morphine)、磷酸可待因(codeine phosphate)、盐酸罂粟碱(papaverine hydrochloride)。

【质量要求】

1. 紫外鉴别 取本品乙醇温浸液,用紫外-可见分光光度法测定,在 283mn 波长处有最大吸收。

2. 薄层鉴别 以吗啡对照品、磷酸可待因对照品和盐酸罂粟碱对照品作对照,置紫外光灯(365nm)下检视。供试品色谱中,在与对照品色谱相应的位置上,显相同颜色的荧光斑点;再依次喷以稀碘化铋钾试液和亚硝酸钠乙醇试液,显相同颜色的斑点。

3. 水分测定 水分不得过 12.0%。

4. 用 70% 乙醇浸出物含量 用热浸法测定,不得少于 13.0%。

【贮藏养护】置干燥处,防压。

【性味功能】甘,寒。疏散风热,利咽,透疹,明目退翳,解痉。用于风热感冒,咽痛音哑,麻疹不透,风疹瘙痒,目赤翳障,惊风抽搐,破伤风。

图 10-9　蝉蜕

【用法用量】3～6g。

升麻 Shengma

【基原】为升麻药材切厚片的净制品。

【商品性状特征】不规则形或类圆形的切片。表皮黑褐色至棕褐色，粗糙不平，可见须根痕及残留的坚硬须根。切面黄绿色或淡黄白色，有明显的筋脉样网纹，有的可见明显的放射状纹理，髓部往往成空洞。质坚硬，纤维性。气微，味微苦而涩。（图10-10）

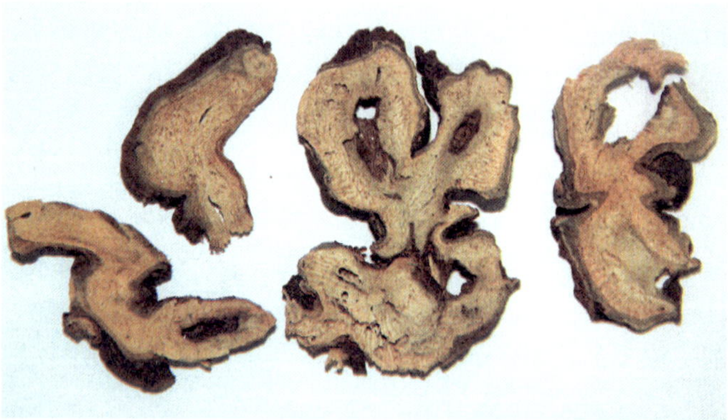

图 10-10　升麻

【规格】统货。直径 1～4mm。

【主要化学成分】阿魏酸（ferulic acid）、异阿魏酸（isferulic acid）等。

【质量要求】

1. 薄层鉴别　以阿魏酸及异阿魏酸对照品作对照，置紫外光灯（365nm）下检视。供试品色谱中，在与对照品色谱相应的位置上，显相同颜色的荧光斑点。

2. 杂质检查　杂质不得过 5%。

3. 水分测定　水分不得过13.0%。

4. 灰分测定　总灰分不得过8.0%；酸不溶性灰分不得过4.0%。

5. 稀乙醇浸出物含量　用热浸法测定，不得少于17.0%。

6. 异阿魏酸($C_{10}H_{10}O_4$)含量　用高效液相色谱法测定，不得少于0.10%。

【性味功能】辛、微甘，微寒。发表透疹，清热解毒，升举阳气。用于风热头痛，齿痛，口疮，咽喉肿痛，麻疹不透，阳毒发斑，脱肛，子宫脱垂。

【用法用量】3～9g。

【贮藏养护】置通风干燥处。

【附注】

1. 蜜升麻　解表药。形如生麻片，黄棕色或棕褐色，味甜。蜜炙用长于升提中气。

2. 升麻炭　解表药。形如生麻片，表面黑色，折断面黑褐色。

葛根 Gegen

【基原】为葛根药材切厚片的净制品。

【商品性状特征】呈不规则的厚片、粗丝或边长为0.5～1.2cm的方块。切面浅黄棕色至棕黄色。质韧，纤维性强。气微，味微甜。(图10-11)

图10-11　葛根

【规格】统货。厚片、粗丝或边长为0.5～1.2cm的方块。

【主要化学成分】葛根素(puerarin)等。

【质量要求】

1. 薄层鉴别　以葛根对照药材及葛根素对照品作对照，置紫外光灯(365nm)下检视。供试品色谱中，在与对照药材色谱和对照品色谱相应的位置上，显相同颜色的荧光条斑。

2. 水分测定　水分不得过13.0%。

3. 灰分测定　总灰分不得过6.0%。

4. 浸出物含量　用稀乙醇作溶剂热浸法测定，不得少于24.0%。

5. 葛根素($C_{21}H_{20}O_9$)含量　用高效液相色谱法测定,不得少于2.4%。

【贮藏养护】置通风干燥处,防蛀。

【性味功能】甘、辛,凉。解肌退热,生津止渴,透疹,升阳止泻,通经活络,解酒毒。用于外感发热头痛,项背强痛,口渴,消渴,麻疹不透,热痢,泄泻,眩晕头痛,中风偏瘫,胸痹心痛,酒毒伤中。

【用法用量】9～15g。

淡豆豉 Dandouchi

【基原】为淡豆豉药材的净制品。

【商品性状特征】呈扁椭圆形粒状,外皮黑色略皱缩上附有黄灰色膜状物,皮松泡,偶有脱落,种仁棕黄色。质坚,气香,味微甜。(图10-12)

图10-12　淡豆豉

【规格】统货。长0.6～1cm,直径4～7mm。

【主要化学成分】蛋白质、脂肪、维生素等。

【质量要求】

1. 化学定性　取本品,研碎,加水,加热至沸,并保持微沸数分钟,过滤,取滤液,点于滤纸上,待干,喷以1%吲哚醌-醋酸(10∶1)的混合溶液,干后,加热,显紫红色。

2. 薄层鉴别　以淡豆豉及青蒿对照药材,置紫外光灯(365nm)下检视。供试品色谱中,分别在与对照药材色谱相应的位置上,显相同颜色的荧光斑点。

3. 定性检查　取本品1g,研碎,加水10ml,在50～60°C水浴中温浸1小时,滤过。取滤液1ml,加1%硫酸铜溶液与40%氢氧化钾溶液各4滴,振摇,应无紫红色出现。

【贮藏养护】置通风干燥处,防蛀。

【性味功能】苦、辛,凉。解表,除烦,宣发郁热。用于感冒,寒热头痛,烦躁胸闷,虚烦不眠。

【用法用量】6～12g。

二、清热药类

石膏 Shigao

【基原】为石膏药材粗粉的净制品。

【商品性状特征】呈长块状或不规则块状，大小不一；全体白色、灰白色或浅黄色；常有夹层，内藏有青灰色或灰黄色片状杂质；体重，质松脆，易纵向分开；纵断面具纤维状纹理，并显丝绢光泽；无臭，味淡。（图10-13）

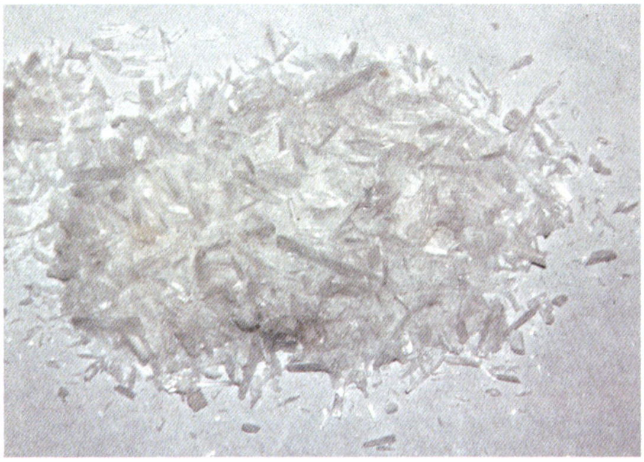

生石膏

煅石膏

图10-13　石膏

【规格】统货。块状，大小不一。

【主要化学成分】含水硫酸钙（$CaSO_4 \cdot 2H_2O$）。

【质量要求】

1. 化学定性　取生石膏一小块，置具有小孔软木塞的试管内，灼烧，管壁有水生成，小块变为不透明体。取粉末加稀盐酸加热使溶解，溶解显钙盐与硫酸盐的鉴别反应。

2. 重金属检查　不得过百万分之十。

3. 砷盐检查　不得过百万分之二。

4. 含水硫酸钙（$CaSO_4 \cdot 2H_2O$）含量　采用乙二胺四醋酸二钠滴定法测定，不得少于95%。

【贮藏养护】置干燥处。

【性味功能】甘、辛，大寒。清热泻火，除烦止渴。用于外感热病，高热烦渴，肺热喘咳，胃火亢盛，头痛，牙痛。

【用法用量】15～60g，先煎。

【附注】煅石膏　化腐生肌药。白色粉末或酥松块状物，表面透出微红色光泽，不透明；体较轻，质软，易碎，捏之成粉；无臭，味淡。甘、辛，大寒。收湿生肌，敛疮，止血。研细末撒敷患处。

笔记

淡竹叶 Danzhuye

【基原】为淡竹叶药材切段的净制品。

【商品性状特征】呈不规则的小段,表面淡黄绿色。断面中空;叶片披针形,有的皱缩卷曲,表面浅绿色或黄绿色,叶脉平行,具横行小脉,形成长方形网格状,下表面尤为明显。体轻,质柔韧;气微,味淡。(图 10-14)

图 10-14 淡竹叶

【规格】统货。叶片长 5 ~ 20cm,宽 1 ~ 3.5cm。

【主要化学成分】芦竹素(arundoin)、白茅素(cylindrin)、蒲公英赛醇(taraxerol)、无羁萜(friedelin);地上部分尚含酚性成分、氨基酸、有机酸和糖类。

【质量要求】

1. 化学定性 本品乙醇回流液,蒸干,残渣加醋酐溶解,再加浓硫酸 1 ~ 2 滴,即显红色,渐变成紫红色、蓝紫色,最后成污绿色。取本品碎片,加水,煮沸,滤过。滤液浓缩后,加新制碱性酒石酸酮试液,置水浴上加热数分钟,产生棕红色沉淀。

2. 水分测定 水分不得过 13.0%。

3. 灰分测定 总灰分不得过 11.0%。

【贮藏养护】置干燥处。

【性味功能】甘、淡,寒。清热泻火,除烦止渴,利尿通淋。用于热病烦渴,小便短赤涩痛,口舌生疮。

【用法用量】6 ~ 9g。

知母 Zhimu

【基原】为知母药材切厚片的净制品。

【商品性状特征】呈不规则类圆形的厚片,外表皮黄棕色或棕色,可见少量残存的黄棕色叶基纤维和凹陷或突起的点状根痕。切面黄白色至黄色。气微,味微甜、略苦,嚼之带黏性。(图 10-15)

【规格】统货。直径 0.5 ~ 1.5cm,厚 2 ~ 4mm。

【主要化学成分】芒果苷(mangiferin)、知母皂苷 BⅡ(timosaponin BⅡ)等。

笔记

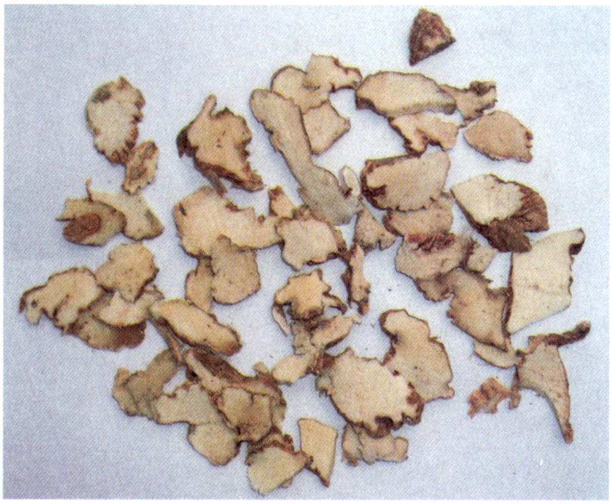
生知母

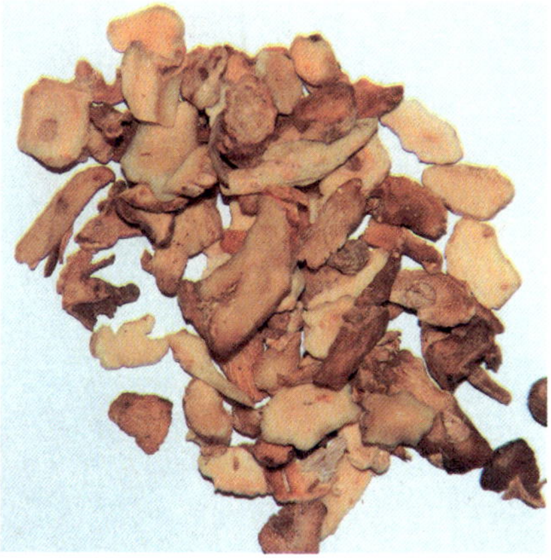
盐知母

图 10-15　知母

【质量要求】

1. 薄层鉴别　以芒果苷对照品作对照。供试品色谱中，在与对照品色谱相应的位置上，显相同颜色的荧光斑点；以知母皂苷 BⅡ 对照品作对照，喷以香草醛硫酸试液，在 105℃ 加热至斑点显色清晰。供试品色谱中，在与对照药材色谱相应的位置，显相同颜色的荧光斑点。

2. 水分测定　水分不得过 12.0%。

3. 灰分测定　总灰分不得过 9.0%；酸不溶性灰分不得过 2.0%。

4. 芒果苷（$C_{19}H_{18}O_{11}$）和知母皂苷 BⅡ（$C_{45}H_{76}O_{19}$）含量用高效液相色谱法测定，前者不得少于 0.50%，后者不得少于 3.0%。

【贮藏养护】置通风干燥处，防潮。

【性味功能】苦、甘，寒。清热泻火，滋阴润燥。用于外感热病，高热烦渴，肺热燥咳，骨蒸潮热，内热消渴，肠燥便秘。

【用法用量】6～12g。

【附注】盐知母　清热药。本品形如知母片，色黄或微带焦斑，味微咸。偏于入肾经。清虚热。

栀子 Zhizi

【基原】为栀子药材碎块的净制品。

【商品性状特征】呈不规则碎块。果皮表面红黄色或棕红色，有的可见翅状纵横。种子多数，扁卵圆形，深红色或红黄色。气微，味微酸而苦。（图 10-16）

【规格】统货。长 1.5～3.5cm，直径 1～1.5cm。

【主要化学成分】栀子苷（geniposide）等。

【质量要求】

1. 薄层鉴别　以栀子对照药材和栀子苷对照品作对照。供试品色谱中，在与对照药材色谱相应的位置上，显相同颜色的黄色斑点；再喷以 10% 硫酸乙醇溶液，在 110℃ 加热至斑点显色清晰。供试品色谱中，在与对照药材色谱和对照品色谱相应的

笔记

生栀子

炒栀子

焦栀子

图 10-16　栀子

位置上，显相同颜色的斑点。

2. 水分测定　水分不得过 8.5%。

3. 灰分测定　总灰分不得过 6.0%。

4. 栀子苷（$C_{17}H_{24}O_{10}$）含量　用高效液相色谱法测定，不得少于 1.8%。

【贮藏养护】置通风干燥处。

【性味功能】苦，寒。泻火除烦，清热利湿，凉血解毒；外用消肿止痛。用于热病心烦，湿热黄疸，淋证涩痛，血热吐衄，目赤肿痛，火毒疮疡；外治扭挫伤痛。

【用法用量】6～9g。外用生品适量，研末调敷。

【附注】

1. 炒栀子　清热药。为不规则碎块，形如栀子碎块，黄褐色。

2. 焦栀子　凉血止血药。为不规则碎块，形如栀子碎块，表面焦褐色或焦黑色。果皮内表面棕色，种子表面为黄棕色或棕褐色。气微，味微酸而苦。苦，寒。凉血止血。用于血热出血等。6～9g。

笔记

夏枯草 Xiakucao

【基原】为夏枯草药材的净制品。

【商品性状特征】呈圆柱形，略扁；淡棕色至棕红色。全穗由数轮至10数轮宿萼与苞片组成，每轮有对生苞片2片，呈扇形，先端尖尾状，脉纹明显，外表面有白毛。每一苞片内有花3朵，花冠多已脱落，宿萼二唇形，内有小坚果4枚，卵圆形，棕色，尖端有白色突起。体轻。气微，味淡。（图10-17）

图10-17　夏枯草

【规格】统货。长1.5～8cm，直径0.8～1.5cm。

【主要化学成分】迷迭香酸（rosmarinicacid）等。

【质量要求】

1. 水分测定　水分不得过14.0%。
2. 灰分测定　总灰分不得过12.0%；酸不溶性灰分不得过4.0%。
3. 迷迭香酸含量　用高效液相色谱法测定，不得少于0.20%。

【贮藏养护】置通风干燥处。

【性味功能】辛、苦，寒。清肝泻火，明目，散结消肿。用于目赤肿痛，目珠夜痛，头痛眩晕，瘰疬，瘿瘤，乳痈，乳癖，乳房胀痛。

【用法用量】9～15g。

天花粉 Tianhuafen

【基原】为天花粉药材切厚片的净制品。

【商品性状特征】呈类圆形、半圆形或不规则形的厚片。外表皮黄白色或淡棕黄色。切面可见黄色木质部小孔，略呈放射状排列。质坚实，粉性。气微，味微苦。（图10-18）

【规格】统货。直径1.0～5.5cm，厚2～4mm。

【主要化学成分】瓜氨酸（citrulline）等。

【质量要求】

1. 薄层鉴别　取瓜氨酸对照品作对照，喷以茚三酮试液，在105℃加热至斑点显

图 10-18　天花粉

色清晰。在供试品色谱中,在与对照品色谱相应的位置上,显相同颜色的斑点。

2. 水分测定　水分不得过 15.0%。

3. 灰分测定　总灰分不得过 4.0%。

4. 二氧化硫残留量　不得过 400mg/kg。

5. 水溶性浸出物含量　用冷浸法测定,不得少于 12.0%。

【贮藏养护】置通风干燥处,防蛀。

【性味功能】甘、微苦,微寒。清热泻火,生津止渴,消肿排脓。用于热病烦渴,肺热燥咳,内热消渴,疮疡肿毒。

【用法用量】10～15g。孕妇慎用;不宜与川乌、制川乌、草乌、制草乌、附子同用。

决明子 Juemingzi

【基原】为决明子药材的净制品。

【商品性状特征】

1. 决明　略呈菱方形或短圆柱形,两端平行倾斜。表面绿棕色或暗棕色,平滑有光泽。一端较平坦,另端斜尖,背腹面各有 1 条起的棱线,棱线两侧各有 1 条斜向对称而色较浅的线形凹纹。质坚硬,不易破碎。种皮薄,子叶 2,黄色,呈"S"形折曲并重叠。气微,味微苦。(图 10-19)

2. 小决明　呈短圆柱形,较小。表面棱线两侧各有 1 片宽广的浅黄棕色带。

【规格】统货。决明:长 3～7mm,宽 2～4mm;小决明:长 3～5mm,宽 2～3mm。

【主要化学成分】橙黄决明素(aurantio-obtusin)、大黄酚(chrysophanol)等。

【质量要求】

1. 薄层鉴别　取橙黄决明素、大黄酚对照品作对照。供试品色谱中,在与对照品色谱相应的位置上,显相同颜色的斑点;置氨蒸气中熏后,斑点变为亮黄色(橙黄决明素)和粉红色(大黄酚)。

2. 水分测定　水分不得过 15.0%。

3. 灰分测定　总灰分不得过 5.0%。

生决明子

炒决明子

图 10-19 决明子

4. 黄曲霉毒素 每1000g 含黄曲霉毒素 B_1 不得过5μg，黄曲霉毒素 G_2、黄曲霉毒素 G_1、黄曲霉毒素 B_2 和黄曲霉毒素 B_1 总量不得过10μg。

5. 大黄酚（$C_{15}H_{10}O_4$）和橙黄决明素（$C_{17}H_{14}O_7$）含量 用高效液相色谱法测定，前者不得少于0.20%，后者不得少于0.080%。

【贮藏养护】置干燥处。

【性味功能】甘、苦、咸，微寒。清热明目，润肠通便。用于目赤涩痛，羞明多泪，头痛眩晕，目暗不明，大便秘结。

【用法用量】9～15g。

【附注】炒决明子清热药。本品形如决明子，微鼓起，表面绿褐色或暗棕色，偶见焦斑，微有香气。炒后寒性减弱。

黄芩 Huangqin

【基原】为黄芩药材切薄片的净制品

【商品性状特征】呈类圆形或不规则形薄片。外表皮黄棕色或棕褐色。切面黄棕色或黄绿色，具放射状纹理，中间红棕色或呈棕黑色枯朽状。周边棕黄色或深黄色，具有纵向皱纹或不规则网纹与疣状根痕。（图10-20）

【规格】统货。直径0.5～3cm，厚1～2mm。

【主要化学成分】黄芩苷（baicalin）、黄芩素（baicalein）、7-甲氧基黄芩素（7-methoxybaicalein）、汉黄芩苷（wogonoside）等。

【质量要求】

1. 化学定性 取本品乙醇提取液，加醋酸铅试液2～3滴，即发生橘黄色沉淀；另取滤液加镁粒少量与盐酸3～4滴，显红色。

2. 薄层鉴别 取黄芩对照药材和黄芩苷、黄芩素、汉黄芩素对照品作对照，置紫外灯（365nm）下检视。供试品色谱中，在与对照药材相应的位置上，显相同颜色的斑点；在与对照品相应的位置上显三个相同的暗色斑点。

3. 水分测定 水分不得过12.0%。

4. 灰分测定 总灰分不得过6.0%。

笔记

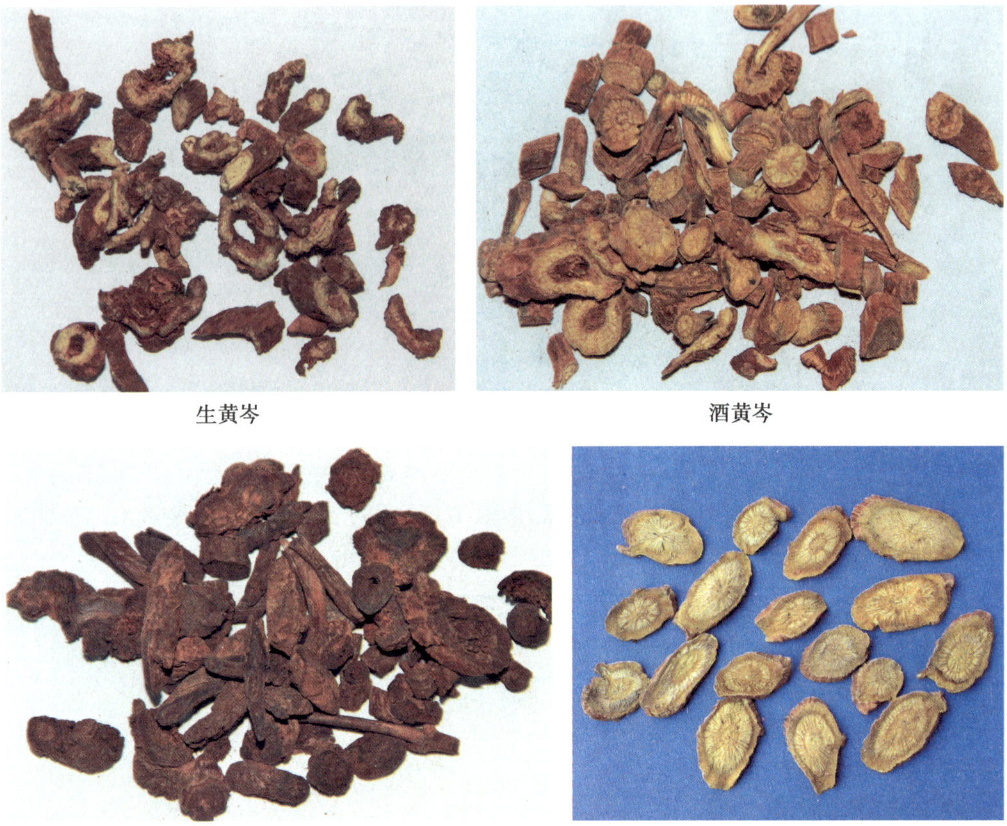

生黄岑　酒黄岑

黄岑炭　生黄岑(栽培品)

图 10-20 黄芩

5. 醇溶性浸出物含量　以稀乙醇作溶剂热浸法测定,不得少于 40.0%。

6. 黄芩苷($C_{21}H_{14}O_{11}$)含量　用高效液相色谱法测定,不得少于 8.0%。

【贮藏养护】置通风干燥处,防潮。

【性味功能】苦,寒。清热燥湿,泻火解毒,止血,安胎。用于湿温、暑湿,胸闷呕恶,湿热痞满,泻痢,黄疸,肺热咳嗽,高热烦渴,血热吐衄,痈肿疮毒,胎动不安。

【用法用量】3~9g。

【附注】

1. 酒黄芩　清热药。形如黄芩片,略带焦斑,微有酒香气。清上焦热等。

2. 黄芩炭　止血药。形如黄芩片,表面黑褐色,有焦炭气。多用于止血。

秦皮 Qinpi

【基原】为秦皮药材切丝的净制品。

【商品性状特征】呈长短不一的丝条状。外表面灰白色、灰棕色或黑棕色。内表面黄白色或棕色,平滑。切面纤维性。质硬。气微,味苦。(图 10-21)

【规格】统货。厚 2~4mm,宽 3~5mm。

【主要化学成分】秦皮甲素(aesculin)、秦皮乙素(aesculetin)、秦皮亭(fraxetin)、

图 10-21　秦皮

秦皮苷(fraxin)、宿主白蜡树苷(stylosin)、丁香苷(syringin)等。

【质量要求】

1. 化学定性　取本品,加热水浸泡,浸出液在日光下可见碧蓝色荧光。

2. 薄层鉴别　以秦皮甲素、秦皮乙素及秦皮素对照品作对照,置紫外光灯(254nm)下观察。供试品在与对照品色谱相应的位置上,显相同颜色的斑点;喷以三氯化铁-铁氰化钾试液(1:1)的混合溶液,斑点变为深蓝色。

3. 水分测定　水分不得过 7.0%。

4. 灰分测定　总灰分不得过 6.0%。

5. 浸出物含量　乙醇作溶剂采用热浸法测定,不得少于 10.0%。

6. 秦皮甲素($C_{15}H_{16}O_9$)和秦皮乙素($C_9H_6O_4$)的总含量　用高效液相色谱法测定,不得少于 0.80%。

【贮藏养护】置通风干燥处。

【性味功能】苦、涩,寒。清热燥湿,收涩止痢,止带,明目。用于湿热泻痢,赤白带下,目赤肿痛,目生翳膜。

【用法用量】6~12g。外用适量,煎洗患处。

苦参 Kushen

【基原】为苦参药材切厚片的净制品。

【商品性状特征】呈类圆形或不规则形的厚片。外表皮灰棕色或棕黄色,有时可见横长皮孔样突起,外皮薄,常破裂反卷或脱落,脱落处显黄色或棕黄色,光滑。切面黄白色,纤维性,具放射状纹理和裂隙,有的可见同心性环纹。质硬,断面纤维性。气微,极苦。(图 10-22)

【规格】统货。直径 1~2cm,厚 3~6mm。

【主要化学成分】苦参碱(matrine)、氧化苦参碱(oxymatrine)、羟基苦参碱(sophoranol)、槐定碱(sophoridine)等。

笔记

图 10-22 苦参

【质量要求】

1. 化学定性 取本品横切片，加氢氧化钠试液数滴，栓皮即呈橙红色，渐变为血红色，久置不消失。木质部不呈现颜色反应。

2. 薄层鉴别

（1）取苦参碱和槐定碱对照品作对照，依次喷以碘化铋钾试液和亚硝酸钠乙醇试液。供试品色谱中，在与对照品相对应的位置上显相同的橙色斑点。

（2）取氧化苦参碱对照品作对照，依次喷以碘化铋钾试液和亚硝酸钠乙醇试液。供试品色谱中，在与对照品相对应的位置上显相同的橙色斑点。

3. 水分测定 水分不得过 11%。

4. 灰分测定 总灰分不得过 8.0%。

5. 浸出物含量 以水作溶剂采用冷浸法测定，不得少于 20.0%。

6. 苦参碱（$C_{15}H_{24}N_2O$）和氧化苦参碱（$C_{15}H_{24}N_2O_2$）总含量 高效液相色谱法测定，不得少于 1.0%。

【贮藏养护】置通风干燥处。

【性味功能】苦，寒。清热燥湿，杀虫，利尿。用于热痢，便血，黄疸尿闭，赤白带下，阴肿阴痒，湿疹，湿疮，皮肤瘙痒，疥癣麻风；外治滴虫性阴道炎。

【用法用量】4.5～9g。外用适量，煎汤洗患处。

【附注】苦参炭止血药。形如苦参片，表面焦黑色，内部焦黄色。气微，味微苦。止血治痢。

连翘 Lianqiao

【基原】为连翘药材的净制品。

【商品性状特征】呈长卵形至卵形；表面有多数凸起的小斑点，两面各有 1 条明显的纵沟；顶端锐尖，“青翘”多不开裂，表面绿褐色，种子多数。“老翘”自顶端开裂成两瓣，表面黄棕色或红棕色，种子多已脱落。气微香，味苦。（图 10-23）

【规格】长 1.5～2.5cm，直径 0.5～1.3cm。分“青翘”、“老翘”，其种子为“连翘

笔记

图 10-23　连翘

心”。均为统货。

【主要化学成分】连翘酯苷 A(forsythoside A)、连翘酚(forsythol)、连翘苷(phillyrin)、连翘苷元(phillygenin)等。

【质量要求】

1. 水分测定　水分不得过 10.0%。

2. 灰分测定　总灰分不得过 4.0%。

3. 杂质检查　青翘含杂质不得过 3%,老翘不得过 9%。

4. 浸出物含量　用 65% 乙醇作溶剂冷浸法测定,青翘不得少于 30.0%;老翘不得少于 16.0%。

5. 连翘酯苷 A($C_{29}H_{36}O_{15}$)和连翘苷($C_{27}H_{34}O_{11}$)含量　用高效液相色谱法测定,前者不得少于 0.25%,后者不得少于 0.15%。

【贮藏养护】置通风干燥处。

【性味功能】苦,寒。清热解毒,消肿散结,疏散风热。用于痈疽,瘰疬,乳痈,丹毒,风热感冒,温病初起,温热入营,高热烦渴,神昏发斑,热淋涩痛。

【用法用量】6～15g。

大血藤 Daxueteng

【基原】为大血藤药材切厚片的净制品。

【商品性状特征】为类椭圆形的厚片。切面皮部红棕色,木部黄白色,有多数细孔及放射状纹理。周边灰棕色或棕色,质硬。气微,味微涩。(图 10-24)

【规格】统货。直径 1～3cm,厚 3～4mm。

【主要化学成分】主含鞣质约 7.7%,另含大黄素(emodin)、大黄素甲醚(physcion)、胡萝卜苷(dancosteriol)、毛柳苷(saidroside)等。

【质量要求】

1. 微量升华　取本品粉末少许进行微量升华,升华物为黄色颗粒状结晶(高温)或棱针状结晶(低温),滴加 10% 氢氧化钾乙醇溶液,显红紫色。

2. 薄层鉴别　以大血藤对照药材作对照,喷以 2% 三氯化铁乙醇溶液,分别置紫

笔记

图 10-24 大血藤

外光灯(365nm)下检视。供试品色谱中,在与对照品色谱相应的位置上,显相同颜色的斑点。

3. 水分测定 水分不得过12.0%。

4. 灰分测定 总灰分不得过4.0%。

5. 浸出物含量 用乙醇作溶剂热浸法测定,不得少于8.0%。

【贮藏养护】置通风干燥处。

【性味功能】苦,平。清热解毒、活血、祛风。用于肠痈腹痛,经闭痛经,风湿痹痛,跌仆肿痛等。

【用法用量】9~15g。

紫花地丁 Zihuadiding

【基原】为紫花地丁药材切段或碎片的净制品。

【商品性状特征】呈长段状或长短不一的碎段状。根细长圆柱形;表面淡黄棕色,可见细纵皱纹及支根。根茎圆柱形;表面淡棕黄色,粗糙,可见残留基生叶柄或断续排列成环的叶柄残痕。叶多皱缩和破碎,灰绿色;叶柄细,上部具明显狭翅。花茎纤细;花瓣5,紫堇色或淡棕色;花距细管状。蒴果椭圆形或3裂,有时可见卵状披针形萼片,分果瓣船形,黄绿色至灰绿色,内有多数种子。种子淡棕色,圆形。气微,味微苦而稍黏。(图10-25)

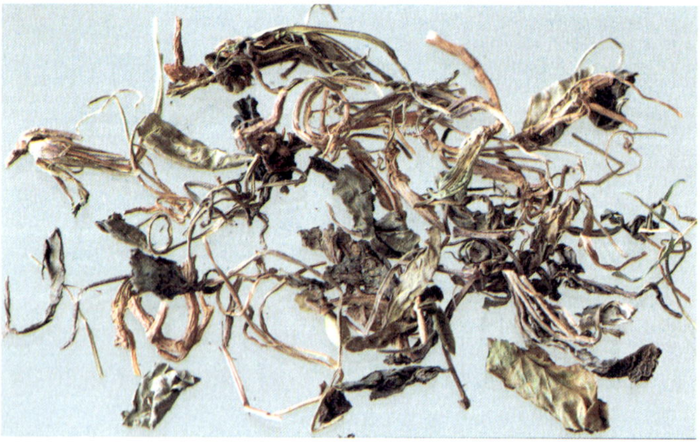

图 10-25 紫花地丁

【规格】统货。根直径1~3mm;根茎直径2~5mm;叶柄长2~6cm;蒴果长6~9mm,种子直径约1mm。

【主要化学成分】秦皮乙素(esculetin)、东莨菪内酯(scopoletin)、胡萝卜苷(daucosterol)等。

【质量要求】

薄层鉴别　以紫花地丁对照药材作对照，置紫外光灯(365nm)下检视。供试品色谱中，在与对照药材色谱和对照品色谱相应的位置上，显3个相同颜色的荧光主斑点。

【贮藏养护】置干燥处。

【性味功能】苦、辛，寒。清热解毒，凉血消肿。用于疔疮肿毒，痈疽发背，丹毒，毒蛇咬伤。

【用法用量】15～30g。

野菊花 Yejuhua

【基原】为野菊花药材的净制品。

【商品性状特征】呈类球形，棕黄色。总苞由4～5层苞片组成，外层苞片卵形或条形，外表面中部灰绿色或浅棕色，通常被白毛，边缘膜质；内层苞片长椭圆形，膜质，外表面无毛。总苞基部有的残留总花梗。舌状花1轮，黄色至棕黄色，皱缩卷曲；管状花多数，深黄色。体轻。气芳香，味苦。(图10-26)

图10-26　野菊花

【规格】统货。直径0.3～1cm。

【主要化学成分】蒙花苷(buddleoside)等。

【质量要求】

1. 薄层鉴别　以野菊花对照药材和蒙花苷对照品作对照，置紫外光灯(365nm)下检视。供试品色谱中，在与对照药材色谱和对照品色谱相应的位置上，显相同颜色的荧光斑点。

2. 水分测定　水不得过14.0%。

3. 灰分测定　总灰分不得过9.0%；酸不溶性灰分不得过2.0%。

4. 蒙花苷($C_{28}H_{32}O_{14}$)含量　用高效液相色谱法测定，不得少于0.80%。

【贮藏养护】置通风干燥处，防潮，防蛀。

【性味功能】苦、辛，微寒。清热解毒，泻火平肝。用于疔疮痈肿，目赤肿痛，头痛眩晕。

笔记

【用法用量】9～15g。外用适量，煎汤外洗或制膏外涂。

山豆根 Shandougen

【基原】为山豆根药材切厚片的净制品。

【商品性状特征】呈类圆形或不规则的片状。表面棕色至棕褐色，具纵皱纹，有的可见横向突起的皮孔。切面皮部淡棕黄色至淡棕色，木部淡黄色，有的可见棕色环纹或髓部。质坚硬。具豆腥气，味极苦。（图10-27）

【规格】统货。直径0.5～1.5cm，厚2～4mm。

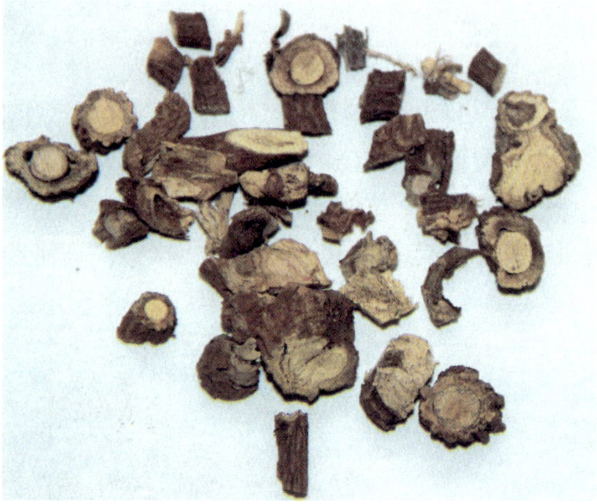

图10-27 山豆根

【主要化学成分】苦参碱（matrine）、氧化苦参碱（oxymatrine）等。

【质量要求】

1. 薄层鉴别　以苦参碱对照品和氧化苦参碱对照品作对照，喷以稀碘化铋钾试液。供试品色谱中，在与对照品色谱相应的位置上，显相同的橙黄色斑点。

2. 水分测定　水分不得过10.0%。

3. 灰分测定　总灰分不得过6.0%。

4. 浸出物含量　用乙醇作溶剂热浸法测定，不得少于15.0%。

5. 苦参碱（$C_{15}H_{24}N_2O$）和氧化苦参碱（$C_{15}H_{24}N_2O_2$）的总含量　用高效液相色谱法测定，不得少于0.70%。

【贮藏养护】置通风干燥处。

【性味功能】苦，寒；有毒。清热解毒，消肿利咽。用于火毒蕴结，乳蛾喉痹，咽喉肿痛，齿龈肿痛，口舌生疮。

【用法用量】3～6g。

穿心莲 Chuanxinlian

【基原】为穿心莲药材切段的净制品。

【商品性状特征】呈不规则的段。茎方柱形，节稍膨大。切面不平坦，具类白色髓。叶片多皱缩或破碎，完整者展平后呈披针形或卵状披针形，先端渐尖，基部楔形下延，全缘或波状；上表面绿色，下表面灰绿色，两面光滑。气微，味极苦。（图10-28）

【规格】统货。

【主要化学成分】穿心莲内酯（andrographolide）、脱水穿心莲内酯（dehydroandrographolide）等。

【质量要求】

1. 薄层鉴别　以穿心莲对照药材和脱水穿心莲内酯、穿心莲内酯对照品作对照，置紫外光灯（365nm）下观察。供试品色谱中，在与对照药材色谱和对照品色谱相应位

笔记

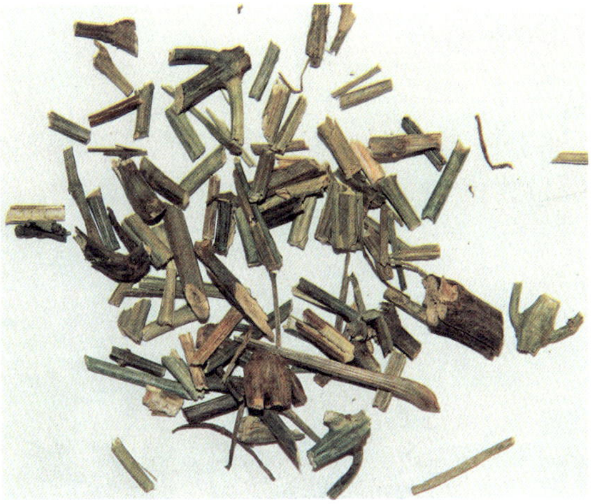

图 10-28　穿心莲

置上，分别显相同颜色的斑点。

2. 检查　叶不得少于 30%。

3. 乙醇浸出物含量　用热浸法测定，不得少于 8.0%。

4. 穿心莲内酯($C_{20}H_{30}O_5$)和脱水穿心莲内酯($C_{20}H_{28}O_4$)的总含量　用高效液相色谱法测定，不得少于 0.80%。

【贮藏养护】置干燥处。

【性味功能】苦，寒。清热解毒，凉血，消肿。用于感冒发热，咽喉肿痛，口舌生疮，顿咳劳嗽，泄泻痢疾，热淋涩痛，痈肿疮疡，蛇虫咬伤。

【用法用量】6～9g。外用适量。

白头翁 Baitouweng

【基原】为白头翁药材切片的净制品。

【商品性状特征】呈类圆形的片。外表皮黄棕色或棕褐色，具不规则纵皱纹或纵沟，近根头部有白色绒毛。切面皮部黄白色或淡黄棕色，木部淡黄色。气微，味微苦涩。(图 10-29)

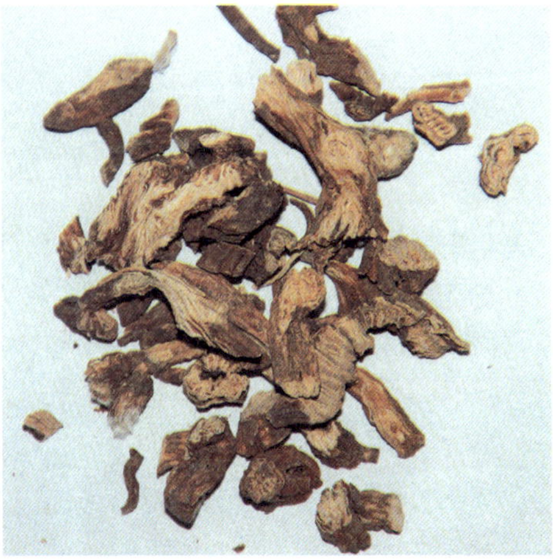

图 10-29　白头翁

【规格】统货。直径 0.5～2cm。

【主要化学成分】白头翁皂苷 B_4(pulchinenoside B_4)。

【质量要求】

1. 薄层鉴别　以白头翁对照药材做对照，供试品色谱中，在与对照药材色谱相应的位置上，显相同颜色的斑点。

2. 水分测定　水分不得过 13.0%。

3 灰分测定　总灰分不得过 11.0%；酸不溶性灰分不得过 6.0%。

4. 浸出物含量　用水饱和的正丁醇作溶剂冷浸法测定，不得少于 17.0%。

5. 白头翁皂苷 B_4($C_{59}H_{96}O_{26}$)含量　用高效液相色谱法测定，不得少于 4.6%。

【贮藏养护】置通风干燥处。

【性味功能】苦，寒。清热解毒，凉血止痢。用于热毒血痢，阴痒带下

【用法用量】9～15g。

笔记

大青叶 Daqingye

【基原】为大青叶药材切碎的净制品。

【商品性状特征】为不规则的碎段。叶片暗灰绿色，叶上表面有的可见色较深稍突起的小点；叶柄碎片淡棕黄色。质脆。气微，味微酸、苦、涩。（图 10-30）

【规格】统货。

【主要化学成分】含靛玉红（indirubin）、靛蓝（indigo）等。

【质量要求】

1. 薄层鉴别 以靛蓝、靛玉红对照品作对照。供试品色谱中，在与对照品色谱相应的位置上，分别显相同的蓝色斑点和浅紫红色斑点。

2. 水分测定 水分不得过 10.0%。

3. 浸出物含量 用乙醇作溶剂热浸法测定，不得少于 16.0%。

4. 靛玉红（$C_{16}H_{10}N_2O_2$）含量 用高效液相色谱法测定，不得少于 0.020%。

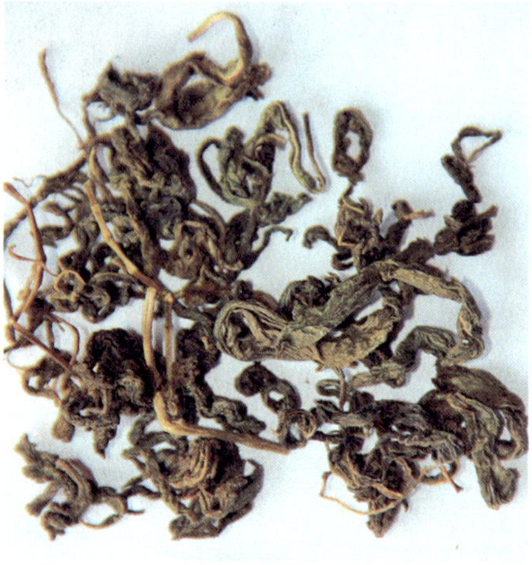

图 10-30 大青叶

【贮藏养护】置通风干燥处，防霉。

【性味功能】苦，寒。清热解毒，凉血消斑。用于温病高热，神昏，发斑发疹，痄腮，喉痹，丹毒，痈肿。

【用法用量】9～15g。

重楼 Chonglou

【基原】为重楼药材切薄片的净制品。

【商品性状特征】呈不规则的薄片，切面平坦，白色至浅棕色，粉性或角质。气微，味微苦、麻。（图 10-31）

图 10-31 重楼

【规格】统货。直径 0.6～4.5cm。

【主要化学成分】重楼皂苷Ⅰ（chonglou saponin Ⅰ）、重楼皂苷Ⅱ（chonglou saponin Ⅱ）、重楼皂苷Ⅵ（polyphyllin Ⅵ）和重楼皂苷Ⅶ（polyphyllin Ⅶ）。

【质量要求】

1. 薄层鉴别 以重楼对照药材作对照，分别置日光和紫外光灯（365nm）下检视。供试品色谱中，在与对照药材色谱和对照品色谱相应的位置上，显相同颜色的斑点或荧光斑点。

2. 水分测定 水分不得过 12.0%。

3. 灰分 总灰分不得过 6.0%；酸不

溶性灰分不得过 3.0%。

4. 重楼皂苷Ⅰ($C_{44}H_{70}O_{16}$)、重楼皂苷Ⅱ($C_{51}H_{82}O_{20}$)、重楼皂苷Ⅵ($C_{39}H_{62}O_{13}$)和重楼皂苷Ⅶ($C_{52}H_{82}O_{21}$)的总含量　用高效液相色谱法测定,不得少于 0.60%。

【贮藏养护】置阴凉干燥处,防蛀。

【性味功能】苦,微寒;有小毒。清热解毒,消肿止痛,凉肝定惊。用于疔疮痈肿,咽喉肿痛,蛇虫咬伤,跌仆伤痛,惊风抽搐。

【用法用量】3~9g。外用适量,研末调敷。

白花蛇舌草 Baihuasheshecao

【基原】为白花蛇舌草药材切段的净制品。

【商品性状特征】扭缠成团状,灰绿色至灰棕色。有主根一条,须根纤细,淡灰棕色;茎细而卷曲,质脆易折断,中央有白色髓部。叶多破碎,极皱缩,易脱落;有托叶,花腋生。气微,味淡。(图 10-32)

图 10-32　白花蛇舌草

【规格】主根粗约 2~4mm,托叶长 1~2mm。

【主要化学成分】齐墩果酸(oleanolic acid)等。

【质量要求】

1. 薄层鉴别　以齐墩果酸对照品作对照,置碘缸中显色。供试品色谱在与对照品色相应位置上,显相同颜色的斑点。

2. 水分测定　水分不得过 13.0%。

3. 浸出物含量　用 70% 乙醇作溶剂热浸法测定,不得少于 5.0%。

【贮藏养护】置通风干燥处,防蛀。

【性味功能】微苦、甘,寒。清热解毒,利湿通淋。用于痈肿疮毒,咽喉肿痛,毒蛇咬伤,热淋涩痛。

【用法用量】煎服,15~60g。外用适量。

笔记

青黛 Qingdai

【基原】为青黛药材干燥、团块或颗粒的净制品。

【商品性状特征】呈灰蓝色至深蓝色粉末，体轻，易飞扬；或呈不规则多孔性团块，用手搓捻即成细末；微有草腥气，味淡。（图 10-33）

图 10-33 青黛

【规格】统货。

【主要化学成分】靛玉红（indirubin）、靛蓝（indigo）等。

【质量要求】

1. 化学定性

（1）取本品少量，用微火灼烧，有紫红色烟雾产生。

（2）取本品少量，滴加硝酸，产生气泡并显棕红色或黄棕色。

2. 薄层鉴别 以靛蓝、靛玉红对照品作对照。供试品色谱中，在与对照品色谱相应的位置上，显相同的蓝色和浅紫红色的斑点。

3. 水分测定 水分不得过 7.0%。

4. 水溶性色素的检查 取本品 0.5g，加水 10ml，振摇后放置片刻，水层不得显深蓝色。

5. 靛蓝（$C_{16}H_{10}N_2O_2$）和靛玉红（$C_{16}H_{10}N_2O_2$）含量 用高效液相色谱法测定，前者不得少于 2.0%，后者不得少于 0.13%。

【贮藏养护】置干燥处。

【性味功能】咸，寒。清热解毒，凉血消斑，泻火定惊。用于温毒发斑，血热吐衄，胸痛咳血，口疮，痄腮，喉痹，小儿惊痫。

【用法用量】1～3g，宜入丸散用。外用适量。

土茯苓 Tufuling

【基原】为土茯苓药材切薄片的净制品。

【商品性状特征】呈长圆形或不规则的薄片，边缘不整齐。切面黄白色或红棕

色，粉性，可见点状维管束及多数小亮点；以水湿润后有黏滑感。气微，味微甘、涩。（图 10-34）

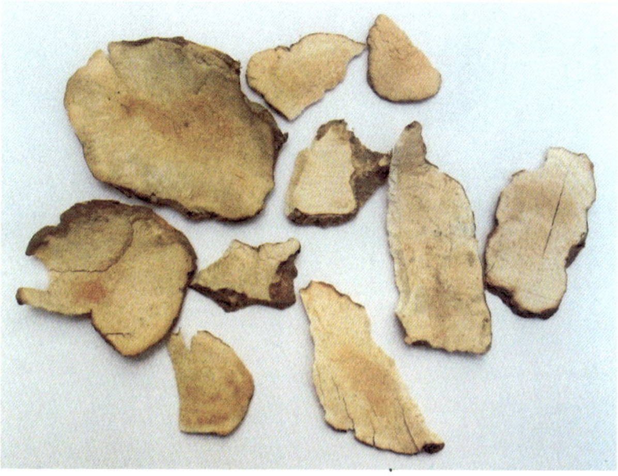

图 10-34　土茯苓

【规格】统货。厚 1～5mm，直径 2～5cm。

【主要化学成分】含落新妇苷（astilbin）、黄杞苷（engeletin）、3-*O*-咖啡酰莽草酸（3-*O*-caffeoylshikimic acid）。

【质量要求】

1. 薄层鉴别　以落新妇苷对照品作对照，喷以三氯化铝试液，放置 5 分钟后，置紫外光灯（365nm）下检视。供试品色谱中，在与对照品色谱相应的位置上，显相同颜色的荧光斑点。

2. 水分测定　水分不得过 15.0%。

3. 灰分测定　总灰分不得过 5.0%。

4. 浸出物含量　用稀乙醇作溶剂热浸法测定，不得少于 10.0%。

5. 落新妇苷（$C_{21}H_{22}O_{11}$）含量　用高效液相色谱法测定，不得少于 0.45%。

【贮藏养护】置通风干燥处。

【性味功能】甘、淡，平。解毒，除湿，通利关节。用于梅毒及汞中毒所致的肢体拘挛，筋骨疼痛；湿热淋浊，带下，痈肿，瘰疬，疥癣。

【用法用量】15～60g。

绵马贯众 Mianmaguanzhong

【基原】为绵马贯众药材切厚片的净制品。

【商品性状特征】呈不规则的厚片或碎块，根茎外表皮黄棕色至黑褐色，多被有叶柄残基，有的可见棕色鳞片，切面淡棕色至红棕色，有黄白色维管束小点，环状排列。气特异，味初淡而微涩，后渐苦、辛。（图 10-35）

【规格】统货。

【主要化学成分】绵马酸 BBB、PBB、PBP（filicic acid BBB、PBB、PBP）、黄绵马酸 BB、PB、AB（flavaspidic acid BB、PB、AB）等。

笔记

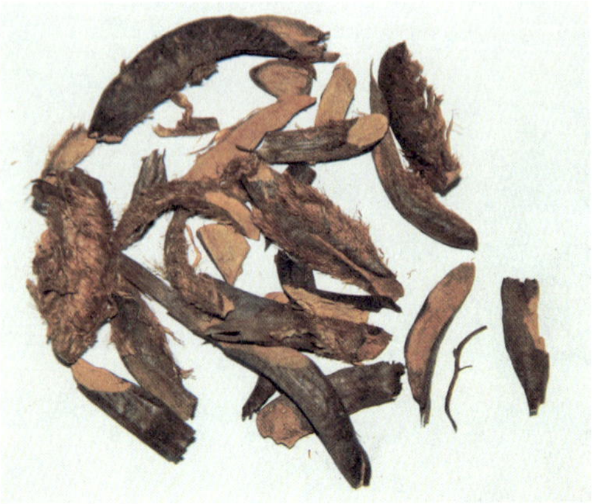
贯众

贯众炭

图 10-35 绵马贯众

【质量要求】

1. 薄层鉴别 以绵马贯众对照药材作对照。供试品色谱中，在与对照药材色谱相应的位置上，显相同颜色的斑点。

2. 水分测定 水分不得过 12.0%。

3. 灰分测定 总灰分不得过 5.0%。

4. 浸出物含量 用稀乙醇作溶剂热浸法测定，不得少于 25.0%。

【贮藏养护】置通风干燥处。

【性味功能】苦，微寒；有小毒。清热解毒，驱虫。用于虫积腹痛，疮疡。

【用法用量】4.5～9g。

【附注】绵马贯众炭化湿药。为不规则的厚片或碎片，表面焦黑色，内部焦褐色，味涩。苦，平。利湿去浊，祛风除痹。用量 9～15g。

玄参 Xuanshen

【基原】为玄参药材切薄片的净制品。

【商品性状特征】呈类圆形或椭圆形的薄片。外表皮灰黄色或灰褐色。切面黑色，微有光泽，有的具裂隙。气特异似焦糖，味甜、微苦。（图 10-36）

【规格】统货。直径 1～3cm。

【主要化学成分】哈帕苷（harpahide）、哈巴俄苷（Harpagoside）等。

【质量要求】

1. 薄层鉴别 以玄参对照药材和哈巴俄苷对照品作对照，喷以 5% 香草醛硫酸溶液，热风吹至斑点显色清晰。供试品色中，在与对照药材色谱和对照品色谱相应的位置上，显相同颜色的斑点。

2. 水分测定 水分不得过 16.0%。

3. 灰分测定 总灰分不得过 5.0%；酸不溶性灰分不得过 2.0%。

4. 浸出物含量 用水作溶剂热浸法测定，含量不得少于 60.0%。

5. 哈巴苷（$C_{15}H_{24}O_{10}$）和哈巴俄苷（$C_{24}H_{30}O_{10}$）的总含量用高效液相色谱法测定，

笔记

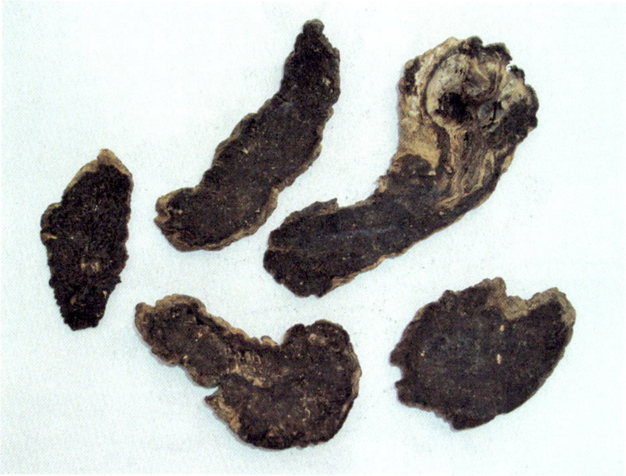

图 10-36　玄参

不得少于 0.45%。

【贮藏养护】置干燥处，防霉，防蛀。

【性味功能】甘、苦、咸，微寒。清热凉血，滋阴降火，解毒散结。用于热入营血，温毒发斑，热病伤阴，舌绛烦渴，津伤便秘，骨蒸劳嗽，目赤咽痛，白喉瘰疬，痈肿疮毒。

【用法用量】9～15g。

【注意】不宜与藜芦同用。

紫草 Zicao

【基原】为新疆紫草和内蒙紫草药材切厚片或段的净制品。

【商品性状特征】

1. 新疆紫草　为不规则的圆柱形切片或条形片状，紫红色或紫褐色。皮部深紫色。圆柱形切片，木部较小，黄白色或黄色。

2. 内蒙紫草　为不规则的圆柱形切片或条形片状，有的可见短硬毛。质硬而脆。紫红色或紫褐色。皮部深紫色。圆柱形切片，木部较小，黄白色或黄色。（图 10-37）

【规格】新疆紫草直径 1～2.5cm。内蒙紫草直径 0.5～4cm。

【主要化学成分】乙酰紫草醌（acetyl shikonin）、异丁酰紫草醌（isobutyrylshikonin）、左旋紫草素（shikonin）、β，β'-二甲基丙烯酰阿卡宁（β，β'-dimethylacrylalkannin）。

【质量要求】

1. 薄层鉴别　以紫草对照药材作对照。供试品色谱中，在与对照药材色谱相应的位置上，显相同的紫红色斑点；再喷以 10% 氢氧化钾甲醇溶液，斑点变为蓝色。

2. 水分测定　水分不得过 15.0%。

3. 羟基萘醌总色素含量　用高效液相色谱法测定，含羟基萘醌总色素以左旋紫草素（$C_{16}H_{16}O_5$）计，不得少于 0.80%。

4. β，β'-二甲基丙烯酰阿卡宁（$C_{21}H_{22}O_6$）含量　用高效液相色谱法测定，不得少

笔记

图 10-37 紫草

于 0.30%。

【贮藏养护】置干燥处。

【性味功能】甘、咸，寒。清热凉血，活血解毒，透疹消斑。用于血热毒盛，斑疹紫黑，麻疹不透，疮疡，湿疹，水火烫伤。

【用法用量】5 ~ 10g。外用适量，熬膏或用植物油浸泡涂擦。

青蒿 Qinghao

【基原】为青蒿药材切段的净制品。

【商品性状特征】呈不规则小段，茎、叶、花蕾混合，茎呈圆柱形，上部多分枝，表面黄绿色或棕黄色，具纵棱线；质略硬，易折断，断面中部有髓。叶互生，暗绿色或棕绿色，卷缩易碎，完整者展平后为三回羽状深裂，裂片和小裂片矩圆形或长椭圆形，两面被短毛。气香特异，味微苦。（图 10-38）

【规格】统货。茎长 30 ~ 80cm，直径 0.2 ~ 0.6cm。

【主要化学成分】青蒿素（arteannuin）等。

【质量要求】

1. 薄层鉴别　以青蒿素对照品作对照，喷以 2% 香草醛的 10% 硫酸乙醇溶液，在 105℃ 加热至斑点显色清晰，置紫外光灯（365nm）下检视。供试品色谱中，在与对照品色谱相应的位置上，显相同颜色的荧光斑点。

2. 水分测定　水分不得过 14.0%。

3. 灰分测定　总灰分不得过

图 10-38 青蒿

8.0%。

4. 浸出物含量　用无水乙醇作溶剂冷浸法测定，不得少于1.9%。

【贮藏养护】席包或麻袋、塑料编织袋装。置阴凉干燥处，防热，防潮，防香气散失；鳖血青蒿、醋青蒿密闭，置于阴凉干燥处，防蛀。

【性味功能】苦、辛，寒。清虚热，除骨蒸，解暑热，截疟，退黄。用于温邪伤阴，夜热早凉，阴虚发热，骨蒸劳热，暑邪发热，疟疾寒热，湿热黄疸。

【用法用量】6～12g，后下。

【附注】

1. 炒青蒿形如青蒿，微黄色或褐黄色略有焦斑。
2. 鳖血青蒿形如青蒿，色泽加深，具血腥气。
3. 醋青蒿形如炒青蒿，黄褐色，略具醋气。

银柴胡 Yinchaihu

【基原】为银柴胡药材切厚片的净制品。

【商品性状特征】呈类圆形厚片，表面淡黄色或黄白色，中间淡白色，有黄白相间的放射状纹理。周边浅棕色或棕黄色有纵纹及根痕。气微，味甜。（图10-39）

【规格】统货。直径0.2～2.5cm。

【主要化学成分】菠菜甾醇（α-spinasterol）、7-豆甾烯醇（stigmast-7-enol）、银柴胡环肽Ⅰ（stellaria cyclopetide Ⅰ）等。

图10-39　银柴胡

【质量要求】

1. 荧光检查　取本品粉末1g，加无水乙醇10ml，浸渍15分钟，滤过。取滤液2ml，置紫外光灯（365nm）下观察，显亮蓝微紫色的荧光。

2. 紫外鉴别　取本品粉末0.1g，加甲醇25ml，超声处理10分钟，滤过，滤液置50ml量瓶中，加甲醇至刻度。照紫外-可见分光光度法测定，在270nm波长处有最大吸收。

3. 灰分测定　酸不溶性灰分不得过5.0%。

4. 浸出物含量　用甲醇作溶剂冷浸法测定，不得少于20.0%。

【贮藏养护】置通风干燥处，防蛀。

【性味功能】甘，微寒。清虚热，除疳热。用于阴虚发热，骨蒸劳热，小儿疳热。

【用法用量】3～9g。

地骨皮 Digupi

【基原】为地骨皮药材的净制品。

【商品性状特征】呈筒状或槽状，外表面灰黄色至棕黄色，粗糙，有不规则纵裂

笔记

纹,易成鳞片状剥落。内表面黄白色至灰黄色,较平坦,有细纵纹。体轻,质脆,易折断,断面不平坦,外层黄棕色,内层灰白色。气微,味微甘而后苦。(图10-40)

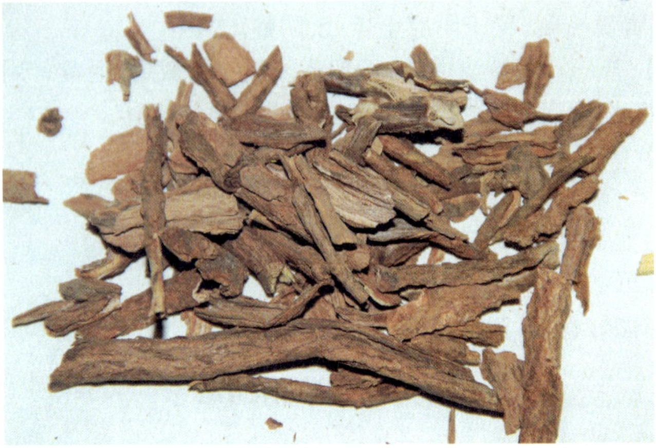

图10-40 地骨皮

【规格】统货。长3~10cm,宽0.5~1.5cm,厚0.1~0.3cm。

【主要化学成分】甜菜碱(betaine)、苦可胺A(kukoamine A)、枸杞环八肽(lycium)、枸杞酰胺(lyciumamide)等。

【质量要求】

1. 薄层鉴别 以地骨皮对照药材作对照,在紫外光灯(365nm)下观察。供试品色谱中,在与对照药材色谱相应的位置上,显相同颜色的荧光斑点。

2. 水分测定 水分不得过11.0%。

3. 灰分测定 总灰分不得过11.0%;酸不溶性灰分不得过3.0%。

【贮藏养护】置干燥处。

【性味功能】甘,寒。凉血除蒸,清肺降火。用于阴虚潮热,骨蒸盗汗,肺热咳嗽,咯血,衄血,内热消渴。

【用法用量】9~15g。

三、泻下药类

大黄 Dahuang

【基原】为大黄药材切厚片或块的净制品。

【商品性状特征】呈斜片、圆片或小方块状,表面黄棕色或棕褐色,有纵皱纹及疙瘩状隆起,切面淡红棕色或黄棕色,有锦纹、星点或放射状纹理。周边黄棕色至红棕色,可见类白色网状纹理或残存的红棕色至黑棕色外皮。质轻脆,易折断。有清香气,味苦而微涩,嚼之粘牙,有砂粒感。(图10-41)

【规格】统货。厚2~4mm,直径3~10cm;斜切片长达15cm。

【主要化学成分】大黄酸(rhein)、大黄素(emodin)、大黄酚(chrysophanol)、芦荟大黄素(aloeemodin)、大黄素甲醚(physcion)等。

笔记

生大黄

醋大黄

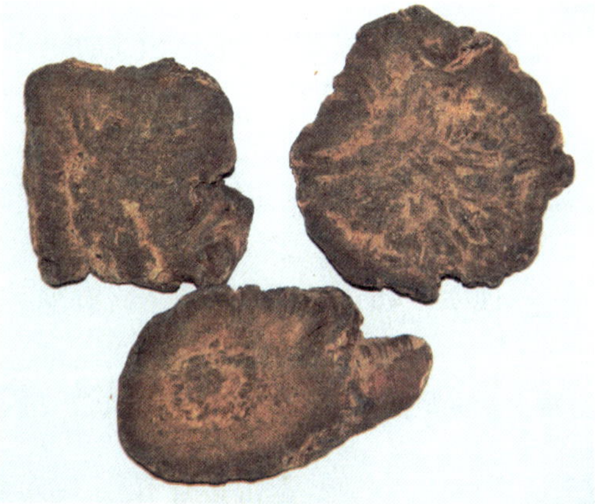

酒大黄

熟大黄

大黄炭

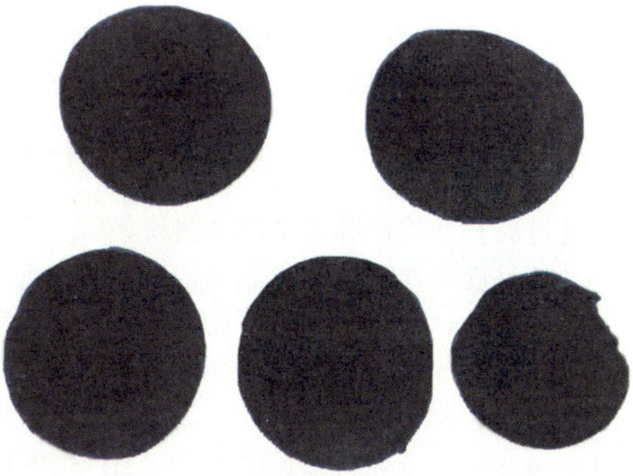

清宁片

图 10-41　大黄

【质量要求】

1. 荧光检查　取生品断面或粉末的稀乙醇浸液滴于滤纸上，在紫外灯下显棕至棕红色荧光，不得显亮蓝紫色荧光。

2. 微量升华　取生品粉末进行微量升华，得黄色菱状针晶或羽毛状结晶。加碱液，结晶溶解并显红色。

3. 化学定性　取生大黄片或粉末，加碱液呈红色。

4. 干燥失重　不得过15.0%。

5. 灰分测定　总灰分不得过10.0%。

6. 浸出物含量　用水作溶剂热浸法测定，不得少于25.0%。

7. 芦荟大黄素（$C_{15}H_{10}O_5$）、大黄酸（$C_{15}H_8O_6$）、大黄素（$C_{15}H_{10}O_5$）、大黄酚（$C_{15}H_{10}O_4$）和大黄素甲醚（$C_{16}H_{12}O_5$）的总含量　用高效液相色谱法测定，不得少于1.5%。

【贮藏养护】置通风干燥处，防蛀。

【性味功能】苦，寒。泻下攻积，清热泻火，凉血解毒，逐瘀通经，利湿退黄。用于实热积滞便秘，血热吐衄，目赤咽肿，痈肿疔疮，肠痈腹痛，瘀血经闭，产后瘀阻，跌打损伤，湿热痢疾，黄疸尿赤，淋证，水肿；外治烧烫伤。

【用法用量】3～15g。生大黄用于泻下不宜久煎。外用适量，研末调敷患处。孕妇慎用。

【附注】

1. 酒大黄　泻下药。形如大黄片，表面深棕黄色，有的可见焦斑，微有酒香气。善清上焦血分热毒。

2. 醋大黄　消食药。表面深棕色至棕褐色，偶有焦斑，断面浅棕色。略有醋香气。消积化瘀。

3. 熟大黄　泻下药。表面及断面均呈黑褐色，质坚实，有特异香气，味微苦。泻火解毒

4. 大黄炭　凉血药。形如大黄片，表面焦黑色，内部深棕色或焦褐色，具焦香气。凉血化瘀，止血。

5. 清宁片　清热药。为熟大黄粉末加工的圆形厚片，直径约1.2cm，厚2mm。表面呈黑色，质细而坚硬，具特异香气。清热解毒，活血化瘀，缓下。

番泻叶 Fanxieye

【基原】为番泻叶药材的净制品。

【商品性状特征】呈长卵形或卵状披针形，淡绿色至黄绿色。顶端急尖或短尖，微突，基部不对称，全缘，近无毛或两面均具细短毛茸，背面主脉突起，叶柄短。质脆。气微，味微苦，稍具黏性。（图10-42）

【规格】统货。叶片长1.5～5cm，宽0.4～2cm。

【主要化学成分】生物碱类：番泻苷A及B（sennosideA、B）等。

【质量要求】

1. 化学定性　取本品粉末，加水及盐酸，加热，置于分液漏斗中，乙醚萃取，无水硫酸钠脱水，滤过，取滤液，蒸干，加氨试液，溶液显黄色或橙色，置水浴中加热后，变为紫红色。

图 10-42　番泻叶

2. 薄层鉴别　以番泻叶对照药材作对照，置紫外光灯（365nm）下检视。供试品色谱中，在与对照药材色谱相应的位置上，显相同颜色的荧光斑点；喷以 20% 硝酸溶液，在 120℃ 加热 10 分钟，放冷，再喷以 5% 氢氧化钾的稀乙醇溶液，供试品色谱中，在与对照药材色谱相应的位置上，显相同颜色的斑点。

3. 杂质检查　不得过 6.0%。

4. 水分测定　水分不得过 10.0%。

5. 番泻苷 A（$C_{42}H_{38}O_{20}$）和番泻苷 B（$C_{42}H_{38}O_{20}$）的总含量　用高效液相色谱法测定，不得少于 1.1%。

【贮藏养护】避光，置通风干燥处。

【性味功能】甘、苦，寒。泻热行滞，通便，利水。用于热结积滞，便秘腹痛，水肿胀满。

【用法用量】2～6g。入煎剂宜后下。孕妇慎用。

芦荟 Luhui

【基原】为芦荟药材砸成小块的净制品。

【商品性状特征】

1. 库拉索芦荟（老芦荟）　呈不规则块状，常破裂为多角形，大小不一；表面暗红褐色或深褐色，无光泽。体轻，质硬，不易破碎，断面粗糙或显麻纹，富吸湿性；有特殊臭气，味极苦。（图 10-43）

2. 好望角芦荟（新芦荟）　药材表面呈暗褐色，略显绿色，有光泽；体轻，质松，易碎，断面玻璃样而有层纹。

【规格】分新芦荟和老芦荟，均为统货。

【化学成分】芦荟苷（barbaloin）等。

【质量要求】

1. 化学定性　取本品粉末，加水，振摇，取滤液加硼砂，加热溶解，取溶液，加水摇匀，显绿色荧光，置紫外光灯（365nm）下观察，显亮黄色荧光；再取滤液，加硝酸，摇匀，库拉索芦荟显棕红色，好望角芦荟显黄绿色。

2. 薄层鉴别　用芦荟苷对照品作对照，喷以 10% 氢氧化钾甲醇溶液，置紫外光灯（365nm）下检视。供试品色谱中，在与对照品色谱相应的位置上，显相同颜色的荧光斑点。

3. 水分测定　水分不得过 12.0%。

4. 灰分测定　总灰分不得过 4%。

5. 芦荟苷（$C_{21}H_{22}O_9$）含量　用高效液相色谱法测定，库拉索芦荟不得少于 16.0%，好望角芦荟不得少于 6.0%。

【贮藏养护】置阴凉干燥处。

笔记

老芦荟

新芦荟

图 10-43 芦荟

【性味功能】苦,寒;泻下通便,清肝泻火,杀虫疗疳。用于热结便秘,惊痫抽搐,小儿疳积,外治癣疮。

【用法用量】2~5g,宜入丸散。外用适量,研末敷患处。

牵牛子 Qianniuzi

【基原】为药材牵牛子的净制品。

【商品性状特征】似橘瓣状,表面灰黑或淡黄白色,背面有一条浅纵沟,腹面棱的下端有一点状种脐,微凹。质硬,横切面可见淡黄色或黄绿色皱缩折叠的子叶,微显油性,气微,味辛、苦,有麻感。(图 10-44)

【规格】分黑牵牛子和白牵牛子,长 4~8mm,宽 3~5mm。均为统货。

【化学成分】咖啡酸(caffeic acid)等。

【质量要求】

1. 薄层鉴别 以牵牛子对照药材与咖啡酸对照品作对照,喷以磷钼酸试液,在110℃加热至斑点显色清晰,在与对照药材色谱和对照品色谱相应的位置上,显相同的蓝黑色斑点。

2. 水分测定 水分不得过 10.0%。

3. 灰分测定 总灰分不得过 5.0%。

图 10-44　牵牛子

4. 浸出物含量　用乙醇作溶剂冷浸法测定，不得少于 15.0%。

【贮藏养护】置干燥处。

【性味功能】辛，寒；有毒。泻水通便，消痰涤饮，杀虫攻积。用于水肿胀满，二便不通，痰饮积聚，气逆喘咳，虫积腹痛。

【用法用量】3 ~ 6g。入丸散服，每次 1.5 ~ 3g。

【附注】炒牵牛子　泻下药。形如牵牛子，表面黑褐色或黄棕色，稍鼓起。微具香气。苦，寒，有毒。消痰涤饮，用于气逆喘咳等。

京大戟 Jingdaji

【基原】为京大戟药材切段的净制品。

【商品性状特征】切面呈类圆形段，表面灰棕色或棕褐色，粗糙，有纵皱纹、横向皮孔样突起及支根痕，质坚硬，断面类白色或淡黄色，纤维性。气微，味微苦涩。（图 10-45）

【规格】统货。厚 2 ~ 4mm，直径 1.5 ~ 4cm。

【化学成分】大戟二烯醇（euphadienol）等。

【质量要求】

1. 化学定性　取本品手切薄片 2 片，一片加冰醋酸与硫酸各 1 滴，置显微镜下观察，在韧皮部乳管群处呈现红色，5 分钟后渐褪去；另一片加氢氧化钾试液，呈棕黄色。

2. 薄层鉴别　以大戟对照药材和大戟二烯醇对照品作对照，喷以 10% 硫酸乙醇溶液，在 105℃ 加热至斑点显色清晰，分别置日光及紫外光灯（365nm）下检视。供试品色谱中，在与对照药材和对照品色谱相应的位置上，显相同颜色的斑点或荧光斑点。

3. 水分测定　水分不得过 11.0%。

4. 浸出物含量　用乙醇作溶剂冷浸法测定，不得少于 8.0%。

5. 大戟二烯醇（$C_{30}H_{50}O$）含量　用高效液相色谱法测定，不得少于 0.60%。

【贮藏养护】置干燥处，防蛀。

【性味功能】苦，寒；有毒。泻水逐饮，消肿散结。用于水肿胀满，胸腹积水，痰饮

笔记

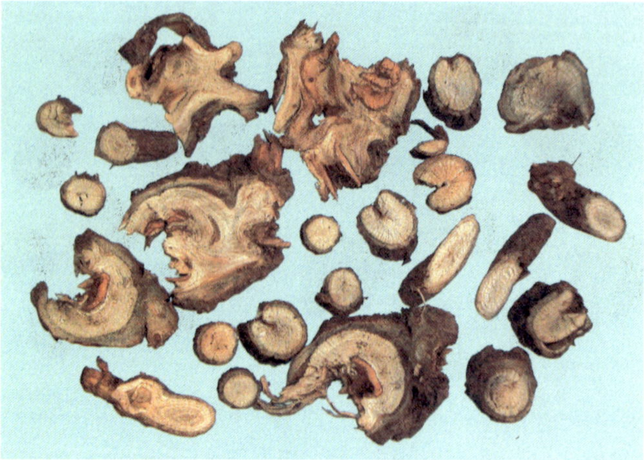

图 10-45　京大戟

积聚，气逆咳喘，二便不利，痈肿疮毒，瘰疬痰核。

【用法用量】1.5～3g。入丸散服，每次1g；内服醋制用。外用适量，生用。

【附注】醋京大戟　泻下药。形如大戟，色泽加深，微有醋气。苦，寒；有毒。泻水逐饮，用于水肿，胸腹积水等。

巴豆霜 Badoushuang

【基原】为药材巴豆的炮制加工品。

【商品性状特征】为粒度均匀、疏松的淡黄色粉末，显油性。（图 10-46）

【规格】统货。

【化学成分】脂肪油类、巴豆苷（isoguanosine）等。

【质量要求】

1. 薄层鉴别　用巴豆对照药材作对照，喷以10%硫酸乙醇溶液，在105℃加热至斑点显色清晰。供试品色谱中，在与对照药材色谱相应的位置上，显相同颜色的斑点。

图 10-46　巴豆霜

笔记

2. 水分测定　水分不得过 12.0%。

3. 灰分测定　总灰分不得过 7.0%。

4. 脂肪油含量　应为 18.0%～20.0%。

5. 巴豆苷($C_{10}H_{13}N_5O_5$)含量　用高效液相色谱法测定,不得少于 0.80%。

【贮藏养护】置阴凉干燥处。

【性味功能】辛,热;有大毒。峻下冷积,逐水退肿,豁痰利咽;外用蚀疮。用于寒积便秘,乳食停滞,腹水臌胀,二便不通,喉风,喉痹;外治痈肿脓成不溃,疥癣恶疮、疣痣。

【用法用量】0.1～0.3g,多入丸散用。外用适量。

四、祛风湿药类

独活 Duhuo

【基原】为独活药材切薄片的净制品。

【商品性状特征】呈类圆形薄片。外表皮灰褐色或棕褐色,具皱纹。切面皮部灰白色至灰褐色,有多数散在棕色油点,木部灰黄色至黄棕色,形成层环棕色。有特异香气。味苦、辛、微麻舌。(图 10-47)

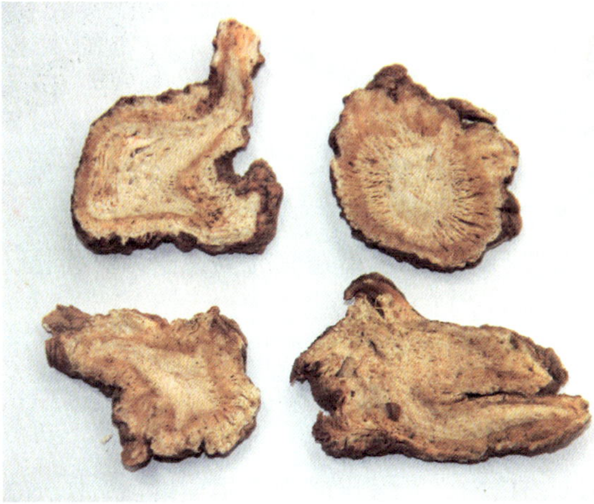

图 10-47　独活

【规格】统货。厚 1.0～2.0mm,直径 1.5～3cm。

【化学成分】蛇床子素(osthole)、二氢欧山芹醇当归酸酯(columbianadin)等。

【质量要求】

1. 薄层鉴别　取本品,以二氢欧山芹醇当归酸酯对照品、蛇床子素对照品,作对照。置紫外光灯(365nm)下检视。供试品色谱中,在与对照品色谱相应的位置上,显相同颜色的荧光斑。

2. 水分测定　水分不得过 10.0%。

3. 灰分测定　总灰分不得过 8.0%;酸不溶性灰分不得过 2.0%。

4. 蛇床子素($C_{15}H_{16}O_3$)和二氢欧山芹醇当归酸酯($C_{19}H_{20}O_5$)含量　用高效液相

色谱法测定，前者不得少于0.50%，后者不得少于0.080%。

【贮藏养护】置干燥处，防霉，防蛀。

【性味功能】辛、苦，微温。祛风除湿，通痹止痛。用于风寒湿痹，腰膝疼痛，少阴伏风头痛，风寒挟湿头痛。

【用法用量】3～9g。

制川乌 Zhichuanwu

【基原】为制川乌药材的净制品。

【商品性状特征】呈不规则纵切片或长三角形厚片。周边棕褐色，较粗糙。切面黑褐色或暗黄色，角质样，有灰棕色斜向条纹，中间有空洞。体轻，质脆，断面有光泽。气微，微有麻舌感。（图10-48）

图10-48 制川乌

【规格】统货。厚2～4mm，直径1.2～2.5cm。

【化学成分】苯甲酰乌头原碱（benzoylaconitine）、苯甲酰次乌头原碱（benzoylhypaconitine）、苯甲酰新乌头原碱（benzoylmesaconitine）等。

【质量要求】

1. 薄层鉴别 以苯甲酰乌头原碱、苯甲酰次乌头原碱及苯甲酰新乌头原碱对照品作对照，喷以稀碘化铋钾试液。供试品色谱中，在与对照品色谱相应的位置上，显相同颜色的斑点。

2. 水分测定 水分不得过11%。

3. 双酯型生物碱检查 用高效液相色谱法测定，含双酯型生物碱以乌头碱（$C_{34}H_{47}NO_{11}$）、次乌头碱（$C_{33}H_{45}NO_{10}$）及新乌头碱（$C_{33}H_{45}NO_{11}$）总量计，不得过0.040%。

4. 苯甲酰头原碱（$C_{32}H_{45}NO_{10}$），苯甲酰次乌头原碱（$C_{31}H_{43}NO_{9}$）及苯甲酰新乌头原碱（$C_{31}H_{43}NO_{10}$）总含量 用高效液相色谱法测定，含量应为0.070%～0.15%。

【贮藏养护】置通风干燥处，防蛀。

【性味功能】辛、苦，热；有毒。祛风除湿，温经止痛。用于风寒湿痹，关节疼痛，心腹冷痛，寒疝作痛及麻醉止痛。

【用法用量】1.5～3g，先煎、久煎。

防己 Fangji

【基原】为防己药材切厚片的净制品。

【商品性状特征】呈类圆形或半圆形的厚片。外表皮淡灰黄色。切面灰白色，粉性，有稀疏的放射状纹理。气微，味苦。（图10-49）

【规格】统货。厚2～4mm，直径1.0～5.0cm。

笔记

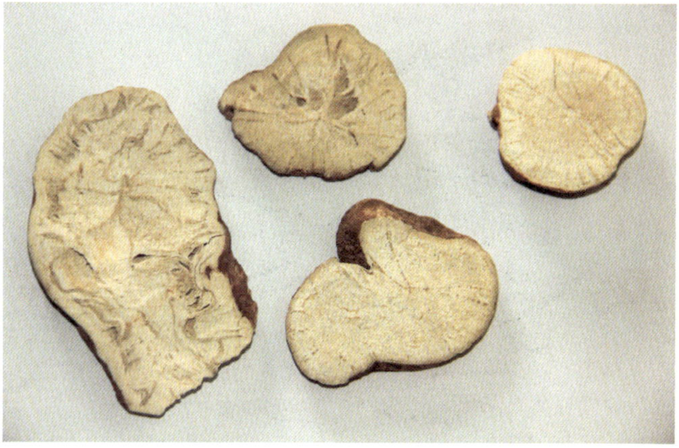

图 10-49　防己

【化学成分】粉防己碱(tetrandrine)、防己诺林碱(fangchinoline)等。

【质量要求】

1. 薄层鉴别　以粉防己碱对照品和防己诺林碱对照品作对照，喷以稀碘化铋钾试液。供试品色谱中，在与对照品色谱相应的位置上，显相同颜色的斑点。

2. 水分测定　水分不得过 12.0%。

3. 灰分测定　总灰分不得过 4.0%。

4. 浸出物含量　用甲醇作溶剂热浸法测定，不得少于 5.0%。

5. 含量　用高效液相色谱法测定，含粉防己碱($C_{38}H_{42}N_2O_6$)和防己诺林碱($C_{37}H_{40}N_2O_6$)总量不得少于 1.6%。

【贮藏养护】置干燥处，防霉，防蛀。

【性味功能】苦，寒。祛风止痛，利水消肿。用于风湿痹痛，水肿脚气，小便不利，湿疹疮毒。

【用法用量】5～10g。

五加皮 Wujiapi

【基原】为五加皮药材切厚片的净制品。

【商品性状特征】呈不规则的厚片。外表面灰褐色，有稍扭曲的纵皱纹及横长皮孔样斑痕；内表面淡黄色或灰黄色，有细纵纹。切面不整齐，灰白色。气微香，味微辣而苦。(图 10-50)

【规格】统货。厚 2～4mm，直径 0.4～1.4cm。

【化学成分】异贝壳杉烯酸(kaurenoic acid)。

【质量要求】

1. 薄层鉴别　以五加皮对照药材和异贝壳杉烯酸对照品作对照，喷以 10% 硫酸乙醇溶液，在 105℃加热至斑点显色清晰，在日光和紫外光灯(365mn)下检视。供试品色谱中，在与对照药材色谱和对照品色谱相应的位置上，日光下显相同颜色的斑点；紫外光灯下显相同颜色的荧光斑点。

2. 水分测定　水分不得过 11.0%。

笔记

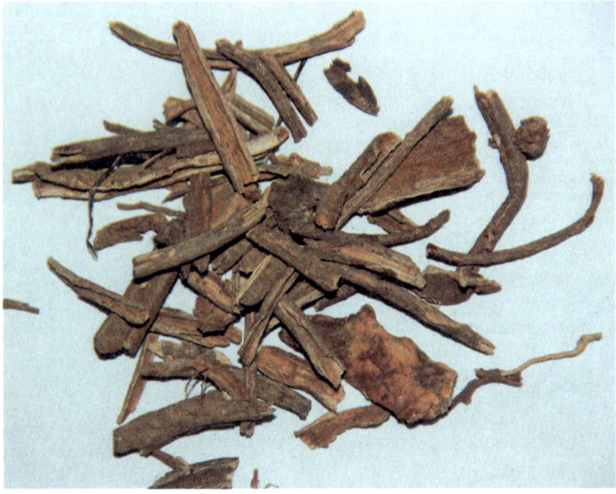

图 10-50 五加皮

3. 灰分测定 总灰分不得过 11.5%；酸不溶性灰分不得过 3.5%。

4. 浸出物含量 用乙醇作溶剂热浸法测定，不得少于 10.5%。

【贮藏养护】置干燥处，防霉，防蛀。

【性味功能】辛、苦，温。祛风除湿，补益肝肾，强筋壮骨，利水消肿。用于风湿痹病，筋骨痿软，小儿行迟，体虚乏力，水肿，脚气。

【用法用量】5～10g。

狗脊 Gouji

【基原】为狗脊药材切厚片的净制品。

【商品性状特征】呈不规则的长块状。表面深棕色，残留金黄色绒毛；上面有数个红棕色的木质叶柄，下面残存黑色细根。质坚硬，不易折断。无臭，味淡、微涩。生狗脊片呈不规则长条形或圆形，切面浅棕色，较平滑，近边缘 1～4mm 处有 1 条棕黄色隆起的木质部环纹或条纹，边缘不整齐，偶有金黄色绒毛残留；质脆，易折断，有粉性。熟狗脊片呈黑棕色，质坚硬。（图 10-51）

【规格】统货。

【化学成分】原儿茶酸（protocatechuic acid）等。

【质量要求】

1. 薄层鉴别 以狗脊对照药材作对照，喷以三氯化铁溶液-1%铁氰化钾溶液（1∶1）（临用配制），放置至斑点显色清晰。供试品色谱中，在与对照药材色谱相应的位置上，显相同颜色的斑点。

2. 水分测定 水分不得过 13.0%。

3. 灰分测定 总灰分不得过 3.0%。

4. 浸出物含量 用稀乙醇作溶剂热浸法测定，不得过 20%。

【贮藏养护】置通风干燥处，防潮。

【性味功能】苦、甘，温。祛风湿，补肝肾，强腰膝。用于风湿痹痛，腰膝酸软，下肢无力。

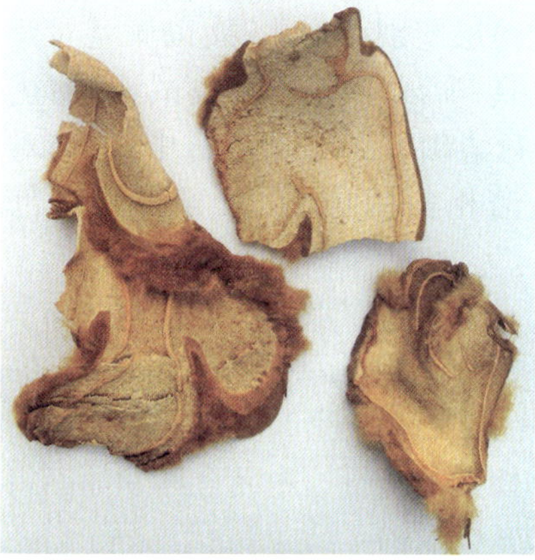

生狗脊

烫狗脊

蒸狗脊

图 10-51　狗脊

【用法用量】6～12g。

【附注】

1. 烫狗脊　祛风湿药。形如狗脊片，表面略鼓起，棕褐色，气微，味淡、微涩。
2. 蒸狗脊　祛风湿药。形如狗脊片，暗褐色，气微，味淡、微涩。
3. 酒狗脊　祛风湿药。形如狗脊片，暗褐色，微有酒气，味淡、微涩。

五、化湿药类

佩兰 Peilan

【基原】为佩兰药材切段的净制品。

【商品性状特征】呈不规则的段。茎圆柱形，表面黄棕色或黄绿色，有的带紫色，有明显的节和纵棱线。切面髓部白色或中空。叶对生，叶片多皱缩、破碎，绿褐色。气芳香，味微苦。（图 10-52）

【规格】统货。直径 0.2～0.5cm，厚 1.5～5mm。

【化学成分】挥发油等。

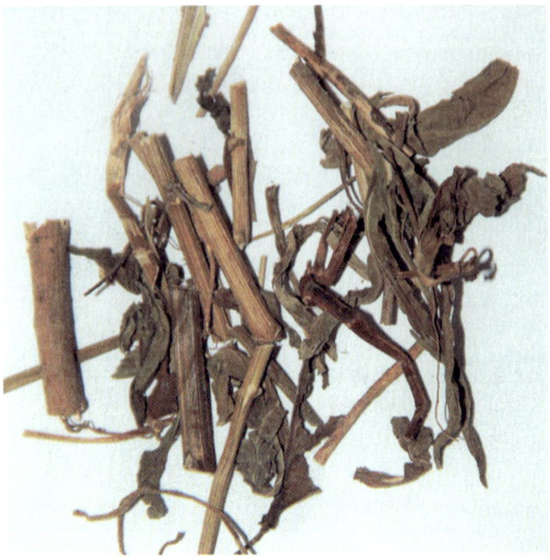

图 10-52　佩兰

【质量要求】

1. 薄层鉴别　取本品，以佩兰对照药材作对照，喷以香草醛硫酸试液，加热至斑点显色清晰。供试品色谱中，在与对照药材色谱相应的位置上，显相同颜色的斑点。

2. 水分测定　水分不得过 11.0%。

3. 灰分测定　总灰分不得过 11.0%；酸不溶性灰分不得过 2.0%。

4. 挥发油含量　本品含挥发油不得少于 0.30%(ml/g)。

【贮藏养护】置阴凉干燥处。

【性味功能】辛，平。芳香化湿，醒脾开胃，发表解暑。用于湿浊中阻，脘痞呕恶，口中甜腻，口臭，多涎，暑湿表证，湿温初起，发热倦怠，胸闷不舒。

【用法用量】3～9g。

豆蔻 Doukou

【基原】为豆蔻药材的净制品。

【商品特征】原豆蔻呈类球形。表面黄白色至淡黄棕色，有 3 条较深的纵向槽纹，顶端有突起的柱基，基部有凹下的果柄痕，两端均具浅棕色绒毛。果皮体轻，质脆，易纵向裂开，内分 3 室，每室含种子约 10 粒；种子呈不规则多面体，背面略隆起，直径 3～4mm，表面暗棕色，有皱纹，并被有残留的假种皮。气芳香，味辛凉略似樟脑。(图 10-53)

印尼白蔻略小。表面黄白色，有的微显紫棕色。果皮较薄，种子瘦瘪。气味较弱。

【规格】分原豆蔻和印尼白蔻，均为统货。

【化学成分】挥发油类、桉油精等。

图 10-53　豆蔻

笔记

【质量要求】

1. 薄层鉴别　以豆蔻对照药材作对照，喷以香草醛硫酸试液，在105℃加热至斑点显色清晰，立即检视。供试品色谱中，在与对照品色谱相应的位置上，显相同颜色的斑点。

2. 水分测定　原豆蔻水分不得过11.0%；印尼白蔻水分不得过12.0%。

3. 杂质检查　原豆蔻杂质不得过1.0%；印尼白蔻杂质不得过2.0%。

4. 挥发油含量　原豆蔻仁含挥发油不得少于5.0%（ml/g）；印尼白蔻仁不得少于4.0%（ml/g）。

5. 桉油精（$C_{10}H_{18}O$）含量　用气相色谱法测定，豆蔻仁含桉油精不得少于3.0%。

【贮藏养护】密闭，置明凉干燥处，防蛀。

【性味功能】辛，温。化湿行气，温中止呕，开胃消食。用于湿浊中阻，不思饮食，湿温初起，胸闷不饥，寒湿呕逆，胸腹胀痛，食积不消。

【用法用量】3～6g，后下。

六、利水渗湿药类

茯苓 Fuling

【基原】为茯苓药材去皮切制后的净制品。

【商品性状特征】呈不规则厚片，厚薄不一。白色，质地较重，表面较粗糙。气微，味淡，嚼之粘牙。（图10-54）

【规格】统货。薄片、卷、块或丁。

【主要化学成分】茯苓酸（pachymic acid）、茯苓聚糖（pachyman）等。

【质量要求】

1. 定性鉴别

（1）粉末灰白色。不规则颗粒状团块和分枝状团块无色，遇水合氯醛液渐溶化。菌丝无色，偶有淡棕色，细长，稍弯曲，有分枝，直径3～8（16）μm。

（2）取粉末少量，加碘化钾碘试液1滴，显深红色。

（3）薄层鉴别同药材项下。供试品色谱中，在与对照药材色谱相应的位置上，显相同颜色的主斑点。

丁

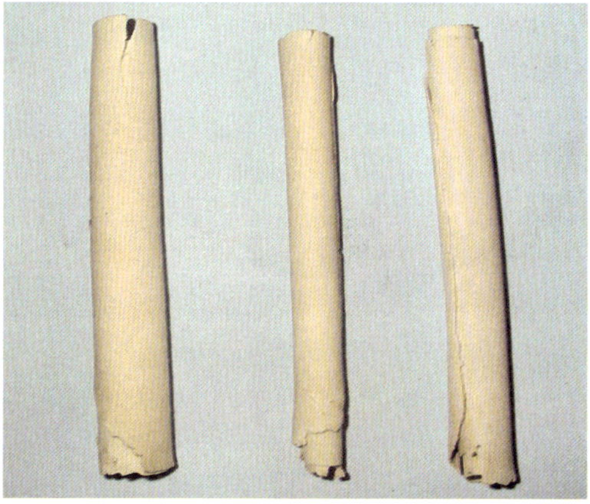

卷

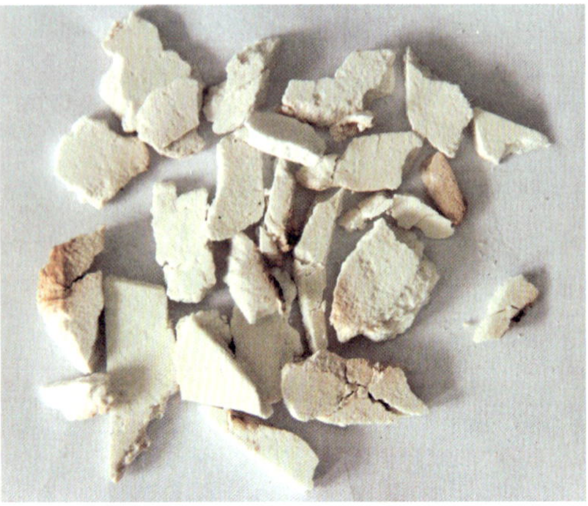

块

薄片

赤茯苓

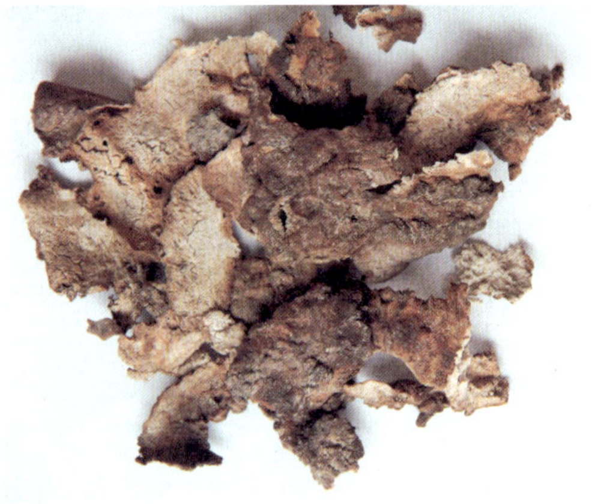

茯苓皮

茯神

朱茯苓

图 10-54 茯苓

笔记

2. 检查

（1）水分测定　水分不得过18.0%。

（2）灰分测定　总灰分不得过2.0%。

（3）浸出物含量　用热浸法测定,稀乙醇浸出物不得少于2.5%。

【贮藏养护】置干燥处,防潮。

【性味功能】甘、淡,平。利水渗湿,健脾,宁心。用于水肿尿少,痰饮眩悸,脾虚食少,便溏泄泻,心神不安,惊悸失眠。

【用法用量】9～15g。

【附注】

1. 朱茯苓　与一定量朱砂细末拌匀,为"朱茯苓"。形状同茯苓。甘、淡,平。归心、脾、肺、肾经。利水渗湿,健脾,化痰,宁心,镇静安神。用于惊悸,烦躁,失眠等。用量9～15g。

2. 赤茯苓　茯苓菌核的外层部分。呈片或块状,大小不一,红色或淡红色。甘、淡,平。归心、脾、膀胱经。行水,利湿热,益心润肺。用于小便不利,淋浊,泻痢,心阴不足,肺燥,消渴。用量6～12g。

3. 茯神　带有松根的茯苓片或块,质坚实,色白。甘,平。归心、脾经。宁心,安神,利水。用于心虚惊悸,健忘,失眠,惊痫,小便不利。肾虚小便不利或不禁、虚寒滑精者慎服。用量6～9g。

4. 茯苓皮　为加工茯苓药材时收集的削下的外皮。多为长条形,形状大小不一。外面棕褐色至黑褐色,内面白色或淡棕色并带有白色或淡红色的皮下部分。甘、淡,平。归肺、脾、肾经。利水消肿。用于水肿,小便不利。用量15～30g。

【注意】阴虚无湿热、虚寒滑精、气虚下陷者慎服。

泽泻 Zexie

【基原】为泽泻药材切制后的净制品。

【商品性状特征】呈圆形或椭圆形厚片。外表皮淡黄色至淡黄棕色,可见细小突起的须根痕。切面黄白色至淡黄色,粉性,有多数细孔。气微,味微苦。（图10-55）

【规格】统货。厚片。

【主要化学成分】泽泻醇A24-乙酸酯(alisol A 24-acetate,Ⅰ)等。

【质量要求】

1. 薄层鉴别　同药材项下。供试品色谱中,在与对照品色谱相应的位置上,显相同颜色的斑点。

2. 水分测定　水分不得过12.0%。

3. 灰分测定　总灰分不得过5.0%。

4. 浸出物　照醇溶性浸出物测定法项下的热浸法测定,用乙醇作溶剂,不得少于10.0%。

5. 含量　用高效液相色谱法测定,按干燥品计算,含23-乙酰泽泻醇B($C_{32}H_{50}O_5$)不得少于0.040%。

【贮藏养护】置干燥处,防蛀。

【性味功能】甘、淡,寒。利水渗湿,泄热,化浊降脂。用于小便不利,水肿胀满,

笔记

生泽泻

麸炒泽泻

盐泽泻

图 10-55　泽泻

泄泻尿少，痰饮眩晕，热淋涩痛，高脂血症。

【用法用量】6～9g。

【附注】

1. 盐泽泻　形如泽泻片，表面淡黄棕色或黄褐色，偶见焦斑，味微咸。归肾、脾经。利水渗湿，清热养阴。用治小便不利，水肿，呕吐。用量 6～12g。

2. 麸炒泽泻　形如泽泻片，表面黄白，偶见焦斑，微有焦香气。归肾、脾经。利水，渗湿，泄热。治小便不利，水肿胀满，呕吐，泻痢，痰饮，脚气，淋病，尿血。用量 6～12g。

【注意】肾虚精滑无湿热者禁服。

薏苡仁 Yiyiren

【基原】为薏苡植物的干燥成熟种仁除杂后的净制品。

【商品性状特征】呈宽卵形或长椭圆形，长 4～8mm，宽 3～6mm。表面乳白色，光滑，偶有残存的黄褐色种皮；一端钝圆，另端较宽而微凹，有 1 淡棕色点状种脐；背面圆凸，腹面有 1 条较宽而深的纵沟。质坚实，断面白色，粉性。气微，

笔记

味微甜。(图 10-56)

图 10-56　薏苡仁

【规格】统货。种仁。

【主要化学成分】含薏苡仁酯(coixenolide)。

【质量要求】

1. 显微鉴别　粉末淡类白色。主为淀粉粒,单粒类圆形或多面形,直径 2~20μm,脐点星状;复粒少见,一般由 2~3 分粒组成。

2. 薄层鉴别　同药材项下,供试品色谱中,在与对照提取物色谱相应的位置上,显相同颜色的斑点。

3. 液相色谱　同药材。

4. 杂质检查　不得过 1%。

5. 水分测定　水分不得过 15.0%。

6. 灰分测定　总灰分不得过 2.0%。

7. 黄曲霉毒素　照黄曲霉毒素测定法测定。每 1000g 含黄曲霉毒素 B_1 不得过 5μg,含黄曲霉毒素 G_2、黄曲霉毒素 G_1、黄曲霉毒素 B_2 和黄曲霉毒素 B_1 的总量不得过 10μg。

8. 浸出物　照醇溶性浸出物测定法项下的热浸法测定,用无水乙醇作溶剂,不得少于 5.5%。

9. 含量　用高效液相色谱法测定。按干燥品计算,含甘油三油酸酯($C_{57}H_{104}O_6$),不得少于 0.50%。

【贮藏养护】置通风干燥处,防蛀。

【性味功能】甘、淡,凉。利水渗湿,健脾止泻,除痹,排脓,解毒散结。用于水肿,脚气,小便不利,脾虚泄泻,湿痹拘挛,肺痈,肠痈,赘疣,癌肿。

【用法用量】9~30g。

【附注】

1. 炒薏苡仁　形如薏苡仁,微鼓起,表面淡黄色,略有焦斑和突起。甘、淡,凉。归脾、胃、肺经。更利于健脾渗湿,益肠胃。治泄泻,湿痹,筋脉拘挛,屈伸不利,水肿。

用量 9～30g。

2. 麸炒薏苡仁　形如薏苡仁，微鼓起，表面微黄色，略有香气。甘、淡，凉。归脾、胃、肺经。炒薏苡仁和麸炒薏苡仁寒凉之性偏于平和，长于健脾止泻，可用于脾虚泄泻，纳少腹胀。用量 9～30g。

【注意】脾虚及孕妇慎用。

香加皮 Xiangjiapi

【基原】为香加皮药材切片的净制品。

【商品性状特征】呈不规则的厚片。外表面灰棕色或黄棕色，栓皮常呈鳞片状。内表面淡黄色或淡黄棕色，有细纵纹。切面黄白色。有特异香气，味苦。（图 10-57）

【规格】统货。厚片或段。

【主要化学成分】含香加皮苷，4-甲氧基水杨醛、β-谷甾醇等。

【质量要求】

1. 荧光检查　取本品粉末 10g，置 250ml 烧瓶中，加水 150ml，加热蒸馏，馏出液具特异香气，收集馏出液 10ml，分置两支试管中，一管中加 1% 三氯化铁溶液 1 滴，即显红棕色；另一管中加硫酸肼饱和溶液 5ml 与醋酸钠结晶少量，稍加热，放冷，生成淡黄绿色沉淀，置紫外光灯（365nm）下观察，显强烈的黄色荧光。

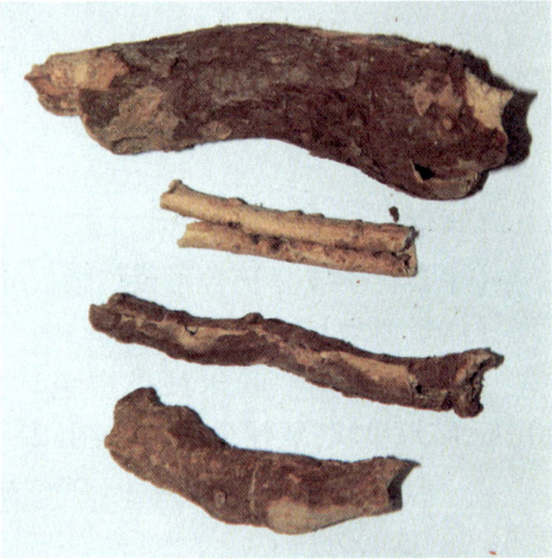

图 10-57　香加皮

2. 紫外-可见分光光度法　取本品粉末 1g，加乙醇 10ml，加热回流 1 小时，滤过，滤液置 25ml 容量瓶中，加乙醇至刻度，摇匀，精密量取 1ml，置 20ml 量瓶中，加乙醇至刻度，摇匀，照紫外-可见分光光度法测定，在 278nm 的波长处有最大吸收。

3. 薄层层析　同药材项下。

4. 水分测定　水分不得过 13.0%。

5. 灰分测定　总灰分不得过 10.0%；酸不溶性灰分不得过 4.0%。

6. 浸出物　照醇溶性浸出物测定法项下的热浸法测定，用稀乙醇作溶剂，不得少于 20.0%。

7. 含量　用高效液相色谱法测定。本品于 60℃ 干燥 4 小时，含 4-甲氧基水杨醛（$C_8H_8O_3$）不得少于 0.20%。

【贮藏养护】置阴凉干燥处。

【性味功能】辛、苦，温；有毒。利水消肿，祛风湿，强筋骨。用于下肢浮肿，心悸气短，风寒湿痹，腰膝酸软。

【用法用量】3～6g。

【注意】不宜过量服用。

笔记

猪苓 Zhuling

【基原】为猪苓药材切片的净制品。

【商品性状特征】呈类圆形或不规则的厚片。外表皮黑色或棕黑色，皱缩。切面类白色或黄白色，略呈颗粒状。气微，味淡。(图10-58)

图10-58　猪苓

【规格】统货。厚片。

【主要化学成分】含有猪苓聚糖。

【质量要求】

1. 薄层鉴别　同药材项下，供试品色谱中，在与对照品色谱相应的位置上，显相同颜色的斑点。

2. 水分测定　水分不得过13.0%。

3. 灰分测定　总灰分不得过10.0%；酸不溶性灰分不得过5.0%。

4. 含量　用高效液相色谱法测定。本品按干燥品计算，含麦角甾醇($C_{28}H_{44}O$)不得少于0.050%。

【贮藏养护】置通风干燥处。

【性味功能】甘、淡，平。利水渗湿。用于小便不利，水肿，泄泻，淋浊，带下。

【用法用量】6～12g。

萆薢 Bixie

【基原】为萆薢药材切片的净制品。

【商品性状特征】不规则的斜切片，边缘不整齐，大小不一，厚2～5mm。外皮黄棕色至黄褐色，有稀疏的须根残基，呈圆锥状突起。质疏松，略呈海绵状，切面灰白色至浅灰棕色，黄棕色点状维管束散在。气微，味微苦。(图10-59)

【规格】统货。不规则的斜切片，厚2～5mm。

【主要化学成分】甾体类成分：薯蓣皂苷元(diosgenin)。

【质量要求】

1. 显微鉴别　粉末淡黄棕色。淀粉粒众多，单粒卵圆形、椭圆形、类圆形、类三角

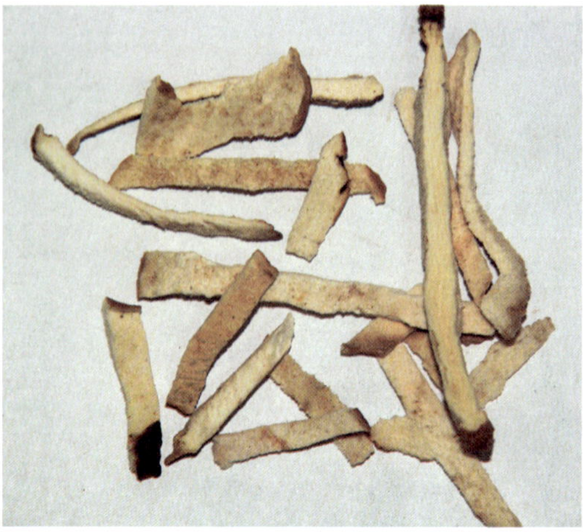

图 10-59 萆薢

形或不规则形，有的一端尖突，有的呈瘤状，直径 10～70μm，脐点裂缝状、人字状、点状，层纹大多不明显。草酸钙针晶多成束，长 90～210μm。薄壁细胞壁略增厚，纹孔明显。具缘纹孔导管直径 17～84μm，纹孔明显。木栓细胞棕黄色，多角形。

2. 薄层鉴别　同药材项下。供试品色谱中，在与对照药材色谱相应的位置上，显相同颜色的斑点。

3. 水分测定　水分不得过 11.0%。

4. 灰分测定　总灰分不得过 6.0%。

5. 浸出物　照醇溶性浸出物测定法项下的热浸法测定，用稀乙醇作溶剂，不得少于 15.0%。

【贮藏养护】置通风干燥处。

【性味功能】苦，平。利湿去浊，祛风除痹。用于膏淋，白浊，白带过多，风湿痹痛，关节不利，腰膝疼痛。

【用法用量】9～15g。

金钱草 Jinqiancao

【基原】为金钱草药材切段的净制品。

【商品性状特征】为不规则的段。茎棕色或暗棕红色，有纵纹，实心。叶对生，展平后呈宽卵形或心形，上表面灰绿色或棕褐色，下表面色较浅，主脉明显突出，用水浸后，对光透视可见黑色或褐色的条纹。偶见黄色花，单生叶腋。气微，味淡。(图 10-60)

【主要化学成分】全草含黄、甾醇，根含皂苷。

【规格】统货。切段，长 10～15mm。

【质量要求】

1. 薄层鉴别　同药材项下。供试品色谱中，在与对照品色谱相应的位置上，显相同颜色的荧光斑点。

2. 杂质检查　不得过 8%。

3. 水分测定　水分不得过 13.0%。

4. 灰分测定　总灰分不得过 13.0%；酸不溶性灰分不得过 5.0%。

5. 浸出物　照醇溶性浸出物测定法项下的热浸法测定，用 75% 乙醇作溶剂，不得少于 8.0%。

6. 含量　用高效液相色谱法测定。按干燥品计算，含槲皮素（$C_{15}H_{10}O_7$）和山柰素（$C_{15}H_{10}O_6$）的总量不得少于 0.10%。

【贮藏养护】置干燥处。

【性味功能】甘、咸，微寒。利湿退黄，利尿通淋，解毒消肿。用于湿热黄疸，胆胀

笔记

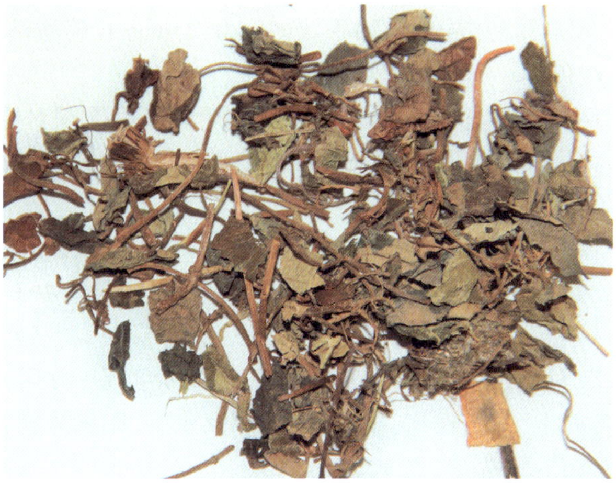

图 10-60　金钱草

胁痛，石淋，热淋，小便涩痛，痈肿疔疮，蛇虫咬伤。

【用法与用量】15～60g。

（张慧　张延萍　何文静　宋捷民　张贵君）

七、温里药类

制附子 Zhifuzi

【基原】为附子药材附片的炮制品。

【商品性状特征】为纵切片，上宽下窄，长 1.7～5cm，宽 0.9～3cm，厚 2～5mm，表面灰黑色，中央常有凹陷的芽痕；横切面灰褐色，并有纵向导管束和多角形环纹，气微，味苦而麻，刺舌。（图 10-61）

【规格】统货。长 4～7cm，直径 3～5cm。

【主要化学成分】本品含苯甲酰新乌头原碱（benzoylmesaconine）、苯甲酰乌头原碱（benzoylaconine）、苯甲酰次乌头原碱（benzoylhypaconine）等。

图 10-61　制附子

笔记

【质量要求】

1. 化学定性　取本品醇浸出液，加香草醛和0.25mol/L硫酸溶液少量，在水浴上加热20分钟，呈紫红色。

2. 薄层鉴别　用苯甲酰新乌头原碱对照品、苯甲酰乌头原碱对照品、苯甲酰次乌头原碱对照品做对照。供试品色谱中，在与对照品色谱相应的位置上，显相同颜色的斑点。

3. 水分测定　水分不得过15.0%。

4. 苯甲酰新乌头原碱($C_{31}H_{43}NO_{10}$)、苯甲酰乌头原碱($C_{32}H_{45}NO_{10}$)和苯甲酰次乌头原碱($C_{31}H_{43}NO_9$)的总含量　用高效液相色谱法测定，本品按干燥品计算，不得少于0.010%。

【性味功能】辛、甘，大热；有大毒。回阳救逆，补火助阳，散寒止痛。用于亡阳虚脱，肢冷脉微，阳痿，宫冷，心腹冷痛，虚寒吐泻，阴寒水肿，阳虚外感，寒湿痹痛。

【用法用量】3~15g。先煎，久煎。

【附注】

1. 盐附子　呈圆锥形，长4~7cm，直径3~5cm。表面灰黑色，被盐霜，顶端有凹陷的芽痕，周围有瘤状突起的支根或支根痕。体重，横切面灰褐色，可见充满盐霜的小空隙和多角形形成层环纹，环纹内侧导管束排列不整齐。气微，味咸而麻，刺舌。

2. 黑顺片　为纵切片，上宽下窄，长1.7~5cm，宽0.9~3cm，厚0.2~0.5cm。外皮黑褐色，略翘起。切面暗黄色，油润具光泽，半透明状，并有纵向导管束。质硬而脆，断面角质样。气微，味淡，口尝无麻舌感。

3. 白附片　无外皮，黄白色，半透明，厚约0.3cm。余同黑顺片。

【注意】孕妇慎用；不宜与半夏、瓜蒌、瓜蒌子、瓜蒌皮、天花粉、川贝母、浙贝母、平贝母、伊贝母、湖北贝母、白蔹、白及同用。

小茴香 Xiaohuixiang

【基原】为小茴香药材的净制和盐制品。

【商品性状特征】为双悬果，呈圆柱形，有的稍弯曲，长4~8mm，直径1.5~2.5mm。表面黄绿色或淡黄色，两端略尖，顶端残留有黄棕色突起的柱基，基部有时有细小的果梗。分果呈长椭圆形，背面有纵棱5条，接合面平坦而较宽。横切面略呈五边形。背面的四边约等长。有特异香气，味微甜、辛。盐小茴香：微鼓起，色泽加深，偶有焦斑。味微咸。(图10-62)

【规格】统货。

【主要化学成分】主含反式茴香脑(*cis*-Anethol)等。

【质量要求】

1. 薄层鉴别　用茴香醛做对照品，供试品色谱中，在与对照品色谱相应的位置上，显相同颜色的斑点。

2. 杂质检查　不得过4%。

3. 灰分测定　总灰分不得过10.0%；盐小茴香不得过12.0%。

4. 挥发油含量　本品含挥发油不得少于1.5%(ml/g)。

5. 反式茴香脑($C_{10}H_{12}O$)含量　用气相色谱法测定，生品含反式茴香脑($C_{10}H_{12}O$)不得少于1.4%，盐小茴香不得少于1.3%。

笔记

生小茴香

盐小茴香

图 10-62　小茴香

【性味功能】辛，温。散寒止痛，理气和胃。用于寒疝腹痛，睾丸偏坠胀痛，少腹冷痛，痛经。盐小茴香暖肾，散寒，止痛。用于关节和胁下疼痛。

【用法与用量】3～6g。

干姜 Ganjiang

【基原】为干姜药材的净制品。

【商品性状特征】干姜片呈不规则纵切片或斜切片，具指状分枝，长 1～6cm，宽 1～2cm，厚 0.2～0.4cm。外皮灰黄色或浅黄棕色，粗糙，具纵皱纹及明显的环节。切面灰黄色或灰白色，略显粉性，可见较多的纵向纤维，有的呈毛状。质坚实，断面纤维性。气香、特异，味辛辣。（图 10-63）

【规格】干姜个、干姜片，均为统货。

【主要化学成分】挥发油，含 6-姜辣素（6-gingerol）。

【质量要求】

1. 水分测定　水分不得过 19.0%。

2. 总灰分　不得过 6.0%。

笔记

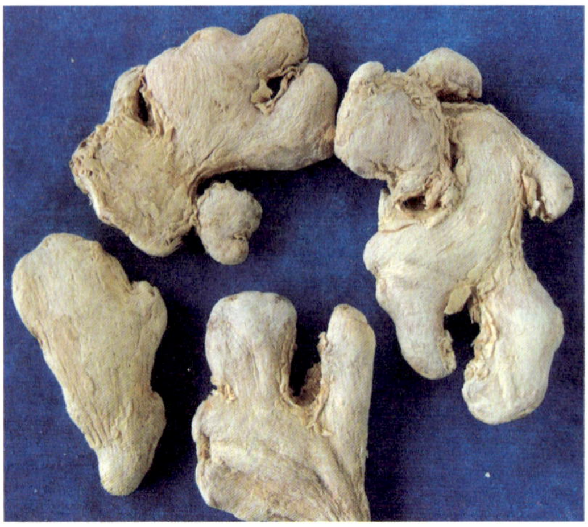
图 10-63 干姜

3. 浸出物 照水溶性浸出物测定项下的热浸法测定,不得少于22.0%。干姜片不得少于26.0%。

4. 薄层鉴别 用干姜对照药材和6-姜辣素对照品作对照,供试品色谱中,在与对照药材和6-姜辣素对照品色谱相应的位置上,显相同颜色的斑点。

5. 挥发油 含量本品含挥发油不得少于0.8%(ml/g)。

6. 6-姜辣素($C_{17}H_{26}O_4$)含量 用高效液相色谱法测定,含6-姜辣素($C_{17}H_{26}O_4$)不得少于0.60%。干姜片不得少于0.50%。

【性味功能】辛,热。温中散寒,回阳通脉,温肺化饮。用于脘腹冷痛,呕吐腹泻;肺寒久咳气喘,痰多清稀。

【用法与用量】3~9g。

肉桂 Rougui

【基原】肉桂药材的净制品。

【商品性状特征】本品呈不规则的片状或细丝状;外表面灰棕色,稍粗糙,有不规则的细皱纹和横向突起的皮孔,有的可见灰白色的地衣斑;内表面红棕色,略平坦,有细纵纹,划之显油痕。质硬而脆,易折断,断面不平坦,外层棕色而较粗糙,内层红棕色而油润,两层间有1条黄棕色的线纹。气香浓烈,味甜、辣。(图10-64)

【规格】肉桂片、细丝,均为统货。

【主要化学成分】主含桂皮醛(cinnamic aldehyde)等。

【质量要求】

1. 薄层鉴别 用桂皮醛对照品做对照,供试品色谱中,在与对照品色谱相应的位置上,显相同颜色的斑点。

2. 水分检查 水分不得过15.0%。

3. 灰分测定 总灰分不得过5.0%。

4. 桂皮醛(C_9H_8O)含量 用高效液相色谱法测定,不得少于1.5%。

5. 挥发油含量 本品含挥发油不得少于1.2%(ml/g)。

【性味功能】辛、甘,大热。补火助阳,引火归元,散寒止痛,温经通脉。用于阳痿宫冷,腰膝冷痛,肾虚作喘,阳虚眩晕,心腹冷痛,虚寒吐泻,寒疝奔豚,经闭痛经,目赤咽痛。

【用法用量】1~5g。

【注意】有出血倾向者及孕妇慎用;不宜与赤石脂同用。

笔记

肉桂片

肉桂丝

图 10-64　肉桂

吴茱萸 Wuzhuyu

【基原】为吴茱萸药材的净制品。

【商品性状特征】本品呈球形或略呈五角状扁球形，直径 2～5mm。表面暗黄绿色至褐色，粗糙，有多数点状突起或凹下的油点。顶端有五角星状的裂隙，基部残留被有黄色茸毛的果梗。质硬而脆，横切面可见子房 5 室，每室有淡黄色种子 1 粒。气芳香浓郁，味辛辣而苦。制吴茱萸，颜色加深，气味稍淡。盐吴茱萸，颜色加深，气芳香浓郁，味辛辣而苦。（图 10-65）

【规格】统货。

【主要化学成分】主含吴茱萸碱（evodiamine）、吴茱萸次碱（rutecarpine）、柠檬苦素（limonin）等。

【质量要求】

1. 醇溶性浸出物含量　用热浸法测定，不得少于 30.0%。

2. 薄层鉴别　用吴茱萸碱对照品、吴茱萸次碱对照品、柠檬苦素对照品做对照，供试品色谱中，在与对照品色谱相应的位置上，显相同颜色的斑点。

3. 水分测定　水分不得过 15.0%。

4. 灰分测定　总灰分不得过 10.0%；酸不溶性灰分不得过 1.0%。

笔记

图 10-65 吴茱萸

5. 杂质检查 杂质不得过7%。

6. 吴茱萸碱($C_{19}H_{17}N_3O$)和吴茱萸次碱($C_{18}H_{13}N_3O$)的总含量 用高效液相色谱法测定,不得少于0.15%。

7. 柠檬苦素($C_{26}H_{30}O_8$)含量 用高效液相色谱法测定,不得少于1.0%。

【性味功能】辛、苦,热;有小毒。散寒止痛,降逆止呕,助阳止泻。用于厥阴头痛,寒疝腹痛,寒湿脚气,痛经,经行腹痛,脘腹胀痛,呕吐吞酸,五更泄泻,外治口疮。

【用法与用量】2~5g。外用适量。

丁香 Dingxiang

【基原】为丁香药材的净制品。

【商品性状特征】略呈研棒状,长1~2cm。花冠圆球形,直径0.3~0.5cm,花瓣4,复瓦状抱合,棕褐色或褐黄色,花瓣内为雄蕊和花柱,搓碎后可见众多黄色细粒状的花药。萼筒圆柱状,略扁,有的稍弯曲,长0.7~1.4cm,直径0.3~0.6cm,红棕色或棕褐色,上部有4枚三角状的萼片,十字状分开。质坚实,富油性。气芳香浓烈,味辛辣、有麻舌感。(图10-66)

【规格】统货。

【主要化学成分】丁香酚(eugenol)等。

【质量要求】

1. 薄层鉴别 用丁香酚对照品做对照,供试品色谱中,在与对照品色谱相应的位置上,显相同颜色的斑点。

2. 杂质检查 杂质不得过4%。

3. 水分测定 水分不得过12.0%。

4. 丁香酚($C_{10}H_{12}O_2$)含量 用气相色谱法测定,不得少于11.0%。

【性味功能】辛,温。温中降逆,补肾助阳。用于脘腹冷痛,呃逆,恶心,呕吐;肾阳不足的阳痿,寒湿带下等。

【用法与用量】1~3g。内服或研末外敷。

笔记

图 10-66　丁香

【注意】不宜与郁金同用。

八、理气药类

川楝子 Chuanlianzi

【基原】为川楝子药材的净制品。

【商品性状特征】本品呈类球形或半球形，直径 2 ~ 3.2cm。表面金黄色至棕黄色，微有光泽，少数凹陷或皱缩，具深棕色小点。顶端有花柱残痕，基部凹陷，有果梗痕。外果皮革质，与果肉间常成空隙，果肉松软，淡黄色，遇水润湿显黏性。果核球形或卵圆形，质坚硬，两端平截，有 6 ~ 8 纵棱，内分 6 ~ 8 室，每室含黑棕色长圆形的种子 1 粒，气特异，味酸、苦。炒川楝子：呈半球状、厚片或不规则的碎块，表面焦黄色，偶见焦斑。气焦香，味酸、苦。（图 10-67）

【规格】厚片或不规则的碎块，统货。

【主要化学成分】川楝素（toosendanin）等。

【质量要求】

图 10-67　川楝子

1. 薄层鉴别 用川楝子药材和川楝素对照品做对照，供试品色谱中，在与对照药材色谱和对照品色谱相应的位置上，显相同颜色的斑点。

2. 水分测定 水分生品不得过 12.0%，炒川楝子不得过 10.0%。

3. 灰分测定 总灰分生品不得过 5.0%，炒川楝子不得过 4.0%。

4. 水溶性浸出物含量 用热浸法测定，不得少于 32.0%。

5. 川楝素（$C_{30}H_{38}O_{11}$）含量 用高效液相色谱-质谱法测定，本品按干燥品计算，生品应为 0.060% ~0.20%。炒川楝子应为 0.040 ~0.20%。

【性味功能】苦，寒；有小毒。疏肝泄热，行气止痛，杀虫。用于胸胁，脘腹胀痛，疝痛，虫积腹痛。

【用法与用量】5 ~10g。外用适量，研末调涂。

乌药 Wuyao

【基原】为乌药药材的切片。

【商品性状特征】为类圆形片状，切片厚 0.2 ~2mm，外表皮黄棕色或黄褐色，切面黄白色或淡黄棕色，射线放射状，可见年轮环纹，中心颜色较深。气香，味微苦、辛，有清凉感。（图 10-68）

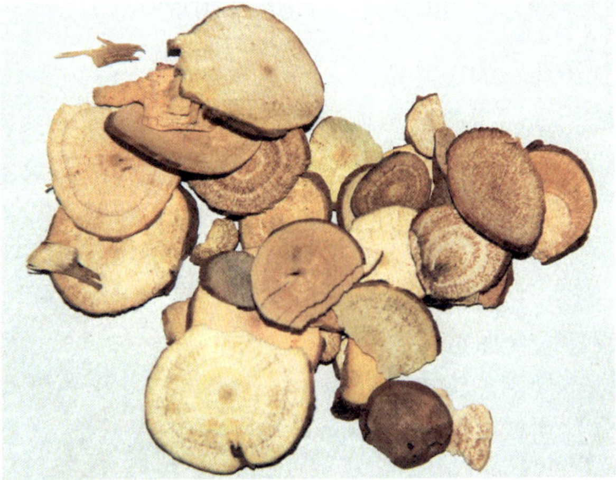

图 10-68 乌药

【规格】统货。薄片厚 0.2 ~2mm。

【主要化学成分】乌药醚内酯（linderane）等。

【质量要求】

1. 薄层鉴别 用乌药对照药材和乌药醚内酯对照品做对照，供试品色谱中，在与对照药材色谱和对照品色谱相应的位置上，显相同颜色的斑点。

2. 水分测定 水分不得过 11.0%。

3. 灰分测定 总灰分不得过 4.0%；酸不溶性灰分不得过 2.0%。

4. 醇溶性浸出物含量 用热浸法测定，不得少于 12.0%。

5. 乌药醚内酯（$C_{15}H_{16}O_4$）含量 用高效液相色谱法测定，不得少于 0.030%。

【性味功能】辛，温。行气止痛，温肾散寒。用于胸腹胀痛，气逆喘急，膀胱虚冷，

笔记

遗尿尿频，疝气，痛经。

【用法用量】6～10g。

香附 Xiangfu

【基原】为香附药材的切片。

【商品性状特征】本品多呈纺锤形，有的略弯曲，长2～3.5cm，直径0.5～1cm。表面棕褐色或黑褐色，有纵皱纹，较光滑并有6～10个略隆起不明显的环节。质硬，经蒸煮者断面黄棕色或红棕色，角质样；生晒者断面色白而显粉性，内皮层环纹明显，中柱色较深，点状维管束散在。炮制品为不规则纵薄片或颗粒状。外表皮棕褐色或黑褐色，有时可见环节。切面色白或黄棕色。质硬，内皮层环纹明显。气香，味微苦。醋炙品呈片或颗粒状，表面黑褐色。微有醋香气，味微苦。（图10-69）

图10-69　香附

【规格】香附个、厚片、碎块。统货。

【主要化学成分】α-香附酮（α-cyperone）等。

【质量要求】

1. 薄层鉴别　用香附对照药材和α-香附酮对照品作对照，供试品色谱中，在与对照药材色谱和对照品色谱相应的位置上，显相同颜色的斑点。

2. 水分测定　水分不得过13.0%。

3. 灰分测定　总灰分不得过4.0%。

4. 醇溶性浸出物含量　用热浸法测定，不得少于15.0%；炮制品不得少于11.5%；醋香附不得少于13.0%。

5. 挥发油含量　生品含挥发油不得少1.0%（ml/g）；醋香附不得少于0.8%（ml/g）。

【性味功能】辛、微苦、微甘，平。疏肝解郁，理气宽中，调经止痛。用于肝郁气滞，胸、胁、脘腹胀痛，消化不良，胸脘痞闷，寒疝腹痛，乳房胀痛，月经不调，经闭痛经。

【用法用量】6～9g。

笔记

九、消食药类

山楂 Shanzha

【基原】为山里红或山楂的除去杂质及核的切片。

【商品性状特征】为圆形片，皱缩不平，直径 1～2.4cm，厚 0.2～0.4cm。外皮红色，具皱纹，有灰白色小斑点。果肉深黄色至浅棕色。中部横切片具 5 粒浅黄色果核，但核多脱落而中空。有的片上可见短而细的果梗或花萼残迹。气微清香，味酸、微甜。（图 10-70）

图 10-70 山楂

【规格】统货。直径 1～2.4cm，厚 0.2～0.4cm。

【主要化学成分】枸橼酸（citric acid）、山楂酸（crataegic acid）、酒石酸（tartaric acid）、槲皮素（quercetin）、金丝桃苷（hyperoside）、黄烷聚合物（flavan polymers），绿原酸（chlorogenic acid）、表儿茶素（epicatechol）等。

【质量要求】

1. 性状评价 一般以片大（山楂片）、皮红、肉厚者为佳。

2. 醇溶性浸出物含量 照醇溶性浸出物测定法的热浸法测定，用乙醇作溶剂，不得少于 21.0%。

3. 有机酸的含量 用酸碱滴定法测定，本品按干燥品计算，含有机酸以枸橼酸（$C_6H_8O_7$）计，不得少于 5.0%。

4. 干燥失重 减失重量不得过 12.0%。

5. 灰分测定 总灰分不得过 3.0%。

6. 重金属及有害元素 照铅、镉、砷、汞、铜测定法（通则 2321 原子吸收分光光度法或电感耦合等离子体质谱法）测定，铅不得过 5mg/kg；镉不得过 0.3mg/kg；砷不得过 2mg/kg；汞不得过 0.2mg/kg；铜不得过 20mg/kg。

【性味功能】酸、甘，微温。消食健胃，行气散瘀，化浊降脂。用于肉食积滞，胃脘胀满，泻痢腹痛，瘀血经闭，产后瘀阻，心腹刺痛，胸痹心痛，疝气疼痛，高脂血症。焦山楂消食导滞作用增强。用于肉食积滞，泻痢不爽。

笔记

【用法与用量】9～12g。

【附注】

1. 炒山楂　本品形如山楂片，肉果黄褐色，偶见焦斑。气清香，味酸、微甜。含有机酸以枸橼酸($C_6H_8O_7$)计，不得少于4.0%。

2. 焦山楂　本品形如山楂片，表面焦褐色，内部黄褐色。有焦香气。含有机酸以枸橼酸($C_6H_8O_7$)计，不得少于4.0%。

鸡内金 Jineijin

【基原】为家鸡的洗净干燥沙囊内壁。

【商品性状特征】为不规则卷片，厚约2mm。表面黄色、黄绿色或黄褐色，薄而半透明，具明显的条状皱纹。质脆，易碎，断面角质样，有光泽。气微腥，味微苦。(图10-71)

【规格】统货。一般为不规则卷片，厚约2mm。

【主要化学成分】角蛋白、淀粉酶(amylase)、蛋白酶(protease)、游离及水解氨基酸、维生素B_1、B_2、C、尼克酸、微量无机元素等。

生鸡内金

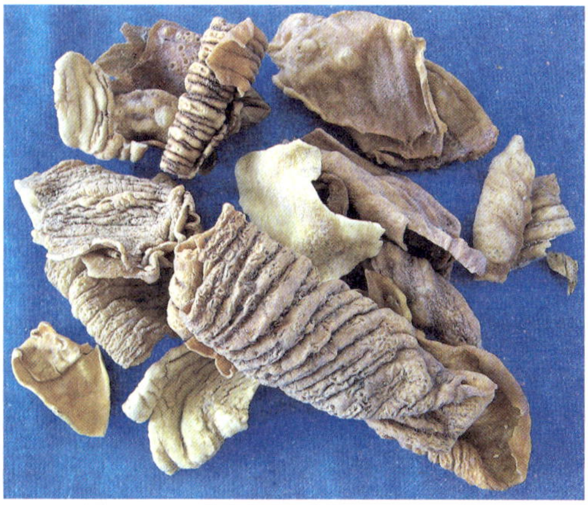

醋鸡内金

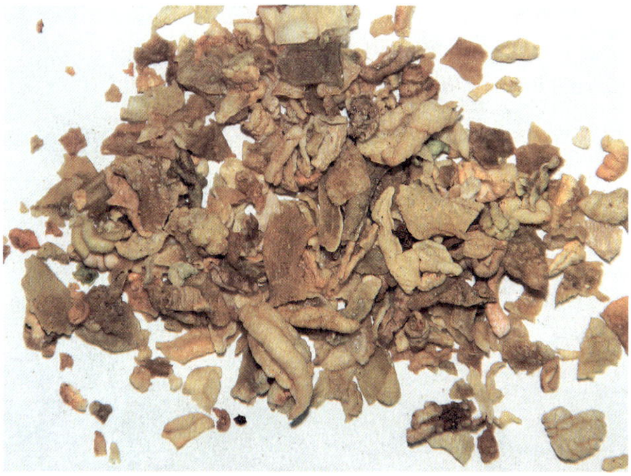

炒鸡内金

图10-71　鸡内金

【质量要求】

1. 性状评价　以色黄、完整、破碎少者为佳。

2. 醇溶性浸出物含量　热浸法测定，用稀乙醇作溶剂，不得少于7.5%。

3. 干燥失重　减失重量不得过15.0%。

4. 灰分测定　总灰分不得过2.0%。

【性味功能】甘、平。健胃消食，涩精止遗，通淋化石。用于食积不消，呕吐泻痢，小儿疳积，遗尿，遗精，石淋涩痛，胆胀胁痛。

【用法与用量】3～9g。

【附注】

1. 炒鸡内金　本品表面暗黄褐色或焦黄色，用放大镜观察，显颗粒状或微细泡状。轻折即断，断面有光泽。

2. 醋鸡内金　本品表面暗黄褐色或焦黄色，用放大镜观察，显颗粒状或微细泡状，具醋香味。

十、驱虫药类

苦楝皮 Kulianpi

【基原】为川楝或楝的树皮和根皮。

【商品性状特征】本品呈不规则板片状、槽状或半卷筒状，长宽不一，厚2～6mm。外表面灰棕色或灰褐色，粗糙，有交织的纵皱纹和点状灰棕色皮孔，除去粗皮者淡黄色；内表面类白色或淡黄色。质韧，不易折断，断面纤维性，呈层片状，易剥离。气微，味苦。（图10-72）

【规格】统货。长宽不一，厚2～6mm。

【主要化学成分】川楝素、苦楝萜醇内酯、苦楝萜酸甲酯、柠檬苦素类化合物、β-谷甾醇等。

【质量要求】

1. 性状评价　一般以长宽、厚度均匀，质韧，皮细、可见多数皮孔，淡黄色者

图10-72　苦楝皮

为佳。

2. 川楝素含量 高效液相色谱-质谱法测定，本品按干燥品计算，含川楝素（$C_{30}H_{38}O_{11}$）应为0.01%～0.20%。

3. 干燥失重 减失重量不得过12.0%。

4. 灰分测定 总灰分不得过10.0%。

【性味功能】苦，寒；有毒。杀虫，疗癣。用于蛔虫病，蛲虫病，虫积腹痛；外治疥癣瘙痒。

【用法与用量】3～6g。外用适量，研末，用猪脂调敷患处。

【附注】炮制品 呈不规则的丝状。外表面灰棕色或灰褐色，除去粗皮者呈淡黄色。内表面类白色或淡黄色。切面纤维性，略呈层片状，易剥离。气微，味苦。

槟榔 Binglang

【基原】为槟榔的干燥成熟种子切片。

【商品性状特征】为类圆形薄片，表面具棕白相间的大理石样花纹，周边淡黄棕色或淡红棕色。质坚脆，易碎。（图10-73）

槟榔片

炒槟榔

焦槟榔

图10-73 槟榔

笔记

【规格】统货。圆形、椭圆形，厚1～3mm，直径1.5～3cm。

【主要化学成分】槟榔碱（arecoline，$C_8H_{13}NO_2$）、槟榔次碱（arecaidine）、去甲基槟榔碱（guvacoline）、去甲基槟榔次碱（guvacine）、异去甲基槟榔次碱（isoguvacine）、槟榔副碱（arecolidine）、高槟榔碱（homoarecoline）等，均以与鞣酸结合的形式存在。此外，含鞣质13%～27%、脂肪油14%～28%、槟榔红（areca red，红色素）、多种氨基酸等。

【质量要求】

1. 性状评价　一般以圆形，片大、体重、质坚、无破裂者为佳。

2. 槟榔碱含量　高效液相色谱法测定，本品按干燥品计算，含槟榔碱（$C_8H_{13}NO_2$）不得少于0.20%。

3. 干燥失重　减失重量不得过10.0%。

4. 黄曲霉毒素　黄曲霉毒素测定法测定，本品每1000g含黄曲霉毒素B_1不得过5μg，含黄曲霉毒素G_2、黄曲霉毒素G_1、黄曲霉毒素B_2和黄曲霉毒素B_1总量不得过10μg。

【性味功能】苦、辛，温。杀虫消积，降气，行水，截疟。主要用于绦虫、蛔虫、姜片虫病、虫积腹痛、积滞泻痢、里急后重、水肿脚气、疟疾、痃癖、癥瘕等。

【用法与用量】3～9g。驱绦虫、姜片虫30～60g，煎水洗或研末调敷。

【附注】

1. 焦槟榔　形同槟榔片，表面焦黄色。水分不得过9.0%；总灰分不得过2.5%；照药材项下方法测定，本品按干燥品计算，含槟榔碱（$C_8H_{13}NO_2$）不得少于0.10%。

2. 炒槟榔　本品形如槟榔片，表面微黄色，可见大理石样花纹。

3. 槟榔炭　表面焦褐色，内部焦黄色。

十一、止血药类

侧柏叶 Cebaiye

【基原】侧柏的干燥枝梢和叶。

【商品性状特征】本品多分枝，小枝扁平。叶细小鳞片状，交互对生，贴伏于枝上，深绿色或黄绿色。质脆，易折断。气清香，味苦涩、微辛。（图10-74）

【规格】统货。

图10-74　侧柏叶

【主要化学成分】含黄酮类化合物，主要有槲皮苷、槲皮素、扁柏双黄酮、穗花杉双黄酮、杨梅树素、山柰素等。另含挥发油0.6%～1%，油中主要成分为小茴香酮等。

【质量要求】

1. 性状评价　一般以枝叶嫩、色深绿者为佳。

2. 醇溶性浸出物　热浸法测定，用乙醇作溶剂，不得少于15.0%。

3. 槲皮苷含量　高效液相色谱法测定，本品按干燥品计算，含槲皮苷（$C_{21}H_{20}O_{11}$）不得少于0.10%。

4. 杂质检查　不得过6%。

5. 干燥失重　减失重量不得过11.0%。

6. 灰分测定　总灰分不得过10.0%；酸不溶性灰分不得过3.0%。

【性味功能】苦、涩，寒。凉血止血，化痰止咳，生发乌发。用于吐血，衄血，咯血，便血，崩漏下血，肺热咳嗽，血热脱发，须发早白。

【用法与用量】6～12g。外用适量。

【附注】侧柏炭　形如侧柏叶，表面黑褐色。质脆，易折断，断面焦黄色。气香，味微苦涩。凉血止血。用于吐血，衄血，咯血，便血，崩漏下血。

地榆 Diyu

【基原】为地榆、长叶地榆的根。

【商品性状特征】地榆根　本品呈不规则纺锤形或圆柱形，稍弯曲，长5～25cm，直径0.5～2cm，表面灰褐色至暗棕色，粗糙，有纵纹。质硬，断面较平坦，粉红色或淡黄色，木部略呈放射状排列。气微，味微苦涩（图10-75）。

长叶地榆根　本品呈长圆柱形，稍弯曲，着生于短粗的根茎上；表面红棕色或棕紫色，有细纵纹。质坚韧，断面黄棕色或红棕色，皮部有多数黄白色或黄棕色绵状纤维。气微，味微苦涩。（图10-75）

【规格】统货。长5～25cm，直径0.5～2cm。

【主要化学成分】三萜及皂苷类化合物、鞣质类化合物、没食子酸、没食子酰金缕

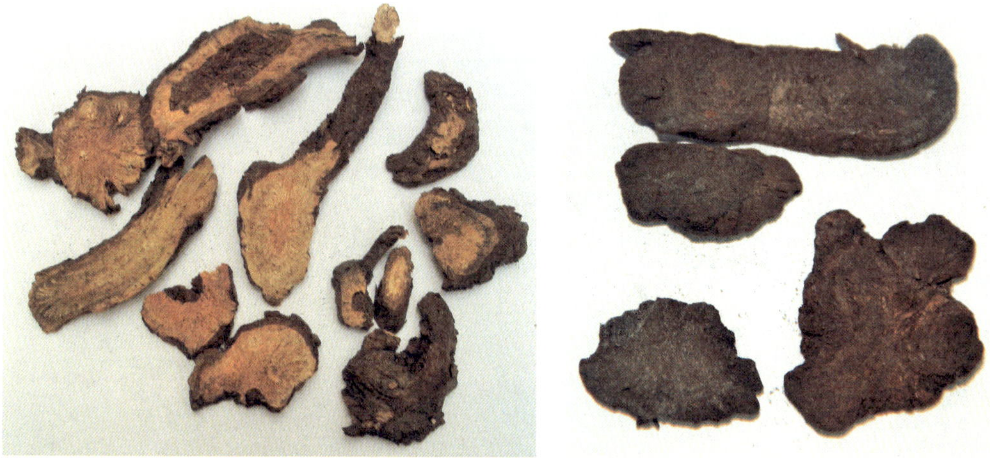

地榆　　地榆炭

图10-75　地榆

梅糖衍生物等。

【质量要求】

1. 性状评价　一般粗细、长短均匀，质硬者为佳。

2. 醇溶性浸出物　热浸法测定，用稀乙醇作溶剂，不得少于23.0%。

3. 鞣质含量　用鞣质含量测定法测定，按干燥品计算，不得少于8.0%。

4. 没食子酸含量　高效液相色谱法测定，本品按干燥品计算，含没食子酸（$C_7H_6O_5$）不得少于1.0%。

5. 干燥失重　减失重量不得过14.0%。

6. 灰分测定　总灰分不得过10.0%；酸不溶性灰分不得过2.0%。

【性味功能】苦、酸、涩，微寒。凉血止血，解毒敛疮。用于便血，痔血，血痢，崩漏，水火烫伤，痈肿疮毒。

【用法与用量】9～15g。外用适量，研末涂敷患处。

【附注】地榆炭　形如地榆片，表面焦黑色，内部棕褐色。具焦香气，味微苦涩。凉血止血。用于便血，痔血，血痢，崩漏，水火烫伤。醇溶性浸出物不得少于20.0%；鞣质含量不得少于2.0%；没食子酸含量不得少于0.60%。

槐花 Huaihua

【基原】槐花药材的净制品。

【商品性状特征】本品皱缩而卷曲，花瓣多散落。完整者花萼钟状，黄绿色，先端5浅裂；花瓣5，黄色或黄白色，1片较大，近圆形，先端微凹，其余4片长圆形。雄蕊10，其中9个基部连合，花丝细长。雌蕊圆柱形，弯曲。体轻。气微，味微苦（图10-76）。

【规格】统货。

【主要化学成分】三萜皂苷类、黄酮类、鞣质、脂肪酸类和β-谷甾醇等。

【质量要求】

1. 性状评价　一般以完整、色泽鲜嫩，无杂质者为佳。

2. 醇溶性浸出物　热浸法测定，用30%甲醇作溶剂，槐花不得少于37.0%；槐米不得少于43.0%。

槐花

槐米

图10-76　槐花

3. 芦丁含量　高效液相色谱法测定，本品按干燥品计算，含芦丁（$C_{27}H_{30}O_{16}$）槐花不得少于6.0%；槐米不得少于15.0%。

4. 干燥失重　减失重量不得过11.0%。

5. 灰分　总灰分不得过14.0%；酸不溶性灰分不得过8.0%。

【性味功能】苦，微寒。凉血止血，清肝泻火。用于便血，痔血，血痢，崩漏，吐血，衄血，肝热目赤，头痛眩晕。

【用法与用量】5～10g。

【附注】

1. 炒槐花　表面深黄色，皱缩而卷曲，花瓣多散落。体轻，气微，味苦。

2. 槐花炭　表面焦褐色，皱缩而卷曲，花瓣散落。体轻，气微，味苦。

三七 Sanqi

【基原】三七的干燥根及根茎切片或粉。

【商品性状特征】三七片为类圆形或不规则形薄片，厚度不超过1mm。周边灰黄色，有细纹。切面灰绿色或黄绿色，致密，微呈角质样。气微，味苦回甜。

三七粉为灰黄色细粉末。气微，味苦回甜。（图10-77）

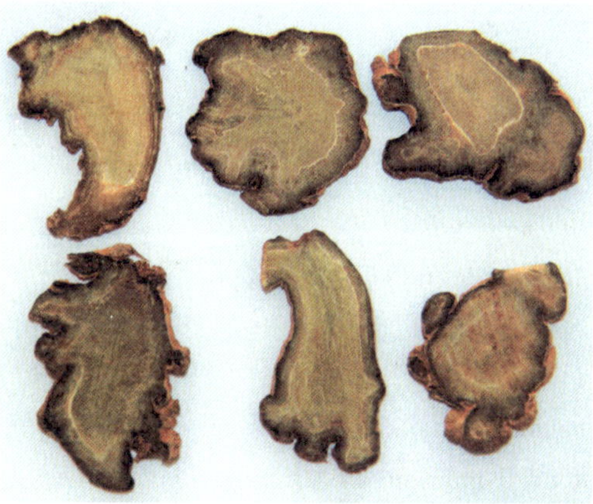

三七片

三七块

三七粉

图10-77　三七

【规格】统货。

【主要化学成分】主含达玛脂烷系皂苷，如人参皂苷 R_{b1}、R_d、R_e、R_{g1}、R_{g2}、R_{b1}、R_{h1}、R_{d1}，三七皂苷（notoginsenoside）R_1、R_2、R_3、R_4、R_6，Fa、K；还含 20(*S*)人参皂苷 R_{g3}，田七氨酸（dencichine），三七黄酮 B 等。挥发油中含有倍半萜类。

【质量要求】

1. 性状评价

三七片 无破损，体重质坚，表面光滑、灰绿或黄绿，味苦回甜浓厚者为佳。

三七粉 粉末细腻、均匀，无杂质，灰黄色，味苦回甜浓厚者为佳。

2. 醇溶性浸出物含量 用热浸法测定，甲醇作溶剂，不得少于 16.0%。

3. 人参皂苷 R_{g1}（$C_{42}H_{72}O_{14}$）、R_{b1}（$C_{54}H_{92}O_{23}$）和三七皂苷 R_1（$C_{47}H_{80}O_{18}$）的总量 用高效液相色谱法测定，不得少于 5.0%。

4. 干燥失重 减失重量不得过 14.0%。

5. 灰分测定 总灰分不得过 6.0%；酸不溶性灰分不得过 3.0%。

【功能与主治】甘、微苦，温。散瘀止血，消肿定痛。用于咯血，吐血，衄血，便血，崩漏，外伤出血，胸腹刺痛，跌仆肿痛。

【用法与用量】3～9g。研粉吞服，1 次 1～3g。外用适量。

【附注】熟三七 为焦黄色的片或块，具焦香气。

【注意】孕妇慎用。

蒲黄 Puhuang

【基原】水烛香蒲、东方香蒲或同属植物的干燥花粉。

【商品性状特征】为黄色粉末；体轻，放水中则漂浮水面；手捻有滑腻感，易附在手指上；气微，味淡。（图 10-78）

【规格】分细蒲黄、粗蒲黄。统货。

【主要化学成分】主含香蒲新苷（typhaneoside）、异鼠李素（isorhamnetin）、槲皮素（quercetin）和山柰黄素的 3-葡萄糖苷（kaempferol 3-glucosires）等。

蒲黄

蒲黄炭

图 10-78 蒲黄

【质量要求】

1. 性状评价　以色黄、质轻、粉细、光滑、纯净者为佳。通常认为细蒲黄质优。

2. 醇溶性浸出物含量　热浸法测定,用乙醇作溶剂,不得少于15.0%。

3. 异鼠李素-3-*O*-新橙皮糖苷含量　用高效液相色谱法测定,含异鼠李素-3-*O*-新橙皮糖苷($C_{28}H_{32}O_{16}$)不得少于0.10%。

4. 杂质检查　杂质不得过10%。

5. 干燥失重减失　重量不得过13.0%。

6. 灰分测定　总灰分不得过10.0%;酸不溶性灰分不得过4.0%。

【性味功能】甘,平。止血,化瘀,通淋。用于吐血,衄血,咯血,崩漏,外伤出血,经闭痛经,胸腹刺痛,跌仆肿痛,血淋涩痛。

【用法与用量】5~10g,包煎。外用适量,敷患处。

【附注】蒲黄炭　形如蒲黄,表面棕褐色或黑褐色。具焦香气,味微苦、涩。本品粉末棕褐色。花粉粒类圆形,表面有网状雕纹。浸出物测定同药材,不得少于11.0%。

【注意】孕妇慎用。

炮姜 Paojiang

【基原】为姜的干燥根茎炮制加工品。

【商品性状特征】本品呈不规则膨胀的块状,具指状分枝。表面棕褐色。质轻泡,断面边缘处显棕黑色,中心棕黄色,细颗粒性,维管束散在。气香、特异,味微辛、辣。(图10-79)

【规格】统货。

【主要化学成分】多糖、总酚、总黄酮等成分。

【质量要求】

1. 性状评价　一般以大小均匀,气香,味辣者为佳。

2. 水溶性浸出物含量　热浸法测定,不得少于26.0%。

3. 6-姜辣素含量　高效液相色谱法测定,本品按干燥品计算,含6-姜辣素($C_{17}H_{26}O_4$)

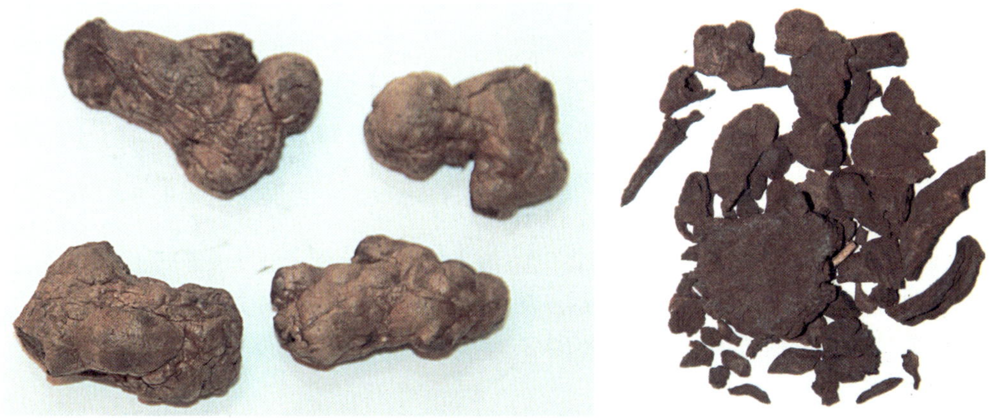

炮姜　　炮姜炭

图10-79　炮姜

笔记

不得少于 0.30%。

4. 干燥失重 减失重量不得过 12.0%。

5. 灰分测定 总灰分不得过 7.0%。

【性味功能】辛，热。温经止血，温中止痛。用于阳虚失血，吐衄崩漏，脾胃虚寒，腹痛吐泻。

【用法与用量】3～9g。

【附注】炮姜炭 温经止血。

艾叶 Aiye

【基原】艾的干燥叶。

【商品性状特征】多皱缩、破碎，有短柄。完整叶片展平后呈卵状椭圆形，羽状深裂，裂片椭圆状披针形，边缘有不规则的粗锯齿；上表面灰绿色或深黄绿色，有稀疏的柔毛和腺点；下表面密生灰白色绒毛。质柔软。气清香，味苦。（图 10-80）

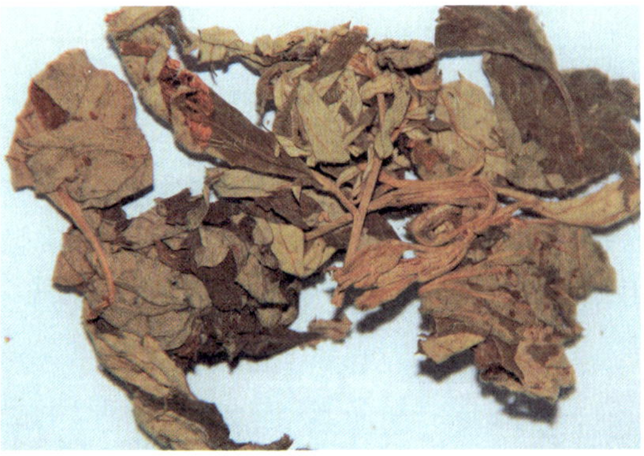

艾叶

醋艾炭

图 10-80 艾叶

【规格】统货。

【主要化学成分】含挥发油 0.02%，油中主要成分为桉油精、侧柏酮、杜松烯、贴丙烯醇-4、芳樟醇、香芹酮等。

【质量要求】

1. 性状评价 一般以叶厚、色青者为佳。

2. 桉油精含量 气相色谱法测定，本品按干燥品计算，含桉油精（$C_{10}H_8O$）不得少于 0.050%。

3. 干燥失重 减失重量不得过 15.0%。

4. 灰分测定 总灰分不得过 12.0%；酸不溶性灰分不得过 3.0%。

【性味功能】辛、苦，温；有小毒。温经止血，散寒止痛；外用祛湿止痒。用于吐血，衄血，崩漏，月经过多，胎漏下血，少腹冷痛，经寒不调，宫冷不孕；外治皮肤瘙痒。醋艾炭温经止血，用于虚寒性出血。

【用法与用量】3～9g。外用适量，供灸治或熏洗用。

【附注】醋艾炭 呈不规则的碎片，表面黑褐色，可有细条状叶柄。具醋香气。

十二、活血化瘀药类

乳香 Ruxiang

【基原】为乳香药材打碎成黄豆大小,拣去杂质后的净制品。

【商品性状特征】长卵形滴乳状、类圆形颗粒。表面黄白色,半透明,被有黄白色粉末,久存则颜色加深。质脆,遇热软化。破碎面有玻璃样或蜡样光泽。具特异香气,味微苦。(图10-81)

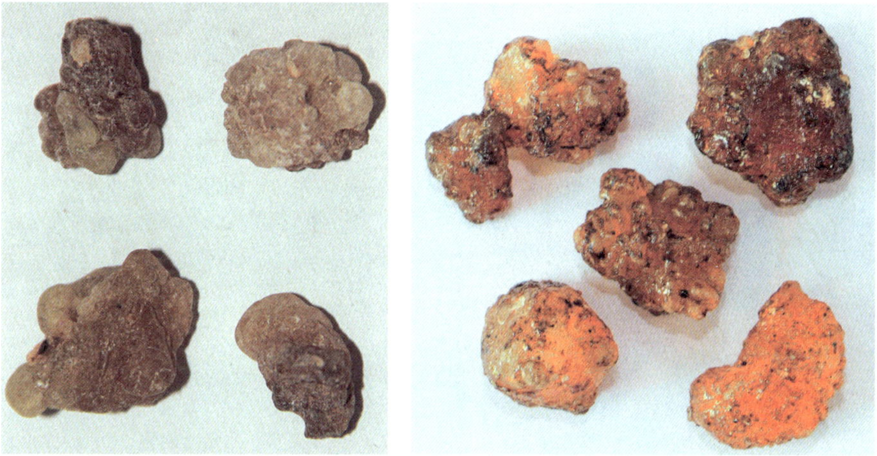

乳香　　醋乳香

图10-81　乳香

【规格等级】分为索马里乳香和埃塞俄比亚乳香。

【主要化学成分】α-蒎烯(α-pinene)、乙酸辛酯(octyl acetate)。

【质量要求】

1. 化学定性　取本品粗粉0.05g,加入苯酚-四氯化碳(1∶5)液1滴,即显褐色或紫色。取本品1g,甲醇提取液5ml,水浴蒸干,残渣加稀硫酸10ml溶解并转移到分液漏斗中,用三氯甲烷20ml振摇提取2次,每次10ml,三氯甲烷提取液蒸去溶剂,残渣加1ml醋酸酐溶解,再加醋酸酐-浓硫酸(19∶1)试剂1ml,溶液很快变成紫色。

2. 薄层鉴别　同药材,斑点呈紫红色。

3. 索马里乳香　含挥发油不得少于6.0%(ml/g),埃塞俄比亚乳香含挥发油不得少于2.0%(ml/g)。

4. 燃烧时显油性,冒黑烟,有香气;加水研磨成白色或黄白色乳状液。

【贮藏养护】宜贮藏在密闭的容器内,置于阴凉干燥处。

【性味功能】苦、辛,温。调气活血,定痛,消肿,生肌。用于气血凝滞,心腹疼痛,痈疮肿毒,跌打损伤,痛经,产后瘀血刺痛。

【用法用量】煎汤或入丸、散,3~5g;外用适量,研末调敷。

【附注】醋乳香　呈小圆珠或圆粒状,表面淡黄色,显油亮;质坚脆,稍具醋气。

【注意】孕妇及胃弱者慎用。

延胡索 Yanhusuo

【基原】为药材延胡索除去杂质，洗净，干燥，切成的片或捣碎品。

【商品性状特征】延胡索片不规则的圆形厚片。外表皮黄色或黄褐色，有不规则细皱纹。切面黄色，角质样，具蜡样光泽。气微，味苦。捣碎品为不规则粗颗粒状，黄色，破碎面角质样，具蜡样光泽。（图 10-82）

生延胡索

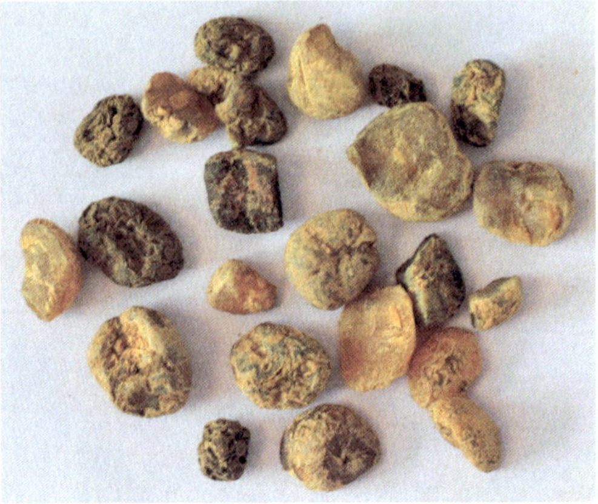

醋延胡索

图 10-82 延胡索

【规格等级】延胡索片：厚片 2～4mm；直径 0.5～1.5cm；延胡索颗粒：不规则粗颗粒。

【主要化学成分】*dl*-四氢巴马亭（*dl*-tetrahydropamatine，延胡索乙素）。

【质量要求】

1. 醇溶性浸出物含量 以稀乙醇作溶剂，用热浸法测定，不得少于 13.0%。

2. 延胡索乙素（$C_{21}H_{25}NO_4$）含量 用高效液相色谱法测定，不得少于 0.040%。

3. 化学定性 取本品硫酸（0.25mol/L）溶液的提取液 2ml，加 1% 铁氰化钾溶液 0.4ml 与 1% 三氯化铁溶液 0.3ml 的混合液，即显深绿色，渐变深蓝色，放置后底部有较多深蓝色沉淀。另取滤液 2ml，加重铬酸钾试液 1 滴，即生成黄色沉淀。

4. 薄层鉴别 同药材。供试品色谱中，在与对照药材和对照品相应的位置上，显相同颜色的荧光斑点。

5. 水分 不得过 15.0%。

6. 总灰分 不得过 4.0%。

【贮藏养护】置干燥处，防蛀。

【性味功能】辛、苦，温。活血，利气，止痛。用于胸胁，脘腹疼痛，经闭痛经，产后瘀阻，跌仆肿痛。

【用法用量】3～9g；研末吞服，1 次 1.5～3g。

笔记

【附注】醋延胡索　形如延胡索或片，表面和切面黄褐色，质较硬。微具醋香气。辛、苦，温。活血，利气，止痛。

没药 Moyao

【基原】为没药药材经净制后的净制品。

【商品性状特征】本品呈不规则小块状或类圆形颗粒状，表面棕褐色或黑褐色，有光泽。气香特异，味苦、微辛。（图 10-83）

图 10-83　没药

【规格等级】小块状或颗粒状。

【主要化学成分】树脂如没药酸（commiphoric acid）等；挥发油如丁香油酚（eugenol）等。

【质量要求】

1. 性状评价　一般以黄棕色、破碎面微透明、显油润、香气浓、味苦、无杂质者为佳。

2. 化学定性　取本品粉末 0.1g，加乙醚 3ml，振摇，滤过，滤液置蒸发皿中，挥尽乙醚，残留的黄色液体滴加硝酸，显褐紫色。取本品粉末少量，加香草醛试液数滴，天然没药立即显红色，继而变为红紫色，胶质没药立即显紫红色，继而变为蓝紫色。

3. 薄层鉴别　同药材，用 1% 香草醛浓硫酸试液显色。

4. 挥发油含量　一般不低于 2.0%（ml/g）。

5. 灰分　总灰分不得过 15.0%；酸不溶性灰分不得过 10.0%。

【贮藏养护】置阴凉干燥处，防止挥发性成分散失；本品易燃烧，注意防火。

【性味功能】苦、辛，平。散瘀定痛，消肿生肌。用于胸腹瘀痛，痛经，经闭，癥瘕，跌打损伤，痈肿疮疡，肠痈，目赤肿痛。

【用法用量】3～6g，炮制去油，多入丸散用。

【附注】醋没药　呈不规则小块状或类圆形颗粒状，表面棕褐色或黑褐色，有光泽。具特异香气，略有醋香气，味苦而微辛。酸不溶性灰分不得过 8.0%。

笔记

姜黄 Jianghuang

【基原】为姜黄药材切制成的厚片净制品。

【商品性状特征】为不规则或类圆形的厚片。外表皮深黄色，有时可见环节。切面棕黄色至金黄色，角质样，内皮层环纹明显，维管束呈点状散在。气香特异，味苦、辛。（图 10-84）

图 10-84 姜黄

【规格等级】厚片 2～4mm。

【主要化学成分】姜黄素（curcumin）。

【质量要求】

1. 薄层鉴别 同药材供试品色谱中，在与对照药材色谱和对照品姜黄素（$C_{21}H_{20}O_6$）色谱相应的位置上，分别显相同颜色的斑点或荧光斑点。

2. 水分测定 水分不得过 13.0%。

3. 灰分测定 总灰分不得过 7.0%。

4. 稀乙醇浸出物含量 用热浸法测定，不得少于 12.0%。

5. 挥发油含量 含挥发油不得少于 5.0%（ml/g）。

6. 姜黄素（$C_{21}H_{20}O_6$）含量 用高效液相色谱法测定，不得少于 0.90%。

【贮藏养护】置阴凉干燥处。

【性味功能】辛、苦，温。破血行气，通经止痛。用于胸腹胀痛，肩臂痹痛，心痛难忍，产后血痛，疮癣初发，月经不调，闭经，跌打损伤。

【用法用量】3～9g。外用适量。

红花 Honghua

【基原】为红花药材的净制品。

【商品性状特征】为不带子房的管状花，长 1～2cm。表面红黄色或红色。花冠筒细长，先端 5 裂，裂片呈狭条形，长 5～8mm。质柔软。气微香，味微苦。（图 10-85）

【规格等级】

一等品：管状花皱缩弯曲，成团或散在。表面深红色、鲜红色，微带黄色。无枝叶、杂质。

二等品：表面浅红，暗红或淡黄色，其余同一等。

【主要化学成分】羟基红花黄色素 A（hydroxysafflor yellow A）和山柰素（kaempferol）。

【质量要求】

1. 薄层鉴别 同药材供试品在与对照药材相应的色谱位置上，显相同颜色的斑点。

2. 杂质检查 不得超过 2%。

3. 水分检查 不得过 13.0%。

4. 灰分检查 总灰分不得过 15.0%；酸不溶性灰分不得过 5.0%。

图 10-85　红花

5. 吸光度红色素，照紫外-可见分光光度法，在 518nm 的波长处测定吸光度，不得低于 0.20。

6. 水溶性浸出物含量　用冷浸法测定，不得少于 30.0%。

7. 羟基红花黄色素 A($C_{27}H_{32}O_{16}$)含量　用高效液相色谱法测定，不得少于 1.0%。

8. 山柰素($C_{15}H_{10}O_{6}$)含量　用高效液相色谱法测定，不得少于 0.050%。

【贮藏养护】置阴凉干燥处，防潮，防蛀。

【性味功能】辛，温。活血通经，散瘀止痛。用于闭经，痛经，恶露不行，癥瘕痞块，跌打损伤，疮疡肿痛。

【用法用量】3 ~ 9g。

【注意】孕妇慎用。

桃仁 Taoren

【基原】为桃仁药材的净制品。

【商品性状特征】桃仁呈扁长卵形，长 1.2 ~ 1.8cm，宽 0.8 ~ 1.2cm，厚 0.2 ~ 0.4cm。表面黄棕色至红棕色，密布颗粒状突起。一端尖，中部膨大，另端钝圆稍偏斜，边缘较薄。尖端一侧有短线形种脐，圆端有颜色略深不甚明显的合点，自合点处散出多数纵向维管束。种皮薄，子叶 2，类白色，富油性。气微，味微苦。

山桃仁呈类卵圆形，较小而肥厚，长约 0.9cm，宽约 0.7cm，厚约 0.5cm。(图 10-86)

焯桃仁

炒桃仁

图 10-86　桃仁

【规格等级】规格分为桃仁和山桃仁。

【主要化学成分】苦杏仁苷(amygdalin)。

【质量要求】

1. 薄层鉴别 同药材供试品色谱中,在与对照品苦杏仁苷色谱相应的位置上,显相同颜色的斑点。

2. 酸败度测定 酸值不得过10.0;羰基值不得过11.0。

3. 黄曲霉毒素检查 本品每1000g含黄曲霉毒素B_1不得过5μg,含黄曲霉毒素G_2、黄曲霉毒素G_1、黄曲霉毒素B_2和黄曲霉毒素B_1的总量不得过10μg。

4. 苦杏仁苷($C_{20}H_{27}NO_{11}$)含量 用高效液相色谱法测定,不得少于2.0%。

【贮藏养护】置阴凉干燥处,防蛀。

【性味功能】苦、甘,平。活血祛瘀,润肠通便,止咳平喘。用于经闭痛经,癥瘕痞块,肺痈肠痈,跌仆损伤,肠燥便秘,咳嗽气喘。

【用法用量】5~10g。用时捣碎。

【附注】

1. 燀桃仁 类卵圆形,较小而肥厚,长约1cm,宽约0.7cm,厚约0.5cm。含苦杏仁苷不得少于1.50%。

2. 炒桃仁 取燀桃仁,照清炒法炒至黄色。用时捣碎。本品呈扁长卵形,长1.2~1.8cm,宽0.8~1.2cm,厚0.2~0.4cm。表面黄色至棕黄色,可见焦斑。一端尖,中部膨大,另端钝圆稍偏斜,边缘较薄。子叶2,富油性。气微香,味微苦。含苦杏仁苷不得少于1.60%。

鸡血藤 Jixueteng

【基原】为药材鸡血藤的切片净制品。

【商品性状特征】为椭圆形、长矩圆形或不规则的斜切片,厚0.3~1cm。栓皮灰棕色,有的可见灰白色斑,栓皮脱落处显红棕色。质坚硬。切面木部红棕色或棕色,导管孔多数;韧皮部有树脂状分泌物呈红棕色至黑棕色,与木部相间排列呈数个同心性椭圆形环或偏心性半圆形环;髓部偏向一侧。气微,味涩。(图10-87)

【规格等级】统货。

【主要化学成分】主含大豆黄素(daidzein)、刺芒柄花素(formononetin)、阿佛罗莫辛(afrormosin)、四羟基查耳酮(tetrahydroxychalcone)和甘草查耳酮甲(licochalcone A)等。

【质量要求】

1. 性状评价 以树脂状分泌物多者为佳。

2. 薄层鉴别 同药材。供试品在与对照药材色谱相应的位置上,显相同颜色的斑点。

3. 水分检查 不得过13.0%。

4. 灰分检查 总灰分不得过4.0%。

5. 浸出物 照醇溶性浸出物测定法项下的热浸法测定,用乙醇作溶剂,不得少于8.0%。

笔记

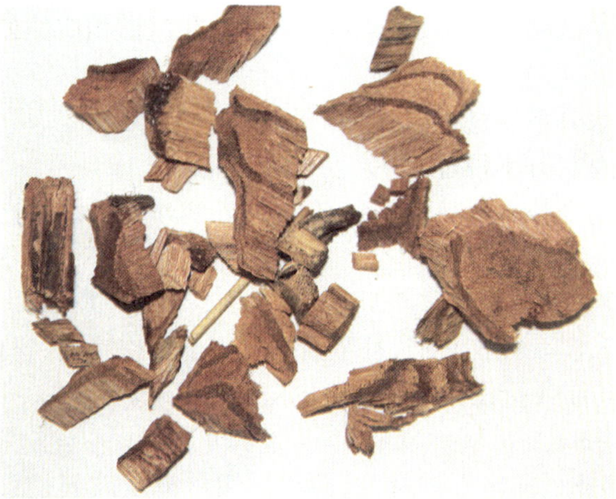

图 10-87　鸡血藤

【贮藏养护】置于干燥通风处，防霉，防蛀。

【性味功能】苦、甘，温。补血，活血，通络。用于月经不调，痛经，经闭，风湿痹痛，麻木瘫痪，血虚萎黄。

【用法用量】9～15g。

骨碎补 Gusuibu

【基原】为骨碎补药材的厚片净制品。

【商品性状特征】呈不规则厚片。表面深棕色至棕褐色，常残留细小棕色的鳞片，有的可见圆形的叶痕。切面红棕色，黄色的维管束点状排列成环。气微，味淡、微涩。（图 10-88）

【规格等级】厚片 2mm～4mm。

【主要化学成分】柚皮苷（naringin）。

生骨碎补

制骨碎补

图 10-88　骨碎补

笔记

【质量要求】

1. 薄层鉴别　供试品色谱中，在与对照品柚皮苷色谱相应的位置上，显相同颜色的荧光斑点。

2. 水分测定　水分不得过14.0%。

3. 灰分测定　总灰分不得过7.0%。

3. 醇溶性浸出物含量　用热浸法测定，用稀乙醇作溶剂，不得少于16.0%。

4. 柚皮苷（$C_{27}H_{32}O_{14}$）含量　用高效液相色谱法测定，不得少于0.50%。

【贮藏养护】置干燥处。

【性味功能】苦，温。疗伤止痛，补肾强骨。用于肾虚腰痛，肾虚久泻，耳鸣耳聋，牙齿松动，跌仆闪挫，筋骨折伤；外治斑秃，白癜风。

【用法用量】3～9g。

【附注】烫骨碎补　取净骨碎补片，照烫法用砂烫至鼓起，撞去毛。本品形如骨碎补或片，体膨大鼓起，质轻、酥松。

自然铜 Zirantong

【基原】为药材自然铜的净制品。

【商品性状特征】本品晶形多为立方体，集合体呈致密块状。表面亮淡黄色，有金属光泽；有的黄棕色或棕褐色，无金属光泽。具条纹，条痕绿黑色或棕红色。体重，质坚硬或稍脆，易砸碎，断面黄白色，有金属光泽；或断面棕褐色，可见银白色亮星。（图10-89）

自然铜　　煅自然铜

图10-89　自然铜

【规格等级】统货。

【主要化学成分】主含二硫化铁（FeS_2）。

【质量要求】

1. 性状评价　一般以块整齐、深赤黄色、质较坚、断面有金属光泽者为佳；黄绿色、质较松脆者次之。

2. 铁盐检查　取本品粉末1g，加稀盐酸4ml，振摇，滤过，滤液显铁盐的鉴别反应。

【贮藏养护】放罐内或木箱内盖好，置干燥处，防灰尘、防潮湿。

【性味功能】辛，平。散瘀，止痛，续筋接骨。用于跌打损伤，筋断骨折，血瘀疼痛，积聚，瘿瘤，疮疡，烫伤。

【用法用量】3～9g，用时砸碎。多入丸散服，若入煎剂宜先煎。外用适量。

【附注】煅自然铜　取净自然铜，照煅淬法煅至暗红，醋淬至表面呈黑褐色，光泽消失并酥松。每100kg自然铜，用醋30kg。

制马钱子 Zhimaqianzi

【基原】为马钱子药材的砂烫品。

【商品性状特征】纽扣状，直径1.5～3cm。两面均膨胀鼓起，边缘较厚。表面棕褐色或深棕色，质坚脆，平行剖面可见棕褐色或深棕色的胚乳。微有香气，味极苦。（图10-90）

【规格等级】统货。

【主要化学成分】番木鳖碱（strychnine，士的宁）、马钱子碱（brucine）。

【质量要求】

1. 性状评价　以个大、饱满、无破碎者为佳。

油炸马钱子

砂烫马钱子

马钱子粉

图10-90　制马钱子

2. 水分测定　水分不得过12.0%。

3. 灰分　总灰分不得过2.0%。

4. 薄层鉴别　同药材供试品色谱中，在与对照品士的宁和马钱子碱色谱相应的位置上，显相同颜色的斑点。

5. 含量　用高效液相色谱法测定含士的宁（$C_{21}H_{22}O_2N_2$）应为1.20%～2.20%。马钱子碱（$C_{23}H_{26}O_4N_2$）不得少于0.80%。

【贮藏养护】密闭保存，置干燥处。

【性味功能】苦，温；有大毒。通络止痛，散结消肿。用于风湿顽痹，麻木瘫痪，跌仆损伤，痈疽肿痛。

【用法用量】0.3～0.6g，入丸散用。孕妇禁用；不宜多服久服及生用；运动员慎用；有毒成分能经皮肤吸收，外用不宜大面积涂敷。

【附注】

1. 油炸马钱子　呈扁长圆形片，切面角质状。

2. 马钱子粉　为黄褐色粉末。气微香，味极苦。本品按干燥品计算，含士的宁应为0.78%～0.82%，马钱子碱不得少于0.50%。

三棱 Sanleng

【基原】为三棱药材切制成的薄片的净制品。

【商品性状特征】本品呈类圆形的薄片。外表皮灰棕色。切面灰白色或黄白色，粗糙，有多数明显的细筋脉点。气微，味淡，嚼之微有麻辣感。（图10-91）

【规格等级】薄片1～2mm。

【主要化学成分】苯乙醇（benzene ethanol）、对苯二酚（1,4-benzenediol）、豆甾醇（stigmasterol）、β-谷甾醇（β-sitosterol）等。

【质量要求】

1. 薄层鉴别　同药材。供试品色谱中，在与对照药材色谱相应的位置上，显相同

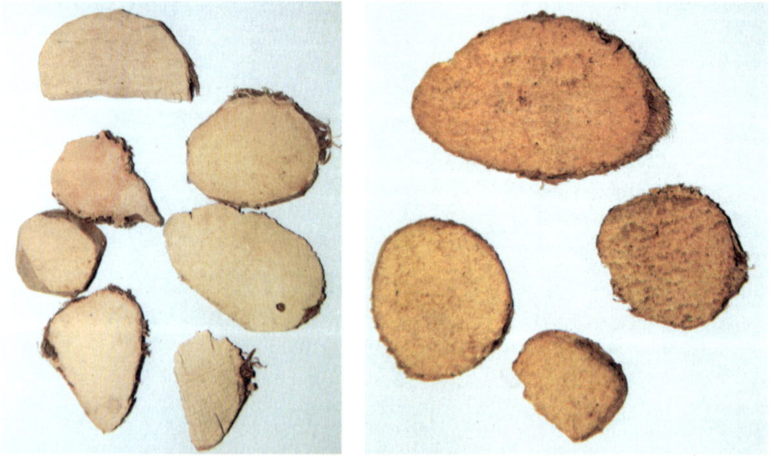

三棱　　醋三棱

图10-91　三棱

颜色的荧光斑点。

2. 水分测定　水分不得过15.0%。

3. 灰分测定　总灰分不得过6.0%。

4. 浸出物　照醇溶性浸出物测定法项下的热浸法测定，用稀乙醇作溶剂，不得少于7.5%。

【贮藏养护】置通风干燥处，防蛀。

【性味功能】辛、苦，平。破血行气，消积止痛。用于癥瘕痞块，痛经，瘀血经闭，胸痹心痛，食积胀痛。

【用法用量】5～10g。孕妇禁用；不宜与芒硝、玄明粉同用。

【附注】醋三棱　取三棱饮片，照醋炙法炒至色变深。每100kg三棱，用醋15kg。本品形如三棱片，切面黄色至黄棕色，偶见焦黄斑，微有醋香气。

穿山甲 Chuanshanjia

【基原】为穿山甲药材的净制品。

【商品性状特征】本品呈扇面形、三角形、菱形或盾形的扁平片状或半折合状，中间较厚，边缘较薄，大小不一，长宽各为0.7～5cm。外表面黑褐色或黄褐色，有光泽，宽端有数十条排列整齐的纵纹及数条横线纹；窄端光滑。内表面色较浅，中部有一条明显突起的弓形横向棱线，其下方有数条与棱线相平行的细纹。角质，半透明，坚韧而有弹性，不易折断。气微腥，味淡。（图10-92）

【规格等级】统货。

【主要化学成分】硬脂酸（stearic acid）、胆甾醇（cholesterol）、锌（zinc）、钠（sodium）、天冬氨酸（aspartic acid）、苏氨酸（threonine）等。

【质量要求】

1. 薄层鉴别　同药材。供试品色谱中，在与对照药材色谱相应的位置上，显相同颜色的斑点或荧光斑点。

2. 灰分　总灰分不得过3.0%。

3. 杂质　不得过4%。

甲片

炮山甲

图10-92　穿山甲

【贮藏养护】密闭，置干燥处。

【性味功能】咸，微寒。活血消癥，通经下乳，消肿排脓，搜风通络。用于血瘀经闭，癥瘕，风湿痹痛，乳汁不下，痈肿，瘰疬。

【用法用量】5～10g，一般多用炮山甲和醋山甲。孕妇慎用。

【附注】

1. 炮山甲　取穿山甲饮片，大小分开，照烫法用砂烫至鼓起。用时捣碎。全体膨胀呈卷曲状，黄色，质酥脆，易碎。

2. 醋山甲　取穿山甲饮片，大小分开，按烫法烫至鼓起，醋淬，取出，干燥。用时捣碎。每100kg穿山甲，用醋30kg。本品形同炮山甲。金黄色。有醋香气。

（胡本祥　陈效忠　松林　罗容　张贵君）

十三、化痰止咳平喘药类

法半夏 Fabanxia

【基原】为半夏药材的炮制加工品。

【商品性状特征】呈类球形或破碎成不规则颗粒状。表面淡黄白色、黄色或棕黄色。质较松脆或硬脆，断面黄色或淡黄色，颗粒者质稍硬脆。气微，味淡略甜，微有麻舌感（图10-93）。

【规格等级】药材半夏一般按大小分三等及统装。一等品：呈类球形半圆球形或偏斜，去净外皮。表面白色或浅黄白色，中心凹陷，周围有棕色点状根痕；下面钝圆，较平滑。质坚实。断面洁白或白色，粉质细腻。气微，味辛，麻舌而刺喉。每1kg 800粒以内。二等品：每1kg 1200粒以内。三等品：每1kg 3000粒以内。

【主要化学成分】β-谷甾醇-*d*-葡萄糖苷，高龙胆酸（homogentisic acid）及多种氨基酸。另含左旋盐酸麻黄碱，微量挥发油，原儿茶醛及半夏多糖等。

【质量要求】

1. 薄层鉴别　用半夏对照药材和甘草次酸对照品作对照，置紫外光灯（254nm）下检视。供试品在与对照药材色谱和对照品色谱相应的位置上，显相同颜色的斑点。

2. 水分测定　水分不得过13.0%。

3. 灰分测定　总灰分不得过9.0%。

4. 浸出物　水溶性浸出物不得少于5.0%。

【贮藏养护】置通风干燥处，防蛀。

【性味功能】辛，温；有毒。燥湿化痰。用于寒痰，湿痰，脾胃不和。

【用法用量】3～9g。

【附注】

1. 姜半夏　化痰药。呈淡黄棕色片状。表面棕色至棕褐色。质硬脆，断面淡黄棕色，常具角质样光泽。气微香，味淡、微有麻舌感，嚼之略粘牙。长于降逆止呕。

2. 清半夏　化痰药。呈椭圆形、类圆形或不规则的片。切面淡灰色至灰白色，可见灰白色点状或短线状维管束迹，有的残留栓皮处下方显淡紫红色斑纹，质脆，易折断，断面略呈角质样。气微，味微涩、微有麻舌感。长于燥湿化痰。

笔记

法半夏

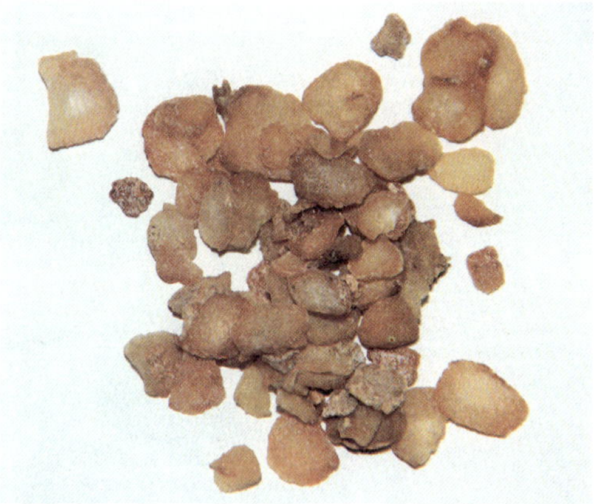
姜半夏

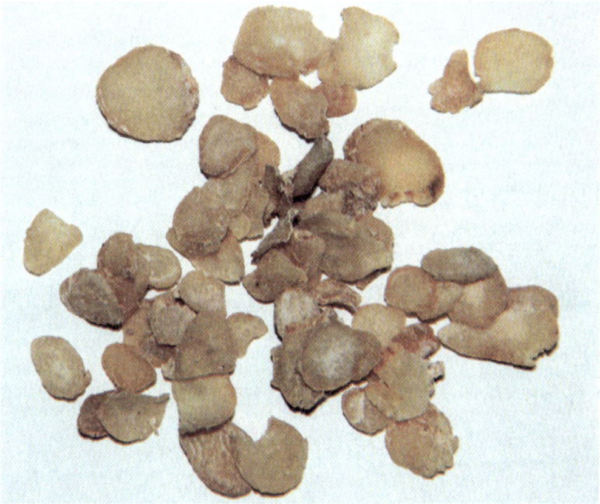
清半夏

图 10-93　半夏

【注意】孕妇忌用。不宜与川乌、草乌、附子等乌头类药材同用。

制天南星 Zhitiannanxing

【基原】为天南星药材的炮制加工品。

【商品性状特征】呈类圆形或不规则形的薄片。黄色或淡棕色,质脆易碎,断面角质状。气微,味涩,微麻。(图 10-94)

【规格】多为统货。或分河南、四川天南星 1 ~3 等;东北 1 ~2 等。

【主要化学成分】含生物碱,如胡芦巴碱、秋水仙碱、水苏碱等。

【质量要求】

1. 薄层鉴别　用对照药材作为对照,供试品与对照药材色谱相应的位置上,显相同颜色的主斑点。

2. 水分测定　水分不得过 12.0% 。

3. 灰分测定　总灰分不得过 4.0% 。

4. 白矾限量　以含水硫酸铝钾[$KAl(SO_4)_2 \cdot 12H_2O$]计,不得过 12.0% 。

5. 总黄酮含量　用紫外-吸光光度法测定,含总黄酮以芹菜素($C_{16}H_{10}O_5$)计,不得

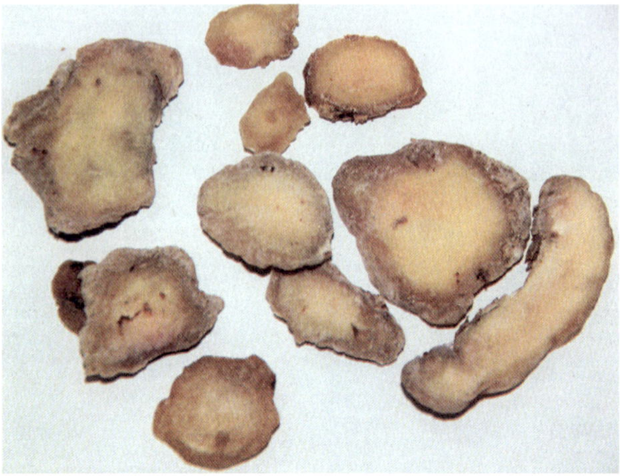

图 10-94　制天南星

少于 0.050%。

【贮藏养护】置通风干燥处，防霉、防蛀。

【性味功能】苦、辛，温；有毒。燥湿化痰，祛风止痉，散结消肿。用于顽痰咳嗽，风痰眩晕，中风痰壅，口眼㖞斜，半身不遂，癫痫，惊风，破伤风；外用治痈肿，蛇虫咬伤。

【用法用量】3～9g。

【附注】胆南星　化痰药。呈方块状，表面棕黄色或灰黄色，断面色稍浅。质坚实。具腥气，味苦。清热化痰，息风定惊力强。

【注意】孕妇忌用。

制白附子 Zhibaifuzi

【基原】为白附子药材的炮制品。

【商品性状特征】呈类圆形或椭圆形厚片，外表皮淡棕色，切面黄色，角质。味淡，微有麻舌感。（图 10-95）

【规格】统货。

【主要化学成分】主含皂苷、生物碱、氨基酸、脂肪酸等成分。

【质量要求】

1. 薄层鉴别　用白附子对照药材和 β-谷甾醇对照品作对照，分别置日光和紫外光灯（365nm）下检视。供试品在与对照药材色谱和对照品色谱相应的位置上，显相同颜色的斑点或荧光斑点。

2. 水分测定　水分不得过 13.0%。

3. 灰分测定　总灰分不得过 4.0%。

4. 醇溶性浸出物含量　不得少于 15.0%。

【贮藏养护】贮藏于干燥缸内。本品容易霉变，置于通风干燥处。防潮、防霉、防蛀。

【性味功能】辛，温。燥湿化痰，祛风止痉，解毒散结，止痛。用于风痰所致中风口眼㖞斜，惊风癫痫，破伤风，偏头痛，痰湿头痛，咳嗽痰多，瘰疬痰核，痈疽肿毒，毒蛇

笔记

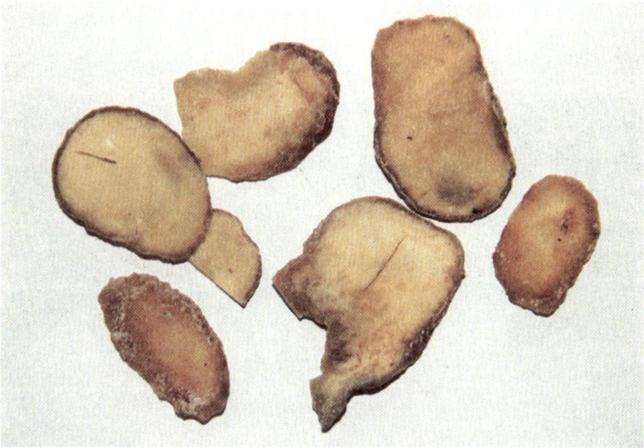

图 10-95　制白附子

咬伤。

【用法用量】3～6g。

【附注】生白附子只作外用，疗毒虫咬伤。

【注意】本品有毒。孕妇忌用。

海藻 Haizao

【基原】为海藻药材的净制品。

【商品性状特征】大叶海藻　皱缩卷曲，黑褐色，有的被白霜。主干呈圆柱状，具圆锥形突起，主枝自主干两侧生出，侧枝自主枝叶腋生出，具短小的刺状突起。初生叶披针形或倒卵形，全缘或具粗锯齿；次生叶条形或披针形，叶腋间有着生条状叶的小枝。气囊黑褐色，球形或卵圆形，有的有柄，顶端钝圆，有的具细短尖。质脆，潮润时柔软；水浸后膨胀，肉质，黏滑。气腥，味微咸。

小叶海藻　分枝互生，无刺状突起。叶条形或细匙形，先端稍膨大，中空。气囊腋生，纺锤形或球形，囊柄较长。质较硬。（图 10-96）

【规格】统货。

【主要化学成分】主含藻胶酸、粗蛋白、甘露醇、马尾藻多糖、钾、碘。

【质量要求】

1. 理化鉴别　取本品 1g，剪碎，加水 20ml，冷浸数小时，滤过，滤液浓缩至 3～5ml，加三氯化铁试液 3 滴，生成棕色沉淀。

2. 水分测定　水分不得过 19.0%。

3. 重金属及有害元素检测　铅不得过 5mg/kg；镉不得过 4mg/kg；汞不得过 0.1mg/kg；铜不得过 20mg/kg。

4. 醇溶性浸出物含量　不得少于 6.5%。

5. 海藻多糖含量　用紫外-可见分光光度法测定，含海藻多糖以岩藻糖（$C_6H_{12}O_5$）计，不得少于 1.70%。

【贮藏养护】置干燥处。

【性味功能】苦、咸，寒。软坚散结，消痰，利水。用于瘿瘤，瘰疬，睾丸肿痛，痰饮

笔记

大叶海藻

小叶海藻

图 10-96　海藻

水肿。

【用法用量】6～12g。

【注意】不宜与甘草同用。

前胡 Qianhu

【基原】为前胡药材切薄片的净制品。

【商品性状特征】呈类圆形或不规则形的薄片。外表皮黑褐色或灰黄色，有时可见残留的纤维状叶鞘残基。切面黄白色至淡黄色，皮部散有多数棕黄色油点，可见一棕色环纹及放射状纹理。气芳香，味微苦、辛。（图 10-97）

【规格】统货。

【主要化学成分】主含挥发油和香豆素类化合物，如白花前胡甲、乙、丙、丁素等。

【质量要求】

1. 薄层鉴别　用白花前胡甲素对照品和白花前胡乙素对照品作对照，置紫外光灯（365nm）下检视。供试品在与对照品色谱相应的位置上，显相同颜色的荧光

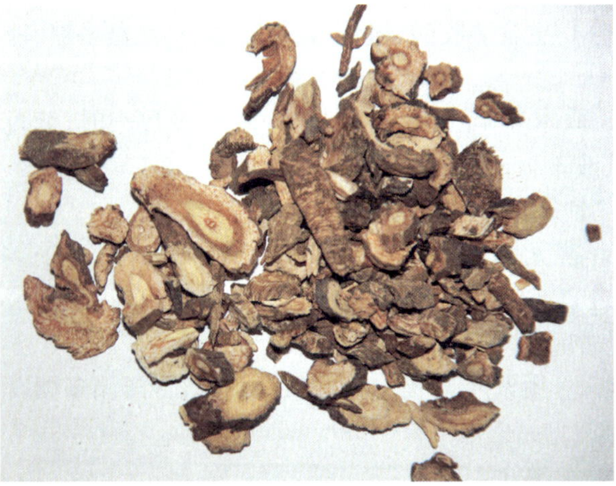

图 10-97　前胡

斑点。

2. 水分测定　水分不得过 12.0%。

3. 灰分测定　总灰分不得过 6.0%；酸不溶性灰分不得过 2.0%。

4. 浸出物　醇溶性浸出物不得少于 20.0%。

5. 含量　用高效液相色谱法测定，含白花前胡甲素（$C_{21}H_{22}O_7$）不得少于 0.90%，含白花前胡乙素（$C_{24}H_{26}O_7$）不得少于 0.24%。

【贮藏养护】置阴凉干燥处，防霉，防蛀。

【性味功能】苦、辛，微寒。降气化痰，散风清热。用于痰热喘满，咯痰黄稠，风热咳嗽痰多。

【用法用量】3～9g。

【附注】蜜前胡　清热化痰药。形如前胡片，表面黄褐色，略具光泽，滋润。水分测定水分不得过 13.0%。味微甜。降气化痰，散风清热。

苦杏仁 Kuxingren

【基原】为苦杏仁药材的净制品。

【商品性状特征】呈扁心形，长 1～1.9cm，宽 0.8～1.5cm，厚 0.5～0.8cm。表面黄棕色至深棕色，一端尖，另端钝圆，肥厚，左右不对称，尖端一侧有短线形种脐，圆端合点处向上具多数深棕色的脉纹。种皮薄，子叶 2，乳白色，富油性。气微，味苦。（图 10-98）

炒苦杏仁

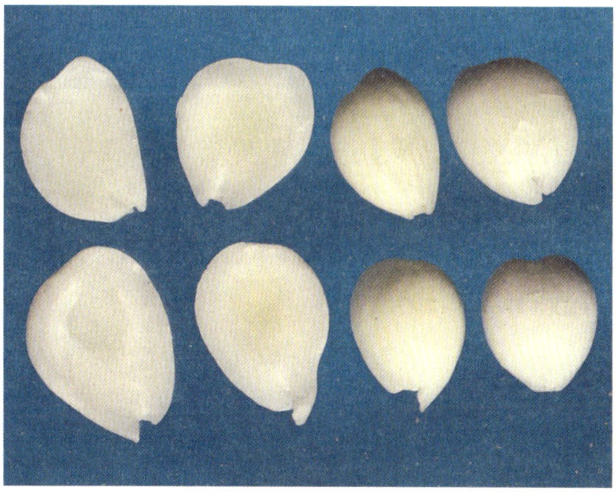

燀苦杏仁

图 10-98　苦杏仁

【规格】统货。

【主要化学成分】苦杏仁苷（amygdalin）、苦杏仁酶（emulsin）等。苦杏仁酶包括苦杏仁苷酶（amygdalase）及樱苷酶（prunase），在热水或醇中煮沸即被破坏。苦杏仁苷经水解后产生氢氰酸（约 0.2%）、苯甲醛及葡萄糖。

【质量要求】

1. 薄层鉴别　用苦杏仁苷作为对照品。供试品在与对照品色谱相应的位置上，显相同颜色的斑点。

2. 过氧化值　不得过 0.11%。

3. 苦杏仁苷($C_{20}H_{27}NO_{11}$)含量　用高效液相色谱法测定,不得少于3.0%。

【贮藏养护】用麻袋或木箱装。本品易虫蛀,发霉,泛油,应置阴凉干燥处。

【性味功能】苦,微温;有小毒。降气止咳平喘,润肠通便。用于咳嗽气喘,胸满痰多,肠燥便秘。

【用法用量】5～10g,生品入煎剂后下。

【附注】

1. 焯苦杏仁　止咳平喘药。多分离为单瓣,呈扁心形,无种皮,表面乳白色或黄白色,一端尖,另端钝圆,肥厚,左右不对称,富油性。有特殊的香气,味苦。含苦杏仁苷($C_{20}H_{27}NO_{11}$)不得少于2.4%。

2. 炒苦杏仁　止咳平喘药。呈扁心形,表面黄色至棕黄色,微带焦斑,有香气,味苦。含苦杏仁苷($C_{20}H_{27}NO_{11}$)不得少于2.1%。降气止咳平喘,润肠通便。

【注意】生品有毒而罕用。内服不宜过量,以免中毒。

马兜铃 Madouling

【基原】为马兜铃药材的净制品。

【商品性状特征】呈卵圆形,长3～7cm,直径2～4cm。表面黄绿色、灰绿色或棕褐色,有纵棱线12条,由棱线分出多数横向平行的细脉纹。顶端平钝,基部有细长果梗。果皮轻而脆,易裂为6瓣,果梗也分裂为6条。果皮内表面平滑而带光泽,有较密的横向脉纹。果实分6室,每室种子多数,平叠整齐排列。种子扁平而薄,钝三角形或扇形,长6～10mm,宽8～12mm,边缘有翅,淡棕色。气特异,味微苦。(图10-99)

【规格】统货。

【主要化学成分】含马兜铃酸A、B、C,马兜铃次酸,木兰花碱,挥发油等。

【贮藏养护】置干燥处。

【性味功能】苦,微寒。清肺降气,止咳平喘,清肠消痔。用于肺热咳喘,痰中带血,肠热痔血,痔疮肿痛。

马兜铃

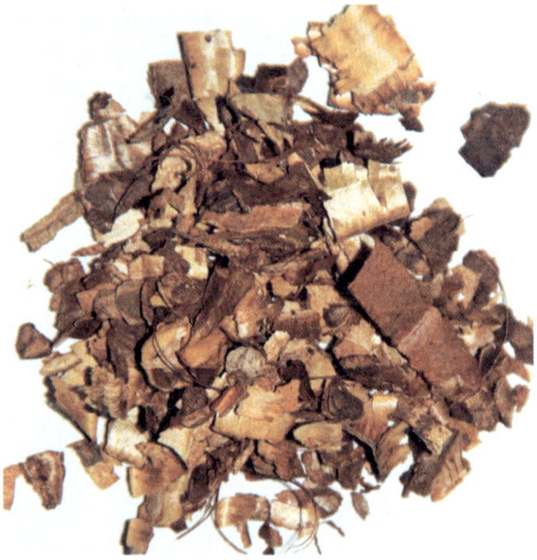

蜜马兜铃

图10-99　马兜铃

【用法用量】3～9g。

【附注】蜜马兜铃　止咳平喘药。取净马兜铃，搓碎，照蜜炙法炒至不粘手。

【注意】本品含马兜铃酸，可引起肾脏损害等不良反应；儿童及老年人慎用；孕妇、婴幼儿及肾功能不全者禁用。马兜铃属于冷背小品种。

枇杷叶 Pipaye

【基原】为枇杷叶药材切丝的净制品。

【商品性状特征】呈丝条状。表面灰绿色、黄棕色或红棕色，较光滑。下表面可见绒毛，主脉突出。革质而脆。气微，味微苦。（图 10-100）

枇杷叶

蜜枇杷叶

图 10-100　枇杷叶

【规格】统货。

【主要化学成分】主含皂苷、糖类、熊果酸、齐墩果酸、缩合鞣质、儿茶素、表儿茶素、逆没食子酸等。

【质量要求】

1. 薄层鉴别　用枇杷叶对照药材和熊果酸对照品作为对照。供试品在与对照药材色谱和对照品色谱相应的位置上，显相同的颜色斑点。

2. 水分测定　水分不得过 10.0%。

3. 灰分测定　总灰分不得过 7.0%。

4. 醇溶性浸出物　含量不得少于 16.0%。

5. 齐墩果酸（$C_{30}H_{48}O_3$）和熊果酸（$C_{30}H_{48}O_3$）的总量　含量用高效液相色谱法测定，不得少于 0.70%。

【贮藏养护】置干燥处。

【性味功能】苦，微寒。清肺止咳，降逆止呕。用于肺热咳嗽，气逆喘急，胃热呕逆，烦热口渴。

【用法用量】6～10g。

【附注】蜜枇杷叶　止咳平喘药。形如枇杷叶丝。表面黄棕色或红棕色，微显光泽，略带黏性。具蜜香气，味微苦。水分测定水分不得过 10.0%，总灰分不得过 7.0%。

笔记

【注意】属于冷背药材，市场需求量不大。蜜枇杷叶密闭，置通风干燥处。

百部 Baibu

【基原】为百部药材切片的净制品。

【商品性状特征】呈不规则厚片或不规则条形斜片；表面灰白色、棕黄色，有深纵皱纹；切面灰白色、淡黄棕色或黄白色，角质样；皮部较厚，中柱扁缩。质韧软。气微、味甜、苦。（图 10-101）

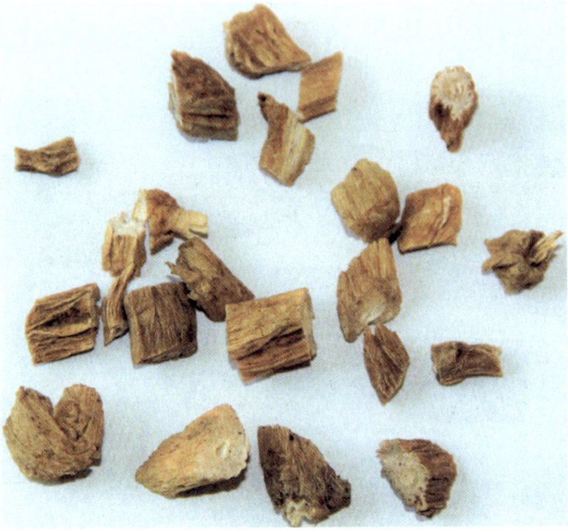
百部

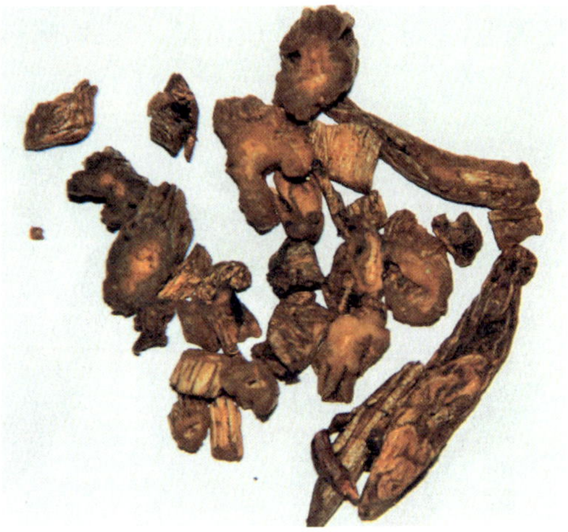
蜜百部

图 10-101　百部

【规格】统货。

【主要化学成分】主含生物碱，尚含甾醇、有机酸，以及 1,8-二羟基-3-甲基蒽醌、1,8-二羟基-6 甲氧基-3-甲基蒽醌、绿原酸等。

【贮藏养护】易吸潮霉变，置通风干燥处，防潮。

【性味功能】甘、苦，微温。润肺下气止咳，杀虫灭虱。用于新久咳嗽，肺痨咳嗽，顿咳；外用于头虱，体虱，蛲虫病，阴痒。

【用法用量】3～9g。外用适量，水煎或酒浸。

【附注】蜜百部　形同百部片，表面棕黄色或褐棕色，略带焦斑，稍有黏性。味甜。润肺止咳。

桑白皮 Sangbaipi

【基原】为桑白皮药材切丝的净制品。

【商品性状特征】呈扭曲的卷筒状、槽状或板片状，长短宽窄不一，厚 1～4mm。外表面白色或淡黄白色，较平坦，有的残留橙黄色或棕黄色鳞片状粗皮；内表面黄白色或灰黄色，有细纵纹。体轻，质韧，纤维性强，难折断，易纵向撕裂，撕裂时有粉尘飞扬。气微，味微甜。（图 10-102）

【规格】按产区分亳桑皮（安徽亳州）、严桑皮（浙江淳安）、苏北桑皮（江苏苏州、南通）。规格有野统、家统和刮皮统等。

笔记

桑白皮

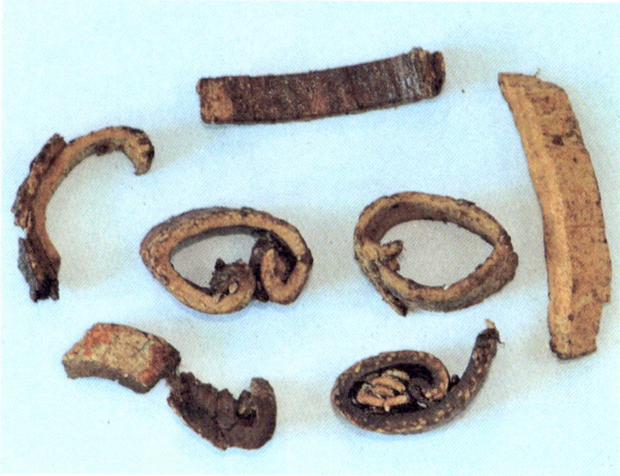
炙桑白皮

图 10-102　桑白皮

【主要化学成分】主含黄酮类,如桑皮素、桑皮色烯羟素、环桑皮色烯素、桑酮 A、B 及桑根酮 C、D 等,尚含东莨菪素、伞形花内酯等。

【质量要求】薄层鉴别　用桑白皮对照药材作为对照,置紫外光灯(365nm)下检视,供试品在与对照药材色谱相应的位置上,显相同的两个荧光主斑点。

【贮藏养护】置通风干燥处,防潮,防蛀。

【性味功能】甘,寒。泻肺平喘,利水消肿。用于肺热喘痰,水饮停肺,胀满喘急,水肿,脚气,小便不利。

【用法用量】6 ~ 12g。

【附注】蜜桑白皮　止咳平喘药。呈不规则的丝条状。表面深黄色或棕黄色,略具光泽,滋润,纤维性强,易纵向撕裂。气微,味甜。润肺止咳。

款冬花 Kuandonghua

【基原】为款冬花的净制品。

【商品性状特征】呈长圆棒状。单生或 2 ~ 3 个基部连生,长 1 ~ 2.5cm,直径 0.5 ~ 1cm。上端较粗,下端渐细或带有短梗,外面被有多数鱼鳞状苞片。苞片外表面紫红色或淡红色,内表面密被白色絮状茸毛。体轻,撕开后可见白色茸毛。气香,味微苦而辛。(图 10-103)

【规格】分紫花、黄花两种。

【主要化学成分】主含倍半萜类化合物,如款冬酮和新款冬花内酯;黄酮类,如槲皮素、金丝桃苷、芦丁等。

【质量要求】

1. 薄层鉴别　用款冬花对照药材和款冬酮对照品作为对照,置紫外光灯(254nm)下检视。供试品在与对照药材色谱和对照品色谱相应的位置上,显相同颜色的斑点。

2. 浸出物　醇溶性浸出物不得少于 20.0%。

笔记

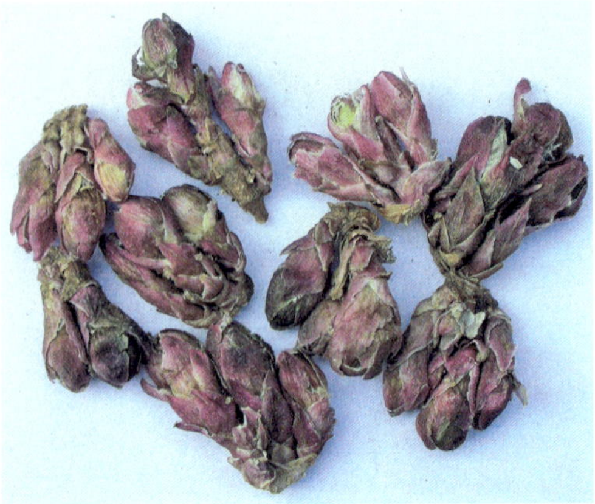
款冬花

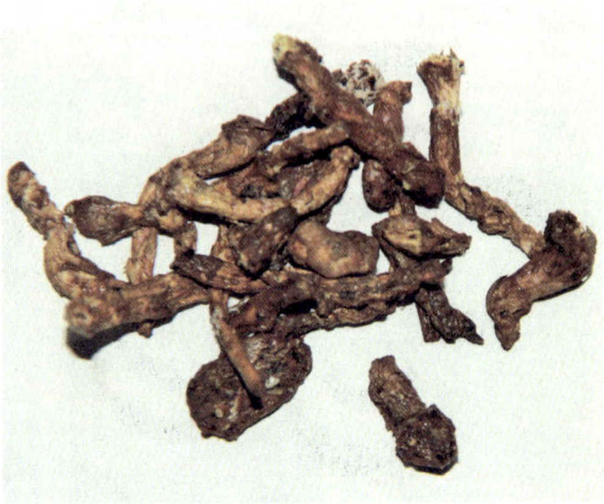
蜜款冬花

图 10-103　款冬花

3. 含量　用高效液相色谱法测定,含款冬酮($C_{23}H_{34}O_5$)不得少于0.070%。

【贮藏养护】置干燥处,防潮,防蛀。

【性味功能】辛、微苦,温。润肺下气,止咳化痰。用于咳嗽,气喘,肺痿,咳吐痰血。

【用法用量】5~10g。

【附注】蜜款冬花　止咳平喘药。形如款冬花,表面棕黄色或棕褐色,稍带黏性。具蜜香气,味微甜。醇溶性浸出物不得少于22.0%。

【注意】甘肃产区款冬花产量约占50%,其次为内蒙、河北、山西等。

十四、安神药类

煅磁石 Duancishi

【基原】为磁石的炮制加工品。

【商品性状特征】呈不规则的碎块或颗粒。表面黑色。质硬而酥。无磁性。有醋香气。(图10-104)

【规格】统货。

【主要化学成分】含四氧化三铁(Fe_3O_4)。其中含$FeO_3$1%、$Fe_3O_4$69%。尚含MgO、Al_2O_3。

【质量要求】

1. 化学定性　取本品粉末约0.1g,加盐酸2ml,振摇,静置。上清液显铁盐的鉴别反应。

2. 铁(Fe)含量　用滴定法测定,不得少于45.0%。

【贮藏养护】置干燥处。

【性味功能】咸,寒。镇惊安神,平肝潜阳,聪耳明目,纳气平喘。用于惊悸失眠,头晕目眩,视物昏花,耳鸣耳聋,肾虚气喘。

图 10-104　煅磁石

【用法用量】9～30g，先煎。

【注意】磁石属于冷背药材，用量较小，资源蕴藏量足。

制远志 Zhiyuanzhi

【基原】为远志药材的炮制加工品。

【商品性状特征】本品呈圆柱形的段。外表皮表面黄棕色，有横皱纹。切面黄棕色中空。气微，味微甜。（图 10-105）

【规格】分为志筒和志肉两种规格。

【主要化学成分】主含远志皂苷 A～G、远志碱、远志醇、*N*-乙酰基-*d*-葡萄糖胺、桂皮酸、杂氧蒽酮、远志屾酮等。

【质量要求】

1. 薄层鉴别　用远志屾酮Ⅲ对照品和细叶远志皂苷对照品作为对照，供试品在与对照品色谱相应的位置上，显相同颜色的荧光斑点。

2. 水分测定　水分不得过 12.0%。

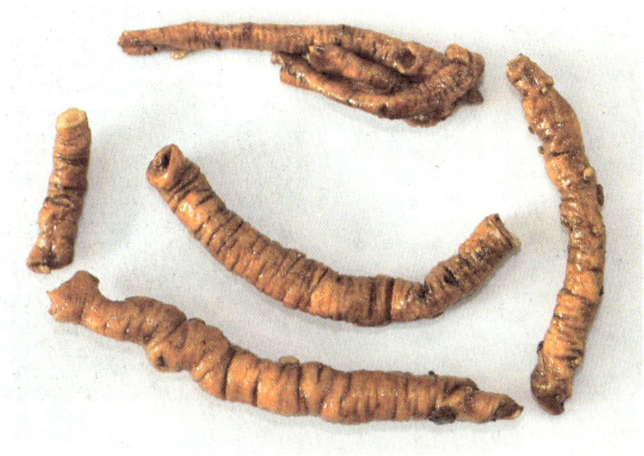

图 10-105　制远志

3. 灰分　酸不溶性灰分不得过3.0%，总灰分不得过6.0%.

4. 浸出物　醇溶性浸出物不得少于30.0%。

5. 黄曲霉毒素　本品每1000g含黄曲霉毒素B_1不得过5μg，黄曲霉毒素G_2、黄曲霉毒素G_1、黄曲霉毒素B_2和黄曲霉毒素B_1总量不得过10μg。

6. 含量　用高效液相色谱法测定，含远志𠯤酮Ⅲ（$C_{25}H_{28}O_{15}$）不得少于0.10%。含3，6′-二芥子酰基蔗糖（$C_{36}H_{46}O_{17}$）不得少于0.30%。含细叶远志皂苷（$C_{36}H_{56}O_{12}$）不得少于2.0%。

【贮藏养护】置通风干燥处。

【性味功能】苦、辛，温。安神益智，交通心肾，祛痰，消肿。用于心肾不交引起的失眠多梦，健忘惊悸，神志恍惚，咳痰不爽，疮疡肿毒，乳房肿痛。

【用法用量】3～9g。

柏子仁 Baiziren

【基原】为柏子仁药材的净制品。

【商品性状特征】呈长卵形或长椭圆形，长4～7mm，直径1.5～3mm。表面黄白色或淡黄棕色，外包膜质内种皮，顶端略尖，有深褐色的小点，基部钝圆。质软，富油性。气微香，味淡。（图10-106）

【规格】统货。

【主要化学成分】主含脂肪油14%，另含皂苷及少量挥发油、植物甾醇、维生素A和蛋白质等。

【质量要求】

1. 酸败度　照酸败度测定法测定。

2. 酸值　不得过40.0%。

3. 羰基值　不得过30.0%。

4. 过氧化值　不得过0.26%。

5. 黄曲霉毒素　本品每1000g含黄曲霉毒素B_1不得过5μg，黄曲霉毒素G_2、黄

柏子仁　　炒柏子仁

图10-106　柏子仁

曲霉毒素 G_1、黄曲霉毒素 B_2 和黄曲霉毒素 B_1 总量不得过 10μg。

【贮藏养护】置阴凉干燥处，防热，防蛀。

【性味功能】甘，平。养心安神，润肠通便，止汗。用于阴血不足，虚烦失眠，心悸怔忡，肠燥便秘，阴虚盗汗。

【用法用量】3～9g。

【附注】柏子仁霜　安神药。呈均匀、疏松的淡黄色粉末，微显油性，气微香。养心安神。

【注意】柏子仁属于野生资源分散性品种，产地多，加工环节麻烦，流程多、工序多，且加工产区仅有山东汶上县的几个自然村。夏季容易生虫走油，不易贮存。

十五、平肝息风药类

煅石决明 Duanshijueming

【基原】为石决明药材碎块或粗粉的净制品。

【商品性状特征】碎块或粉末状。灰白色或青灰色，无光泽，质酥脆。断面呈层状。气微，味微咸。（图 10-107）

【规格】统货。

【主要化学成分】碳酸钙（$CaCO_3$）。

【质量要求】碳酸钙（$CaCO_3$）含量　用滴定法测定，不得少于 95.0%。

【贮藏养护】置干燥处。

【性味功能】咸，寒。平肝潜阳，清肝明目。用于头痛眩晕，目赤翳障，视物昏花，青盲雀目。

【用法用量】6～20g，先煎。

【附注】石决明　不规则的碎块，灰白色，有珍珠样彩色光泽。质坚硬。味微咸。

石决明

煅石决明

图 10-107　石决明

赭石 Zheshi

【基原】为赭石药材碎块的净制品。

【商品性状特征】多呈扁平状，大小不一。全体棕红色或铁青色，表面附有少量棕红色粉末，有的有金属光泽。一面有圆形乳头状突起，习称“钉头”，另一面与突起相对应处有同样大小的凹窝。质坚硬，硬度 5.5～6，相对密度 4～5.3；不易砸碎，砸碎面显层叠状，每层均依“钉头”而呈波浪状弯曲。用手抚摸，则有红棕色粉末粘手。条痕樱桃红色。气微，味淡。（图 10-108）

赭石粉　　煅赭石

图 10-108　赭石

【规格】商品分为赭石和煅赭石 2 类，均为统货。

【主要化学成分】主要含三氧化二铁（Fe_2O_3），其次为中等量的硅酸、铝化合物及少量的镁、锰、碳酸钙、黏土等。

【质量要求】

1. 性状评价　一般以表面色棕红、钉断面层次明显、松脆易剥下、无杂石者为佳。

2. 化学定性　取本品粉末 0.1g，加盐酸 2ml，振摇，滤过，取滤液 2 滴，加硫氰酸铵试液 2 滴，溶液即显血红色；另取滤液 2 滴，加亚铁氰化钾试液 1～2 滴，即生成蓝色沉淀；再加 25% 氢氧化钠溶液 5～6 滴，沉淀变成棕色。

3. 铁含量　本品含铁（Fe）不得少于 45.0%。

【贮藏养护】竹篓或木箱内，干燥，防尘。

【性味功能】苦寒。平肝潜阳，降逆，止血。用于眩晕耳鸣，呕吐，噫气，呃逆，喘息，吐血，衄血，崩漏下血。

【用法用量】9～30g，先煎。

【附注】煅赭石　呈不规则碎粒及粗粉，表面黑灰色，断面显层叠状或波浪状弯曲，质松脆，微有醋气。

【注意】孕妇慎用。

煅牡蛎 Duanmuli

【基原】为净牡蛎，照明煅法煅至酥脆。

【商品性状特征】为不规则的碎块和粗粉。灰白色。质酥脆，断面层状。气微，味微咸。（图 10-109）

牡蛎

煅牡蛎

图 10-109　牡蛎

【规格】分牡蛎和煅牡蛎。

【主要化学成分】碳酸钙（$CaCO_3$）。

【质量要求】

1. 薄层鉴别　取牡蛎对照药材做薄层检查。供试品色谱中，在与对照药材色谱相应的位置上，显相同颜色的斑点。

2. 灰分　酸不溶性灰分不得过 5.0%。

3. 重金属及有害元素　照铅、镉、砷、汞、铜测定法（通则 2321 原子吸收分光光度法或电感耦合等离子体质谱法）测定，铅不得过 5mg/kg；镉不得过 0.3mg/kg；砷不得过 2mg/kg；汞不得过 0.2mg/kg；铜不得过 20mg/kg。

4. 含量　用滴定法测定，本品含碳酸钙（$CaCO_3$）不得少于 94.0%。

【贮藏养护】置干燥处。

【性味功能】咸，微寒。收敛固涩，制酸止痛。用于自汗，盗汗，尿频，带下，崩漏，遗精，胃痛泛酸，心神不安，失眠，肝阳上亢，头晕目眩。

【用法用量】9～30g，先煎。

【附注】牡蛎为不规则的碎块。白色。质硬，断面层状。

【注意】恶麻黄、吴茱萸、辛夷。凡病虚而有寒者忌用。肾虚无火、精寒自出者不宜。

全蝎 Quanxie

【基原】为全蝎药材的净制品。

【商品性状特征】药材头胸部与前腹部呈扁平长椭圆形，后腹部呈尾状，皱缩弯曲。头胸部呈绿褐色，前面有 1 对短小的螯肢及 1 对较长大的钳状脚须，形似蟹螯，背面覆有梯形背甲，腹面有足4对，均为7节，末端各具2爪钩；前腹部由7节组成，第7节色深，背甲上有5条隆脊线。背面绿褐色，后腹部棕黄色，6节，节上均有纵沟，末节有锐钩状毒刺，毒刺下方无距。气微腥，味咸。（图10-110）

淡全蝎

盐全蝎

图10-110 全蝎

【规格等级】按加工方法不同分为淡全蝎、盐全蝎2种。一般均为统货。

【主要化学成分】主要含蝎毒素（buthotoxin）、牛黄酸、软脂酸、硬脂酸、胆固醇、卵磷脂、三甲胺和甜菜碱等。

【质量要求】

1. 性状评价 一般以身平、色鲜、完整、绿褐色腹中无杂质者为佳。

2. 醇溶性浸出物 含量不得少于20.0%。

3. 黄曲霉毒素 每1000g含黄曲霉毒素B_1不得过5μg，黄曲霉毒素G_2、黄曲霉毒素G_1、黄曲霉毒素B_2和黄曲霉毒素B_1的总量不得过10μg。

【贮藏养护】盐制入夏后易吸潮、发霉、变色。易生虫。袋装或木箱装。出口商品要求小木箱装，每件净重10kg。密封，置干燥处，防蛀。

【性味功能】辛，平；有毒。息风镇痉，攻毒散结，通络止痛。用于小儿惊风，抽搐痉挛，中风口㖞，半身不遂，破伤风，风湿顽痹，偏正头痛，疮疡，瘰疬。

【用法用量】3～6g。

【附注】盐全蝎 将全蝎置沸盐水中，煮至身挺腹硬，背脊抽沟，捞出，置通风处，阴干。辛，平，有毒。息风镇痉，攻毒散结，通络止痛。

【注意】孕妇禁用。

钩藤 Gouteng

【基原】为药材钩藤切段的净制品。

【商品性状特征】

1. 钩藤 呈类方柱形或圆柱形，段长2～3cm。表面红棕色至紫红色，有时可见白色点状皮孔。茎节枝节上对生两个或一个向下弯曲的钩（不育花序梗），钩长1～

笔记

2cm，断面稍呈圆形。质轻而坚韧，断面黄棕色，皮部纤维性，髓部黄白色。无臭，味淡。（图 10-111）

图 10-111　钩藤

2. 华钩藤　呈方柱形，段长 2～3cm。茎上有时有全缘的托叶宿存，基部扁阔，钩端渐尖，常留萎缩苞痕，表面黄绿色或黄棕色，钩长 1～2.3cm。断面略呈长椭圆形。其他同钩藤。

3. 大叶钩藤　呈方柱形，段长 2～3cm。四面均有纵沟，具突起的黄白色小疣点状皮孔，表面绿棕色至棕色，被褐色柔毛，钩长可达 3.5cm，钩端有的膨大如珠。质坚韧，断面椭圆形。其他同钩藤。

4. 无柄果钩藤　呈方柱形，段长 2～3cm。四面微有纵沟。表面棕褐色或棕黄色，被稀疏的褐色柔毛，钩长 1～2.5cm，断面略呈长椭圆形。其他同钩藤。

5. 毛钩藤　呈方柱形或近圆柱形，段长 2～3cm。表面灰白色或灰棕色，有疣状突起，被褐色长粗毛，以钩端为多；钩长 1.2～2cm，断面呈长椭圆形。茎断面髓部淡棕色。其他同钩藤。

【规格等级】分为双钩藤、单钩藤、混钩藤和钩藤枝等规格。

1. 双钩藤　净钩，无光梗及单钩梗。

2. 单钩藤　净钩，无光梗。

3. 混钩藤　为双钩藤和单钩藤的混合品，无光梗、无枯枝。

一等品：单钩不超过 1/3。二等品：单钩不超过 1/2。

4. 钩藤枝　干货。为无钩茎枝，无杂质。

【主要化学成分】主含钩藤碱（rhynchophylline）、异钩藤碱（isorhynchophylline）、去氢钩藤碱（corynoxeine）、去氢异钩藤碱（isocorynoxeine）、柯南因（corynantheine）等。

【质量要求】

1. 性状评价　以双钩、茎细、钩结实、光滑、色紫红者为佳。

2. 醇溶性浸出物含量　不得少于 6.0%。

3. 化学定性　取本品粉末加浓氨试液使湿润，加氯仿振摇提取，滤过，滤液蒸干，残渣加 1% 盐酸溶液使溶解，滤过，滤液分置 3 支试管中，一管中加碘化铋钾试液 1～2 滴，即生成黄色沉淀；一管中加碘化汞钾试液 1～2 滴，即生成白色沉淀；另一管中加硅钨酸试液1～2滴，即生成白色沉淀。

4. 水分检查　不得过10.0%。

5. 灰分检查　总灰分不得过3.0%。

【贮藏养护】通常用麻袋包装，贮藏于干燥通风处。

【性味功能】甘，凉。清热平肝，息风定惊。用于小儿惊风，夜啼，热盛动风，子痫，肝阳眩晕，肝火头胀痛。

【用法用量】3～12g，入煎剂宜后下。

蜈蚣 Wugong

【基原】为蜈蚣药材去竹片，洗净，微火焙黄，剪段制成。

【商品性状特征】呈扁平长条形段。头部暗红色或红褐色，略有光泽，有头板覆盖，头板近圆形，前段稍突出，两侧贴有颚肢1对，前端两侧有触角1对。躯干部第1背板与头板同色，其余背板为棕绿色或墨绿色，有光泽，大多数背板上常有两条纵沟线；腹部淡黄色或棕黄色，皱缩；大多数节两侧有步足1对；步足黄色或红褐色，偶有黄白色，呈弯钩状，最末1对步足尾状，易脱落。气微腥，有特殊刺鼻的臭气。（图10-112）

图10-112　蜈蚣

【规格】统货。

【主要化学成分】主要含蛋白质、肽、氨基酸类：蜈蚣毒素为糖蛋白类物质。

【质量要求】

1. 水分　不得过15.0%。

2. 总灰分　不得过5%。

3. 黄曲霉毒素　本品每1000g含黄曲霉毒素B_1不得超过5μg，黄曲霉毒素G_2、黄曲霉毒素G_1黄曲霉毒素B_2和黄曲霉毒素B_1总量不得超过10μg。

4. 浸出物　不得少于20.0%。

【贮藏养护】置干燥处，防霉，防蛀。

【性味功能】辛，温；有毒。息风镇痉，通络止痛，攻毒散结。用于小儿惊风，抽搐痉挛，中风口㖞，半身不遂，破伤风，风湿顽痹，疮疡，瘰疬，毒蛇咬伤。

【用法用量】3～6g。

【注意】孕妇禁用。

笔记

十六、开窍药类

蟾酥 Chansu

【基原】为药材蟾酥，捣碎，加白酒浸渍，时常搅动至呈稠膏状，干燥、粉碎的炮制品。

【商品性状特征】蟾酥粉呈棕褐色粉末状。气微腥，味初甜而后有持久的麻辣感，粉末嗅之作嚏。（图10-113）

图10-113 蟾酥

【主要化学成分】主要含华蟾酥毒基(cinobufagin)约5%，脂蟾毒配基(resibufogenin)约3.4%，蟾毒灵(bufolin)约1.8%，羟基华蟾毒基(cinobufaginol)，蟾毒配质(bufotalin)约1.5%，远华蟾毒基(telocinobufagin)约1.4%等、甾醇类及多种氨基酸。

【质量要求】

1. 鉴别 本品断面沾水，即呈乳白色隆起。

2. 化学定性

(1) 取本品粉末0.1g，加甲醇5ml，浸泡1小时，滤过，滤液加对二甲氨基苯甲醛固体少量，滴加硫酸熟滴，即显蓝紫色。

(2) 取本品粉末0.1g，加三氯甲烷5ml，浸泡1小时，滤过，滤液蒸干，滴加醋酐少量使之溶解，滴加硫酸，初显蓝紫色，渐变为蓝绿色。

3. 薄层鉴别 用蟾酥对照药材、酯蟾毒配基和华蟾酥毒基对照品做对照。供试品在与对照药材相应的位置上，显相同颜色的斑点；在与对照品色谱相应的位置上，显相同的一个绿色及一个红色斑点。

4. 水分测定 水分不得过13.0%。

5. 灰分 总灰分不得过5.0%；酸不溶性灰分不得过2%。

6. 含量 用高效液相色谱法测定，华蟾酥毒基($C_{26}H_{34}O_6$)和脂蟾毒配基($C_{24}H_{32}O_4$)的总量不得少于6.0%。

【贮藏养护】置干燥处，防潮。

【性味功能】辛，温；有毒。解毒，止痛，开窍醒神。用于痈疽疔疮，咽喉肿痛，中暑神昏，腹痛吐泻。

【用法用量】0.015～0.03g，多入丸散用。外用适量。

笔记

【附注】

1. 酒蟾酥　形状同蟾酥粉，略具酒气。

2. 乳蟾酥　呈灰棕色粉末，刺激性比蟾酥粉弱。

【注意】孕妇慎用。

苏合香 Suhexiang

【基原】为苏合香药材的净制品。

【商品性状特征】半流动性的浓稠液体。棕黄色或暗棕色，半透明。质细腻，极黏稠，挑起时呈胶样，连绵不断。较水重。气芳香。（图 10-114）

【主要化学成分】含苏合香树脂醇、齐墩果酸、肉桂酸、桂皮醛等。

【质量要求】

1. 鉴别　取本品 1g 与细砂 3g 混合后，置试管中，加高锰酸钾试液 5ml，微热，即产生显著的苯甲醛香气。

2. 酸值　应为 52～76。

3. 皂化值　应为 160～190。

4. 薄层鉴别　用肉桂酸、桂皮醛对照品做对照，在紫外光灯（254nm）下观察。在与对照品色谱相应的位置上，显相同颜色的斑点。

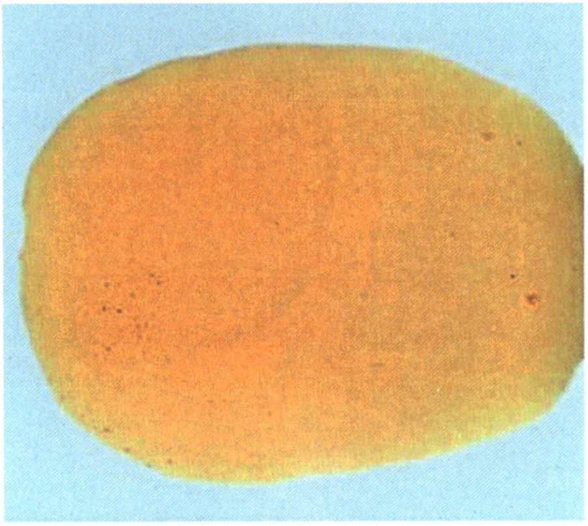

图 10-114　苏合香

5. 干燥失重　减失重量不得过 15.0%。

6. 灰分　总灰分不得过 10.0%；酸不溶性灰分不得过 0.8%。

7. 土大黄苷检查　取药材粉末的甲醇浸出液，点于滤纸上，以 45% 乙醇展开，置紫外灯下检视，不得显土大黄苷的亮蓝紫色荧光。

8. 浸出物　水溶性浸出物含量不得少于 25.0%。

9. 含量　用高效液相色谱法测定，含肉桂酸（$C_9H_8O_2$）不得少于 5.0%。

【贮藏养护】密闭，置阴凉干燥处。

【性味功能】辛，温。开窍，辟秽，止痛。用于中风痰厥，猝然昏倒，胸腹冷痛，惊痫。

【用法用量】0.3～1g，宜入丸散服。

十七、补虚药类

人参 Renshen

【基原】为人参药材切片的净制品。

【商品性状特征】呈圆形或类圆形薄片，直径 1～2cm，厚 1～2mm。外表皮灰黄色。切面淡黄白色或类白色，显粉性，形成层环纹棕黄色，皮部有黄棕色的点状树脂道及放射性裂隙。体轻，质脆。香气特异，味微苦、甜。（图 10-115）

【规格】统货。薄片。

笔记

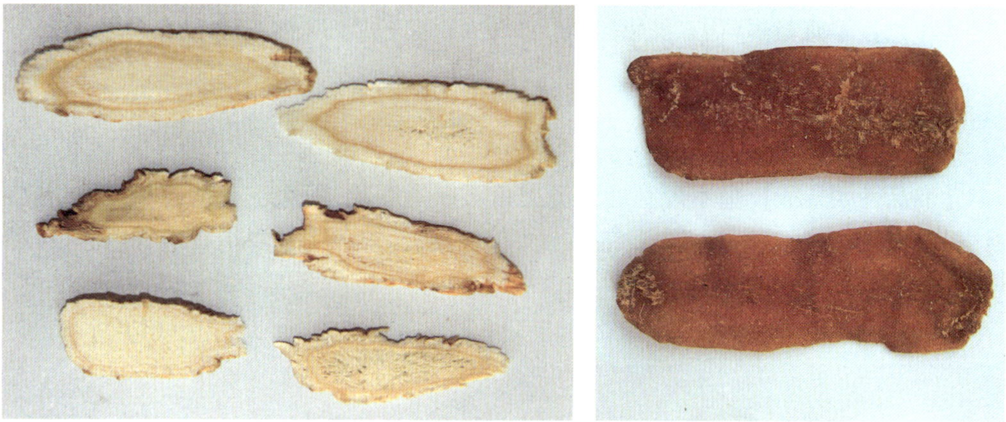

白参　　红参

图 10-115　人参

【主要化学成分】三萜皂苷类的人参皂苷(ginsenoside),多数为达玛烷型四环三萜皂苷,如人参皂苷 Rb_1、Re、Rg_1 等。

【质量要求】

1. 荧光检查　取甲醇浸出液滴于滤纸上,干后置紫外光灯(365nm)下观察,呈黄绿色斑点。

2. 化学定性　取本品粉末少许,放于白瓷板上,滴加浓硫酸 1～2 滴,呈棕褐色。

3. 薄层鉴别　用人参对照药材和人参皂苷 Rb_1、人参皂苷 Re、人参皂苷 Rf、人参皂苷 Rg_1 对照品做对照,薄层展开后分别置日光和紫外光灯(365nm)下观察。供试品色谱中,在与对照药材和对照品色谱相应的位置上,分别显相同颜色的斑点或荧光斑点。

4. 水分测定　水分不得过 12.0%。

5. 灰分测定　总灰分不得过 5.0%;酸不溶性灰分不得过 1.0%。

6. 人参皂苷 Rg_1($C_{42}H_{72}O_{14}$)和人参皂苷 Re($C_{48}H_{82}O_{18}$)的总含量　用高效液相色谱法测定,不得少于 0.30%。

7. 人参皂苷 Rb_1($C_{54}H_{92}O_{23}$)含量　用高效液相色谱法测定,不得少于 0.20%。

【贮藏养护】置阴凉干燥处,密闭保存,防蛀。

【性味功能】甘、微苦,温。大补元气,复脉固脱,补脾益肺,生津,安神。用于劳伤虚损,食少,倦怠,反胃吐食,大便滑泄,虚咳喘促,自汗暴脱,惊悸,健忘,眩晕头痛,阳痿,尿频,消渴,妇女崩漏,小儿慢惊,及久虚不复,一切气血津液不足之证。

【用法用量】3～9g,另煎兑入汤剂服。山参若研粉吞服,1 次 2g,1 日 2 次。

【附注】

1. 红参片　为圆形或长椭圆形斜片,直径 1～1.5cm,厚 1～2mm。切面红棕色或棕色,环纹和树脂道小点不明显,致密无裂隙,角质样。质坚而脆。气香,味甜、微苦。大补元气,复脉固脱,益气摄血。周边红棕色,有纵横皱纹。

2. 白参片　横切片或斜切片,外皮松泡,白色,质嫩而薄,断面黄白色。气微香,味甜，嚼之能溶化。大补元气，复脉固脱，补脾益肺，生津，安神。

【注意】不宜与藜芦、五灵脂同用。咳嗽、疼痛、感冒、发热、正在失血忌用人参。

白术 Baizhu

【基原】为白术药材切片的净制品。

【商品性状特征】呈不规则形或类三角形纵向厚片，周边灰黄色或灰棕色，有瘤状突起及断续的纵皱纹。切面黄白色至淡棕色，有棕黄色小油点散在。气清香，味甜微辣。（图10-116）

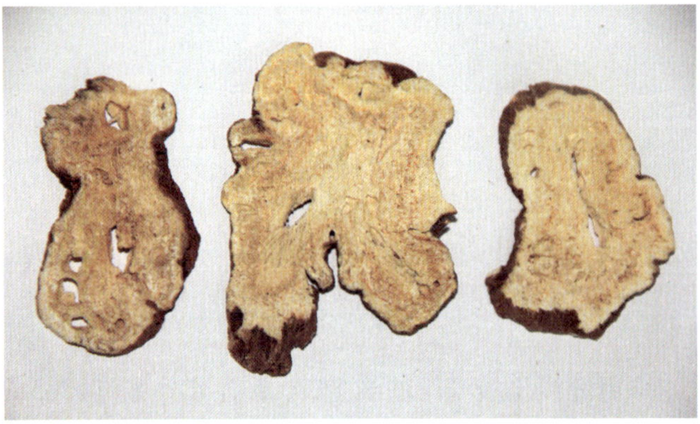

图10-116　白术

【规格】统货。厚片。

【主要化学成分】挥发油类：苍术酮（atractylon）、苍术醇（atractylol）、白术内酯A（butenolide A）、白术内酯B（butenolide B）等。

【质量要求】

1. 薄层鉴别　取供试品与白术对照药材的正己烷提取液，分别点于同一硅胶G薄层板上，以石油醚（60～90℃）-乙酸乙酯（50∶1）展开，喷以5%香草醛硫酸溶液，加热至斑点显色清晰。供试品色谱中，在与对照药材相应的位置上，显相同颜色的斑点，并应显有一桃红色主斑点（苍术酮）。

2. 灰分测定　总灰分不得过5.0%；酸不溶性灰分不得过1.0%。

3. 色度　精密称取药材最粗粉2g，置具塞烧瓶中，加55%乙醇50ml，用稀盐酸调至pH 2～3，连续振摇1小时，离心15分钟（4000r/min）。吸取上清液10ml，置比色管中，与同量的对照液（取比色用三氯化铁溶液5ml，加比色用氯化钴溶液3ml与比色用硫酸铜溶液0.6ml，用水稀释至10ml制成）同置白纸上，自上面透视，显色不得较深。

【贮藏养护】置阴凉干燥处，防蛀。

【性味功能】苦、甘，温。健脾益气，燥湿利水，止汗，安胎。用于脾虚食少，腹胀泄泻，痰饮眩悸，水肿，自汗，胎动不安。

【用法用量】6～12g。

【附注】

1. 土白术　有土香气。健脾，和胃，安胎。用于脾虚食少，泄泻便溏，胎动不安。

笔记

2. 炒白术　表面黄棕色，偶见焦斑。略有焦香气。健脾，和胃，安胎。

【注意】凡郁结气滞，胀闷积聚，吼喘壅塞，胃痛由火，痈疽多脓，黑瘦人气实作胀，皆宜忌用。阴虚燥渴，气滞胀闷者忌服。

西洋参 Xiyangshen

【基原】为西洋参药材切片的净制品。

【商品性状特征】呈长圆形或圆形薄片。外表皮浅黄褐色或黄白色。切面浅黄白色或黄白色，形成层环纹棕黄色，皮部可见黄棕色点状树脂道，近形成层环处较多而明显，木部略呈放射状纹理。气微而特异，味微苦、甜。（图 10-117）

【规格】统货。薄片。

【主要化学成分】皂苷类：人参皂苷 Re（ginsenoside R_e）、Rg_1（ginsenoside Rg_1）、Rb_1（ginsenoside Rb_1）等。

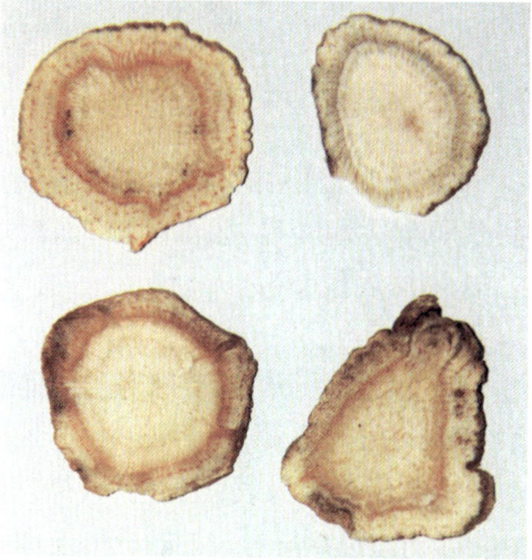

图 10-117　西洋参

【质量要求】

1. 荧光检查　西洋参新鲜断面在紫外灯光（254nm）下显蓝紫色荧光。

2. 水分测定　水分不得过 13.0%。

3. 灰分测定　总灰分不得过 5.0%；酸不溶性灰分不得过 1.0%。

4. 人参皂苷 Rg_1（$C_{42}H_{72}O_{14}$）、人参皂苷 Re（$C_{48}H_{82}O_{18}$）和人参皂苷 Rb_1（$C_{54}H_{92}O_{23}$）的总含量　用高效液相色谱法测定，不得少于 2.0%。

【贮藏养护】置阴凉干燥处，密闭保存，防蛀。可用木盒或纸盒装，同时放少量细辛，或置于石灰缸内保存，防霉、防蛀。

【性味功能】甘，微苦，凉。补气养阴，清热生津。用于肺虚久咳，口咽干燥，心烦失眠，四肢倦怠，失血气短。

【用法用量】3～6g，另煎兑入汤剂服。不宜与藜芦同用。

【注意】不宜与藜芦同用。面色苍白、脸浮肢肿、畏寒怕冷、心跳缓慢、食欲不振、恶心呕吐、腹痛腹胀、大便溏薄、舌苔白腻等，以及男子阳痿、早泄、滑精，女子性欲淡漠、痛经、闭经、带多如水者，均忌用西洋参。

巴戟天 Bajitian

【基原】为巴戟天药材切段或块的净制品。

【商品性状特征】呈扁圆柱形短段或不规则块，长约 10mm，直径 6～12mm。表面灰黄色或暗灰色，具纵纹和横裂纹。切面皮部厚，紫色或淡紫色，中空。气微，味甜而微涩。（图 10-118）

【规格】统货。

【主要化学成分】蒽醌类：甲基异茜草素（rubiadin）、甲基异茜草素-1-甲醚（rubiadin-1-methyl ether）、大黄素甲醚（physcion）。糖类：耐斯糖（nystose）。

笔记

图 10-118　巴戟天

【质量要求】

1. 薄层鉴别　取本品粉末和巴戟天对照药材，同法制成对照药材溶液。照薄层色谱法试验、展开，置紫外光灯（254nm）下检视。供试品色谱中，在与对照药材色谱相应的位置上，显相同颜色的斑点。

2. 水分测定　水分不得过 15.0%。

3. 灰分测定　总灰分不得过 6.0%。

4. 浸出物　水溶性浸出物含量不得少于 50.0%。

5. 含量　用高效液相色谱法测定，含耐斯糖（$C_{24}H_{42}O_{21}$）不得少于 2.0%。

【贮藏养护】置通风干燥处，防霉，防蛀。

【性味功能】甘、辛，微温。补肾阳，强筋骨，祛风湿。用于阳痿遗精，宫冷不孕，月经不调，少腹冷痛，风湿痹痛，筋骨痿软。

【用法用量】3～9g。

【附注】

1. 盐巴戟　天气微，味甘、咸而微涩，其他同饮片。用于阳痿早泄，尿频或失禁，宫冷不孕，月经不调。

2. 制巴戟　天表面黄色，气微，味甘而微涩，其他同饮片。补肾壮阳。

3. 野生品　呈弯曲的圆柱形连珠状，表面粗糙，横裂纹明显，淡棕色或棕褐色，有明显而较深的皱缩纹；质坚实，断面灰棕色或紫褐色，中央木心较大，味甘微涩，嚼之有痒舌感。

4. 栽培品　呈弯曲的扁圆柱形或扁条形，每隔 2～4cm 处皮部横向断裂略呈连珠状，多截成长 7～15cm 的段，直径 0.5～2cm；表面土灰色或土灰黄色，有粗而不深的皱缩纹；质坚实而略柔软，不易折断，横切面皮部淡紫黄色或紫色，易剥离，中央有木心，木部呈齿轮状；气微，味甘而略涩。

5. 进口品　呈条状弯曲的圆柱形，表面粗糙，横裂明显，灰棕色或棕褐色；质坚实，断面皮部灰棕色，木部较粗。味甘涩，嚼之有痒舌感。

【注意】阴虚火旺者忌服。

补骨脂 Buguzhi

【基原】为补骨脂药材的净制品。

【商品性状特征】本品呈肾形，略扁，长 3～5mm，宽 2～4mm，厚约 1.5mm。表面黑色、黑褐色或灰褐色，具细微网状皱纹。顶端圆钝，有一小突起，凹侧有果梗痕。质硬。果皮薄，与种子不易分离；种子 1 枚，子叶 2，黄白色，有油性。气香，味辛、微苦。（图 10-119）

【规格】统货。

【主要化学成分】香豆素类：补骨脂内酯（psoralen）、异补骨脂内酯（isopsoralen）、补骨脂甲素（coryfolin，bavachin）、补骨脂乙素（corylifolinin，sobavachalcone）、补骨脂甲素甲醚（bavachinin）、异补骨脂甲素（isobavachin）。

笔记

补骨脂

炒补骨脂

图 10-119 补骨脂

【质量要求】

1. 薄层鉴别 取补骨脂粉末乙酸乙酯提取物，以补骨脂素、异补骨脂素对照品，置紫外光灯（365nm）下检视，供试品色谱中，在与对照品色谱相应的位置上，显相同的两个荧光斑点。

2. 水分测定 水分不得过 15.0%。

3. 灰分测定 总灰分不得过 6.0%。

4. 浸出物 水溶性浸出物含量不得少于 50.0%。

5. 含量 用高效液相色谱法测定，含耐斯糖（$C_{24}H_{42}O_{21}$）不得少于 2.0%。

【贮藏养护】置通风干燥处，防霉，防蛀。

【性味功能】甘、辛，微温。温肾助阳，纳气，止泻。用于阳痿遗精，遗尿尿频，腰膝冷痛，肾虚作喘，五更泄泻；外用治白癜风，斑秃。

【用法用量】3～10g。

【附注】

1. 炒补骨脂 增强温肾助阳纳气止泻的作用。形同生品，但微鼓起，外表有少量焦末，气香，盐炒者味微咸。

2. 盐补骨脂 增强温肾助阳纳气止泻。

【注意】阴虚火旺者忌服。

冬虫夏草 Dongchongxiacao

【基原】为冬虫夏草药材的净制品。

【商品性状特征】药材分虫体和子座两部分。虫体长 4～5.5cm，粗约 0.5cm；表面黄色至黄棕色，背面有 20～30 个环纹，近头部的环纹较细；头部红棕色；腹部有足 8 对，近头部 3 对，中部 4 对，尾部 1 对，中部 4 对较明显；体轻，质略松而硬脆，易折断，断面白色，充实，微有弹性，可见有黑褐色“V”字型的裂隙。子座单一，从虫体的头部长出，长 4～7cm，基部常将虫头包被，呈长棒状，上粗下细，灰褐色或黑褐色；质柔韧，不易折断，断面多中空；具草菇香气，味甜。（图 10-120）

【规格】按产地分为四川虫草、青海虫草和西藏虫草 3 种规格。四川虫草：虫体

笔记

图 10-120 冬虫夏草

较细,大小不均匀,表面色泽较暗,呈黄色带褐。子座较长。青海虫草:虫体较粗,表面色泽金黄,子座较短。西藏虫草:虫体较粗,表面色泽金黄,子座也短。

根据加工分为散虫草和封装虫草 2 种规格。散虫草是仅经过产地加工的商品;封装虫草又称"把虫草",为用红线将冬虫夏草扎成的整齐的小把,再将小把捆成长方形的封装,每封 150 ~ 300g,分别称为"小封装"和"大封装"。

【主要化学成分】虫草酸(cordycepic acid)、虫草菌素(3′-deoxyadenosine)、腺嘌呤(adenine)、腺嘌呤核苷(adenine nucleotide)、腺苷(adenosine)、尿嘧啶(uracil),胸腺嘧啶(thymine)等。

【质量要求】

1. 性状评价　一般以虫体饱满肥大、色黄、断面充实、色白、子座粗壮、气香浓者为佳。通常认为西藏虫草和青海虫草质优。

2. 化学定性　取本品粉末 1g,用乙醚溶出杂质后,用氯仿提取,滤过,滤液挥去氯仿,滴加冰醋酸 2 滴,再加醋酸酐 2 滴,最后加浓硫酸 1 ~ 2 滴,显棕黄色,渐变为红紫色,最后变成污绿色。将上述经氯仿提取过的粉末,再加 20% 乙醇加热回流提取,并浓缩至适量。取浓缩液 0.5ml,用蒸馏水稀释至 2 ~ 3ml,先加 40% 氢氧化钠溶液 2ml,振摇,然后加 1% 硫酸铜数滴,振摇,溶液逐渐变为紫红色。

3. 薄层鉴别　取冬虫夏草粉末的氯仿提取液,以腺嘌呤、尿嘧啶为对照品,在紫外光灯下(254nm)观察,斑点呈紫色;以甘露醇为对照品,在蓝色背景中显白色斑点。

4. 含量　用高效液相色谱法测定,含腺苷($C_{10}H_{13}N_5O_4$)不得少于 0.010%。

【贮藏养护】置通风干燥处,防蛀。

【性味功能】甘,平。补肺益肾,止血化痰。用于久咳虚喘,产后虚弱,阳痿阴冷等虚证。

【用法用量】3 ~ 9g。

【附注】

1. 贮藏　用纸袋或塑料袋包装,再装入木箱内。本品易虫蛀、发霉、变色,应密封放阴凉干燥处。在装箱时放入一些牡丹皮碎片,不易虫蛀。

2. 常见的类似品种。蛹草 *Cordyceps militaris*(L.)Link. 的干燥子座及虫体，主要区别是子座头部椭圆形，顶端钝圆，橙黄色或橙红色；虫体为蛹，椭圆形。亚香棒虫草 *C. hawkesii* Gray 的干燥子座及虫体，主要区别是子座头部矩圆柱形，茶褐色，柄多弯曲，上部光滑，下部有细绒毛。凉山虫草 *C. liangshanensis* Liu et Hu 的干燥子座及虫体，主要区别是子座长 10～30cm，直径 1～2mm；黄棕色或黄褐色，少数上部分枝；虫体较粗，长 3～6cm，直径 6～10mm，表面菌丝膜棕色，虫体表面暗红棕色。

【注意】有表邪者慎用。

菟丝子 Tusizi

【基原】为菟丝子药材的净制品。

【商品性状特征】呈类球形，直径 1～2mm。表面灰棕色或棕褐色，粗糙，种脐线形或扁圆形。质坚实，不易以指甲压碎。气微，味淡。（图 10-121）

【规格】统货。

【主要化学成分】金丝桃苷（hyperin）等。

菟丝子　盐菟丝子

菟丝子饼

图 10-121　菟丝子

【质量要求】

1. 性状评价　取本品少量，加沸水浸泡后，表面有黏性；加热煮至种皮破裂时，可露出黄白色卷旋状的胚，形如吐丝。

2. 薄层鉴别　以菟丝子粉末甲醇提取液和菟丝子对照药药材，取金丝桃苷对照品，置紫外光灯（365nm）下检视，供试品色谱中，在与对照药材色谱和对照品色谱相应的位置上，显相同颜色的荧光斑点。

3. 水分测定　水分不得过10.0%。

4. 灰分测定　总灰分不得过10.0%；酸不溶性灰分不得过4.0%。

5. 金丝桃苷（$C_{21}H_{20}NO_{12}$）含量　用高效液相色谱法测定，不得少于0.10%。

【贮藏养护】置通风干燥处。

【性味功能】辛、甘，平。补益肝肾，固精缩尿，安胎，明目，止泻。用于阳痿遗精，尿有余沥，遗尿尿频，腰膝酸软，目昏耳鸣，肾虚胎漏，胎动不安，脾肾虚泻；外用治白癜风，消风祛斑。

【用法用量】6～12g，外用适量。

【附注】盐菟丝子　平补阴阳，补肾、固精、安胎。表面棕黄色，裂开，略有香气。

【注意】孕妇、血崩、阳强、便结、肾脏有火、阴虚火动者禁用。

熟地黄 Shudihuang

【基原】为熟地黄药材切片或块的净制品。

【商品性状特征】为不规则的块、片，大小、薄厚不一。表面乌黑色，有光泽，黏性大。质柔软而带韧性，不易折断，断面乌黑色，有光泽。气微，味甜。（图10-122）

【规格】统货。厚片。

【主要化学成分】毛蕊花糖苷（verbascoside）。

【质量要求】

1. 薄层鉴别　以熟地黄粉末的甲醇提取液作为供试品溶液，以梓醇作为对照品溶液，供试品色谱中，在与对照品色谱相应的位置上，显相同颜色的斑点。

取熟地黄的正丁醇提取液作为供试品溶液，以毛蕊花糖苷对照品，供试品色谱中，在与对照品色谱相应的位置上，显相同颜色的斑点。

2. 水分测定　水分不得过15.0%。

图10-122　熟地黄

笔记

3. 灰分测定　总灰分不得过8.0%；酸不溶性灰分不得过3.0%。

4. 含量　用高效液相色谱法测定，毛蕊花糖苷（$C_{29}H_{36}O_{15}$）不得少于0.020%。

【贮藏养护】置通风干燥处。

【性味功能】甘，微温。补血滋阴，益精填髓。用于血虚萎黄，眩晕心悸，月经不调，崩漏不止，肝肾阴亏，潮热盗汗，遗精阳痿，不育不孕，腰膝酸软，耳鸣耳聋，头目昏花，须发早白，消渴，便秘，肾虚喘促。

【用法用量】9～15g。

【附注】熟地黄炭　为不规则类圆形厚片，直径3～6cm，厚2～4mm。切面棕黑色或乌黑色，有光泽，油润黏性，中间隐显菊花心纹理。质柔润。气微，味微甜、微苦。补血，止血。

【注意】脾胃虚弱，中满痰盛及食少便溏者慎用。

白芍 Baishao

【基原】为白芍药材切片的净制品。

【商品性状特征】厚片，厚约3mm。周边类白色或微带红色，较平滑。切面类白色或微带棕红色，形成层环明显，有明显的放射纹理。质细腻坚实。气微，味微苦、酸。（图10-123）

【规格】厚片，统货。

【主要化学成分】芍药苷（paeoniflorin）、羟基芍药苷（oxypaeoniflorin）、芍药花苷（paeonin）、丹皮酚（paeonol）、白芍药苷（albiflorin）、苯甲酰芍药苷（benzoylpaeoniflorin）、芍药吉酮（paeoniflorigenone）等。

【质量要求】

1. 薄层鉴别　取白芍粉末的乙醇提取液为供试品溶液，以芍药苷作为对照品溶液，供试品色谱中，在与对照品相应的位置上，显相同的蓝紫色斑点。

2. 浸出物　水溶性浸出物不得少于22.0%。

3. 水分测定　水分不得过14.0%。

4. 灰分　总灰分不得过4.0%。

5. 重金属及有害元素　铅不得过百万分之五；镉不得过千万分之三；砷不得过百万分之二；汞不得过千万分之二；铜不得过百万分之二十。

【贮藏养护】置阴凉干燥处，密闭保存，防蛀。

【性味功能】苦、酸，微寒。平肝止痛，养血调经，敛阴止汗。用于头胀，头痛，眩晕，耳鸣，烦躁易怒，月经不调，痛经，崩漏，自汗，盗汗，胸胁疼痛，手足痉挛疼痛。

【用法用量】6～15g。

【附注】

1. 炒白芍　形同白芍片，表面微黄色，偶见有焦斑。寒性缓和，以养血和营、敛阴止汗为主。

2. 酒白芍　形同白芍片，微呈黄色，微有酒气。酸寒伐肝之性降低，入血分，善于调经止血，柔肝止痛。

3. 醋白芍　形同白芍片，呈微黄色，微有醋气。引药入肝，敛血养血，疏肝解郁作用增强。

笔记

炒白芍

醋白芍

酒白芍

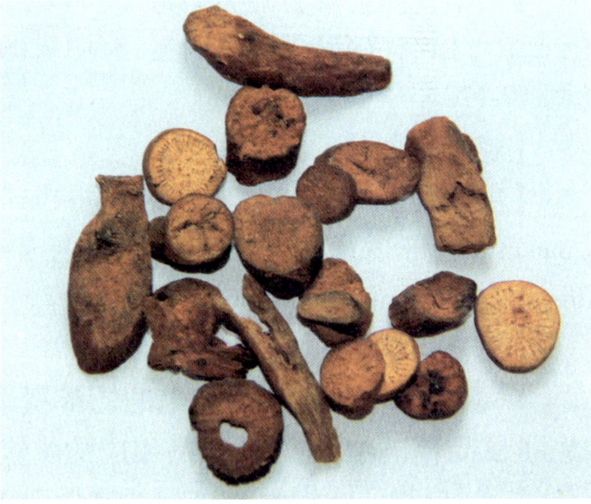

焦白芍

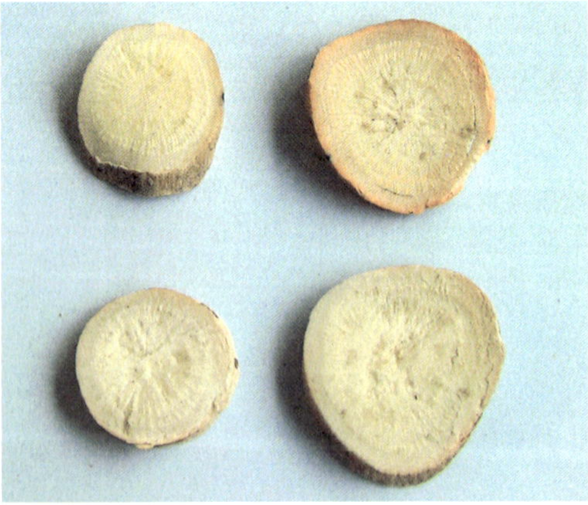

生白芍

白芍薄片

图 10-123　白芍

4. 白芍炭　形同白芍片，表面黑褐色。折断面棕色。止血药。

【注意】不宜与藜芦同用。虚寒腹痛泄泻者慎服。

黄精 Huangjing

【基原】为黄精药材切片的净制品。

【商品性状特征】呈不规则的厚片，外表皮淡黄色至黄棕色，切面略呈角质样，淡黄色至黄棕色，可见多数淡黄色筋脉小点。质稍硬而韧。气微，味甜，嚼之有黏性。（图 10-124）

【规格】厚片。统货。

【主要化学成分】多糖类：黄精多糖（rhizomepolygonatic）。皂苷类：黄精皂苷 A、B（sibiricoside A，B）。

【质量要求】

1. 薄层鉴别　取黄精粉末乙醇提取液和黄精对照药材，供试品色谱中，在与对照药材色谱相应的位置上，显相同颜色的斑点。

2. 水分测定　水分不得过 15.0%。

3. 灰分测定　总灰分不得过 4.0%。

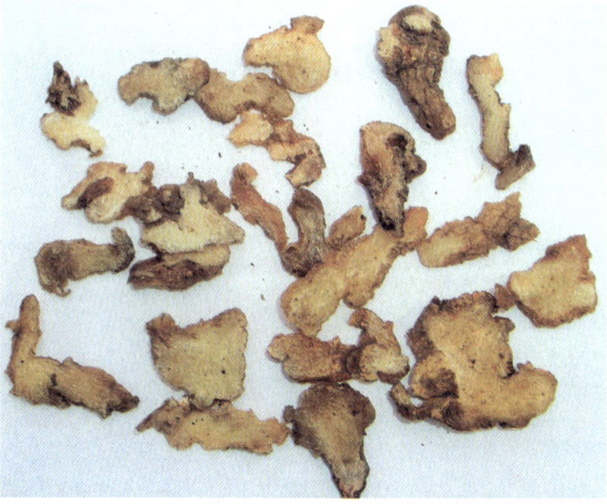

黄精

酒黄精

制黄精

图 10-124　黄精

4. 醇溶性浸出物含量　不得少于45.0%。

5. 黄精多糖含量　用紫外-可见分光光度法测定，含黄精多糖以无水葡萄糖($C_6H_{12}O_6$)计，不得少于7.0%。

【贮藏养护】置阴通风干燥处，防霉，防蛀。

【性味功能】甘，平。补气养阴，健脾，润肺，益肾。用于脾胃虚弱，体倦乏力，口干食少，肺虚燥咳，精血不足，内热消渴。

【用法用量】9～15g。

【附注】酒黄精　补益药。补气益脾，润燥乌发。表面棕褐色至黑色，有光泽，中心棕色至浅褐色，可见筋脉小点。质较柔软。味甜，微有酒香气。

【注意】脾虚有湿、咳嗽痰多、中寒泄泻者不宜服用。

百合 Baihe

【基原】为百合药材的净制品。

【商品性状特征】呈长椭圆形，长2～5cm，宽1～2cm，中部厚1.3～4mm。表面类白色、淡棕黄色或微带紫色，有数条纵直平行的白色维管束。顶端稍尖，基部较宽，边缘薄，微波状，略向内弯曲。质硬而脆，断面较平坦，角质样。气微，味微苦。(图10-125)

百合

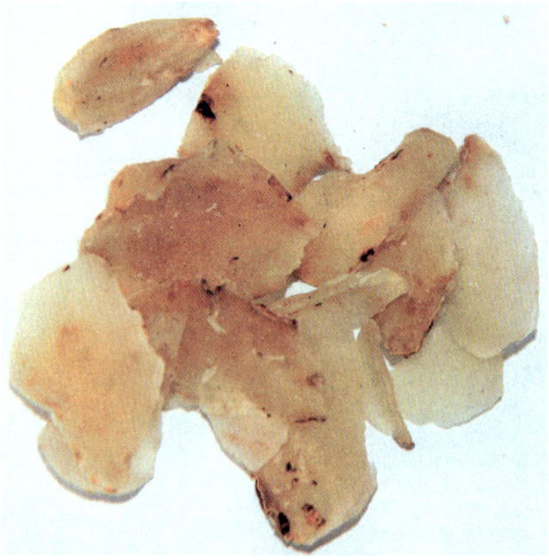

炒百合

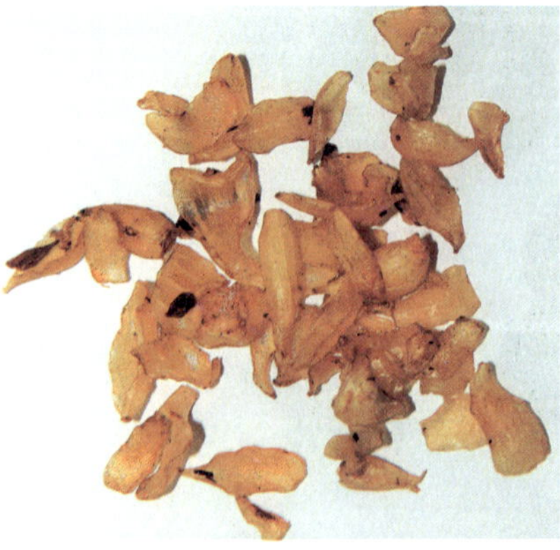

蜜百合

图10-125　百合

【主要化学成分】蛋白质、脂肪、糖、维生素、微量元素、氨基酸、皂苷、脂肪、生物碱等。

【质量要求】

1. 薄层鉴别　取百合粉末甲醇提取液和百合对照药材，供试品色谱中，在与对照药材色谱相应的位置上，显相同颜色的斑点。

2. 浸出物　水溶性浸出物不得少于 18.0%。

【贮藏养护】置通风干燥处。

【性味功能】甘，寒。养阴润肺，清心安神。用于阴虚久咳，劳嗽咳血，虚烦惊悸，失眠多梦，精神恍惚。

【用法用量】6～12g。

【附注】蜜百合　润肺止咳。表面黄色，偶见黄焦斑，略带黏性，味甜。

【注意】风寒痰嗽，中寒便滑者忌服。

龟甲 Guijia

【基原】为龟甲药材的净制品。

【商品性状特征】背甲及腹甲由甲桥相连。背甲稍长于腹甲，与腹甲常分离。背甲呈长椭圆形拱状，长 7.5～22cm，宽 6～18cm。外表面棕褐色或黑褐色，脊棱 3 条；颈盾 1 块，前窄后宽；椎盾 5 块，第 1 椎盾长大于宽或近相等，第 2～4 椎盾宽大于长；肋盾两侧对称，各 4 块；缘盾每侧 11 块；臀盾 2 块。腹甲呈板片状，近长方椭圆形，长 6.4～21cm，宽 5.5～17cm。外表面淡黄棕色至棕黑色，盾片 12 块，每块常具紫褐色放射状纹理，腹盾、胸盾和股盾中缝均长，喉盾、肛盾次之，肱盾中缝最短；内表面黄白色至灰白色，有的略带血迹或残肉，除净后可见骨板 9 块，呈锯齿状嵌接；前端钝圆或平截，后端具三角形缺刻，两侧残存呈翼状向斜上方弯曲的甲桥。质坚硬。气微腥，味微咸。（图 10-126）

【规格】统货。

【主要化学成分】胆甾醇、十六烷酸胆甾醇酯。

醋龟甲

生龟甲

图 10-126　龟甲

【质量要求】

1. 薄层鉴别 取龟甲粉末甲醇提取液作为供试品溶液，取胆固醇对照品和龟甲对照药材，供试品色谱中，在与对照药材色谱和对照品色谱相应的位置上，显相同颜色的斑点。

2. 浸出物 水溶性浸出物不得少于8.0%。

【贮藏养护】置干燥处，防蛀。

【性味功能】咸、甘，微寒。滋阴潜阳，益肾强骨，养血补心，固经止崩。用于阴虚潮热，骨蒸盗汗，头晕目眩，虚风内动，筋骨痿软，心虚健忘，崩漏经多。

【用法用量】9～24g，先煎。

【附注】醋龟甲 呈不规则的的块状。背甲盾片略呈拱状隆起，腹甲盾片呈平板状，大小不一。表面黄色或棕褐色，有的可见深棕褐色斑点，有的不规则纹理。内表面棕黄色至棕褐色，边缘有的呈锯齿状。断面不平整，有的有蜂窝状小孔。质松脆。气微腥，味微咸，微有醋香气。滋阴潜阳，软坚散结。

【注意】凡脾胃虚弱，呕吐泄泻，腹胀便溏、咳嗽痰多者慎用。

十八、收涩药类

五味子 Wuweizi

【基原】为五味子药材的净制品。

【商品性状特征】呈不规则球形或扁球形，直径0.5～0.8cm。表面红色、紫红色或暗红色，皱缩，显油性。果皮肉质柔软，内含种子1～2粒。种子肾形，表面黄棕色，具光泽。果肉味酸。种子破碎后，有香气，味辛辣而微苦。（图10-127）

【规格等级】按果实表面颜色和干瘪粒的多少分为两个等级。一等品：呈不规则球形或椭圆形。表面紫红色或红褐色，皱缩，肉厚，质柔润。果肉味酸，种子有香气。干瘪粒不超过2%，无枝梗、杂质、虫蛀、霉变。二等品：表面黑红、暗红或淡红色，皱缩，肉较薄。干瘪粒不超过20%。余同一等。

【主要化学成分】挥发油、五味子素（schizandrin）、伪γ-五味子素（pseudo-γ-schizandrin）、去氧五味子素（deoxyschizandrin）、新五味子素（neoschizandrin）、五味子醇（schizandrol）等。

【质量要求】

1. 紫外光谱 取本品粉末0.2g，加乙醇20ml，放置12小时，滤过，滤液用乙醇稀释成每1ml约含1mg药材的溶液，作为供试品溶液。测试条件：扫描范围400～200μm，吸收度量程0～2A，狭缝宽度2nm，波长标尺放大40nm/cm。五味子在216nm±2nm波长处有最大吸收，在253nm波长处有肩峰；南五味子在216nm±2nm附近有肩峰。

2. 薄层鉴别 取五味子的氯仿提取液作为供试品，另取五味子对照药材和五味子甲素对照品溶液作为对照，置紫外光灯（254nm）下观察，供试品在与对照药材和对照品色谱相应的位置上，显相同颜色的斑点。

3. 杂质检查 不得过1%。

4. 水分测定 水分不得过16.0%。

图 10-127　五味子

5. 灰分测定　总灰分不得过 7.0%。

6. 五味子醇甲($C_{24}H_{32}O_{7}$)含量　用高效液相色谱法测定，不得少于 0.40%。

【贮藏养护】置通风干燥处，防霉。

【性味功能】酸、甘，温。收敛固涩，益气生津，补肾宁心。用于久嗽虚喘，梦遗滑精，遗尿尿频，久泻不止，自汗，盗汗，津伤口渴，短气脉虚，内热消渴，心悸失眠。

【用法用量】2～6g。

【附注】

1. 醋五味子　种子破碎后有香气，味辛而微苦。酸涩收敛之性增强，涩精止泻作用更强。用于遗精，泄泻。表面黑色，质柔润或稍显油润，果肉味酸，微具醋气。

2. 酒五味子　表面紫黑色或黑褐色，质柔润或稍显油润，果肉味酸微具酒气。益肾固精作用增强，用于肾虚遗精。

3. 蜜五味子　色泽加深，略显光泽，果肉味酸、甘。补益肺肾作用增强，用于久咳虚喘。

【注意】外有表邪、内有实热或咳嗽初起、麻疹初发者禁用。

笔记

乌梅 Wumei

【基原】为乌梅药材的净制品。

【商品性状特征】呈类球形或扁球形，直径1.5～3cm。表面乌黑色或棕黑色，皱缩不平，基部有圆形果梗痕。果核坚硬，椭圆形，棕黄色，表面有凹点；种子扁卵形，淡黄色。气微，味极酸（图10-128）。

乌梅

乌梅炭

图10-128 乌梅

【规格】统货。

【主要化学成分】枸橼酸（citric acid）、苹果酸（malic acid）、琥珀酸（succinic acid）、延胡索酸（fumaric acid）、5-羟甲基-2-糠醛（5-hydroxymethyl-2-furaldehyde）、苦杏仁苷（amygdalin）等。

【质量要求】

1. 薄层鉴别　取乌梅粉末的供试品溶液，以熊果酸对照品溶液和乌梅对照药材为对照，供试品色谱中，在与对照药材色谱及对照品色谱相应的位置上，显相同颜色的斑点。

2. 水分测定　水分不得过16.0%。

3. 灰分测定　总灰分不得过5.0%。

4. 枸橼酸（$C_6H_8O_7$）含量　用高效液相色谱法测定，不得少于6.0%。

【贮藏养护】置阴凉干燥处，防潮。

【性味功能】酸、涩，平。敛肺，涩肠，生津，安蛔。用于肺虚久咳，久痢滑肠，虚热消渴，蛔厥呕吐腹痛。

【用法用量】6～12g。

【附注】

1. 乌梅肉　无核。敛肺，涩肠，生津，安蛔。

2. 乌梅炭　皮肉鼓起，表面焦黑色。味酸略有苦味。涩肠，止泻，止血。

【注意】有实邪者忌服。

笔记

肉豆蔻 Roudoukou

【基原】为肉豆蔻药材的净制品。

【商品性状特征】呈卵圆形或椭圆形，长2～3cm，直径1.5～2.5cm。表面灰棕色或灰黄色，有时外被白粉（石灰粉末）。全体有浅色纵行沟纹及不规则网状沟纹。种脐位于宽端，呈浅色圆形突起，合点呈暗凹陷。种脊呈纵沟状，连接两端。质坚，断面显棕黄色相杂的大理石花纹，宽端可见干燥皱缩的胚，富油性。气香浓烈，味辛。（图10-129）

肉豆蔻

煨肉豆蔻

图10-129　肉豆蔻

【规格】统货。

【主要化学成分】挥发油类：α-蒎烯（α-pinene）、*d*-莰烯（*d*-camphene）、肉豆蔻醚（myristicin）、丁香油酚（eugenol）等。

【质量要求】

1. 薄层鉴别　取肉豆蔻粉末石油醚提取液为供试品溶液，另取肉豆蔻对照药材，供试品色谱中，在与对照药材色谱相应的位置上，显相同颜色的斑点。

2. 水分测定　水分测定水分不得过10.0%。

3. 挥发油含量　含挥发油不得少于6.0%。

4. 去氢二异丁香酚（$C_{20}H_{22}O_4$）含量　用高效液相色谱法测定，不得少于0.10%。

【贮藏养护】置阴凉干燥处，防蛀。

【性味功能】辛，温。温中行气，涩肠止泻。用于脾胃虚寒，久泻不止，脘腹胀痛，食少呕吐。

【用法用量】3～10g。

【附注】麸煨肉豆蔻　本品形如肉豆蔻，表面为棕褐色，有裂隙。气香，微辛。用于心腹胀痛，虚弱冷痢，宿食不消。

【注意】大肠素有火热及中暑热泄暴注，肠风下血，胃火齿痛及湿热积滞方盛，滞下初起，皆不宜服。

笔记

五倍子 Wubeizi

【基原】为五倍子药材的净制品。

【商品性状特征】为不规则的角质样碎片，有光泽，表面显刮毛后的痕迹。肚倍表面灰褐色或灰棕色，质硬脆，易破碎，断面角质样，有光泽，壁厚0.2～0.3cm，内壁平滑，有黑褐色死蚜虫及灰色粉状排泄物。气特异，味涩。（图10-130）

【规格】分角倍和肚倍，均为统货。

【主要化学成分】五倍子鞣酸（gallotannic acid）、五倍子鞣质（gallotannin）、没食子酸（gallic acid）等。

图10-130　五倍子

【质量要求】

1. 化学定性　取本品粉末0.5g，加水4ml，微热，滤过。取滤液1ml，加三氯化铁试液1滴，即生成蓝黑色沉淀；另取滤液1ml，加10%酒石酸锑钾溶液2滴，即生成白色沉淀。

2. 薄层鉴别　取五倍子粉末的乙醇提取液，进行薄层展开，斑点呈蓝色。

3. 水分测定　水分不得过12.0%。

4. 灰分测定　总灰分不得过3.5%。

5. 鞣质含量　用高效液相色谱法测定，含鞣质以没食子酸（$C_7H_6O_5$）计，不得少于50.0%。

【贮藏养护】置通风干燥处，防压。

【性味功能】酸、涩，寒。敛肺降火，涩肠止泻，敛汗，止血，收湿敛疮。用于肺虚久咳，肺热痰嗽，久泻久痢，自汗盗汗，消渴，便血痔血，外伤出血，痈肿疮毒，皮肤湿烂。

【用法用量】3～6g。外用适量。

【注意】外感风寒或肺有实热之咳嗽及积滞未清之泻痢忌服。

山茱萸 Shanzhuyu

【基原】为山茱萸药材的净制品。

【商品性状特征】呈不规则的片状或囊状，长1～1.5cm，宽0.5～1cm。表面紫红色至紫黑色，皱缩，有光泽。顶端有的有圆形宿萼痕，基部有果梗痕。质柔软。气微，味酸、涩、微苦。（图10-131）

【规格】统货。

【主要化学成分】熊果酸（ursolic acid）、莫诺苷（morroniside）、7-*O*-甲基莫诺苷（7-*O*-methylmorroniside）等。

【质量要求】

1. 薄层鉴别　取山茱萸药材的乙酸乙酯提取液为供试品溶液，用熊果酸对照品的无水乙醇溶液对照，供试品色谱中在与对照品色谱相应的位置上，显相同的紫红色斑点。置紫外光灯（365nm）下检视，显相同的橙黄色荧光斑点。

山茱萸

制山茱萸

图 10-131　山茱萸

取山茱萸粉末的乙醇提取液为供试品溶液，以马钱苷为对照品溶液，供试品色谱中，在与对照品色谱相应的位置上，显相同的紫红色斑点；置紫外光灯（365nm）下检视，显相同的紫红色斑点。

2. 水分测定　水分不得过 16.0%。

3. 灰分测定　总灰分不得过 6.0%，酸不溶性灰分不得过 0.5%。

4. 马钱苷（$C_{17}H_{26}O_{10}$）含量　用高效液相色谱法测定，不得少于 0.60%。

5. 杂质检查　果核果梗不得过 3%。

【贮藏养护】置干燥处，防蛀。

【性味功能】微温，酸、涩。补益肝肾，收涩固脱。用于眩晕耳鸣，腰膝酸痛，阳痿遗精，遗尿尿频，崩漏带下，大汗虚脱，内热消渴。

【用法用量】6～12g。

【附注】

1. 酒山茱萸　表面紫褐色或黑色，质滋润柔软。微有酒香气。借酒力温通，助药势，降低其酸性，滋补作用强于清蒸品，多用于头目眩晕，腰部冷痛，阳痿早泄，尿频遗尿。

2. 蒸山茱萸　形如山萸肉，表面紫黑色，质滋润柔软。增强补肾涩精，固精缩尿的作用。

【注意】凡命门火炽，强阳不痿，素有湿热，小便淋涩者忌服。

桑螵蛸 Sangpiaoxiao

【基原】为桑螵蛸药材的净制品。

【商品性状特征】

1. 团螵蛸　略呈圆柱形或半圆形，由多层膜状薄片叠成，表面浅黄褐色，长 2.5～4cm，宽 2～3cm。上面带状隆起不明显，底面平坦或有凹沟。体轻，质松而韧，横断面

笔记

可见外层为海绵状，内层为许多放射状排列的小室，室内各有一细小椭圆形卵，深棕色，有光泽。气微腥，味淡或微咸。

2. 长螵蛸 略呈长条形，一端较细，长 2.5 ~ 5cm，宽 1 ~ 1.5cm。表面灰黄色，上面带状隆起明显，带的两侧各有一条暗棕色浅沟及斜向纹理。质硬而脆。

3. 黑螵蛸 略呈平行四边形，长 2 ~ 4cm，宽 1.5 ~ 2cm。表面灰褐色，上面带状隆起明显，两侧有斜向纹理，近尾端微向上翘。质硬而韧。（图 10-132）

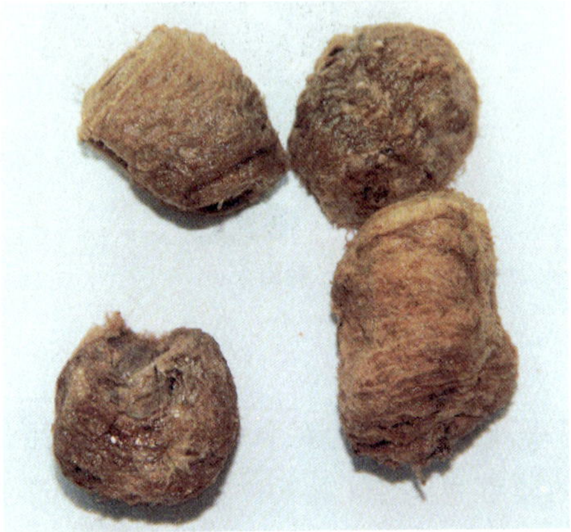

桑螵蛸(团)

盐桑螵蛸

图 10-132 桑螵蛸

【规格】统货。

【主要化学成分】对羟基苯乙醇（4-hydroxy-phenethyl alcohol）、对羟基苯甲醇（*p*-hydroxybenzyl alcohol）等。

【质量要求】

1. 水分测定 水分不得过 15.0%。

2. 灰分测定 总灰分不得过 8.0%；酸不溶性灰分不得过 3.0%。

【贮藏养护】置干燥通风处，防蛀。

【性味功能】甘、咸，平。固精缩尿，补肾助阳。用于遗精滑精，遗尿尿频，小便白浊。

【用法用量】3 ~ 9g。

【附注】盐桑螵蛸 表面呈焦黄色，略具焦斑。味咸。引药下行入肾，增强益肾固精，缩尿止遗。

【注意】阴虚火旺或膀胱有热者慎服。

海螵蛸 Haipiaoxiao

【基原】为海螵蛸药材的净制品。

【商品性状特征】

1. 无针乌贼 呈扁长椭圆形，长 9 ~ 14cm，宽 2.5 ~ 3.5cm，厚约 1.3cm。中间厚，边缘薄，背面有磁白色脊状隆起，两侧略显微红色，有不甚明显的细小疣点；腹面白色，自尾端到中部有细密波状横层纹；角质缘半透明，尾部较宽平，无骨针。体轻，质松，易折断，断面粉质，显疏松层纹。气微腥，味微咸。

2. 金乌贼　长13～23cm，宽约至6.5cm。背面疣点明显，略呈层状排列；腹面的细密波状横层纹占全体大部分，中间有纵向浅槽；尾部角质缘渐宽，向腹面翘起，末端有1骨针，多已断落。（图10-133）

图10-133　海螵蛸

【规格】统货。

【主要化学成分】碳酸钙、甲壳质、磷酸钙、氯化钠、镁盐等。

【质量要求】化学定性　取本品粉末，滴加稀盐酸，产生气泡。

【贮藏养护】置干燥通风处。

【性味功能】咸、涩，温。收敛止血，涩精止带，制酸止痛，收湿敛疮。用于胃痛吞酸，吐血衄血，崩漏便血，遗精滑精，赤白带下；溃疡病。外治损伤出血，疮多脓汁。

【用法用量】5～10g。外用适量，研末敷患处。

【附注】炒海螵蛸　表面微黄色，略有焦斑。敛湿作用增强，用于疮疡湿疹，创伤出血。

【注意】阴虚多热者不宜多服；久服易致便秘，可适当配润肠药同用。

十九、涌吐药类

瓜蒂 Guadi

【基原】为瓜蒂药材的净制品。

【商品性状特征】果柄圆柱形，常扭曲，连接瓜的一端略膨大，有纵纹长3～6cm，直径0.2～0.4cm。外表面灰黄色，有稀疏短毛茸。带果皮的果柄较短，略弯曲或扭曲，有纵沟纹，果皮部分近圆盘形，外表面暗黄色或棕黄色，皱缩，边缘薄而内卷，内表面黄白色至棕色。果柄质轻而韧，不易折断，断面纤维性，中空。气微，味苦。（图10-134）

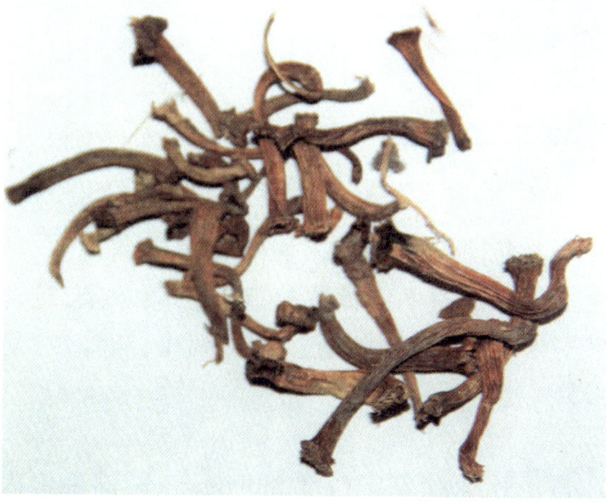

图10-134　瓜蒂

【规格】统货。

【主要化学成分】甾醇、皂苷、氨基酸，葫芦苦素（cucurbitacin）B、D、E，异葫芦苦素（isocucurbitacin）B等。

笔记

【质量要求】化学定性 取本品粉末0.5g，加乙醇10ml，回流30分钟，滤过，取滤液置蒸发皿中蒸干，残渣加5%磷钼酸乙醇液1～2滴，烘烤后显深蓝色。

【性味功能】苦，寒。吐风痰宿食，泻水湿停饮。用于痰涎宿食，壅塞上脘，胸中痞梗，风痰癫痫，湿热黄疸，四肢浮肿，鼻塞，喉痹。

【用法用量】0.6～1.5g，制成散剂。内服催吐；外用适量，纳鼻孔中。

【注意】体弱及有心脏病者忌用。

人参芦 Renshenlu

【基原】为人参芦药材的净制品。

【商品性状特征】圆柱形，长2～5.5cm，直径0.5～1cm。表面黄棕色，有不规则纵皱纹及横纹，其碗状茎痕4～6个，交互排列，顶端茎痕常可见冬芽。质脆，易折断，断面不平坦，皮部疏松。气香，味微甜而后苦。（图10-135）

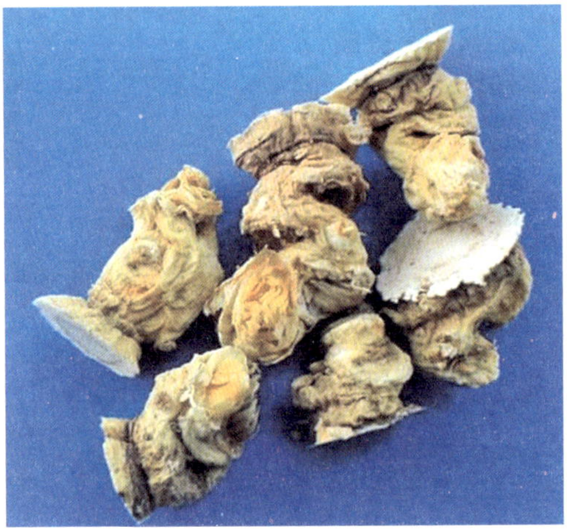

图10-135 人参芦

【规格】统货。

【主要化学成分】人参皂苷 Rg_1（ginsenoside Rg_1）。

【质量要求】

1. 荧光检查 取甲醇浸出液滴于滤纸上，干后置紫外光灯（365nm）下观察，呈黄绿色斑点。

2. 化学定性 取本品粉末少许，放于白瓷板上，滴加浓硫酸1～2滴，呈棕褐色。

【贮藏养护】置阴凉干燥处，密闭保存，防蛀。

【性味功能】甘，微苦。催吐，升阳举陷。用于脾虚气陷，久泻，脱肛。

【用法用量】内服煎汤，3～9g；或入丸、散。

【注意】实证、热证者禁用。

二十、解毒杀虫燥湿止痒药类

蛇床子 Shechuangzi

【基原】为蛇床子药材的净制品。

【商品性状特征】呈椭圆形，长2～4mm，直径约2mm。表面灰黄色或灰褐色，顶端有2枚向外弯曲的柱基，基部偶有细梗。分果的背面有薄而突起的纵棱5条，接合面平坦，有2条棕色略突起的纵棱线。果皮松脆，揉搓易脱落。种子细小，灰棕色，显油性。气香，味辛凉，有麻舌感。（图10-136）

【规格】统货。

【主要化学成分】蛇床子素（osthol）、哥伦比亚绿草素（columbianadin）、佛手柑内酯（bergapten）、白芷素（edultin）等。

笔记

图 10-136　蛇床子

【质量要求】

1. 薄层鉴别　取蛇床子粉末乙醇提取液为供试品溶液，另取蛇床子对照药材和蛇床子素对照品溶液为对照，置紫外光灯(365nm)下检视，供试品色谱中，在与对照药材色谱和对照品色谱相应的位置上，显相同颜色的荧光斑点。

2. 水分测定　水分不得过 13.0%。

3. 灰分测定　总灰分不得过 13.0%；酸不溶性灰分不得过 6.0%。

4. 浸出物含量　醇溶性浸出物不得少于 7.0%。

5. 蛇床子素($C_{15}H_{16}O_3$)含量　用高效液相色谱法测定，不得少于 1.0%。

【贮藏养护】置干燥处。

【性味功能】辛、苦，温。燥湿祛风，杀虫止痒，温肾壮阳。用于阴痒带下，湿疹瘙痒，湿痹腰痛，肾虚阳痿，宫冷不孕。

【用法用量】3～9g。外用适量，多煎汤熏洗，或研末调敷。

【注意】下焦有湿热，或肾阴不足，相火易动以及精关不固者忌服。

硫黄 Liuhuang

【基原】为硫黄药材的净制品。

【商品性状特征】呈黄色或略呈绿黄色。表面不平坦，呈脂肪光泽，常有多数小孔。用手握紧置于耳旁，可闻轻微的爆裂声。体轻，质松，易碎，断面常呈针状结晶形。有特异的臭气，味淡。(图 10-137)

【规格】统货。

【主要化学成分】硫(sulfur)。

【质量要求】

1. 化学定性　本品燃烧时易熔融，火焰为蓝色，并有二氧化硫的刺激性臭气。

2. 硫(S)含量　用滴定法测定，含硫(S)不得少于 98.5%。

【贮藏养护】置干燥处，防火。

【性味功能】酸，温。外用解毒杀虫疗疮；内服补火助阳通便。外治用于疥癣，秃

笔记

图 10-137　硫黄

疮，阴疽恶疮；内服用于阳痿足冷，虚喘冷哮，虚寒便秘。

【用法用量】外用适量，研末油调涂敷患处。内服 1.5～3g，炮制后入丸散服。

【附注】制硫黄　助阳益火。用于阳痿，尿频，虚寒腹痛，虚喘冷哮，虚寒便秘。黄褐色或黄绿色，臭气不明显。

【注意】孕妇慎服。不宜与芒硝、玄明粉同用。

白矾 Baifan

【基原】为白矾药材的净制品。

【商品性状特征】呈不规则的块状或粒状。无色或淡黄白色，透明或半透明。表面略平滑或凹凸不平，具细密纵棱，有玻璃样光泽。质硬而脆。气微，味酸、微甘而极涩。（图 10-138）

【规格】统货。

【主要化学成分】含水硫酸铝钾（aluminum potassium sulfate）。

【质量要求】

1. 铵盐检查　取本品 0.1g，加无氨蒸馏水 100ml 使溶解，取 10ml，置比色管中，加无氨水 40ml 与碱性碘化汞钾试液 2ml，如显色，与氯化铵溶液（取氯化铵 31.5mg，加无氨蒸馏水使成 1000ml）1ml、碱性碘化汞钾试液 2ml 及无氨蒸馏水 49ml 的混合液比较，不得更深。

2. 铜盐与锌盐检查　取本品 1g，加水 100ml 与稍过量的氨试液，煮沸，滤过，滤液不得显蓝色，滤液中加醋酸使成酸性后，再加硫化氢试液，不得发生浑浊。

3. 铁盐检查　取本品 0.35g，加水 20ml 溶解后，加硝酸 2 滴，煮沸 5 分钟，滴加氢氧化钠试液中和至微显浑浊，加稀盐酸 1ml、亚铁氰化钾试液 1ml 与水适量使成 50ml，摇匀，1 小时内不得显蓝色。

4. 重金属检查　取本品 1g，加稀醋酸 2ml 与水适量使溶解成 25ml，含重金属不得过百万分之二十。

5. 含水硫酸铝钾[$KAl(SO_4)_2 \cdot 12H_2O$]含量　用滴定法测定，不得少于 99.0%。

笔记

白矾

白矾粉

枯矾

图 10-138　白矾

【贮藏养护】置干燥处。

【性味功能】酸、涩，寒。外用解毒杀虫，燥湿止痒；内服止血止泻，祛除风痰。外治用于湿疹，疥癣，聤耳流脓；内服用于久泻不止，便血，崩漏，癫痫发狂。

【用法用量】0.6～1.5g。外用适量，研末敷或化水洗患处。

【附注】枯矾　呈蜂窝块状或细粉，表面白色，有光泽，质轻松。收涩敛疮、止血、化腐。

【注意】阴虚胃弱，无湿热者忌服。

二十一、拔毒化腐生肌药类

红升丹 Hongshengdan

【基原】为水银、火硝、白矾、朱砂、雄黄、皂矾炼制而成的红色氧化汞。

【商品性状特征】为橘红色的结晶体粉末或块状。质重，无臭，微带金属性，味涩。（图 10-139）

【规格】统货。

【主要化学成分】氧化汞、汞、少量二硫化砷。

笔记

图 10-139　红升丹

【质量要求】

1. 放在铁片上烧，则红色逐渐变成黑褐色，冷后又恢复原色。

2. 加盐酸溶液，通硫化氢，生成黑色硫化汞沉淀。

3. 加碘化钾溶液，即可生成红色碘化汞沉淀。

【贮藏养护】置干燥处，密闭。遇强光及热能逐渐析出水银而变成黑色，成为剧毒品。

【性味功能】辛，热。拔毒提脓，去腐生肌，杀虫燥湿。用于疔疮痈疽，瘘管窦道，瘿瘤瘰疬，乳癌乳痈，疥癣，湿疹，梅毒，一切顽疮久溃不敛，晦黯紫黑，脓出不畅，腐肉不去，新肉难生。

【用法用量】外用适量，研极细末，或与其他药配成散剂；或制成药捻插入疮口。内服 0.03～0.06g，装胶囊。

【注意】本品有毒，一般不宜内服。外用不宜大量持久使用，近口、眼、乳头、脐中等部位不宜用；疮面过大时亦不宜用，以防蓄积中毒。肝肾功能不全者、孕妇禁用。

升药底 Shengyaodi

【基原】炼制升药后留在锅底的残渣。

【商品性状特征】不规则厚片，3～7cm，厚 0.3～0.7cm。白色至淡黄色，条痕白色，微带黄色调。一面较平坦或具极细小孔，另一面粗糙或呈蜂窝状。质硬脆，可这段，断面多数为淡黄色，有的散有红色点或线。气微臭。（图 10-140）

【规格】统货。

【主要化学成分】硫酸汞、硝酸汞、硫酸钾、氯化铝、亚硝酸钾。

图 10-140　升药底

【贮藏养护】置干燥处，密闭。
【性味功能】苦，平。杀虫止痒，收湿生肌。用于疥癣，湿疹，黄水疮。
【用法用量】外用适量，研末调涂。
【注意】本品有毒，均作外用，不可内服。

炉甘石 luganshi

【基原】为炉甘石药材的净制品。
【商品性状特征】为块状集合体，呈不规则的块状。灰白色或淡红色，表面粉性，无光泽，凹凸不平，多孔，似蜂窝状。体轻，易碎。气微，味微涩。（图 10-141）

图 10-141　炉甘石

【规格】统货。
【主要化学成分】碳酸锌（zinc carbonate）、氧化锌（nihil album）等。
【质量要求】
1. 化学定性
（1）取本品粗粉 1g，加稀盐酸 10ml，即泡沸。将此气体通入氢氧化钙试液中，即生成白色沉淀。
（2）取本品粗粉 1g，加稀盐酸 10ml 使溶解，滤过，滤液加亚铁氰化钾试液，即生成白色沉淀，或杂有微量的蓝色沉淀。
2. 氧化锌（ZnO）含量　用滴定法测定，不得少于 40.0%。
【贮藏养护】置干燥处，防尘。
【性味功能】甘，平。解毒明目退翳，收湿止痒敛疮。用于目赤肿痛，眼缘赤烂，翳膜胬肉，溃疡不敛，脓水淋漓，湿疮，皮肤瘙痒。
【用法用量】外用适量。
【附注】
1. 煅炉甘石　呈灰白色或白色细粉，质轻松。解毒明目退翳，收湿止痒敛疮。
2. 黄连水制炉甘石　呈黄色细粉，质轻松，味苦。增强清热明目、敛疮收湿的功效。
3. 三黄汤制炉甘石　呈深黄色细粉，质轻松，味苦。增强清热明目、敛疮收湿的

笔记

功效。

【注意】勿用于糜烂、渗液之皮损。

信石 Xinshi

【基原】为信石药材的净制品。亦称砒石。

【商品性状特征】

1. 红信石(红砒)　呈不规则的块状,大小不一。粉红色,具黄色与红色彩晕,略透明或不透明,具玻璃样光泽或无光泽。质脆、易砸碎,断面凹凸不平或呈层状纤维样的结构。气微,烧之有蒜样臭气。极毒,不能口尝。

2. 白信石(白砒)　无色或白色,有的透明。质较纯,毒性较红信石剧烈。其他特征同红信石。(图 10-142)

图 10-142　信石

【规格】分红信石和白信石。

【主要化学成分】三氧化二砷(arsenic trioxide)。

【质量要求】

1. 化学定性　水溶后为弱酸性,通硫化氢后产生三硫化二砷黄色沉淀。

2. 微量升华　取本品粉末,放入闭口管中,加热,得白色升华物(纯品 137℃ 升华),精筒可见大量的四面体或八面体结晶。

【贮藏养护】装缸或坛内,防尘,专柜保存。

【性味功能】辛、酸,大热;有大毒。祛痰,截疟,杀虫,蚀腐肉。用于寒喘,疟疾;外用治淋巴结结核,骨、关节结核,结核性瘘管,牙疳,痔疮。

【用法用量】0.002~0.004g。入丸、散用。不可持续服用。外敷面积不宜过大,注意防止中毒。

【附注】砒霜　为信石升华精制的三氧化二砷(As_2O_3)。为白色结晶或粉末,微溶于热水。功效同信石,其毒性较信石剧烈。

【注意】本品有大毒,口服信石 5~50mg 即可中毒,致死量为 60~200mg,用时宜慎。应严格控制剂量,单用要加赋形剂。孕妇禁用。

(崔亚君　胡静　徐蓓蕾　图雅　张贵君)

第十一章

中成药商品

第一节　中成药的基本概念

中成药是根据传统中医药学的理论体系，以中药饮片为基本原料，按照规定的处方，采用相应的工艺流程和加工方法，依据病情需要制备的中药剂型。中成药是我国传统的特有药品，在组成上讲究中药的配伍，在剂型上注重疾病的类型，在应用上重视辨证用药，在生产和经营管理上与中药材不同。因此中成药具有其独特的性质。中成药的制剂处方符合传统中医药的组方原则，应用广泛、疗效确切；有上级药品监督部门批准的生产文号；生产工业化和机械化；产品具有规定的质量标准和准确的质量检测方法；制剂便于贮运、携带和服用；部分中成药不仅可以作为医生处方用药，患者自己也可以依据个人的用药常识自行购买服用。

中成药包括许多剂型，传统的有丸剂、散剂、膏剂、丹剂、露剂、胶剂、酒剂、酊剂等，现代的有片剂、颗粒剂、糖浆剂、注射剂、滴丸、软胶囊和缓控释制剂等多种新剂型。

第二节　中成药各论

一、丸剂

二妙丸 Ermiao Wan

Ermiao Pills

【基原】处方：炒苍术500g，炒黄柏500g。水丸。

【商品性状特征】为黄棕色的水丸；气微香，味苦涩。

【规格】100粒/6g；6g/袋（或瓶）。

【主要化学成分】苍术素（atrctylodin）、小檗碱（berberine）、黄柏碱（phellodendrine）等。

【质量要求】

1. 性状评价　外观应圆整均匀、色泽一致，无粘连现象。

2. 薄层鉴别　取本品分别与苍术对照药材、黄柏对照药材和盐酸小檗碱对照品进行薄层色谱鉴别，在与对照药材色谱和对照品色谱相应的位置上，显相同颜色的

笔记

斑点。

3. 盐酸小檗碱含量　用高效液相色谱法测定，本品每 1g 含黄柏以盐酸小檗碱（$C_{20}H_{17}NO_4 \cdot HCl$）计，不得少于 3.0mg。

【贮藏养护】密封、防潮。置阴凉干燥处。

【功能主治】燥湿清热。用于湿热下注、足膝红肿热痛、下肢丹毒、白带、阴囊湿痒。

【用法用量】口服，1 次 6～9g，1 日 2 次。

六应丸 Liuying Wan

Liuying Pills

【基原】处方：丁香，雄黄，珍珠，蟾酥，牛黄，冰片。水丸。

【商品性状特征】为黑色有光泽的水丸，除去包衣显深黄色；味苦、辛，有麻舌感。

【规格】19mg/5 丸；10 粒/管。

【主要化学成分】丁香酚（eugenol）、胆酸（cholic acid）、去氧胆酸（deoxycholic acid）、胆红素（bilirubin）、龙脑（borneol）、华蟾酥毒基（cinobufagin）、脂蟾毒配基（resibufogenin）和二硫化二砷（arsenic disulfide）等。

【质量要求】

1. 性状评价　外观应圆整均匀、色泽一致，无粘连现象。

2. 薄层鉴别　取本品分别与丁香酚对照品、冰片对照品，脂蟾毒配基对照品，胆酸、去氧胆酸和猪去氧胆酸对照品进行薄层色谱鉴别，在与猪去氧胆酸对照品色谱相应的位置上，不得显相同颜色的斑点，在与上述其他对照品色谱相应的位置上，显相同颜色的斑点。

3. 三氧化二砷检查　照砷盐检查法检查，本品应符合限量规定。

4. 游离胆红素检查　用高效液相色谱法测定（避光操作），本品应符合限量规定。

5. 重量差异检查　取本品 5 丸为 1 份，共取 10 份进行检查，应符合规定（重量差异限度±15%）。

6. 蟾酥、胆红素含量　用高效液相色谱法测定，本品每 1g 含蟾酥以脂蟾毒配基（$C_{24}H_{32}O_4$）和华蟾酥毒基（$C_{26}H_{31}O_6$）的总量计，不得少于 6.5mg；每 1g 含牛黄以胆红素（$C_{33}H_{36}N_4O_6$）计，不得少于 26.2mg。

【贮藏养护】密封。置阴凉干燥处。

【功能主治】清热，解毒，消肿，止痛。用于火毒内盛所致的喉痹、乳蛾，症见咽喉肿痛、口苦咽干、喉核红肿；咽喉炎、扁桃体炎见上述证候者；亦用于疖痈疮疡及虫咬肿痛。

【用法用量】饭后服。1 次 10 丸，儿童 1 次 5 丸，婴儿 1 次 2 丸，1 日 3 次；外用。以冷开水或醋调敷患处。

十全大补丸 Shiquan Dabu Wan

Shiquan Dabu Pills

【基原】处方：党参 80g，炒白术 80g，茯苓 80g，炙甘草 40g，当归 120g，川芎 40g，酒白芍 80g，熟地黄 120g，炙黄芪 80g，肉桂 20g。水蜜丸或蜜丸。

笔记

【商品性状特征】为棕褐色至黑褐色的水蜜丸、小蜜丸或大蜜丸；气香，味甘而微辛。

【规格】大蜜丸，9g/丸。水蜜丸，6g/袋；或30g/瓶、60g/瓶。

【主要化学成分】芍药苷（paeoniflorin）、甘草苷（liquiritin）、甘草酸（glycyrrhizic acid）、阿魏酸（ferulic acid）、藁本内酯（ligustilide）、桂皮醛（cinnamaldehyde）、苍术酮（atractylon）、党参炔苷（lobetyolin）、毛蕊花糖苷（verbascoside）、黄芪甲苷（astragaloside Ⅳ）、毛蕊异黄酮葡萄糖苷（calycosin-7-glucoside）、挥发油等。

【质量要求】

1. 性状评价　外观应圆整均匀、色泽一致，无粘连现象。

2. 薄层鉴别　取本品分别与芍药苷对照品、当归对照药材、黄芪甲苷对照品进行薄层色谱鉴别，在与对照药材色谱和对照品色谱相应的位置上，显相同颜色的斑点。

3. 芍药苷含量　用高效液相色谱法测定，本品含酒白芍以芍药苷（$C_{23}H_{28}O_{11}$）计，水蜜丸每1g不得少于0.55mg，小蜜丸每1g不得少于0.40mg，大蜜丸每丸不得少于3.6mg。

【贮藏养护】密封。置阴凉干燥处。

【功能主治】补气血。用于气血两虚，面色苍白，气短心悸，头晕自汗，体倦乏力，四肢不温，月经量多。

【用法用量】口服，水蜜丸1次6g，小蜜丸1次9g，大蜜丸1次1丸，1日2～3次。

六味地黄丸 Liuwei Dihuang Wan

Liuwei Dihuang Pills

【基原】处方：熟地黄160g，酒萸肉80g，牡丹皮60g，山药80g，茯苓60g，泽泻60g。水丸、水蜜丸或蜜丸。

【商品性状特征】为棕黑色的水丸、水蜜丸、棕褐色至黑褐色的小蜜丸或大蜜丸；味甜而酸。

【规格】水丸，5g/袋。水蜜丸6g/袋、小蜜丸9g/袋；或36g/瓶、60g/瓶、120g/瓶。大蜜丸9g/丸，10丸/盒。

【主要化学成分】毛蕊花糖苷（verbascoside）、莫诺苷（morroniside）、马钱苷（loganin）、丹皮酚（paeonol）、23-乙酰泽泻醇B（alisol B 23-acetate）等。

【质量要求】

1. 性状评价　外观应圆整均匀、色泽一致，无粘连现象。

2. 薄层鉴别　取本品分别与莫诺苷对照品、马钱苷对照品，丹皮酚对照品，泽泻对照药材进行薄层色谱鉴别，在与对照品色谱和对照药材色谱相应的位置上，显相同颜色的斑点。

3. 莫诺苷、马钱苷和丹皮酚含量　用高效液相色谱法测定，本品含酒萸肉以莫诺苷（$C_{17}H_{26}O_{11}$）和马钱苷（$C_{17}H_{26}O_{10}$）的总量计，水丸每1g不得少于0.9mg；水蜜丸每1g不得少于0.75mg；小蜜丸每1g不得少于0.50mg；大蜜丸每丸不得少于4.5mg；含牡丹皮以丹皮酚（$C_9H_{10}O_3$）计，水丸每1g不得少于1.3mg；水蜜丸每1g不得少于1.05mg；小蜜丸每1g不得少于0.70mg；大蜜丸每丸不得少于6.3mg。

【贮藏养护】密封。置阴凉干燥处。

笔记

【功能主治】滋阴补肾;用于肾阴亏损,头晕耳鸣,腰膝酸软,骨蒸潮热,盗汗遗精,消渴。

【用法用量】口服。水丸1次5g,水蜜丸1次6g,小蜜丸1次9g,大蜜丸1次1丸,1日2次。

【附注】除蜜丸外,剂型还有浓缩丸(每8丸重1.44g,相当于饮片3g),口服,1次8丸,1日3次。此外还有片剂、硬胶囊剂、软胶囊剂、颗粒剂等产品。

牛黄上清丸 Niuhuang Shangqing Wan

Niuhuang Shangqing Pills

【基原】处方:人工牛黄2g,薄荷30g,菊花40g,荆芥穗16g,白芷16g,川芎16g,栀子50g,黄连16g,黄柏10g,黄芩50g,大黄80g,连翘50g,赤芍16g,当归50g,地黄64g,桔梗16g,甘草10g,石膏80g,冰片10g。水丸、水蜜丸或蜜丸。

【商品性状特征】为棕黄色至深棕色的水丸或红褐色至黑褐色的小蜜丸、大蜜丸;气芳香,味苦。

【规格】水丸3g/16粒。水蜜丸10g/100丸,或4g/袋。大蜜丸6g/丸。小蜜丸20g/100丸,或6g/袋。

【主要化学成分】胆酸(cholic acid)、胆红素(cbilirubin)、大黄素(emodin)、大黄酸(rhein)、芦荟大黄素(aloe-emodin)、大黄酚(chrysophanol)、大黄素甲醚(physcione)、薄荷脑(menthol)、绿原酸(chlorogenic acid)、木犀草苷(galuteolin)、3,5-*O*-二咖啡酰基奎宁酸(isochlorogenic acid A)、胡薄荷酮(pulegone)、欧前胡素(imperatorin)、阿魏酸(ferulic acid)、栀子苷(gardenin)、小檗碱(berberine)、表小檗碱(epiberberine)、黄柏碱(phellodendrine)、黄芩苷(baicalin)、连翘苷(phillyrin)、连翘酯苷(forsythiaside)、芍药苷(paeoniflorin)、梓醇(catalpol)、毛蕊花糖苷(verbascoside)、桔梗皂苷(kikyosaponin)、甘草苷(liquiritin)、甘草酸(glycyrrhizic acid)、含水硫酸钙(alabaster)、龙脑(borneol)等。

【质量要求】

1. 性状评价　外观应圆整均匀、色泽一致,无粘连现象。

2. 薄层鉴别　取本品分别与工牛黄对照药材、胆酸对照品、猪去氧胆酸对照品,大黄对照药材,黄连对照药材、盐酸小檗碱对照品,当归对照药材,进行薄层色谱鉴别,在与对照品色谱和对照药材色谱相应的位置上,显相同颜色的斑点。

取本品与黄芩苷对照品、栀子苷对照品、连翘酯苷A对照品、芍药苷对照品,照高效液相色谱法进行鉴别,呈现与对照品色谱峰保留时间相对应的色谱峰。

3. 黄芩苷、栀子苷含量　用高效液相色谱法测定,本品含黄芩以黄芩苷($C_{21}H_{18}O_{11}$)计,大蜜丸每丸不得少于15mg,小蜜丸每1g不得少于2.5mg,水丸每1g不得少于5.0mg;本品含栀子以栀子苷($C_{17}H_{24}O_{10}$)计,大蜜丸每丸不得少于3.6mg,小蜜丸每1g不得少于0.60mg,水丸每1g不得少于1.20mg。

【贮藏养护】密封。置阴凉干燥处。

【功能主治】清热泻火,散风止痛。用于热毒内盛、风火上攻所致的头痛眩晕、目赤耳鸣、咽喉肿痛、口舌生疮、牙龈肿痛、大便燥结。

【用法用量】口服。小蜜丸1次6g,水蜜丸1次4g,水丸1次3g,大蜜丸1次1

笔记

丸，1 日 2 次。

【附注】此外，还有片剂、硬胶囊剂、软胶囊剂等剂型产品。

补中益气丸 Buzhong Yiqi Wan

Buzhong Yiqi Pills

【基原】处方：炙黄芪 200g，党参 60g，炙甘草 100g，炒白术 60g，当归 60g，升麻 60g，柴胡 60g，陈皮 60g。蜜丸。

【商品性状特征】为棕褐色至黑褐色的小蜜丸或大蜜丸；味微甜、微苦、辛。

【规格】大蜜丸 9g/丸，10 丸/盒。小蜜丸 20g/100 丸，36g/瓶、60g/瓶或 6g/袋。

【主要化学成分】黄芪甲苷（astragaloside Ⅳ）、毛蕊异黄酮葡萄糖苷（calycosin-7-glucoside）、党参炔苷（lobetyolin）、甘草苷（liquiritin）、甘草酸（glycyrrhizic acid）、苍术酮（atractylon）、阿魏酸（ferulic acid）、异阿魏酸（isoferulic acid）、藁本内酯（ligustilide）、橙皮苷（hesperidin）、柴胡皂苷（saikosaponin）a、d 等。

【质量要求】

1. 性状评价　外观应圆整均匀、色泽一致，无粘连现象。

2. 薄层鉴别　取本品分别与甘草酸单铵盐对照品，橙皮苷对照品进行薄层色谱鉴别，在与对照品色谱相应的位置上，显相同颜色的斑点。

3. 黄芪甲苷含量　用高效液相色谱法测定，本品含炙黄芪以黄芪甲苷（$C_{41}H_{68}O_{14}$）计，小蜜丸每 1g 不得少于 0.20mg；大蜜丸每丸不得少于 1.80mg。

【贮藏养护】密封。置阴凉干燥处。

【功能主治】补中益气，升阳举陷。用于脾胃虚弱、中气下陷所致的泄泻、脱肛、阴挺，症见体倦乏力、食少腹胀、便溏久泻、肛门下坠或脱肛、子宫脱垂。

【用法用量】口服。小蜜丸 1 次 9g，大蜜丸 1 次 1 丸，1 日 2～3 次。

【附注】除蜜丸外，丸剂剂型还有水丸（3g/50 粒，6g/袋）、浓缩丸（每 8 丸相当于原生药 3g）。口服，水丸 1 次 6g，1 日 2～3 次。此外还有颗粒剂、片剂、煎膏剂、合剂等产品。

复方丹参滴丸 Fufang Danshen Diwan

Compound Danshen Dripping Pills

【基原】处方：丹参，三七，冰片。滴丸。

【商品性状特征】为棕色的滴丸，或为薄膜衣滴丸，除去包衣后显黄棕色至棕色；气香，味微苦。

【规格】25mg/丸；薄膜衣滴丸 27mg/丸。

【主要化学成分】丹参酮（tanshinone）Ⅰ、$Ⅱ_A$，隐丹参酮（cryptotanshione），丹酚酸（salvianolic acid），人参皂苷（ginsenoside）Re、Rg_1、Rb_1，三七皂苷 R_1（notoginsenoside R_1），龙脑（borneol）等。

【质量要求】

1. 性状评价　外观应圆整均匀、色泽一致，无粘连现象。

2. 薄层鉴别　取本品分别与冰片对照品，丹参素钠对照品，三七对照药材，三七皂苷 R_1、人参皂苷 Rb_1、人参皂苷 Rg_1 和人参皂苷 Re 的混合对照品溶液进行薄层色谱鉴别，在与对照品色谱和对照药材色谱相应的位置上，显相同颜色的斑点。

笔记

3. 丹参素含量 用高效液相色谱法测定，本品每丸含丹参以丹参素（$C_9H_{10}O_5$）计，不得少于0.10mg。

4. 本品的高效液相色谱图谱应呈现八个与对照指纹图谱相对应的特征峰，按中药色谱指纹图谱相似度评价系统计算，供试品指纹图谱与对照指纹图谱的相似度不得低于0.90。

【贮藏养护】密封。置阴凉干燥处。

【功能主治】活血化瘀，理气止痛。用于气滞血瘀所致的胸痹，症见胸闷、心前区刺痛；冠心病心绞痛见上述证候者。

【用法用量】吞服或舌下含服。1次10丸，1日3次。28天为1个疗程；或遵医嘱。

【附注】除滴丸外，丸剂剂型还有浓缩水丸（规格①每1g相当于生药量1.80g；规格②每1g相当于生药量2.57g）。口服，1次1g（规格①）或1次0.7g（规格②），1日3次。此外，还有片剂、胶囊剂、喷雾剂、颗粒剂等产品。

都梁滴丸 Duliang Diwan

Duliang Dripping Pills

【基原】处方：白芷90g，川芎22.5g。滴丸。

【商品性状特征】为棕黄色滴丸，或为薄膜衣滴丸，除去包衣后显棕黄色；有特异香气，味苦、有麻舌感。

【规格】30mg/丸；薄膜衣滴丸31mg/丸。

【主要化学成分】欧前胡素（imperatorin）、异欧前胡素（isoimperatorin）、欧当归内酯A（levistilide A）、阿魏酸（ferulic acid）等。

【质量要求】

1. 性状评价 外观应圆整均匀、色泽一致，无粘连现象。

2. 薄层鉴别 取本品分别与白芷对照药材、川芎对照药材进行薄层色谱鉴别，在与对照药材色谱相应的位置上，显相同颜色的斑点。

3. 欧前胡素和异欧前胡素含量 用高效液相色谱法测定，本品每丸含白芷以欧前胡素（$C_{16}H_{14}O_4$）和异欧前胡素（$C_{16}H_{14}O_4$）的总量计，不得少于90μg。

【贮藏养护】密封。置阴凉干燥处。

【功能主治】祛风散寒，活血通络。用于风寒瘀血阻滞脉络所致的头痛，症见头胀痛或刺痛，痛有定处，反复发作，遇风寒诱发或加重。

【用法用量】口服或舌下含服。1次6丸，1日4次。

【附注】除滴丸外，丸剂剂型还有大蜜丸（每丸重9g）。口服，1次1丸，1日3次。此外，还有软胶囊剂。

二、片剂

牛黄解毒片 Niuhuang Jiedu Pian

Niuhuang Jiedu Tablets

【基原】处方：人工牛黄5g，雄黄50g，石膏200g，大黄200g，黄芩150g，桔梗100g，

笔记

冰片 25g，甘草 50g。片剂。

【商品性状特征】为素片、糖衣片或薄膜衣片，素片或包衣片除去包衣后显棕黄色；有冰片香气，味微苦、辛。

【规格】0.25g/片，0.3g/片。

【主要化学成分】胆酸(cholic acid)、胆红素(bilirubin)、牛磺酸(taurine)、含水硫酸钙(alabaster)、芦荟大黄素(aloe-emodin)、大黄酸(rhein)、大黄素(emodin)、大黄酚(chrysophanol)、大黄素甲醚(physcione)、黄芩苷(baicalin)、黄芩素(baicalein)、汉黄芩素(wogonin)、桔梗皂苷(kikyosaponin)、甘草苷(liquiritin)、甘草酸(glycyrrhizic acid)、龙脑(borneol)、二硫化二砷(arsenic disulfide)等。

【质量要求】

1. 性状评价　外观应完整光洁，色泽均匀，有适宜的硬度和耐磨性。

2. 薄层鉴别　取本品分别与冰片对照品，胆酸对照品，大黄素对照品、大黄对照药材，黄芩苷对照品，人工牛黄对照药材进行薄层色谱鉴别，在与对照品色谱和对照药材色谱相应的位置上，显相同颜色的斑点。

3. 三氧化二砷检查　照砷盐检查法检查，本品应符合限量规定。

4. 黄芩苷含量　用高效液相色谱法测定，本品每片含黄芩以黄芩苷($C_{21}H_{18}O_{11}$)计，小片不得少于 3.0mg；大片不得少于 4.5mg。

【贮藏养护】密封。置阴凉干燥处。

【功能主治】清热解毒。用于火热内盛，咽喉肿痛，牙龈肿痛，口舌生疮，目赤肿痛。

【用法用量】口服。小片 1 次 3 片，大片 1 次 2 片，1 日 2～3 次。

【附注】此外，还有丸剂(水蜜丸、大蜜丸)、硬胶囊剂、软胶囊剂、颗粒剂等产品。

穿心莲片 Chuanxinlian Pian

Chuanxinlian Tablets

【基原】处方：穿心莲 1000g。片剂。

【商品性状特征】为糖衣片或薄膜衣片，除去包衣后显灰褐色至棕褐色；味苦。

【规格】1g/片，2g/片。

【主要化学成分】穿心莲内酯(andrographolide)、脱水穿心莲内酯(dehydroandrographolide)等。

【质量要求】

1. 性状评价　外观应完整光洁，色泽均匀，有适宜的硬度和耐磨性。

2. 薄层鉴别　取本品与穿心莲对照药材、脱水穿心莲内酯对照品进行薄层色谱鉴别，在与对照药材色谱和对照品色谱相应的位置上，显相同颜色的斑点。

3. 脱水穿心莲内酯含量　用高效液相色谱法测定，本品每片含脱水穿心莲内酯($C_{20}H_{28}O_4$)，小片不得少于 4.0mg，大片不得少于 8.0mg。

【贮藏养护】密封。置阴凉干燥处。

【功能主治】清热解毒，凉血消肿。用于邪毒内盛，感冒发热，咽喉肿痛，口舌生疮，顿咳劳嗽，泄泻痢疾，热淋涩痛，痈肿疮疡，毒蛇咬伤。

【用法用量】口服。1 次 2～3 片(小片)，1 日 3～4 次；或 1 次 1～2 片(大片)，1

笔记

日3次。

【附注】本品还有硬胶囊剂。

银黄片 Yinhuang Pian

Yinhuang Tablets

【基原】处方:金银花提取物100g,黄芩提取物40g。片剂。

【商品性状特征】为糖衣片或薄膜衣片,除去包衣后显黄色至棕黄色;味微苦。

【规格】糖衣片,0.25g/片心。薄膜衣片,0.27g/片。

【主要化学成分】绿原酸(chlorogenic acid)、新绿原酸(neochlorogenic acid)、隐绿原酸(cryptochlorogenic acid)、3,4-*O*-二咖啡酰奎宁酸(3,4-dicaffeoylquinic acid)、黄芩苷(baicalin)等。

【质量要求】

1. 性状评价　外观应完整光洁,色泽均匀,有适宜的硬度和耐磨性。

2. 特征图谱　按用高效液相色谱法测定,以绿原酸对照品做参照物,本品色谱应呈现七个特征峰,与参照物峰相对应的峰为S峰,计算各特征峰与S峰的相对保留时间,其相对保留时间应在规定值的±5%之内。规定值为:0.76(峰1)、1.00(峰2)、1.05(峰3)、1.80(峰4)、1.87(峰5)、2.01(峰6)、2.33(峰7)。

3. 山银花检查　用高效液相色谱法测定,本品色谱中不得呈现与灰毡毛忍冬皂苷乙对照品色谱峰保留时间相对应的色谱峰。

4. 绿原酸、黄芩苷含量　用高效液相色谱法测定,本品每片含金银花提取物以绿原酸($C_{16}H_{18}O_9$)计,不得少于1.3mg;每片含黄芩提取物以黄芩苷($C_{21}H_{18}O_{11}$)计,不得少于27.0mg。

【贮藏养护】密封。置阴凉干燥处。

【功能主治】清热疏风,利咽解毒。用于外感风热、肺胃热盛所致的咽干、咽痛、喉核肿大、口渴、发热;急慢性扁桃体炎、急慢性咽炎、上呼吸道感染见上述证候者。

【用法用量】口服。1次2~4片,1日4次。

【附注】此外,还有合剂、颗粒剂等产品。

三、散剂

七厘散 Qili San

Qili Powder

【基原】处方:血竭500g,乳香(制)75g,没药(制)75g,红花75g,儿茶120g,冰片6g,人工麝香6g,朱砂60g。散剂。

【商品性状特征】为朱红色至紫红色的粉末或易松散的块;气香,味辛、苦,有清凉感。

【规格】1.5g/瓶,3g/瓶。

【主要化学成分】血竭素(dracorhodin)、羟基红花黄色素A(hydroxysafflor yellow A)、山柰素(kaempferide)、儿茶素(catechin)、表儿茶素(epicatechin)、龙脑(borneol)、麝香酮(muscone)、硫化汞(mercuric sulfide)、挥发油等。

笔记

【质量要求】

1. 性状评价　应为细粉，干燥、疏松、混合均匀、色泽一致。

2. 化学定性　本品乙醇提取液在盐酸存在条件下与0.5%对二甲氨基苯甲醛的乙醇溶液发生颜色反应。

3. 薄层鉴别　取本品与血竭对照药材进行薄层色谱鉴别，在与对照药材色谱相应的位置上，显相同颜色的斑点。

4. 醇溶性浸出物含量　用热浸法测定，不得少于60%。

5. 血竭素含量　用高效液相色谱法测定，本品每1g含血竭以血竭素（$C_{17}H_{14}O_3$）计，不得少于5.5mg。

【贮藏养护】密封。置阴凉干燥处。

【功能主治】化瘀消肿，止痛止血。用于跌仆损伤，血瘀疼痛，外伤出血。

【用法用量】口服。1次1～1.5g，1日1～3次；外用，调敷患处。

【附注】此外，还有硬胶囊剂。

云南白药 Yunnan Baiyao

Yunnan Baiyao Powder

【基原】处方：略。散剂。

【商品性状特征】为灰黄色至浅棕黄色的粉末；具特异香气；味略感清凉，并有麻舌感。保险子为红色的球形或类球形水丸，剖面呈棕色或棕褐色；气微，味微苦。

【规格】4g/瓶（含保险子1粒）。

【主要化学成分】人参皂苷（ginsenoside）Rg_1、三七皂苷（notoginsenoside）R_1等。

【质量要求】

1. 性状评价　应为细粉，干燥、疏松、混合均匀、色泽一致。

2. 薄层鉴别　取本品与云南白药对照提取物、人参皂苷Rg_1对照品、三七皂苷R_1对照品进行薄层色谱鉴别，在与对照品色谱和对照提取物色谱相应的位置上，显相同颜色的斑点。

3. 人参皂苷Rg_1含量　用高效液相色谱法测定，本品每1g含人参皂苷Rg_1（$C_{42}H_{72}O_{14}$）不得少于3.0mg。

【贮藏养护】密封。置阴凉干燥处。

【功能主治】化瘀止血，活血止痛，解毒消肿。用于跌打损伤，瘀血肿痛，吐血、咳血、便血、痔血、崩漏下血，手术出血，疮疡肿毒及软组织挫伤，闭合性骨折，支气管扩张及肺结核咳血，溃疡病出血，以及皮肤感染性疾病。

【用法用量】刀、枪、跌打诸伤，无论轻重，出血者用温开水送服；瘀血肿痛与未流血者用酒送服；妇科各症，用酒送服；但月经过多、红崩，用温水送服。毒疮初起，服0.25g，另取药粉，用酒调匀，敷患处，如已化脓，只需内服。其他内出血各症均可内服。

口服。1次0.25～0.5g，1日4次（2～5岁按1/4剂量服用；6～12岁按1/2剂量服用）。

【附注】此外，还有胶囊剂、贴膏剂、酊剂、气雾剂等。

笔记

雅叫哈顿散 Yajiao Hadun San

Yajiao Hadun Powder

【基原】傣族验方。处方:小百部100g,藤苦参100g,苦冬瓜100g,箭根薯100g,羊耳菊根100g,蔓荆子茎及叶100g。散剂。

【商品性状特征】为暗灰色的粉末;气微香,味微苦。

【规格】3g/袋。

【主要化学成分】美洲菝葜皂苷元(sarsasapogenin)、白屈菜酸(chelidonic acid)、木犀草素-7-葡萄糖苷(luteolin-7-glucoside)等。

【质量要求】

1. 性状评价　应为细粉,干燥、疏松、混合均匀、色泽一致。

2. 薄层鉴别　取本品分别与箭根薯对照药材、藤苦参对照药材进行薄层色谱鉴别,在与对照药材色谱相应的位置上,显相同颜色的斑点。

【贮藏养护】密闭。置阴凉干燥处。

【功能主治】清热解毒,止痛止血。用于感冒发热,喉炎,胸腹胀痛,虚劳心悸,月经不调,产后流血。

【用法用量】口服。1次3~9g,1日3次。

四、合剂

清喉咽合剂 Qinghouyan Heji

Qinghouyan Mistura

【基原】处方:地黄180g,麦冬160g,玄参260g,连翘315g,黄芩315g。合剂。

【商品性状特征】为棕褐色的澄清液体;味苦。

【规格】100ml/瓶,150ml/瓶。

【主要化学成分】梓醇(catalpol)、毛蕊花糖苷(verbascoside)、哈巴苷(harpagide)、哈巴俄苷(harpagoside)、连翘苷(phillyrin)、连翘酯苷(forsythiaside)、黄芩苷(baicalin)、麦冬皂苷(ophiopogonin)等。

【质量要求】

1. 性状评价　外观应澄清。贮存期间无发霉、酸败、异物、变色、产生气体或其他变质现象,允许有少量摇之易散的沉淀。

2. 薄层鉴别　取本品分别与黄芩苷对照品、连翘苷对照品、玄参对照药材进行薄层色谱鉴别,在与对照品色谱和对照药材色谱相应的位置上,显相同颜色的斑点。

3. 相对密度　应为1.02~1.10。

4. pH值　应为4.0~6.0。

5. 黄芩苷含量　用高效液相色谱法测定,本品每1ml含黄芩以黄芩苷($C_{21}H_{18}O_{11}$)计,不得少于14mg。

【贮藏养护】密封。置阴凉处。

【功能主治】养阴清肺,利咽解毒。用于阴虚燥热、火毒内蕴所致的咽部肿痛、咽干少津、咽部白腐有苔膜、喉核肿大;局限性的咽白喉、轻度中毒型白喉、急性扁桃体

笔记

炎、咽峡炎见上述证候者。

【用法用量】口服。第1次20ml,以后每次10~15ml,1日4次;小儿酌减。

生脉饮 Shengmaiyin

Shengmaiyin Oral Liquor

【基原】处方:红参100g,麦冬200g,五味子100g。合剂(口服液)。

【商品性状特征】为黄棕色至红棕色的澄清液体;气香,味酸甜、微苦。

【规格】10ml/支。

【主要化学成分】人参皂苷(ginsenoside)Rg_1、Re、Rb_1,五味子醇甲(schisandrin),麦冬皂苷(ophiopogonin)等。

【质量要求】

1. 性状评价　外观应澄清。贮存期间无发霉、酸败、异物、变色、产生气体或其他变质现象,允许有少量摇之易散的沉淀。

2. 薄层鉴别　取本品分别与人参二醇对照品、人参三醇对照品,麦冬对照药材,五味子对照药材、五味子醇甲对照品进行薄层色谱鉴别,在与对照品色谱和对照药材色谱相应的位置上,显相同颜色的斑点。

3. 相对密度　应不低于1.08。

4. pH值　应为4.55~7.0。

5. 五味子醇甲含量　用高效液相色谱法测定,本品每支含五味子以五味子醇甲($C_{22}H_{32}O_7$)计,不得少于0.25mg。

【贮藏养护】密封。置阴凉处。

【功能主治】益气复脉,养阴生津。用于气阴两亏,心悸气短,脉微自汗。

【用法用量】口服。1次10ml,1日3次。

【附注】此外,还有胶囊剂、颗粒剂、注射液等。

鼻窦炎口服液 Bidouyan Koufuye

Bidouyan Oral Liquor

【基原】处方:辛夷,荆芥,薄荷,桔梗,竹叶,柴胡,苍耳子,白芷,川芎,黄芩,栀子,茯苓,川木通,黄芪,龙胆草。合剂(口服液)。

【商品性状特征】为深棕黄色至深棕褐色的液体;气芳香,味苦。

【规格】10ml/支。

【主要化学成分】木兰脂素(magnelin)、胡薄荷酮(pulegone)、薄荷脑(menthol)、桔梗皂苷(kikyosaponin)、绿原酸(chlorogenic acid)、欧前胡素(imperatorin)、阿魏酸(ferulic acid)、黄芩苷(baicalin)、栀子苷(gardenin)、黄芪甲苷(astragaloside Ⅳ),挥发油等。

【质量要求】

1. 性状评价　外观应澄清。贮存期间无发霉、酸败、异物、变色、产生气体或其他变质现象,允许有少量摇之易散的沉淀。

2. 薄层鉴别　取本品分别与白芷对照药材、黄芩苷对照品、黄芪甲苷对照品进行薄层色谱鉴别,在与对照药材色谱和对照品色谱相应的位置上,显相同颜色的斑点。

笔记

3. 相对密度　应不低于 1.03。

4. pH 值　应为 4.5～6.8。

5. 黄芩苷含量　用高效液相色谱法测定，本品每 1ml 含黄芩以黄芩苷（$C_{21}H_{18}O_{11}$）计，不得少于 1.0mg。

【贮藏养护】密封。遮光，置阴凉处。

【功能主治】疏散风热，清热利湿，宣通鼻窍；用于风热犯肺、湿热内蕴所致的鼻塞不通、流黄稠涕；急慢性鼻炎、鼻窦炎见上述证候者。

【用法用量】口服。1 次 10ml，1 日 3 次；20 天为一疗程。

五、酒剂

国公酒 Guogong Jiu

Guogong Wines

【基原】处方：当归，羌活，牛膝，防风，独活，牡丹皮，广藿香，槟榔，麦冬，陈皮，五加皮，姜厚，朴红花，制天南星，枸杞子，白芷，白芍，紫草，盐补骨脂，醋青皮，炒白术，川芎，木瓜，栀子，麸炒苍术，麸炒枳壳，乌药，佛手，玉竹，红曲。酒剂。

【商品性状特征】为深红色的澄清液体；气清香，味辛、甜、微苦。

【规格】328ml/瓶。

【主要化学成分】阿魏酸（ferulic acid）、羌活醇（notopterol）、异欧前胡素（isoimperatorin）、β-蜕皮甾酮（β-ecdysterone）、升麻素苷（prim-o-glucosylcimifugin）、5-*O*-甲基维斯阿米醇苷（5-*O*-methylvisammioside）、蛇床子素（cnidium lactone）、二氢欧山芹醇当归酸酯（columbianadin）、丹皮酚（paeonol）、百秋里醇（patchoulicalcohol）、厚朴酚（magnolol）、和厚朴酚（honokiol）、橙皮苷（hesperidin）、辛弗林（synephrine）、丹皮酚苷（paeonoside）、挥发油等。

【质量要求】

1. 性状评价　应澄清、外观清洁、封口严密；无药液渗漏、大量沉淀、结晶、变色等现象。

2. 薄层鉴别　取本品与橙皮苷、辛弗林对照品进行薄层色谱鉴别，在与对照品色谱相应的位置上，显相同颜色的斑点。

3. 乙醇量　应为 55%～60%。

4. 总固体遗留残渣　不得少于 0.6%。

【贮藏养护】密封、防晒。

【功能主治】散风祛湿，舒筋活络。用于风寒湿邪闭阻所致的痹病，症见关节疼痛、沉重、屈伸不利、手足麻木、腰腿疼痛；也用于经络不和所致的半身不遂、口眼㖞斜、下肢痿软、行走无力。

【用法用量】口服。1 次 10ml，1 日 2 次。

寄生追风酒 Jisheng Zhuifeng Jiu

Jisheng Zhuifeng Wines

【基原】处方：独活，白芍，槲寄生，熟地黄，杜仲（炒），牛膝，秦艽，桂枝，防风，细

笔记

辛，党参，甘草，当归，川芎，茯苓。酒剂。

【商品性状特征】为棕色或黄棕色的澄清液体；味甜、微苦。

【规格】120ml/瓶，180ml/瓶。

【主要化学成分】蛇床子素（cnidium lactone）、二氢欧山芹醇当归酸酯（columbianadin）、桂皮醛（cinnamaldehyde）、齐墩果酸（oleanolic acid）、芍药苷（paeoniflorin）、蛇床子素（cnidium lactone）、龙胆碱（erythricine）、龙胆次碱（gentiani-dine）、升麻素苷（prim-o-glucosylcimifugin）、5-*O*-甲基维斯阿米醇苷（5-*O*-methylvisammioside）等。

【质量要求】

1. 性状评价　应澄清、外观清洁、封口严密；无药液渗漏、大量沉淀、结晶、变色等现象。

2. 薄层鉴别　取本品与独活、甘草对照药材、桂皮醛、齐墩果酸、芍药苷对照品进行薄层色谱鉴别，在与对照药材色谱和对照品色谱相应的位置上，显相同颜色的斑点。

3. 蛇床子素含量　用高效液相色谱法测定，本品每1ml含独活以蛇床子素（$C_{15}H_{16}O_3$）计，不得少于20μg。

4. 乙醇量应为28%～33%。

5. 总固体含总固体不得少于2.0%（g/ml）。

【贮藏养护】密封，置阴凉处。

【功能主治】补肝肾，祛风湿，止痹痛。用于肝肾两亏，风寒湿痹，腰膝冷痛，屈伸不利；风湿性关节炎、腰肌劳损、跌打损伤后期见上述证候者。

【用法用量】口服。1次20～30ml，1日2～3次。

舒筋活络酒 Shujin Huoluo Jiu

Shujin Huoluo Wines

【基原】处方：木瓜45g，桑寄生75g，玉竹240g，续断30g，川牛膝90g，当归45g，川芎60g，红花45g，独活30g，羌活30g，防风60g，白术90g，蚕沙60g，红曲180g，甘草30g。酒剂。

【商品性状特征】为棕红色的澄清液体；气香，味微甜、略苦。

【规格】250ml/瓶。

【主要化学成分】杯苋甾酮（cyasterone）、升麻素苷（prim-o-glucosylcimifugin）、5-*O*-甲基维斯阿米醇苷（5-*O*-methylvisammioside）、齐墩果酸（oleanolic acid）、玉竹黏多糖（odoratan）、川续断皂苷Ⅵ（asperosaponin Ⅵ）、挥发油等。

【质量要求】

1. 性状评价　应澄清、外观清洁、封口严密；无药液渗漏、大量沉淀、结晶、变色等现象。

2. 薄层鉴别　取本品与当归、川芎、甘草对照药材、桂皮醛对照品进行薄层色谱鉴别，在与对照药材色谱和对照品色谱相应的位置上，显相同颜色的斑点。

3. 升麻素苷、5-*O*-甲基维斯阿米醇苷含量　用高效液相色谱法测定，本品每1ml含防风以升麻素苷（$C_{22}H_{28}O_{11}$）和5-*O*-甲基维斯阿米醇苷（$C_{22}H_{28}O_{10}$）的总量计，不得少于20μg。

4. 乙醇量应为50%～57%。

5. 总固体遗留残渣不得少于1.1%(g/ml)。

【贮藏养护】密封,置阴凉处。

【功能主治】祛风除湿,活血通络,养阴生津。用于风湿阻络、血脉瘀阻兼有阴虚所致的痹病,症见关节疼痛、屈伸不利、四肢麻木。

【用法用量】口服。1次20~30ml,1日2次。

六、酊剂

烧伤灵酊 Shaoshangling Ding

Shaoshangling Tinctures

【基原】处方:虎杖黄柏冰片。酊剂。

【商品性状特征】为红棕色或深棕色的澄清液体。

【规格】50ml/瓶,100ml/瓶。

【主要化学成分】大黄素(emodin)、虎杖苷(polydatin)、小檗碱(berberine)、黄柏碱(phellodendrine)、龙脑(borneol)等。

【质量要求】

1. 性状评价　应澄清、外观清洁、封口严密;无药液渗漏、变色、沉淀等现象。

2. 薄层鉴别　取本品与黄柏、虎杖对照药材和盐酸小檗碱对照品进行薄层色谱鉴别,在与对照药材色谱和对照品色谱相应的位置上,显相同颜色的斑点。

3. 大黄素含量　用高效液相色谱法测定,本品每1ml含虎杖以大黄素($C_{15}H_{10}O_5$)计,不得少于0.35mg。

4. 相对密度　应为0.84~0.90。

5. 乙醇量　应为70%~75%。

【贮藏养护】遮光,密封,置阴凉处。

【功能主治】清热燥湿,解毒消肿,收敛止痛。用于各种原因引起的Ⅰ、Ⅱ度烧伤。

【用法用量】外用。喷洒于洁净的创面,不需包扎。1日3~4次。

藿香正气水 Huoxiang Zhengqi Shui

Huoxiang Zhengqi Tinctures

【基原】处方:苍术160g,陈皮160g,姜制厚朴160g,白芷240g,茯苓240g,大腹皮240g,生半夏160g,甘草浸膏20g,广藿香油1.6ml,紫苏叶油0.8ml。酊剂。

【商品性状特征】为深棕色的澄清液体(贮存略有沉淀);味辛、苦。

【规格】10ml/支。

【主要化学成分】紫苏醛(perillaldehyde)、紫苏烯(perillene)、百秋里醇(patchoulic alcohol)、甘草酸铵(ammonium glycyrrhetate)、异欧前胡素(isoimperatorin)、百秋里醇(patchoulic alcohol)、厚朴酚(magnolol)、和厚朴酚(honokiol)、橙皮苷(hesperidin)、多糖等。

【质量要求】

1. 性状评价　应澄清、外观清洁、封口严密;无药液渗漏、变色、沉淀等现象。

2. 薄层鉴别　取本品与苍术、陈皮、白芷、甘草对照药材进行薄层色谱鉴别，在与对照药材色谱相应的位置上，显相同颜色的斑点。

取本品与橙皮苷、厚朴酚、和厚朴酚、百秋里醇、欧前胡素、异欧前胡素、甘草酸铵对照品进行薄层色谱鉴别，在与对照品色谱相应的位置上，显相同颜色的斑点。

3. 厚朴酚及和厚朴酚含量　用高效液相色谱法测定，本品每1ml含厚朴以厚朴酚（$C_{18}H_{18}O_2$）及和厚朴酚（$C_{18}H_{18}O_2$）总量计，不得少于0.58mg。

4. 橙皮苷含量　用高效液相色谱法测定，本品每1ml含陈皮以橙皮苷（$C_{28}H_{34}O_{15}$）计，不得少于0.18mg。

5. 乙醇量　应为40%～50%。

6. 装量取供试品5支，将内容物分别倒入经校正的干燥量筒内，在室温下检视，每支装量与标示装量相比较，少于标示装量的不得多于1支，并不得少于标示装量的95%。

【贮藏养护】密封。

【功能主治】解表化湿，理气和中。用于外感风寒、内伤湿滞或夏伤暑湿所致的感冒，症见头痛昏重、胸膈痞闷、脘腹胀痛、呕吐泄泻；胃肠型感冒见上述证候者。

【用法用量】口服。1次5～10ml，1日2次，用时摇匀。

【附注】此外，还有口服液、软胶囊、滴丸等产品。

十滴水 Shidi Shui

Shidi Tinctures

【基原】处方：樟脑25g，干姜25g，大黄20g，小茴香10g，肉桂10g，辣椒5g，桉油12.5ml。酊剂。

【商品性状特征】为深棕色的澄清液体（贮存略有沉淀）；味辛、苦。

【规格】5ml/支。

【主要化学成分】6-姜辣素（6-gingerol）、樟脑（camphor）、桉油精（eucalyptol）、大黄素（emodin）、大黄酚（chrysophanol）、桂皮醛（cinnamaldehyde）、茴香醛（anisaldehyde）、挥发油等。

【质量要求】

1. 性状评价　应澄清、外观清洁、封口严密；无药液渗漏、变色、沉淀等现象。

2. 薄层色谱　取本品与大黄对照药材、大黄素、大黄酚、桂皮醛、茴香醛对照品进行薄层色谱鉴别，在与对照药材色谱和对照品色谱相应的位置上，显相同颜色的斑点。

3. 樟脑及桉油精含量　用气相色谱法测定，本品每1ml含樟脑（$C_{10}H_{16}O$）应为20.0～30.0mg；含桉油以桉油精（$C_{10}H_{18}O$）计，不得少于6.3mg。

4. 相对密度　应为0.87～0.92。

5. 乙醇量　应为60%～70%。

6. 总固体精密量　取本品上清液10ml，置已干燥至恒重的蒸发皿中，置水浴上蒸干，在105℃干燥3小时，置干燥器中冷却30分钟，迅速精密称定重量。遗留残渣不得少于0.12g。

【贮藏养护】遮光，密封。

【功能主治】健胃，祛暑。用于因中暑而引起的头晕、恶心、腹痛、胃肠不适。

笔记

【用法用量】口服。1 次 2～5ml;儿童酌减。

【附注】此外,还有软胶囊等产品。

七、糖浆剂

川贝枇杷糖浆 Chuanbei Pipa Tangjiang

Chuanbei Pipa Syrup

【基原】处方:川贝母流浸膏 45ml,桔梗 45g,枇杷叶 300g,薄荷脑 0.34g。糖浆剂。

【商品性状特征】为棕红色的黏稠液体;气香,味甜、微苦、凉。

【规格】10ml/支。

【主要化学成分】西贝母碱(sipeimine)、齐墩果酸(oleanolic acid)、熊果酸(ursolic acid)等。

【质量要求】

1. 性状评价　应澄清、封口严密;无酸败、异臭、产生气体或其他变质现象。

2. 薄层鉴别　取本品与枇杷叶对照药材进行薄层色谱鉴别,在与对照药材色谱相应的位置上,显相同颜色的斑点。

3. 薄荷脑含量　用气相色谱法测定,本品每 1ml 含薄荷脑($C_{10}H_{20}O$)应不得少于 0.20mg。

4. 相对密度　应不低于 1.13。

【贮藏养护】密封,置阴凉处。

【功能主治】清热宣肺,化痰止咳。用于风热犯肺、痰热内阻所致的咳嗽痰黄或咯痰不爽、咽喉肿痛、胸闷胀痛;感冒、支气管炎见上述证候者。

【用法用量】口服。1 次 10ml,1 日 3 次。

五味子糖浆 Wuweizi Tangjiang

Wuweizi Syrup

【基原】处方:五味子 100g。糖浆剂。

【商品性状特征】为黄棕色至红棕色的黏稠液体;味甜、微酸。

【规格】10ml/瓶,100ml/瓶。

【主要化学成分】五味子醇甲(schizandrin)等。

【质量要求】

1. 性状评价　应澄清、封口严密;无酸败、异臭、产生气体或其他变质现象。

2. 薄层鉴别　取本品与五味子对照药材、五味子醇甲对照品进行薄层色谱鉴别,在与对照药材色谱和对照品色谱相应的位置上,显相同颜色的斑点。

3. 五味子醇甲含量　用高效液相色谱法测定,本品每 1ml 含五味子以五味子醇甲($C_{24}H_{32}O_7$)计,不得少于 0.12mg。

4. 相对密度　应为 1.21～1.25。

【贮藏养护】密封,置阴凉干燥处。

【功能主治】益气生津,补肾宁心。用于心肾不足所致的失眠、多梦、头晕;神经

笔记

衰弱症见上述证候者。

【用法用量】口服。1 次 5 ~ 10ml，1 日 3 次。

【附注】此外，还有颗粒剂等产品。

复方阿胶浆 Fufang Ejiao Jiang

Fufang Ejiao Syrup

【基原】处方：阿胶，红参，熟地黄，党参，山楂。糖浆剂。

【商品性状特征】为棕褐色至黑褐色的液体；味甜。

【规格】20ml/瓶，200ml/瓶，250ml/瓶；20ml（无蔗糖）/瓶。

【主要化学成分】*L*-羟脯氨酸（*L*-hydroxyproline）、甘氨酸（glycine）、丙氨酸（alanine）、*L*-脯氨酸（*L*-proline）、人参皂苷 Rg_1（ginsenoside Rg_1）、人参皂苷 Re（ginsenoside Re）、人参皂苷 Rb_1（ginsenoside Rb_1）等。

【质量要求】

1. 性状评价　应澄清、封口严密；无酸败、异臭、产生气体或其他变质现象。

2. 薄层鉴别　取本品与党参对照药材、山楂对照药材、甘氨酸、*L*-羟脯氨酸、人参三醇对照品进行薄层色谱鉴别，在与对照药材色谱和对照品色谱相应的位置上，显相同颜色的斑点。

3. 总氮量　精密量取本品 2ml，照氮测定法（通则 0704 第一法）测定，即得。本品每 1ml 含总氮（N）不得少于 5.5mg。

4. 正丁醇提取物　本品含正丁醇提取物不得少于 0.80%。

5. 相对密度　应不低于 1.08 或 1.06（无蔗糖）。

6. pH 值　应为 4.5 ~ 6.5。

【贮藏养护】密封。

【功能主治】补气养血。用于气血两虚，头晕目眩，心悸失眠，食欲不振及白细胞减少症和贫血。

【用法用量】口服。1 次 20ml，1 日 3 次。

八、注射剂

注射用双黄连（冻干）

Zhusheyong Shuanghuanglian

Shuanghuanglian for Injection

【基原】处方：连翘，金银花，黄芩。注射剂（冻干）。

【商品性状特征】为黄棕色无定形粉末或疏松固体状物；味苦、涩；有引湿性。

【规格】600mg/支。

【主要化学成分】连翘脂苷（forsythoside A）、连翘苷（phillyrin）、连翘脂素（phillygenol）、连翘种苷（suspenside）、木犀草素（liteolin）、绿原酸（chlorogenic acid）、黄芩苷（baicalin）等。

【质量要求】

1. 性状评价　应为无菌粉末。其药液应无菌、无热原，草酸盐、钾离子、不溶性微粒检查和溶血试验等应符合规定。标签上应有用前配制方法说明。

2. 薄层鉴别　取本品与连翘对照药材、黄芩苷对照品、绿原酸对照品进行薄层色谱鉴别，在与对照药材色谱和对照品色谱相应的位置上，显相同颜色的斑点。

3. pH 值　取本品，加水制成每 1ml 含 25mg 的溶液，依法测定，应为 5.7～6.7。

4. 水分测定　水分不得过 5.0%。

5. 蛋白质检查　取本品 0.6g，用水 10ml 溶解，取 2ml，滴加鞣酸液 1～3 滴，不得出现浑浊。

6. 鞣质检查　取本品 0.6g，加水 10ml 使溶解，取 1ml，依法检查。应符合规定。

7. 树脂检查　取本品 0.6g，加水 10ml 使溶解，取 5ml，置分液漏斗中，用三氯甲烷 10ml 振摇提取，分取三氯甲烷液，依法检查。应符合规定。

8. 草酸盐检查　取本品 0.6g，加水 10ml 使溶解，用稀盐酸调节 pH 值至 1～2，保温滤去沉淀，调节 pH 值至 5～6，取 2ml，加 3% 氯化钙溶液 2～3 滴，放置 10 分钟，不得出现浑浊或沉淀。

9. 钾离子检查　取本品 0.12g，称定，自“先用小火炽灼至炭化”起，依法检查。应符合规定。

10. 重金属检查　取本品 1.0g，依法检查。含重金属不得过 10mg/kg。

11. 砷盐检查　取本品 1.0g，加 2% 硝酸镁乙醇溶液 3ml，点燃，燃尽后，先用小火炽灼使炭化，再在 500～600℃ 炽灼至完全灰化，放冷，残渣加盐酸 5ml 与水 21ml 使溶解，依法检查。含砷不得过 2mg/kg。

12. 无菌检查　取本品 0.6g，加灭菌注射用水制成每 1ml 含 60mg 的溶液，依法检查。应符合规定。

13. 溶血与凝聚检测　取本品 600mg，用生理氯化钠溶液溶解并稀释成 20ml，摇匀，作为供试品溶液，依法检查，本品在 2 小时内不得出现溶血和红细胞凝聚。

14. 热原检查　取本品 0.6g，用灭菌注射用水 10ml 溶解，依法（通则 1142）检查，剂量按家兔体重每 1kg 注射 3ml。应符合规定。

15. 指纹图谱　用高效液相色谱法测定，按中药色谱指纹图谱相似度评价系统，除溶剂峰和 7 号峰外，供试品指纹图谱与对照指纹图谱经相似度计算，相似度不得低于 0.90。

16. 绿原酸含量　用高效液相色谱法测定，本品每支含金银花以绿原酸（$C_{16}H_{18}O_9$）计，应为 8.5～11.5mg。

17. 黄芩苷含量　用高效液相色谱法测定，本品每支含黄芩按黄芩苷（$C_{21}H_{18}O_{11}$）计，应为 128～173mg。

18. 连翘苷含量　用高效液相色谱法测定，本品每支含连翘按连翘苷（$C_{29}H_{36}O_{15}$）计，应为 1.4～2.1mg。

【贮藏养护】遮光，密封，置阴凉处。

【功能主治】清热解毒，疏风解表。用于外感风热所致的发热、咳嗽、咽痛；上呼吸道感染、轻型肺炎、扁桃体炎见上述证候者。

【用法用量】静脉滴注。每次每千克体重 60mg，1 日 1 次；或遵医嘱。临用前，先以适量灭菌注射用水充分溶解，再用氯化钠注射液或 5% 葡萄糖注射液 500ml 稀释。

【附注】此外，还有口服液、片剂、栓剂、胶囊剂、颗粒剂、滴眼剂等产品。

笔记

灯盏细辛注射液

Dengzhanxixin Zhusheye

Dengzhanxixin Injections

【基原】处方:灯盏细辛 800g。注射剂。

【商品性状特征】为棕色的澄明液体。

【规格】2ml/支,10ml/支。

【主要化学成分】野黄芩苷(scutellarin)、1,3-*O*-二咖啡酰奎宁酸(1,3-dicaffeoylqunic acid)、咖啡酸(caffeic acid)等。

【质量要求】

1. 性状评价　应无菌、无热原;无渗漏、封口漏气、瓶口松动、冷爆裂瓶、结晶析出、混浊沉淀等现象。

2. 薄层鉴别　取本品与野黄芩苷、1,3-*O*-二咖啡酰奎宁酸、咖啡酸对照品进行薄层色谱鉴别,在与对照品色谱相应的位置上,显相同颜色的斑点。

3. pH 值　应为 5.5 ~ 7.5。

4. 蛋白质检查　取本品 1ml,加鞣酸试液 1 ~ 3 滴,不得出现浑浊。

5. 鞣质检查　取本品 1ml,加新配制的含 1% 鸡蛋清的生理氯化钠溶液[必要时,用微孔滤膜(0.45μm)滤过],放置 10 分钟,不得出现浑浊或沉淀。

6. 树脂检查　取本品 5ml,用三氯甲烷 10ml 振摇提取,分取三氯甲烷液,置水浴上蒸干,残渣用冰醋酸 2ml 溶解,置具塞试管中,加水 3ml,混匀,放置 30 分钟,不得出现沉淀。

7. 草酸盐检查　取本品 10ml,用稀盐酸调节 pH 值至 1 ~ 2,滤过,滤液通过聚酰胺柱(100 ~ 200 目,1g,内径为 1cm,干法装柱),收集初流出液 2ml,调节 pH 值至 5 ~ 6,加 3% 氯化钙溶液 2 ~ 3 滴,放置 10 分钟,不得出现浑浊或沉淀。

8. 钾离子检查　取本品,依法检查,应符合规定。

9. 异常毒性　取本品,依法检查,应符合规定。

10. 溶血与凝聚　取本品,依法检查,在 3 小时内不得出现溶血和红细胞凝聚。

11. 热原　取本品,依法检查,剂量按家兔体重每 1kg 注射 1.6ml,应符合规定。

12. 野黄芩苷含量　用高效液相色谱法测定,本品每 1ml 含黄酮以野黄芩苷($C_{21}H_{18}O_{12}$)计,应为 0.40 ~ 0.60mg。

13. 总咖啡酸酯含量　用紫外-可见分光光度法、在 305nm 波长处测定吸光度,本品每 1ml 含总咖啡酸酯以 1,3-*O*-二咖啡酰奎宁酸($C_{25}H_{24}O_{12}$)计,应为 2.0 ~ 3.0mg。

【贮藏养护】密封。

【功能主治】活血祛瘀,通络止痛。用于瘀血阻滞,中风偏瘫,肢体麻木,口眼㖞斜,言语謇涩及胸痹心痛;缺血性中风、冠心病心绞痛见上述证候者。

【用法用量】肌内注射,1 次 4ml,1 日 2 ~ 3 次。

穴位注射,每穴 0.5 ~ 1.0ml,多穴总量 6 ~ 10ml。

静脉注射,1 次 20 ~ 40ml,1 日 1 ~ 2 次,用 0.9% 氯化钠注射液 250 ~ 500ml 稀释后缓慢滴注。

本品在酸性条件下,其酚酸类成分可能游离析出,故静脉滴注时不宜和其他酸性

笔记

较强的药物配伍。如药液出现浑浊或沉淀,请勿继续使用。

【附注】本品还有颗粒剂等产品。

清开灵注射液

Qingkailing Zhusheye

Qingkailing Injections

【基原】处方:胆酸,珍珠母粉,猪去氧胆酸,栀子,水牛角粉,板蓝根,黄芩苷,金银花。注射剂。

【商品性状特征】为棕黄色或棕红色的澄明液体。

【规格】2ml/支,10ml/支。

【主要化学成分】栀子苷(geniposide)、胆酸(cholic acid)、猪去氧胆酸(hyodeoxycholic acid)、黄芩苷(baicalin)、绿原酸(chlorogenic acid)、异绿原酸(isochlorogenic acid)等。

【质量要求】

1. 性状评价　应无菌、无热原;无渗漏、封口漏气、瓶口松动、冷爆裂瓶、结晶析出、混浊沉淀等现象。

2. 薄层鉴别　取本品与栀子苷、胆酸、猪去氧胆酸、黄芩苷对照品进行薄层色谱鉴别,在与对照品色谱相应的位置上,显相同颜色的斑点。

3. 溶液的颜色　精密量取本品1ml,置50ml量瓶中,加水稀释至刻度,摇匀,与黄色10号标准比色液比较,应不得更深。

4. pH值　应为6.8~7.5。

5. 炽灼残渣　精密量取本品5ml,依法测定,每1ml应为3.0~8.5mg。

6. 总固体　精密量取本品2ml,置105℃干燥至恒重的蒸发皿中,蒸干,在105℃干燥2分钟,移至干燥器中,冷却30分钟,迅速精密称定重量,每1ml遗留残渣应为30~60mg。

7. 有关物质检查　除蛋白质、树脂、草酸盐外,照注射剂有关物质检查法检查,应符合规定。

8. 蛋白质检查　取本品1ml,加鞣酸试液1~3滴,不得出现浑浊。

9. 树脂检查　取本品5ml,加三氯甲烷10ml,振摇提取,分取三氯甲烷液,置水浴上蒸干,残渣加冰醋酸2ml使溶解,置具塞试管中,加水3ml,混匀,放置30分钟,可有轻微浑浊,不得出现絮状物或沉淀。

10. 草酸盐检查　取本品5ml,置离心管中,滴加6mol/L盐酸溶液5滴,搅匀,离心,吸取上清液,滤过,取滤液2ml,调节pH值至5~6,加3%氯化钙溶液2~3滴,放置10分钟,不得出现沉淀。

11. 重金属检查　精密量取本品1ml,置坩埚中,蒸干,再缓缓炽灼至完全灰化,放冷,照重金属检查法检查,含重金属不得过10mg/kg。

12. 异常毒性检测　取本品,依法检查,静脉注射给药,剂量按每只小鼠注射0.5ml,应符合规定。

13. 过敏反应　取本品,依法检查,应符合规定。

14. 热原检查　取本品,依法检查,剂量按家兔体重每1kg注射5ml,应符合规定。

笔记

15. 溶血与凝聚检测 取本品,依法检查,应符合规定。

16. 胆酸、猪去氧胆酸含量 用高效液相色谱法测定,本品每1ml含胆酸($C_{24}H_{40}O_5$)应为1.50~3.25mg;含猪去氧胆酸($C_{24}H_{40}O_4$)应为1.00~3.20mg。

17. 栀子苷含量 用高效液相色谱法测定,本品每1ml含栀子以栀子苷($C_{17}H_{24}O_{10}$)计,不得少于0.10mg。

18. 黄芩苷含量 用高效液相色谱法测定,本品每1ml含黄芩苷($C_{21}H_{18}O_{11}$),应为3.5~5.5mg。

19. 总氮量 精密量取本品0.5ml。照氮测定法测定,即得。本品每1ml含总氮(N)应为2.2~3.0mg。

【贮藏养护】密闭。

【功能主治】清热解毒,化痰通络,醒神开窍。用于热病,神昏,中风偏瘫,神志不清;急性肝炎、上呼吸道感染、肺炎、脑血栓形成、脑出血见上述证候者。

【用法用量】肌内注射,1日2~4ml。重症患者静脉滴注,1日20~40ml,以10%葡萄糖注射液200ml或氯化钠注射液100ml稀释后使用。

【附注】此外,还有口服液、片剂、软胶囊、泡腾片、胶囊剂、颗粒剂等产品。

九、颗粒剂

一清颗粒 Yiqing Keli

Yiqing Granules

【基原】处方:黄连165g,大黄500g,黄芩250g。颗粒剂。

【商品性状特征】为黄褐色颗粒;味微甜、苦。

【规格】7.5g/袋。

【主要化学成分】小檗碱(berberine),大黄酸(rhein),大黄素(emodin),大黄酚(chrysophanol),番泻苷(sennoside)A、B、C、D、E、F,黄芩苷(baicalin)等。

【质量要求】

1. 性状评价 应干燥、颗粒均匀、色泽一致;无吸潮、软化、结块、潮解等现象。

2. 薄层鉴别 取本品与大黄对照药材、黄芩对照药材、黄连对照药材、大黄素、黄芩苷、盐酸小檗碱对照品进行薄层色谱鉴别,在与对照药材色谱和对照品色谱相应的位置上,显相同颜色的斑点。

3. 黄芩苷含量 用高效液相色谱法测定,本品每袋含黄芩以黄芩苷($C_{21}H_{18}O_{11}$)不得少于21mg。

【贮藏养护】密封。

【功能主治】清热泻火解毒,化瘀凉血止血。用于火毒血热所致的身热烦躁、目赤口疮、咽喉牙龈肿痛、大便秘结、吐血、咯血、衄血、痔血;咽炎、扁桃体炎、牙龈炎见上述证候者。

【用法用量】开水冲服。1次1袋,1日3~4次。

【附注】本品还有胶囊剂等产品。

笔记

川芎茶调颗粒

Chuanxiong Chatiao Keli

Chuanxiong Chatiao Granules

【基原】处方:川芎 153.8g,白芷 76.9g,羌活 76.9g,细辛 38.5g,防风 57.7g,荆芥 153.8g,薄荷 307.7g,甘草 76.9g。颗粒剂。

【商品性状特征】为棕色至棕褐色的颗粒,气香,味甜或微苦。

【规格】7.8g/袋;4g(无蔗糖)/袋。

【主要化学成分】阿魏酸(ferulic acid)、胡薄荷酮(pulegone)、羌活醇(notopterol)、升麻素苷(prim-o-glucosylcimifugin)、5-*O*-甲基维斯阿米醇苷(5-*O*-methylvisammioside)、挥发油等。

【质量要求】

1. 性状评价　应干燥、颗粒均匀、色泽一致;无吸潮、软化、结块、潮解等现象。

2. 薄层鉴别　取本品与川芎、羌活、防风、甘草、白芷对照药材进行薄层色谱鉴别,在与对照药材色谱相应的位置上,显相同颜色的斑点。

取本品与薄荷脑、升麻素苷、5-*O*-甲基维斯阿米醇苷对照品进行薄层色谱鉴别,在与对照品色谱相应的位置上,显相同颜色的斑点。

3. 阿魏酸含量　用高效液相色谱法测定,本品每袋含川芎和羌活以阿魏酸($C_{10}H_{10}O_4$)计,不得少于 0.39mg。

4. 甘草酸含量　用高效液相色谱法测定,本品每袋含甘草以甘草酸($C_{42}H_{62}O_{16}$)计,不得少于 4.0mg。

【贮藏养护】密封。

【功能主治】疏风止痛。用于外感风邪所致的头痛,或有恶寒、发热、鼻塞。

【用法用量】饭后用温开水或浓茶冲服。1 次 1 袋,1 日 2 次;儿童酌减。

【附注】此外,还有水丸、浓缩丸、片剂、茶调袋泡茶(袋泡剂)、散剂等产品。

防风通圣颗粒

Fangfeng Tongsheng Keli

Fangfeng Tongsheng Granules

【基原】处方:防风 75.5g,薄荷 75.5g,大黄 75.5g,栀子 37.8g,桔梗 151g,川芎 75.5g,荆芥穗 37.8g,麻黄 75.5g,芒硝 75.5g,滑石 453g,石膏 151g,白芍 75.5g,连翘 75.5g,炒白术 37.8g,当归 75.5g,黄芩 151g,甘草 302g。颗粒剂。

【商品性状特征】为棕黄色至棕褐色的颗粒;气香,味甘、咸、微苦。

【规格】3g/袋。

【主要化学成分】升麻素苷(prim-o-glucosylcimifugin)、5-*O*-甲基维斯阿米醇苷(5-*O*-methylvisammioside)、麻黄碱(ephedrine)、栀子苷(geniposide)、黄芩苷(baicalin)、阿魏酸(ferulic acid)等。

【质量要求】

1. 性状评价　应干燥、颗粒均匀、色泽一致;无吸潮、软化、结块、潮解等现象。

2. 薄层鉴别　取本品与大黄、桔梗、当归、川芎、甘草对照药材进行薄层色谱鉴

笔记

别，在与对照药材色谱相应的位置上，显相同颜色的斑点。

取本品与5-*O*-甲基维斯阿米醇苷、盐酸麻黄碱、栀子苷、黄芩苷对照品进行薄层色谱鉴别，在与对照品色谱相应的位置上，显相同颜色的斑点。

3. 盐酸麻黄碱含量　用高效液相色谱法测定，本品每袋含麻黄以盐酸麻黄碱（$C_{10}H_{15}NO \cdot HCl$）计，不得少于0.70mg。

4. 黄芩苷含量　用高效液相色谱法测定，本品每袋含黄芩以黄芩苷（$C_{21}H_{18}O_{11}$）计，不得少于12.0mg。

【贮藏养护】密封。

【功能主治】解表通里，清热解毒。用于外寒内热，表里俱实，恶寒壮热，头痛咽干，小便短赤，大便秘结，瘰疬初起，风疹湿疮。

【用法用量】口服。1次1袋，1日2次。

【附注】本品还有丸剂等产品。

十、栓剂

化痔栓 Huazhi Shuan

Huazhi Suppositories

【基原】处方：次没食子酸铋200g，苦参370g，黄柏92.5g，洋金花55.5g，冰片30g。栓剂。

【商品性状特征】为暗黄褐色的栓剂。

【规格】1.7g/粒。

【主要化学成分】次没食子酸铋（bismuth subgallate）、苦参碱（matrine）、氧化苦参碱（oxymatrine）、小檗碱（berberine）、黄柏碱（phellodendrine）、龙脑（borneol）等。

【质量要求】

1. 性状评价　应完整光滑、硬度韧性适宜，内外色泽一致；无软化变形、变硬、发霉变质等现象。

2. 化学定性　取本品5粒，切碎，缓缓炽灼至完全灰化，放冷，滴加硝酸使溶解，溶液显铋盐的鉴别反应。

3. 薄层鉴别　取本品与苦参碱对照品进行薄层色谱鉴别，在与对照品色谱相应的位置上，显相同颜色的斑点。

4. 次没食子酸铋含量　取重量差异项下的本品，切碎，取约3g，精密称定，置坩埚中，低温灼烧至残留物变成橙红色，再在550～600℃炽灼1小时，取出，放冷，加硝酸溶液（1→2）3～5ml使溶解，用适量水将溶液移至500ml锥形瓶中，加水至约300ml，摇匀，加儿茶酚紫指示液10滴（临用新配），溶液应显蓝色（若显紫色或紫红色，滴加氨试液至显纯蓝色），用乙二胺四醋酸二钠滴定液（0.5mol/L）滴至淡黄色，即得。每1ml乙二胺四醋酸二钠滴定液（0.05mol/L）相当于11.65mg的三氧化铋（Bi_2O_3）。本品每粒含次没食子酸铋以三氧化铋（Bi_2O_3）应为94～114mg。

5. 冰片含量　用气相色谱法测定，本品每粒含冰片以龙脑（$C_{10}H_{18}O$）计，不得少于12.6mg。

【贮藏养护】30℃以下密闭贮存。

笔记

【功能主治】清热燥湿，收涩止血。用于大肠湿热所致的内外痔、混合痔疮。

【用法用量】患者取侧卧位，置入肛门2~2.5cm深处。1次1粒，1日1~2次。

消糜栓 Xiaomi Shuan

Xiaomi Suppositories

【基原】处方：人参茎叶皂苷25g，黄柏500g，枯矾400g，儿茶500g，紫草500g，苦参500g，冰片200g。栓剂。

【商品性状特征】为褐色至棕褐色的栓剂；气特异。

【规格】3g/粒。

【主要化学成分】人参皂苷Re(ginsenoside Re)、小檗碱(berberine)、黄柏碱(phellodendrine)、龙脑(borneol)、苦参碱(matrine)、氧化苦参碱(oxymatrine)、儿茶素(catechinic acid)、表儿茶素(epicatechin)、左旋紫草素(shikonin)等。

【质量要求】

1. 性状评价 应完整光滑、硬度韧性适宜，内外色泽一致；无软化变形、变硬、发霉变质等现象。

2. 薄层鉴别 取本品与儿茶对照药材、冰片对照品进行薄层色谱鉴别，在与对照药材色谱和对照品色谱相应的位置上，显相同颜色的斑点。

3. 人参皂苷Re含量 用高效液相色谱法测定，本品每粒含人参茎叶皂苷以人参皂苷Re($C_{48}H_{82}O_{18}$)计，不得少于2.4mg。

【贮藏养护】30℃以下密闭贮存。

【功能主治】清热解毒，燥湿杀虫，祛腐生肌。用于湿热下注所致的带下病，症见带下量多、色黄、质稠、腥臭、阴部瘙痒；滴虫性阴道炎、霉菌性阴道炎、非特异性阴道炎、宫颈糜烂见上述证候者。

【用法用量】阴道给药。1次1粒，1日1次。

十一、胶囊剂

人参首乌胶囊 Renshen Shouwu Jiaonang

Renshen Shouwu Capsules

【基原】处方：红参400g，制何首乌600g。硬胶囊。

【商品性状特征】为硬胶囊，内容物为黄棕色至棕褐色的粉末；味微苦。

【规格】0.3g/粒。

【主要化学成分】人参皂苷Rb_1(ginsenoside Rb_1)、人参皂苷Re(ginsenosideRe)、人参皂苷Rg_1(ginsenoside Rg_1)、2,3,5,4′-四羟基二苯乙烯-2-*O*-β-*D*-葡萄糖苷(2,3,5,4′-tetrahydroxystilbene-2-*O*-β-*D*-glucoside)等。

【质量要求】

1. 性状评价 应整洁；无破裂、变形、粘结、异臭、霉变等现象。

2. 薄层鉴别 取本品与红参、制何首乌对照药材、人参皂苷Rb_1、人参皂苷Re、人参皂苷Rg_1、2,3,5,4′-四羟基二苯乙烯-2-*O*-β-*D*-葡萄糖苷对照品进行薄层色谱鉴别，

笔记

在与对照药材色谱和对照品色谱相应的位置上，显相同颜色的斑点。

3. 2,3,5,4′-四羟基二苯乙烯-2-*O*-β-*D*-葡萄糖苷含量用高效液相色谱法测定，本品每粒含制何首乌按2,3,5,4′-四羟基二苯乙烯-2-*O*-β-*D*-葡萄糖苷（$C_{20}H_{22}O_9$）计，不得少于2.0mg。

【贮藏养护】密封。

【功能主治】益气养血。用于气血两虚所致的须发早白、健忘失眠、食欲不振、体疲乏力；神经衰弱见上述证候者。

【用法用量】口服。1次1～2粒，1日3次。饭前服用。

银杏叶胶囊 Yinxingye Jiaonang

Yinxingye Capsules

【基原】处方：银杏叶提取物40g。硬胶囊。

【商品性状特征】为硬胶囊，内容物为浅棕黄色至棕褐色的粉末或颗粒和粉末；味微苦。

【规格】

1. 总黄酮醇苷9.6mg、萜类内酯2.4mg/粒。

2. 总黄酮醇苷19.2mg、萜类内酯4.8mg/粒。

3. 0.25g/粒（含总黄酮醇苷40mg、萜类内酯10mg）。

【主要化学成分】槲皮素（quercetin）、山柰素（kaemperfol）、异鼠李素（isorhamnetin）、白果内酯（bilobalide）等。

【质量要求】

1. 性状评价　应整洁；无破裂、变形、粘结、异臭、霉变等现象。

2. 薄层鉴别　取本品与银杏叶对照提取物进行薄层色谱鉴别，在与对照提取物色谱相应的位置上，显相同颜色的斑点。

3. 高效液相色谱鉴别　用银杏叶总内酯对照提取物对照，供试品色谱中应呈现与银杏叶总内酯对照提取物色谱保留时间相对应的色谱峰。

4. 黄酮苷元　峰面积比总黄酮醇苷含量测定项下的供试品色谱中，槲皮素峰与山柰素峰的峰面积比应为0.8～1.3。

5. 总黄酮醇苷含量　用高效液相色谱法测定，本品每粒含总黄酮醇规格1不得少于9.6mg，规格2不得少于19.2mg，规格3不得少于40mg。

6. 萜类内酯含量　用高效液相色谱法测定，本品每粒含萜类内酯以白果内酯（$C_{15}H_{18}O_8$）、银杏内酯A（$C_{20}H_{24}O_9$）、银杏内酯B（$C_{20}H_{24}O_{10}$）和银杏内酯（$C_{20}H_{24}O_{11}$）的总量计，规格1不得少于2.4mg，规格2不得少于4.8mg，规格3不得少于10mg。

【贮藏养护】密封。

【功能主治】活血化瘀通络。用于瘀血阻络引起的胸痹心痛、中风、半身不遂、舌强语謇；冠心病稳定型心绞痛、脑梗死见上述证候者。

【用法用量】口服。规格1,1次2粒或1次1粒；规格2,1日3次；或遵医嘱。

【附注】本品还有滴丸、片剂等剂型。

笔记

桂枝茯苓胶囊 Guizhi Fuling Jiaonang

Guizhi Fuling Capsules

【基原】处方:桂枝240g,茯苓240g,牡丹皮240g,桃仁240g,白芍240g。硬胶囊。

【商品性状特征】为硬胶囊,内容物为棕黄色至棕褐色的颗粒和粉末;气微香,味微苦。

【规格】0.31g/粒。

【主要化学成分】桂皮醛(cinnamaldehyde)、肉桂酸(cinnamic acid)、芍药苷(paeoniflorin)、丹皮酚(paeonol)、苦杏仁苷(amygdalin)等。

【质量要求】

1. 性状评价　应整洁;无破裂、变形、粘结、异臭、霉变等现象。

2. 薄层鉴别　取本品与牡丹皮对照药材、白芍对照药材进行薄层色谱鉴别,在与对照药材色谱相应的位置上,显相同颜色的斑点。

3. 气相色谱　取本品与桂皮醛对照品进行鉴别,供试品色谱中应呈现与对照品色谱保留时间相对应的色谱峰。

5. 丹皮酚含量　用高效液相色谱法测定,本品每粒含牡丹皮以丹皮酚($C_9H_{10}O_3$)计,不得少于1.8mg。

6. 芍药苷含量　用高效液相色谱法测定,本品每粒含白芍和牡丹皮以芍药苷($C_{23}H_{28}O_{11}$)计,不得少于3.0mg。

7. 苦杏仁苷含量　用高效液相色谱法测定,本品每粒含桃仁以苦杏仁苷($C_{20}H_{27}NO_{11}$)计,不得少于0.90mg。

【贮藏养护】密封。

【功能主治】活血,化瘀,消癥。用于妇人瘀血阻络所致癥块、经闭、痛经、产后恶露不尽;子宫肌瘤,慢性盆腔炎包块,痛经,子宫内膜异位症,卵巢囊肿见上述证候者;也可用于女性乳腺囊性增生病属瘀血阻络证,症见乳房疼痛、乳房肿块、胸胁胀闷;或用于前列腺增生属瘀阻膀胱证,症见小便不爽、尿细如线、或点滴而下、小腹胀痛者。

【用法用量】口服。1次3粒,1日3次。饭后服。

前列腺增生疗程8周,其余适应证疗程12周,或遵医嘱。

【附注】此外,还有大蜜丸、片剂等产品。

降脂通络软胶囊 Jiangzhi Tongluo Ruanjiaonang

Jiangzhi Tongluo Soft Capsules

【基原】处方:姜黄提取物(以姜黄素类化合物计)50g。软胶囊。

【商品性状特征】为软胶囊,内容物为含有少量悬浮固体的橙黄色至橙红色的油状液体;气微,味淡。

【规格】姜黄素类化合物50mg/粒。

【主要化学成分】姜黄素(curcumin)、去甲氧基姜黄素(demethoxycurcumin)、双去甲氧基姜黄素(bisdemethoxycurcumin)等。

笔记

【质量要求】

1. 性状评价 应整洁;无破裂、变形、粘结、异臭、霉变等现象。

2. 气相色谱 取本品与姜黄素对照品进行鉴别,供试品色谱中应呈现与对照品色谱保留时间相对应的色谱峰。

3. 姜黄素类化合物含量 照紫外-可见分光光度法测定,本品每粒含姜黄素类化合物以姜黄素($C_{21}H_{20}O_6$)计,应为47.5~57.5mg。

4. 姜黄素、去甲氧基姜黄素、双去甲氧基姜黄素含量 用高效液相色谱法测定,本品每粒含姜黄素($C_{21}H_{20}O_6$)、去甲氧基姜黄素($C_{20}H_{18}O_5$)和双去甲氧基姜黄素($C_{19}H_{16}O_4$)的总量不得少于48.0mg;每粒含姜黄素($C_{21}H_{20}O_6$)不得少于35.0mg。

【贮藏养护】密封,置阴凉干燥处。

【功能主治】活血行气,降脂祛浊。用于高脂血症属血瘀气滞证者,症见胸胁胀痛、心前区刺痛、胸闷、舌尖边有瘀点或瘀斑、脉弦或涩。

【用法用量】口服。1次2粒,1日3次。饭后服用;或遵医嘱。

康莱特软胶囊

Kanglaite Ruanjiaonang

Kanglaite Soft Capsules

【基原】处方:注射用薏苡仁油450g。软胶囊。

【商品性状特征】为软胶囊,内容物为淡黄色或黄色的油状液体;气微、味淡。

【规格】0.45g/粒。

【主要化学成分】甘油三酯(triglyceride)、甘油三油酸酯(glycerol trioleate)等。

【质量要求】

1. 性状评价 应整洁;无破裂、变形、粘结、异臭、霉变等现象。

2. 气相色谱 取本品与薏苡仁油对照提取物进行鉴别,供试品色谱图中,应呈现与甘油三油酸酯对照品色谱峰保留时间一致的色谱峰;并呈现与薏苡仁油对照提取物色谱峰保留时间一致的7个主要色谱峰。

3. 酸值 应不大于0.5。

4. 碘值 应为100~108。

5. 脂肪酸组分 照气相色谱法测定,脂肪酸出峰顺序依次为十六烷酸、十八烷酸、十八烯酸和十八二烯酸,各脂肪酸占总峰面积的百分比应分别为11%~15%、1.0%~2.5%、45%~53%和34%~40%。

6. 甘油三酯含量 照酸碱滴定法测定,本品每粒含注射用薏苡仁油以甘油三酯计,应为0.405~0.495g。

7. 甘油三油酸酯含量 用高效液相色谱法测定,本品每粒含注射用薏苡仁油以甘油三油酸酯($C_{57}H_{104}O_6$)计,不得少于50.0mg。

【贮藏养护】遮光、密封,置阴凉干燥处。

【功能主治】益气养阴,消癥散结。适用于手术前及不宜手术的脾虚痰湿型、气阴两虚型原发性非小细胞肺癌。

【用法用量】口服。1次6粒,1日4次。宜联合放、化疗使用。

笔记

十二、锭剂

紫金锭 Zijin Ding

Zijin Pastilles

【基原】处方:山慈菇200g,红大戟150g,千金子霜100g,五倍子100g,人工麝香30g,朱砂40g,雄黄20g。锭剂。

【商品性状特征】为暗棕色至褐色的长方形或棍状的块体;气特异,味辛而苦。

【规格】0.3g/锭,3g/锭。

【主要化学成分】脂肪油、鞣质(tannin)、没食子酸(gallic acid)、麝香酮(muscone)、硫化汞(mercuric sulfide)、二硫化二砷(arsenic disulfide)等。

【质量要求】

1. 性状评价 应平整光滑、色泽一致,无皱缩、飞边、裂隙、变形及空心。

2. 薄层鉴别 取本品与左旋紫草素对照品进行薄层色谱鉴别,在与对照品色谱相应的位置上,显相同颜色的斑点。

【贮藏养护】密闭,防潮。

【功能主治】辟瘟解毒,消肿止痛。用于中暑,脘腹胀痛,恶心呕吐,痢疾泄泻,小儿痰厥;外治疔疮疖肿,痄腮,丹毒,喉风。

【用法用量】口服,1次0.6~1.5g,1日2次。外用,醋磨调敷患处。

片仔癀 Pianzaihuang

Pien Tze Huang Pastilles

【基原】处方:牛黄,麝香,三七,蛇胆等。锭剂。

【商品性状特征】为类扁椭圆形块状,块上有一椭圆环。表面棕黄色或灰褐色,有密细纹,可见霉斑。质坚硬,难折断。折断面微粗糙,呈棕褐色,色泽均匀,偶见少量菌丝体。粉末呈棕黄色或淡棕黄色,气微香,味苦、微甘。

【规格】3g/锭。

【主要化学成分】胆红素(bilirubin)、麝香酮(muscone)、人参皂苷(ginsenoside) Rg_1、人参皂苷(ginsenoside) Rb_1、三七皂苷 R_1(notoginsenoside R_1)等。

【质量要求】

1. 性状评价 应平整光滑、色泽一致,无皱缩、飞边、裂隙、变形及空心。

2. 干燥失重 干燥至恒重,减失重量不得过13.0%。

3. 麝香酮含量 用气相色谱法测定,本品每1g含麝香以麝香酮($C_{16}H_{30}O$)计,不得少于0.27mg。

【贮藏养护】密封,置干燥处。

【功能主治】燥湿清热。用于湿热下注、足膝红肿热痛、下肢丹毒、白带、阴囊湿痒。

【用法用量】口服。1次0.6g,8岁以下儿童每次0.15~0.3g,1日2~3次;外用研末用冷开水或食醋少许调匀涂在患处(溃疡者可在患处周围涂敷之)。1日数次,常保持湿润,或遵医嘱。

笔记

【附注】本品还有胶囊剂等产品。

万应锭 Wanying Ding

Wanying Pastilles

【基原】处方：胡黄连100g，黄连100g，儿茶100g，冰片6g，香墨200g，熊胆粉20g，人工麝香5g，牛黄5g，牛胆汁160g。锭剂。

【商品性状特征】为黑色光亮的球形小锭；气芳香，味苦，有清凉感。

【规格】1.5g/10锭。

【主要化学成分】胡黄连苷（picroside）、小檗碱（berberine）、黄连碱（coptisine）、儿茶素（catechin）、去氧胆酸（deoxycholic acid）、胆红素（bilirubin）等。

【质量要求】

1. 性状评价　应平整光滑、色泽一致，无皱缩、飞边、裂隙、变形及空心。

2. 取本品0.15g，研细，进行微量升华，升华物置显微镜下观察：呈不定形的无色片状结晶，加新配制的1%香草醛硫酸溶液1滴，渐显紫红色。

3. 取本品与黄连对照药材、盐酸小檗碱、熊去氧胆酸、胆酸、去氧胆酸对照品进行薄层色谱鉴别，在与对照药材色谱和对照品色谱相应的位置上，显相同颜色的斑点。

【贮藏养护】密封。

【功能主治】清热，解毒，镇惊。用于邪毒内蕴所致的口舌生疮，牙龈咽喉肿痛、小儿高热、烦躁易惊。

【用法用量】口服，1次2～4锭，1日2次；3岁以内小儿酌减。

【附注】本品还有胶囊剂等产品。

十三、煎膏剂

川贝雪梨膏 Chuanbei Xueli Gao

Chuanbei Xueli Fluid Extract

【基原】处方：梨清膏400g，川贝母50g，麦冬100g，百合50g，款冬花25g。煎膏剂。

【商品性状特征】为棕黄色稠厚的半流体；味甜。

【规格】128g/瓶，250g/瓶。

【主要化学成分】西贝母碱（imperaline）、鲁斯可皂苷元（ruscogenin）、款冬酮（tussilagone）等。

【质量要求】

1. 性状评价　应无焦臭、异味，无糖的结晶析出。

2. 化学定性　取本品20ml，加水20ml及碳酸钠试液5ml，搅匀，置分液漏斗中，用乙醚20ml振摇提取，分取乙醚液，挥干，残渣加1%盐酸溶液2ml使溶解，滤过，滤液分置两支试管中，一管加碘化铋钾试液1～2滴，生成红棕色沉淀；另一管加碘化汞钾试液1～2滴，生成白色浑浊。

3. 薄层鉴别　取本品与麦冬对照药材进行薄层色谱鉴别，在与对照药材色谱相应的位置上，显相同颜色的斑点。

笔记

4. 相对密度　应不低于 1.10。

【贮藏养护】密封。

【功能主治】润肺止咳,生津利咽。用于阴虚肺热,咳嗽,喘促,口燥咽干。

【用法用量】口服。1 次 15g,1 日 2 次。

益母草膏 Yimucao Gao

Yimucao Fluid Extract

【基原】处方:益母草。煎膏剂。

【商品性状特征】为棕黑色稠厚的半流体;气微,味苦。

【规格】125g/瓶,250g/瓶。

【主要化学成分】益母草碱(leonurine)、水苏碱(stachydrine)等。

【质量要求】

1. 性状评价　应无焦臭、异味,无糖的结晶析出。

2. 薄层鉴别　取本品与盐酸水苏碱对照品进行薄层色谱鉴别,在与对照品色谱相应的位置上,显相同颜色的斑点。

3. 相对密度　应不低于 1.36。

4. 盐酸水苏碱含量　照薄层色谱扫描法,本品每 1g 含盐酸水苏碱($C_7H_{13}NO_2 \cdot HCl$)计,不得少于 3.6mg。

【贮藏养护】密封。

【功能主治】活血调经。用于血瘀所致的月经不调、产后恶露不绝,症见月经量少、淋沥不净、产后出血时间过长;产后子宫复旧不全见上述证候者。

【用法用量】口服。1 次 10g,1 日 1~2 次。

【附注】本品还有口服液、片剂、胶囊剂、颗粒剂等产品。

十四、外用膏剂

伤湿止痛膏 Shangshi Zhitong Gao

Shangshi Zhitong Transdermal

【基原】处方:伤湿止痛流浸膏 50g,水杨酸甲酯 15g,薄荷脑 10g,冰片 10g,樟脑 20g,芸香浸膏 12.5g,颠茄流浸膏 30g。硬膏剂。

【商品性状特征】为淡黄绿色至淡黄色的片状橡胶膏;气芳香。

【主要化学成分】硫酸阿托品(atropine sulfate)、薄荷脑(menthol)等。

【质量要求】

1. 性状评价　应膏料涂布均匀,膏面光洁、色泽一致,无脱膏、失黏现象,背衬面平整。

2. 薄层色谱　取本品与硫酸阿托品对照品进行薄层色谱鉴别,在与对照品色谱相应的位置上,显相同颜色的斑点。

3. 气相色谱　取本品与樟脑、薄荷脑、冰片、水杨酸甲酯对照品,供试色谱中应呈现与对照品色谱峰保留时间相同的色谱峰。

4. 含膏量　每 100cm^{2}应不少于 1.7g。

笔记

【贮藏养护】密封。

【功能主治】祛风湿，活血止痛。用于风湿性关节炎、肌肉疼痛，关节肿痛。

【用法用量】外用，贴于患处。

狗皮膏 Goupi Gao

Goupi Transdermal

【基原】处方：生川乌 80g，生草乌 40g，羌活 20g，独活 20g，青风藤 30g，香加皮 30g，防风 30g，铁丝威灵仙 30g，苍术 20g，蛇床子 20g，麻黄 30g，高良姜 9g，小茴香 20g，官桂 10g，当归 20g，赤芍 30g，木瓜 30g，苏木 30g，大黄 30g，油松节 30g，续断 40g，川芎 30g，白芷 30g，乳香 34g，没药 34g，冰片 17g，樟脑 34g，丁香 17g，肉桂 11g。硬膏剂。

【商品性状特征】为摊于兽皮或布上的黑膏药。

【规格】12g/张，15g/张，24g/张，30g/张。

【主要化学成分】乌头碱(aconitine)、次乌头碱(hypaconitine)、新乌头碱(mesaconine)、挥发油、羌活醇(notopterol)、欧前胡素(imperatorin)、蛇床子素(osthole)、二氢欧山芹醇当归酸酯(columbianadin)、青藤碱(sinomenine)、4-甲氧基水杨醛(4-Methoxysalicylaldehyde)、苍术素(atrctylodin)等。

【质量要求】

1. 性状评价　应膏料涂布均匀，膏面光洁、色泽一致，无脱膏、失黏现象，背衬面平整。

2. 软化点　应为 45～65℃。

【贮藏养护】密封，置阴凉干燥处。

【功能主治】祛风散寒，活血止痛。用于风寒湿邪、气血瘀滞所致的痹病，症见四肢麻木、腰腿疼痛、筋脉拘挛，或跌打损伤、闪腰岔气、局部肿痛；或寒湿瘀滞所致的脘腹冷痛、行经腹痛、寒湿带下、积聚痞块。

【用法用量】外用。用生姜擦净患处皮肤，将膏药加温软化，贴于患处或穴位。

跌打镇痛膏 Dieda Zhentong Gao

Dieda Zhentong Transdermal

【基原】处方：土鳖虫 48g，生草乌 48g，马钱子 48g，大黄 48g，降香 48g，两面针 48g，黄芩 48g，黄柏 48g，虎杖 15g，冰片 24g，薄荷素油 30g，樟脑 60g，水杨酸甲酯 60g，薄荷脑 30g。硬膏剂。

【商品性状特征】为棕黑色的片状橡胶膏，久置后膏背面有轻微的泛黄；气芳香。

【规格】10cm×7cm/帖，10cm×400cm/帖。

【主要化学成分】乌头碱(aconitine)、次乌头碱(hypaconitine)、新乌头碱(mesaconine)、士的宁(strychnine)、马钱子碱(strychnine)、芦荟大黄素(aloe-emodin)、大黄酸(rhein)、大黄素(emodin)、大黄酚(chrysophanol)、大黄素甲醚(physcione)、氯化两面针碱(nitidine chloride)、黄芩苷(baicalin)、小檗碱(berberine)、虎杖苷(polydatin)等。

【质量要求】

1. 性状评价　应膏料涂布均匀，膏面光洁、色泽一致，无脱膏、失黏现象，背衬面平整。

笔记

2. 气相色谱 取本品与薄荷脑、冰片、水杨酸甲酯、樟脑对照品进行鉴别，供试品色谱中应呈现与对照品色谱峰保留时间相同的色谱峰。

3. 士的宁检查 照薄层色谱法，供试品色谱中，在与对照品色谱相应的位置上出现的斑点，应小于对照品斑点。

4. 乌头碱检查 照薄层色谱法，供试品色谱中，在与对照品色谱相应的位置上出现的斑点，应小于对照品斑点或不出现斑点。

5. 含膏量 每 $100cm^2$ 含膏量不得低于 3.0g。

【贮藏养护】密封。

【功能主治】活血止痛，散瘀消肿，祛风胜湿。用于急、慢性扭挫伤，慢性腰腿痛，风湿性关节炎。

【用法用量】外用，贴患处。

老鹳草软膏 Laoguancao Ruangao

Laoguancao Ointment

【基原】处方：老鹳草 1000g。软膏剂。

【商品性状特征】为棕黄色至棕褐色或褐紫色的软膏。

【规格】10g/支。

【主要化学成分】牻牛儿醇(geraniol)、没食子酸(gallic acid)、槲皮素(quercetin)等。

【质量要求】

1. 性状评价 应均匀、细腻、具有适当的黏稠性。

2. 薄层鉴别 取本品与没食子酸、槲皮素对照品进行薄层色谱鉴别，在与对照品色谱相应的位置上，显相同颜色的斑点。

3. 老鹳草含量 用高效液相色谱法测定，本品每 1g 含老鹳草以没食子酸($C_7H_6O_5$)计，不得少于 1.8mg。

【贮藏养护】密闭。

【功能主治】除湿解毒，收敛生肌。用于湿毒蕴结所致的湿疹、痈、疔、疮、疖及小面积水、火烫伤。

【用法用量】外用，涂敷患处，1 日 1 次。

京万红软膏 Jingwanhong Ruangao

Jingwanhong Ointment

【基原】处方：地榆，当归，桃仁，紫草，金银花，五倍子，白芷，血竭，木鳖子，冰片，罂粟壳，地黄，黄连，血余炭，棕榈，半边莲，土鳖虫，白蔹，黄柏，红花，大黄，苦参，槐米，木瓜，苍术，赤芍，黄芩，胡黄连，川芎，栀子，乌梅，乳香，没药。软膏剂。

【商品性状特征】为深棕红色的软膏，具特殊的油腻气。

【规格】10g/支，20g/支，30g/支，50g/支。

【主要化学成分】没食子酸(gallic acid)、挥发油、阿魏酸(ferulaic acid)、苦杏仁苷(amygdalin)、β,β′-二甲基丙烯酰阿卡宁、绿原酸(chlorogenic acid)、木犀草苷(ga-

笔记

luteolin)、鞣质(tannins)、欧前胡素(imperatorin)、血竭素(dracorhodin)、合成龙脑(borneol)、吗啡(morphine)、梓醇(catalpol)、毛蕊花糖苷(verbascoside)、小檗碱(berberine)等。

【质量要求】

1. 性状评价 应均匀、细腻、具有适当的黏稠性。

2. 薄层鉴别 取本品与乳香对照药材、没食子酸对照品进行薄层色谱鉴别,在与对照药材色谱和对照品色谱相应的位置上,显相同颜色的斑点。

3. 粒度 取本品,依法测定,平均每张载玻片上检出超过 18μm 的粒子不得多于 8 粒,并不得有 1 粒超过 600μm。

4. 冰片含量 用气相色谱法测定,本品每 1g 含冰片以龙脑($C_{10}H_{18}O$)计,应为 4.1~8.2mg。

5. 血竭含量 用高效液相色谱法测定,本品每 1g 含血竭以血竭素($C_{17}H_{14}O_3$)计,不得少于 52μg。

【贮藏养护】密封,遮光,置阴凉干燥处。

【功能主治】活血解毒,消肿止痛,去腐生肌。用于轻度水、火烫伤,疮疡肿痛,创面溃烂。

【用法用量】用生理盐水清理创面,涂敷本品或将本品涂于消毒纱布上,敷盖创面,消毒纱布包扎,1 日 1 次。

消痔软膏 Xiaozhi Ruangao

Xiaozhi Ointment

【基原】处方:熊胆粉地榆冰片。软膏剂。

【商品性状特征】为棕褐色的软膏。

【规格】2.5g/支,5g/支。

【主要化学成分】去氧胆酸(deoxycholic acid)、没食子酸(gallic acid)、合成龙脑(borneol)等。

【质量要求】

1. 性状评价 应均匀、细腻、具有适当的黏稠性。

2. 薄层色谱 取本品与地榆对照药材、冰片对照品进行薄层色谱鉴别,在与对照药材色谱和对照品色谱相应的位置上,显相同颜色的斑点。

3. 地榆含量 用高效液相色谱法测定,本品每 1g 含地榆以没食子酸($C_7H_6O_5$)计,不得少于 0.6mg。

4. 熊胆粉含量 用高效液相色谱法测定,本品每 1g 含熊胆粉以牛磺熊去氧胆酸($C_{26}H_{45}NO_8S$)计,不得少于 2.8mg。

【贮藏养护】密闭,置干燥处。

【功能主治】凉血止血,消肿止痛。用于炎性、血栓性外痔及Ⅰ、Ⅱ期内痔属风热瘀阻或湿热壅滞证。

【用法用量】外用。用药前用温水清洗局部,治疗内痔:将注入头轻轻插入肛内,

笔记

把药膏推入肛内；治疗外痔：将药膏均匀涂敷患处，外用清洁纱布覆盖。1 次 2～3g，1 日 2 次。

十五、搽剂

正骨水 Zhenggu Shui

Zhenggu Shui Liniment

【基原】处方：九龙，川木香，海风藤，土鳖虫，豆豉，姜猪牙皂，香加皮，莪术，买麻藤，过江龙，香樟，徐长卿，降香，两面针，碎骨，木羊耳菊，虎杖，五味藤，千斤拔，朱砂根，横经席，穿壁风，鹰不扑，草乌，薄荷脑，樟脑。搽剂。

【商品性状特征】为棕红色的澄清液体；气芳香。

【规格】12ml/瓶，30ml/瓶，45ml/瓶，88ml/瓶。

【主要化学成分】木香烃内酯（costunolide）、去氢木香内酯（dehydro-α-curcumene）、4-甲氧基水杨醛（4-methoxysalicylaldehyde）、挥发油、丹皮酚（paeonol）、氯化两面针碱（nitidine chloride）、虎杖苷（polydatin）、大黄素（emodin）、岩白菜素（bergenin）、乌头碱（aconitine）、次乌头碱（hypaconitine）、新乌头碱（mesaconine）、薄荷脑（menthanol）、樟脑（camphor）等。

【质量要求】

1. 薄层鉴别　取本品与降香、两面针对照药材、丹皮酚对照品进行薄层色谱鉴别，在与对照药材色谱和对照品色谱相应的位置上，显相同颜色的斑点。

2. 乙醇量　应为 56%～66%。

3. 挥发油含量　本品含挥发油不得少于 9.5%。

4. 丹皮酚含量　用高效液相色谱法测定，本品每 1ml 含徐长卿以丹皮酚（$C_9H_{10}O_3$）计，不得少于 0.10mg。

【贮藏养护】密封，置阴凉处。

【功能主治】活血祛瘀，舒筋活络，消肿止痛。用于跌打扭伤，骨折脱位以及体育运动前后消除疲劳。

【用法用量】用药棉蘸药液轻搽患处；重症者用药液湿透药棉敷患处 1 小时，每日 2～3 次。

麝香舒活搽剂
Shexiang Shuhuo Chaji

Shexiang Shuhuo Liniment

【基原】处方：樟脑 28.6g，冰片 17.1g，薄荷脑 6.4g，红花 0.911g，三七 0.438g，人工麝香 0.009g，血竭 0.435g，地黄 19.77g。搽剂。

【商品性状特征】为橙黄色至棕黄色的澄清液体；气香。

【规格】30ml/瓶。

【主要化学成分】樟脑（camphor）、合成龙脑（borneol）、薄荷脑（menthol）、羟基红花黄色素 A（hydroxysafflor yellow A）、人参皂苷 Rg_1、人参皂苷（ginsenoside）Re、Rg_1、

笔记

Rb_1、三七皂苷 R_1(notoginsenoside R_1)、麝香酮(muscone)、血竭素(dracorhodin)、梓醇(catalpol)等。

【质量要求】

1. 薄层鉴别　取本品与血竭、地黄对照药材、冰片、薄荷脑对照品进行薄层色谱鉴别,在与对照药材色谱和对照品色谱相应的位置上,显相同颜色的斑点。

2. 乙醇量　应为50%~58%。

3. 总固体遗留残渣　不得少于0.5%。

4. 醚溶性提取物含量　不得少于3.5%。

【贮藏养护】密封,置阴凉处。

【功能主治】活血散瘀,消肿止痛。用于闭合性新旧软组织损伤和肌肉疲劳酸痛及风湿痹痛。

【用法用量】外用适量,局部按摩或涂搽患处。

十六、茶剂

板蓝根茶 Banlangen Cha

Banlangen Medicinal Teas

【基原】处方:板蓝根1400g。茶剂。

【商品性状特征】为棕色至棕褐色的块状物;味甜、微苦。

【规格】10g/块,15g/块。

【主要化学成分】(*R*,*S*)-告依春[(*R*,*S*)-epigoitrin)等。

【质量要求】薄层鉴别　取本品与板蓝根对照药材进行薄层色谱鉴别,在与对照药材色谱相应的位置上,显相同颜色的斑点。

【贮藏养护】密封。

【功能主治】清热解毒,凉血利咽。用于肺胃热盛所致的咽喉肿痛、口咽干燥;急性扁桃体炎、腮腺炎见上述证候者。

【用法用量】开水冲服。1次1块,1日3次。

【附注】本品还有颗粒剂等产品。

罗布麻茶 Luobuma Cha

Luobuma Medicinal Teas

【基原】处方:罗布麻叶3000g。茶剂。

【商品性状特征】为袋装茶剂。内容物为绿色至绿褐色的叶,多破碎;气微,味淡。

【规格】3g/袋。

【主要化学成分】金丝桃苷(hyperin)等。

【质量要求】

1. 薄层鉴别　取本品与罗布麻对照药材、槲皮素、山柰素对照品进行薄层色谱鉴别,在与对照药材色谱和对照品色谱相应的位置上,显相同颜色的斑点。

2. 水溶性浸出物含量　用热浸法测定，不得少于26.0%。

3. 金丝桃苷含量　用高效液相色谱法测定，本品每袋含罗布麻叶以金丝桃苷($C_{21}H_{20}O_{12}$)计，不得少于6.0mg。

【贮藏养护】密封，置阴凉干燥处。

【功能主治】平肝安神，清热利水。用于肝阳眩晕，心悸失眠，浮肿尿少；高血压病，神经衰弱，肾炎浮肿。

【用法用量】开水冲泡代茶饮。一次1～2袋，一日2～3次。

十七、胶剂

阿胶 Ejiao

Ejiao Colloid

【基原】处方：阿胶。胶剂。

【商品性状特征】呈长方形块、方形块或丁状。棕色至黑褐色，有光泽。质硬而脆，断面光亮，碎片对光照视呈棕色半透明状。气微，味微甘；阿胶珠：本品类球形。表面棕黄色或灰白色，附有白色粉末。体轻，质酥，易碎。断面中空或多孔状，淡黄色至棕色。气微，味微甜。(图11-1)

图11-1　阿胶

【规格】250g/盒，500g/盒。

【主要化学成分】*L*-羟脯氨酸(*L*-hydroxyproline)、甘氨酸(glycin)、丙氨酸(alanine)、*L*-脯氨酸(*L*-proline)等。

【质量要求】

1. 性状评价　应为色泽均匀，无异常臭味的半透明固体。

2. 水分测定　水分不得过10.0%。

3. 灰分测定　总灰分不得过4.0%。

4. 氨基酸含量　用高效液相色谱法测定，本品按干燥品计算，含*L*-羟脯氨酸不得少于8.0%，甘氨酸不得少于18.0%，丙氨酸不得少于7.0%，脯氨酸不得少于10.0%。

【贮藏养护】密闭。

【功能主治】补血滋阴，润燥，止血。用于血虚萎黄，眩晕心悸，肌痿无力，心烦不眠，虚风内动，肺燥咳嗽，劳嗽咯血，吐血尿血，便血崩漏，妊娠胎漏。

【用法用量】3～9g。烊化兑服。

龟甲胶 Guijiajiao

Guijiajiao Colloid

【基原】处方：龟甲。胶剂。

笔记

图 11-2　龟甲胶

【商品性状特征】呈长方形或方形的扁块。深褐色。质硬而脆，断面光亮，对光照视时呈半透明状。气微腥，味淡。(图 11-2)

【规格】250g/盒，500g/盒。

【主要化学成分】蛋白质(protein)、氨基酸(amino acid)、微量元素(trace element)等。

【质量要求】

1. 性状评价　应为色泽均匀，无异常臭味的半透明固体。

2. 水分测定　水分不得过 15.0%。

3. 灰分测定　总灰分不得过 2.0%。

4. 水不溶物检查　不得过 2.0%。

5. 重金属检查　不得过百万分之三十。

6. 总氮含量　用氮测定法测定，本品按干燥品计算，含总氮(N)不得少于 9.0%。

【贮藏养护】密闭。

【功能主治】滋阴，养血，止血。用于阴虚潮热，骨蒸盗汗，腰膝酸软，血虚萎黄，崩漏带下。

【用法用量】3～9g，烊化兑服。

鹿角胶 Lujiaojiao

Lujiaojiao Colloid

【基原】处方：鹿角。胶剂。

【商品性状特征】呈扁方形块。黄棕色或红棕色，半透明，有的上部有黄白色泡沫层。质脆，易碎，断面光亮。气微，味微甜。(图 11-3)

【规格】6g/块。

【主要化学成分】胶质(colloidal material)、磷酸钙(calcium phosphate)、碳酸钙(calcarea carbonica)及氮化物(nitride)等。

【质量要求】

1. 性状评价　应为色泽均匀，无异常臭味的半透明固体。

2. 水分测定　水分不得过 15.0%。

3. 灰分测定　总灰分不得过 3.0%。

4. 重金属检查　不得过百万分之三十。

5. 砷盐检查　不得过百万分之二。

6. 水中不溶物　不得过 2.0%。

7. 总氮含量　用氮测定法测定，本品按干燥品计算，含总氮(N)不得少于 10.0%。

图 11-3　鹿角胶

笔记

【贮藏养护】密闭。

【功能主治】温补肝肾，益精养血。用于肝肾不足所致的腰膝酸冷，阳痿遗精，虚劳羸瘦，崩漏下血，便血尿血，阴疽肿痛。

【用法用量】3～6g，烊化兑服。

中药中文名称索引

中药拼音名称索引

W

X

Y

Z

中药拉丁名称索引

学名索引

全国中医药高等教育教学辅导用书推荐书目

一、中医经典白话解系列

黄帝内经素问白话解(第2版)　王洪图　贺娟
黄帝内经灵枢白话解(第2版)　王洪图　贺娟
汤头歌诀白话解(第6版)　李庆业　高琳等
药性歌括四百味白话解(第7版)　高学敏等
药性赋白话解(第4版)　高学敏等
长沙方歌括白话解(第3版)　聂惠民　傅延龄等
医学三字经白话解(第4版)　高学敏等
濒湖脉学白话解(第5版)　刘文龙等
金匮方歌括白话解(第3版)　尉中民等
针灸经络腧穴歌诀白话解(第3版)　谷世喆等
温病条辨白话解　浙江中医药大学
医宗金鉴·外科心法要诀白话解　陈培丰
医宗金鉴·杂病心法要诀白话解　史亦谦
医宗金鉴·妇科心法要诀白话解　钱俊华
医宗金鉴·四诊心法要诀白话解　何任等
医宗金鉴·幼科心法要诀白话解　刘弼臣
医宗金鉴·伤寒心法要诀白话解　郝万山

二、中医基础临床学科图表解丛书

中医基础理论图表解(第3版)　周学胜
中医诊断学图表解(第2版)　陈家旭
中药学图表解(第2版)　钟赣生
方剂学图表解(第2版)　李庆业等
针灸学图表解(第2版)　赵吉平
伤寒论图表解(第2版)　李心机
温病学图表解(第2版)　杨进
内经选读图表解(第2版)　孙桐等
中医儿科学图表解　郁晓微
中医伤科学图表解　周临东
中医妇科学图表解　谈勇
中医内科学图表解　汪悦

三、中医名家名师讲稿系列

张伯讷中医学基础讲稿　李其忠
印会河中医学基础讲稿　印会河
李德新中医基础理论讲稿　李德新
程士德中医基础学讲稿　郭霞珍
刘燕池中医基础理论讲稿　刘燕池
任应秋《内经》研习拓导讲稿　任廷革
王洪图内经讲稿　王洪图
凌耀星内经讲稿　凌耀星
孟景春内经讲稿　吴颢昕
王庆其内经讲稿　王庆其
刘渡舟伤寒论讲稿　王庆国
陈亦人伤寒论讲稿　王兴华等
李培生伤寒论讲稿　李家庚
郝万山伤寒论讲稿　郝万山
张家礼金匮要略讲稿　张家礼
连建伟金匮要略方论讲稿　连建伟
李今庸金匮要略讲稿　李今庸
金寿山温病学讲稿　李其忠
孟澍江温病学讲稿　杨进
张之文温病学讲稿　张之文
王灿晖温病学讲稿　王灿晖
刘景源温病学讲稿　刘景源
颜正华中药学讲稿　颜正华　张济中
张廷模临床中药学讲稿　张廷模
常章富临床中药学讲稿　常章富
邓中甲方剂学讲稿　邓中甲
费兆馥中医诊断学讲稿　费兆馥
杨长森针灸学讲稿　杨长森
罗元恺妇科学讲稿　罗颂平
任应秋中医各家学说讲稿　任廷革

四、中医药学高级丛书

中医药学高级丛书——中药学(上下)(第2版)　高学敏　钟赣生
中医药学高级丛书——中医急诊学　姜良铎
中医药学高级丛书——金匮要略(第2版)　陈纪藩
中医药学高级丛书——医古文(第2版)　段逸山
中医药学高级丛书——针灸治疗学(第2版)　石学敏
中医药学高级丛书——温病学(第2版)　彭胜权等
中医药学高级丛书——中医妇产科学(上下)(第2版)　刘敏如等
中医药学高级丛书——伤寒论(第2版)　熊曼琪
中医药学高级丛书——针灸学(第2版)　孙国杰
中医药学高级丛书——中医外科学(第2版)　谭新华
中医药学高级丛书——内经(第2版)　王洪图
中医药学高级丛书——方剂学(上下)(第2版)　李飞
中医药学高级丛书——中医基础理论(第2版)　李德新　刘燕池
中医药学高级丛书——中医眼科学(第2版)　李传课
中医药学高级丛书——中医诊断学(第2版)　朱文锋等
中医药学高级丛书——中医儿科学(第2版)　汪受传
中医药学高级丛书——中药炮制学(第2版)　叶定江等
中医药学高级丛书——中药药理学(第2版)　沈映君
中医药学高级丛书——中医耳鼻咽喉口腔科学(第2版)　王永钦
中医药学高级丛书——中医内科学(第2版)　王永炎等